SV

Friedemann Grenz

Adornos Philosophie in Grundbegriffen

Auflösung einiger Deutungsprobleme

Mit einem Anhang:
Theodor W. Adorno und Arnold Gehlen:
Ist die Soziologie eine Wissenschaft
vom Menschen?
Ein Streitgespräch

Suhrkamp Verlag

Erste Auflage 1974
© Suhrkamp Verlag Frankfurt am Main 1974
Alle Rechte vorbehalten. Druck: E. C. Baumann KG, Kulmbach
Printed in Germany

Inhalt

lesend in einer kneipe sitzen; ein bier getrunken haben; von der freundlichen frage des wirts, ob man noch ein viertel möchte, zum bewußtsein weiteren dursts gebracht werden; der fürsorge des wirts freundliche dankbarkeit entgegenbringen; dann erkennen, daß der mann die akkumulationstendenz seines eigenen kapitals formulierte; daß er seine frage selber für anteilnahme hielt; daß man diese für menschliche wärme gehalten hat; daß man dem fetischcharakter wieder einmal aufgesessen ist; wahrnehmen, daß die erkenntnis der objektiven gründe seiner freundlichkeit die eigene einstellung gegen den wirt nicht verändert; nicht verändern darf; erkennen, daß auch dies noch dazugehört; die philosophie adornos vergessen dürfen.

Daß es philologisch ansetzende Arbeiten über die Philosophie Adornos bisher nicht gibt, ist ein Faktum, von dem mancher glauben mag, daß es von Adorno begrüßt worden wäre.[1]) Die Interpretation, die hier gegeben wird, benutzt traditionelle Mittel der werkimmanenten philosophischen Philologie. Sie setzt sich damit der Kritik aus, mit einem dem Gegenstand inadäquaten Apparat zu arbeiten. Solche Kritik kann sich auf Sätze stützen, in denen Adorno den Gegensatz zwischen philosophischem Denken und antiquarischem Wissen als den zwischen Philosophie und Referierbarkeit oder Resümierbarkeit bestimmt. Den Kritikern, die diesen Weg beschreiten wollen, seien die Stellen genannt, auf die sie sich stützen können:

»Was ich schreibe, opponiert geradezu der Resümierbarkeit.«[2]
»Daß kein philosophisches Denken von Rang sich resümieren läßt [. . .].«[3]
»Daher ist Philosophie wesentlich nicht referierbar.«[4]

Wer daraus ein Verbot macht in dem Sinne, daß er philologische Methoden für unangebracht erklärt, verhält sich zu den Schriften des Philosophen wie zu heiligen. Mit den zitierten Sätzen hat Adorno anscheinend bewirkt, daß sich um seine Schriften als um sein ›Werk‹ jene Aura gebildet hat, die er gegen Benjamin als prinzipiell ideologisch bestimmt hat.[5] Die nach seinem Tode veröffentlichte ›Erklärung seiner Schüler‹ hat das als »Entrückung seines Werks in die Sphäre des Kulturguts«[6] gebrandmarkt. So war es nicht gemeint.[7] Die würdigende Verhaltensweise ist aber nicht die einzige, die sein Werk hervorgebracht hat. Seine Schriften gerieten ins Kreuzfeuer einer politischen Kritik, die sich an den vermeintlichen Folgen seiner Philosophie (rechts) und an der vermeintlichen Folgenlosigkeit seiner Philosophie (links) erregte. Dabei ist es dann eigentlich geblieben. Unter dem politischen Streit verschwand der philosophische Sachgehalt seiner Schriften. Dieser ist anders als philologisch gar nicht zu erarbeiten. Wer sich in seinen Schriften auskennt und die Sprache, in der er schrieb und redete, auf Anhieb wiedererkennt, dem wird die Hohlheit der Phrasen, in denen wiederholt wird, was er besser gesagt hat, unerträglich. Merkwürdig ist ja, daß auch die militanten Aktionisten den Stil Adornos kopieren, wo sie ihn als esoterisch verschreien. Das zeigt aber die fast größte Gefahr an, der sich das Werk Adornos ausgesetzt hat. Die Reaktionen auf seine Schriften sind wie solche auf Ohrfeigen. Manche schlagen zurück, manche halten die andre Backe hin. Kaum einer denkt nach. Es scheint, als beruhe das Zerfallen in zwei Gruppen Reagierender auf dem Gemeinsamen, daß die Lektüre Adornos auf das Bewußtsein des Lesers eine faszinative Wirkung ausübt, die dazu herausfordert, die eigene intellektuelle Persönlichkeit aufrecht zu erhalten und sich zu seinem Werk zu ›verhalten‹. Nichts kann falscher sein gegenüber einer Theorie, die leugnet, daß es das Maß an Subjektivität schon gebe, die ein solches ›Verhalten‹ voraussetzt und die das Schema dieser Reaktion mit nicht sehr schmeichelhaften psychoanalytischen Vokabeln benennt – wenn man sich denn schon darauf einlassen will, die Reaktionsweise, mit der man auf sein Werk zu antworten gedenkt, von ihm vorgeben zu lassen. Darüber hinaus enthält die Philosophie Adornos die Theorie der Erklärung solcher Reaktionen; sie fallen also nicht ins Gewicht. Auch eine Art ›existenzieller‹ Aneignung seiner Philosophie verrät, daß nichts wirklich erkannt wurde an ihr. Die Gründe davon sollen aufgedeckt werden. Das versteht der Verfasser unter der Auflösung von Deutungsproblemen.

Dem geschilderten bisherigen Umgang mit Adorno gegenüber versucht die vorliegende Arbeit einen Neubeginn. Sie entstand aus einer äußerlichen Frage. Der Verfasser wurde mit Adorno bekannt durch die Lektüre der ›Ästhetischen Theorie‹, die er verschlang. Er fand dort eben das Provokatorische, auf das die subjektivistischen Reaktionen die Antwort sind. Der Nachteil, mit diesem Torso zu beginnen und seinen Autor nicht erlebt zu haben, verwandelte sich in einen Vorteil, als er bemerkte, daß die ›Ästhetische Theorie‹ die literarischen Essays, zu denen er nun griff, gar nicht verdeutlichten, sondern umgekehrt: die materialen Arbeiten erhellen die ›Ästhetische Theorie‹.[8] Das Provokante blieb und forderte zur Orientierung darüber auf, was Adorno, dessen Schriften sehr heftig etwas von ihrem Leser verlangen, ohne zu sagen, was sie denn tatsächlich verlangen. Nach dem traditionellen Schema der philosophischen Disziplinen war zu vermuten, daß, wenn überhaupt etwas, dann die ›Minima moralia‹ die Auskunft geben würden, aber natürlich wurde der Verfasser heilsam enttäuscht. Er fand hier weniger Moral als in der Ästhetik. Daraus erwuchs die Frage nach dem Zusammenhang von Ästhetik und Moral in der Philosophie Adornos. Unter diesem Gesichtspunkt wurde das gedruckte Werk Adornos durchgearbeitet. Dabei verlor sich die Frage und wandelte sich in die nach der Begreifbarkeit der Philosophie Adornos selber. Die umliegenden Autoren, Horkheimer vor allem, aber auch Fromm, Marcuse, Pollock, Benjamin und Habermas wurden herangezogen, und allmählich bildete sich die Idee der Begreifbarkeit. Ein neues Thema kam zum Vorschein: ›Adornos Theorie der hermetischen Kunst‹ sollte die Arbeit nunmehr heißen, denn resignieren wollte der Verfasser nicht. Die Theorie der hermetischen Kunst hält er nach wie vor für die Quintessenz dessen, was Adorno gedacht hat. Auf dieses Thema hin wurde das Gesamtwerk verzettelt. Aber als dann die Niederschrift beginnen sollte, ergaben sich Darstellungsprobleme, durch welche die Gestalt der vorliegenden Arbeit determiniert wurde. Ohne die ganze Geschichtsphilosophie konnte die Ästhetik nicht bearbeitet werden. Aber umgekehrt: zur Bearbeitung der Geschichtsphilosophie kann die Ästhetik als Steinbruch dienen, aus dem man die für die Geschichtsphilosophie wichtigen philosophischen Brocken herauslösen kann. Freilich ist die materiale Geschichtsphilosophie Adornos fast ausschließlich in der Ästhetik ausgeführt, aber dennoch kann zur Verdeutlichung des Gedachten auf viele der diffizilen Einzelprobleme der Ästhetik verzichtet werden. Längst konnte es nicht mehr um eine Einzelfrage gehen. Adorno über Einzelfragen ausschöpfen ist unmöglich.

Die sehr detaillierte Verzettelung brachte eine Eigentümlichkeit des Adornoschen Verfahrens ans Licht, die überrascht. Entgegen der verbreiteten Auffassung, daß Adorno, der das Prinzip der Definition kritisiert, mit undefinierten Begriffen arbeitet, stellte sich heraus, daß es kaum einen Begriff gibt, den er nicht an einer Stelle, zuweilen ist diese sogar in ungedruckten Texten versteckt[9]), genau und präzise auf das Phänomen bezieht, dessen Ausdruck er sein soll. Bei genauer semantischer Überprüfung ergibt sich, daß die übrigen Verwendungen des Begriffs diese Bestimmung voraussetzen, auch wenn sie erst nachträglich, in einem späteren Text etwa, gegeben wird. Insofern ist dem Herausgeber der Gesammelten Schriften, der das Aufnehmen eines Registers in die zweite Auflage der ›Ästhetischen Theorie‹ eher entschuldigt als rechtfertigt, zu widersprechen. Was man an Adorno verstehen kann, kann man nur mit Hilfe eines Registers verstehen. Der Verfasser versucht also einen begrifflichen Durchgang durch die Geschichtsphilosophie Adornos. Wenn der Titel der Arbeit mehr zu versprechen scheint – von Grundbegriffen ist die Rede –, so doch nur, weil der historische Materialismus Adornos erst erkennbar wird mit diesem Durchgang selbst. Es soll gezeigt werden, daß jeder seiner Sätze – es gibt deren zweierlei Klassen – eine geschichtsphilosophische Pointe hat, und nur eine geschichtsphilosophische. Aber der Begriff von Geschichtsphilosophie, der dabei vorausgesetzt ist – Geschichte als Naturgeschichte –, modifiziert den Geschichtsbegriff, an dem sich die Idee der Geschichtsphilosophie gebildet hat. Seine präziseste Formulierung sei vorweggenommen: »Der Fortschritt, den das Immergleiche erzeugte, ist, daß endlich einer beginnen kann, in jedem Augenblick.«[10]
Das fast lexikographische Verfahren der Materialbereitung, das angewandt wurde, beinhaltet die Vorstellung, daß Adornos Denken ohne Perioden der Wandlung immer gleich geblieben ist, daß es in ihm keine Entwicklung gegeben hat. In der

Tat ist der Auffassung Künzlis von den »drei Perioden der kritischen Theorie«[11] zu widersprechen, soweit man von drei Perioden Adornos reden wollte. Die Wandlungen innerhalb der Frankfurter Schule werden von Horkheimer verantwortet.[12] Wenn in dem Vorwort zu der zweiten Auflage der ›Dialektik‹ von Modifikationen die Rede ist, die sich in der Theorie ergeben haben, so wird das doch dort zugleich widerrufen, indem gesagt wird, daß die Theorie der Wahrheit einen Zeitkern zuspreche. Die Interpretation interessiert sich gerade für diejenige Schicht der Theorie, die durch diesen Satz, der selbst nicht der Wandlung unterliegt, angesprochen wird. Das nennt der Titel Grundbegriffe.

Problematisch mag scheinen, daß die wechselseitigen Relationen in der Frankfurter Gruppe von der Betrachtung ausgeschlossen werden, soweit sie nicht die Entwicklung Benjaminscher Begriffe zu materialistischen betrifft. Gerade die Einzelcharakteristik der verschiedenen Gestalten könnte erst dazu beitragen, das Phänomen und die gewaltige Wirkung, die von der Gruppe ausgeht, begreifbar zu machen. Nur so können Interferenzen überhaupt erscheinen. Wer wie Werner Post zur Erklärung der ›Kehre‹ des späten Horkheimer die ›Negative Dialektik‹ als Quelle heranzieht, verwischt die sachlichen Differenzen, die von Anbeginn das Interesse der beiden Philosophen füreinander bedingten. Von den Gliedern der Gruppe wird in der Arbeit nur Benjamin behandelt, aus Gründen, die am Ort genannt werden. Habermas, dessen Äußerungen über Adorno in Würdigung und Kritik zerfallen, kommt nur als Interpret vor und an einer Stelle zur Kennzeichnung des Diskussionsstandes der Pauperismustheorie, auf die Adorno antwortet. Ich zähle ihn zu den Dissidenten der Schule.

Das begriffsorientierte Erkenntnisziel verpflichtet die Interpretation auf starke Werkimmanenz, die auch darauf verzichtet, etwa anläßlich des Begriffs des Sensoriums auf dessen Stellung in der Sprachphilosophie Humboldts hinzuweisen oder Adornos Wort von der ›traurigen Wissenschaft‹[13] auf Nietzsche zu beziehen. Solche Hinweise sind nur sinnvoll, wo sie an der

Stringenz des Gedankens im behandelten Autor selbst beteiligt sind. Die Immanenz des Verfahrens berechtigt dazu, aus dem Gesamtwerk unterschiedslos zu zitieren. Deshalb finden sich in den Nachweisen keine Hinweise auf die Entstehungszeit einzelner Arbeiten. Dieses Verfahren wird mit den Ergebnissen der Arbeit begründet. Daß die Durchführung einer in diesem Sinne systematischen Interpretation zu schlüssigen Resultaten kommt, ist der Beweis für die monolithische Struktur des Adornoschen Werks. Tiedemann schrieb, daß »unterirdisch noch die peripherste Konzertkritik mit Werken wie der ›Negativen Dialektik‹ kommuniziert«[14] und bekräftigt damit diese Einheit. Sie besteht in der geschichtsphilosophischen Bedeutung eines jeden Adornoschen Satzes.

Aus der Immanenz des interpretierenden Verfahrens heraus werden Extrapolationen vorgenommen. Mit ihnen wird auf jene Grundschicht der Philosophie Adornos abgezielt, von der die Rede war. Vor allem drei Thesen zur Interpretation Adornos werden dabei diskutiert und begründet.

1. Adornos Philosophie impliziert eine materiale anthropologische Geschichtsphilosophie, die definiert wird durch bestimmte Vorgänge zu einem Zeitpunkt um 1850.

2. Die eigentliche Geschichtsphilosophie liegt in Form der Ästhetik der authentischen Kunst vor und in der Analyse der Veränderungen, die die authentische Kunst um 1850 aus ökonomiegeschichtlichen Gründen erfuhr.

3. Das dialektische Verfahren Adornos zerbricht die Dialektik in einen ausdrückenden (physiognomischen) und einen bestimmten (negierenden) Teil, ohne damit seine materialistische Begründung zu widerrufen.

Die dritte These ist der Versuch, eine Anweisung zum Lesen Adornos zu geben. Die Unverständlichkeit seiner Sprache vergeht, wenn man lernt, physiognomische von bestimmten Negationen zu unterscheiden.

Die erste These muß sich, da sie philologisch gewonnen ist, philologisch überprüfen lassen. Im Zusammenhang ihrer Entwicklung mußte umfangreich zitiert werden.

Die zweite These legt das Programm für eine weitere Beschäftigung mit Adorno fest. Auf der Basis der hier gewonnenen Interpretation sollen in einer zweiten Arbeit die kunstphilosophischen und kunstwissenschaftlichen Arbeiten Adornos einer genauen geschichtsphilosophischen Analyse unterworfen werden, deren Material bereits gesammelt ist.

Hervorhebungen in Zitaten stammen vom Verfasser des zitierten Textes. Zusätze in Zitaten wurden eckig eingeklammert. In den Anmerkungen weise ich Schriften Adornos durch Siglen nach, die im Literaturverzeichnis aufgelöst werden. Allein die Abkürzung MEW bezieht sich nicht auf Adorno-Texte, sondern bedeutet: Marx/Engels: Werke.

Bei der Niederschrift galt es, dem Erkenntnisinteresse gemäß, so weit wie möglich zu vermeiden, daß sich die oft beobachtete Komplexität der Texte Adornos in der Darstellung wiederholt. Man kann aber komplexe Gebilde nicht in lineare übersetzen, ohne sie zu verändern. Dennoch wurde am Prinzip der linearen Darstellung festgehalten. Dadurch mußte eine Reihe von Beweisgängen, Argumentationen und Hinweisen in die Anmerkungen gestellt werden, ohne daß diese Argumentationen nebensächlich oder übergehbar wären. Auf solche Anmerkungen wird deshalb im Text durch Ziffern verwiesen, die mittels) hervorgehoben sind.

Erstes Kapitel
Adornos Theorie der geschlossenen Gesellschaft

Seit Hegel spätestens sind Gesellschaftstheorie und Geschichtsphilosophie so ineinander, daß die eine nicht ohne die ausgeführte andere gedacht werden kann. Die Ursache dafür liegt in der Sache selbst. Wer sich mit Adorno auseinandersetzt, muß deshalb, will er die Gesellschaftstheorie darstellen, die Geschichtsphilosophie mit einbringen.

Unter systematischem Aspekt stellt sich die negative Geschichtsphilosophie Adornos dar als negative Dialektik. Setzt man aber bei ihr an, so ist das deshalb problematisch, weil man sich dann schon auf die Rezeption Adornos stützen muß und sich sogleich in die Frontstellungen der ›Negativen Dialektik‹ verwickelt.[1] Die Beziehungen Adornos zu Kant und Hegel, zu Marx, Lenin und Stalin, zu Lukács, Bloch, Marcuse und nicht zuletzt zu Nietzsche und Kierkegaard sind der ›Negativen Dialektik‹ von vornherein implizit. Wer die Schwierigkeiten, die sich im Gestrüpp dieser Verflechtungen verbergen, sofort thematisiert, wird sich schnell in ihnen verfangen. Deshalb wurde ein anderer Zugang gewählt, der dem Denkstil Adornos eher entspricht. Das Ende der ›Frühen Einleitung‹ der ›Ästhetischen Theorie‹ formuliert ein methodisches Prinzip, dem die Untersuchung folgen möchte: »Methodisches Prinzip ist, daß von den jüngsten Phänomenen her Licht fallen soll auf alle Kunst anstatt umgekehrt, nach dem Usus von Historismus und Philologie, die bürgerlichen Geistes zuinnerst nicht möchten, daß etwas sich ändere.«[2] An anderer Stelle erweitert Adorno dies methodische Prinzip auf andere Bereiche als den des Ästhetischen.[3] Schließlich wird es schon in der ›Dialektik der Aufklärung‹ benutzt, wenn dort aus einer Interpretation de Sades Rückschlüsse auf phylogenetische Zusammenhänge gezogen werden. Auszugehen ist also von Sätzen, welche die bestehende Gesellschaft beschreiben.

Dieses Verfahren hat mit zwei möglichen Fehlerquellen zu rechnen, der Hypostasierung entweder des konkreten Phänomens dergestalt, daß die Theorie zu genau auf es zugeschnitten wird und damit das Maß an Allgemeinheit verfehlt, das für Theorien unabdingbar ist; oder der Theorie selbst, so, daß sie abstrakt-allgemein die Phänomene, deren Theorie sie sein will, gar nicht trifft. Adorno macht auf diese Fehlerquellen aufmerksam, wenn er in der ›Anmerkung zum sozialen Konflikt‹ formuliert: »Gesellschaftliche Erkenntnis, die weder die Theorie noch die Epiphänomene fetischisieren möchte, muß der Gestalt sich versichern, in welcher die objektiv vorhandenen, aber im doppelten Sinn verdrängten Klassengegensätze sich manifestieren.«[4] Diese ›Gestalt‹, ein Totalitätsbegriff, muß sich in allen Bereichen des zu Analysierenden wiederfinden, auch in der Theorie selbst, soll die Hypostasierung der Theorie oder der Empirie vermieden werden. Die Analyse der Gesellschaftstheorie Adornos, die auf ihre Weise ohnehin den beiden Fehlern entgehen muß, kann deshalb nicht umhin, vom Bestehenden, seiner Genese, seiner Struktur ebenso zu reden wie vom Verhältnis zwischen Einzelnem und Kollektiv sowie vom Klassenantagonismus.

1. Deskription des Bestehenden

Wenn nach Adorno die Spannung von Allgemeinem und Besonderem in der modernen Gesellschaft verlorengegangen ist, so widerspricht das keineswegs der von Adorno überall reklamierten Notwendigkeit, auf der Existenz dieser Spannung zu beharren. Wohl nämlich ist beobachtbar, daß eine Gesellschaft über die Individuen hinweg sie beherrscht statt durch sie hindurch und zugleich eine Spannung zwischen Individuum und solchermaßen total herrschendem Kollektiv gar nicht mehr besteht. Im Zusammendenken dieser beiden sich scheinbar widersprechenden Beobachtungen ist die a priori begrifflich einsehbare Bestimmung, nach der die Spannung zwischen Kollektiv und Individuum ein in allen Gesellschaften – zwar in verschiedener Gestalt, aber dennoch – notwendiges Verhältnis ist, der empirischen Beobachtung, daß das in einer konkreten Gesellschaft nicht der Fall ist, kommensurabel gemacht. Ob ein solches Verfahren legitim ist oder nicht, wird die Erörterung des Wahrheitsbegriffs Adornos ergeben. Festzuhalten ist, daß Adorno oft die Gesellschaft, in der er lebte, so beschreibt, als sei in ihr diese Spannung gänzlich geschwunden.

Er spricht von der – »durch und durch«[5] – »vergesellschafteten Gesellschaft«,[6] von der »Einheit der total vergesellschafteten Gesellschaft«,[7] von der »totalen«[8] und »monolithischen«[9] Gesellschaft. Der Zustand, den Adorno damit meint, besteht in eben jener Verschiebung im Gleichgewicht von Kollektiv und Individuum: das Kollektiv setzt sich durch und begräbt das Individuum unter sich. Dabei sind es, wie sich zeigen wird, prinzipielle Eigenschaften des Kollektivs selbst, nicht einzelne Verfügende, welche diesen Sieg davontragen. »Im Prinzip sind alle, noch die Mächtigsten Objekte.«[10] Im Kapitalismus herrscht danach der Kapitalismus, nicht die Kapitalisten. Lukács' Begriff der »Durchkapitalisierung«[11] ist das Modell für Adornos Wort von der »durchvergesellschafteten Gesellschaft«[12]. Das kapitalistische wird mit dem Vergesellschaftungsprinzip weitgehend gleichgesetzt. Sie treffen sich im Prinzip der Verwaltung. Der »alles umfangenden verwalteten Welt«[13] kann man sich »nicht anders erwehren [...] als durch Mittel, die ihr gleichen; eben darin drückt ihre Totalität sich aus«[14]. Die mit solchen Metaphern beschriebene »falsche Gesellschaft«[15] kulminiert im Faschismus. Die »Nichtigkeit, die das Konzentrationslager den Subjekten demonstrierte, ereilt bereits die Form von Subjektivität selber«[16]. Der auf dem Schreibtisch verordnete Tod ist die historische Dokumentation des Siegs der Verwaltung über die Einzelnen, die doch von der Idee der Verwaltung: effektiver, rationaler Verfügung über Lebensmittel, profitieren sollten.

2. Die Ableitung des Bestehenden aus dem Prinzip der Verselbständigung

Das umfangreichste Material zur Ableitung des Bestehenden bietet die ›Dialektik der Aufklärung‹. Das Werk ist darin eine Ergänzung der Marxischen Analyse der Geschichte der ökonomischen Basis der Gesellschaftsgeschichte, daß es den gleichen Vorgang unter dem Gesichtspunkt der Kultur behandelt. Mit dieser Zuordnung ist sogleich die Frage aufgeworfen, ob nicht die Tatsache, daß Adorno und Horkheimer diesen Gesichtspunkt wählen, den Denkansatz der ›Dialektik der Aufklärung‹ in den Bereich dessen verweist, was Marx und Engels vor allem in der ›Heiligen Familie‹, der ›Deutschen Ideologie‹ und dem ›Elend der Philosophie‹ unter dem Ideologiebegriff fassen: in den Bereich der die bestehenden Ordnungen stützenden Geistphilosophie.[17]

Die marxistische Philosophiekritik erstreckt sich vor allem auf fünf Eigenschaften der bürgerlichen Philosophie: die Annahme einer ursprünglichen, eigentlichen Menschennatur, die, etwa unter Zuhilfenahme des Entelechiemodells, in der bürgerlichen Epoche endlich zu voller Entfaltung komme;[18] auf die Annahme einer überwirklichen Geisteswesenheit;[19] auf die durch den Warenfetischismus hervorgerufenen Täuschungen über den Ursprung des Scheines des Sozialcharakters der Dinge[20] und, in der Kritik der bürgerlichen Ökonomie, auf eine konkrete Erscheinungsweise dieser Ideologie.

Eine vorschnelle Einordnung der ›Kritischen Theorie‹ unter die direkten Nachfolger der von Marx und Engels kritisierten bürgerlichen Ideologien stößt deshalb auf Schwierigkeiten, weil gerade diese fünf Punkte in der Theorie dieser Schule, und besonders ausgeprägt in der Adornos,[21] exakt im Sinne Marxens vorkommen. Dabei wird die Kritik der politischen Ökonomie ersetzt durch die Kritik dessen, was an deren Stelle trat: durch die Kritik der bürgerlichen Soziologie.

Entsprechend dieser Übereinstimmung und Nichtübereinstimmung wird der Akzent auf den Zusammenhang von Vernunft und Herrschaft gelegt. Die Vokabeln Mythos, Schicksal, Vernunft, Aufklärung, Moral verweisen auf das Zentralproblem der Philosophie: die Errichtung einer zugleich vernünftigen und menschlichen Form des Lebens. Dabei geht es Horkheimer und Adorno nicht allein um den Für-uns-Aspekt der Geschichte, wie die Begriffe Mythos und Schicksal vermuten lassen, sondern gerade um den Nachweis, daß das von diesen Begriffen Bezeichnete im technischen Zeitalter sein Recht nicht etwa verloren hat, sondern aktuell viel stärker noch als in den damit assoziierten Zeiten am Werk ist.

»Jeder Versuch, den Naturzwang zu brechen, indem Natur gebrochen wird, gerät nur um so tiefer in den Naturzwang hinein. So ist die Bahn der europäischen Zivilisation verlaufen.«[22] Dieser Satz bietet eine Quintessenz des in der ›Dialektik der Aufklärung‹ Gedachten. »Zivilisation« steht polemisch gegen das Wort »Kultur«, das ausgespart ist, weil das, was an deren Stelle faktisch in Europa entstand, den Namen der Kultur nicht verdiene. »Kultur« gehört zu der Klasse von Begriffen, die Adorno »emphatisch« nennt. In einem späteren Rundfunkvortrag, der auf die ›Dialektik der Aufklärung‹ zurückschaut, präzisiert Adorno den Kulturbegriff, dessen normative Kraft dem Gemeinschaftswerk Horkheimers und Adornos zugrunde liegt.[23]) Die Formel »richtiges Leben«, in die Adorno den – seinerseits emphatischen – Anspruch seines Denkens immer wieder zusammenfaßt,[24] meint die rationale (vernünftige) und zugleich humane (freiheitliche) Gestaltung des Lebens, die nur dann erreichbar sei, wenn die Formen des Zusammenlebens selbst schon rational und human sind.

Die historische Überlegung benutzt handfestes empirisches Material. Die abendländische Zivilisation setzt ein mit Homer.[25] Entsprechend beginnt Adorno seine historische Argumentation bei Homer. Daß er die Odyssee wählt, hat seinen Grund darin, daß es ihm vor allem auf das Motiv der List ankommt. Odysseus, der erste Listige, dessen Figur ja nur aufgrund ihrer Verschlagenheit überlebt, ist die erste Manifestation des rational berechnenden Geistes.[26] Die Philologie hat das Gewicht ihrer Forschungen auf denjenigen Aspekt der List gelegt, der die Vorbereitung des Selbstbewußtseins ausmacht: die Selbständigkeit des Einzelnen Göttern und Mächtigen gegenüber. Das Organ dieser Selbständigkeit ist, entgegen der philologischen Annahme, auch schon bei Homer die Ratio. Aber nicht allein oder ihre bloße Form, sondern nur in engster Beziehung auf das ihr Fremde, die blinde Natur.

Der zweite Hauptteil der ›Dialektik der Aufklärung‹, als Exkurs deklariert, stellt im Titel die Begriffe Aufklärung und Mythos zusammen. Er beginnt mit dem Satz: »Wie die Erzählung von den Sirenen die Verschränktheit von Mythos und rationaler Arbeit in sich beschließt, so legt die Odyssee insgesamt Zeugnis ab von der Dialektik der Aufklärung.«[27] Horkheimer und Adorno vermuten in Odysseus das »Urbild eben des bürgerlichen Individuums, dessen Begriff in jener einheitlichen Selbstbehauptung entspringt, deren vorweltliches Muster der Umgetriebene abgibt«[28]. Die Brücke zwischen Odysseus und dem bürgerlichen Individuum bildet der Begriff der rationalen Arbeit, die bei Homer in der Form der List auftaucht. Dabei ergeben sich zwei Fragen: (1) Wie läßt sich das Verhältnis von List und rationaler Arbeit präzise bestimmen? (2) Was tritt beim bürgerlichen Individuum als Macht an die Stelle der im Mythos hypostasierten Naturgewalten?

(1) Die ›Dialektik der Aufklärung‹ läßt sich auf eine Präzisierung des Verhältnisses von List und rationaler Arbeit nicht ein. Sie arbeitet statt dessen mit einem Analogieschluß: wie sich die List zur Macht verhält, so verhalte sich rationale Arbeit dem ihr Vorgeordneten gegenüber. Das Verhalten des Listigen ist die Selbstbehauptung durch Selbstverleugnung. Das wird durchgespielt an dem Wortspiel Ὀδυσσεύς – οὐδείς. Dem Kyklopen Polyphem stellt sich Odysseus als οὐδείς – niemand – vor. Scheint es zunächst auf pure Gewitztheit hinauszulaufen, wenn der Kyklop darauf hereinfällt, so ist dieser Erfolg doch nicht ohne doppelten Boden. Das Argument, das der Homer-Exkurs bietet, ist nämlich die Freilegung des damit zugleich geschehenden Vorgangs: »Die Berechnung, daß nach

geschehener Tat Polyphem auf die Frage seiner Sippe nach dem Schuldigen mit Niemand antworte und so die Tat verbergen und den Schuldigen der Verfolgung entziehen helfe, wirkt als dünne rationalistische Hülle. In Wahrheit verleugnet das Subjekt Odysseus die eigene Identität, die es zum Subjekt macht und erhält sich am Leben durch die Mimikry ans Amorphe.«[29] Damit aber ist das »Schema der List, das mit der Erfüllung der Satzung diese sprengt«[30], erfüllt: in der Höhle Polyphems gilt das Gesetz Polyphems. Sich durch Schweigen und Verstecken retten ist unmöglich. Wenn Odysseus sich also als das Selbst, das er, an Polyphem gemessen, ist, aus der Distanz der höheren Entwicklungsstufe so verhält, daß er die daraus folgenden Vorgänge zu seinen Gunsten beeinflußt, so bewahrt er seine Eigenständigkeit doch nur durch Angleichung an ein nach Homer noch ontogenetisch überwundenes Verhaltensschema. Das aber ist Selbstaufgabe im Sinne des Verzichts auf die erreichte Stufe der Rationalität und dadurch Sieg und Niederlage in eins.

Polyphem, das ungeschlachte, »primitive« Ungeheuer, ist in doppelter Hinsicht der übermächtigen Natur gleich: er ist übermächtig kraft seiner physischen Beschaffenheit: die Grenze seiner Macht liegt nur in dem Spielraum, den sich die Ratio in seinem Bereich erkämpft; er ist aber auch Bild einer von Odysseus weit überwundenen phylogenetischen Entwicklungsstufe der Menschheit. Doch die Mimikry des Odysseus geht auf eine Stufe, die noch unter der liegt, auf der Polyphem sich befindet. Er nimmt sich zurück auf die Stufe der Namenlosigkeit, während Polyphem einen Namen trägt und damit aus dem Zustand der Anonymität schon hervorgetreten ist. Wird Odysseus als rationaler Arbeiter angesprochen, so stellt die ›Dialektik der Aufklärung‹ diese Arbeit als durch das fortgeschrittene Bewußtsein ermöglicht dar und kennzeichnet ihre aktuelle Gestalt als Mimikry an das, dem sich das rationale Bewußtsein entrang. Danach ist das rationale Verhalten des Überlegenen durchsetzt von Regression auf den voremanzipativen Zustand. In der Krise der Auseinandersetzung mit dem übermächtigen

Vorweltlichen, als deren Bild die Polyphem-Episode dort aufgefaßt ist, verzichtet der rationale Arbeiter willentlich auf das ohnehin prekäre Gleichgewicht von Regression und Emanzipation und läßt sich auf die ›amorphe‹ Stufe zurückfallen.

Theoretischen Wert gewinnt das Argument, wenn es auf den philosophiegeschichtlichen Begriff der Aufklärung übertragen wird, an dem die Verflochtenheit von Rationalität und Vorwelt nicht mehr evident ist. Bevor jedoch zu diesem Aspekt übergegangen werden kann, muß die zweite Frage erörtert werden, die klären soll, was in der Epoche der Aufklärung an die Stelle der bei Homer durch Polyphem verkörperten Naturgewalt tritt oder in welcher Gestalt sie dort erscheint.

(2) Die Distanz von der eigenen Verflochtenheit in blinde Natur beginnt mit der Mythenbildung: »schon der Mythos ist Aufklärung«[31]. Wo rationale Einsicht in die Regelmäßigkeiten von Naturabläufen noch nicht vorliegt, kann der Mythos sie kompensieren, indem er Erfahrungswerte strukturiert und damit den Raum schafft, in dem sich die betrachtende Erfahrung von den leibhaft-blinden Erfahrungen distanzieren kann. So ist Mythenbildung die Bedingung der Möglichkeit erster Abstraktion.[32] In der Epoche der Aufklärung vollendet sich, was mit der kopernikanischen Entdeckung begonnen hatte. Bei Kopernikus liegt der entscheidende Durchbruch darin, daß einerseits die Abstraktion von der unmittelbaren Erfahrung übergeht in die Ausbildung nomologischen Wissens, das sich als System verselbständigt, und andererseits in der dabei impliziten Aufdeckung des in zweifacher Hinsicht anthropozentrischen Irrtums, der in der Identifikation von Erde und Welt lag.

Die Vollendung des Zuges zum rationalen, nomologischen Wissen hat zur Voraussetzung das experimentierende Verfahren der Naturwissenschaften und damit die Fähigkeit, Erfahrungswerte zu stabilisieren. Daß diese Fähigkeit selbst eine Naturgröße ist, wird erst spät zum Problem. Festzuhalten ist, daß diese Stabilisierung durch ein quantitatives Moment, das in dem summarischen Vorgehen des Experiments liegt, ein

Qualitatives hervorbringt: die Verselbständigung des ephemer, aber wiederholt Erkannten zum Naturgesetz.[33] In diesem Sinne sind Naturgesetze Produkte des menschlichen Geistes, womit ihnen ihre Geltung nicht abgesprochen sein kann, denn diese selbst ist notwendige Bedingung für ihr Entstehen.

Die Rückkopplung an das ›Vorweltliche‹, Amorphe, die an Odysseus noch recht deutlich war, wird in der Aufklärung insofern ungleich schwieriger, als das Naturgewaltige in dem Moment anthropomorphen Charakter annimmt, in welchem das Überleben nicht mehr unmittelbar gefährdet ist. Ist die Erhaltung der Art gesichert und beruht sie überwiegend auf instrumenteller Vernunft, so kehrt der Überdruck der Natur in den Produktionsverhältnissen wieder. Die Herrschaft der Natur über den Menschen wird abgelöst von der Herrschaft von Menschen über Menschen, und letztere ist notwendig, soll die Emanzipation von der Natur bestehen bleiben. Das gilt, allseits unbestritten, bis zu dem Zeitpunkt, in dem die instrumentelle Vernunft so weit ausgebildet ist, daß die Herrschaft von Menschen über Menschen ökonomisch veraltet. Der Streit entzündet sich erst an der Konkretisierung dieses Zeitpunkts in der Geschichte.[34]

Nun ist das Herrschaftsmoment der Rationalität nicht erst ein Produkt der Aufklärung. Auch Odysseus »herrscht« über Polyphem, und in der Zeit Homers war die mit rationaler Organisation der Landwirtschaft einhergehende ständische Ordnung vorausgesetzt; der Anfang organisierter Herrschaft. Insofern gilt, was Adorno über die nicht emanzipatorischen Folgen der Entwicklung der Rationalität, das repressive Moment von Herrschaft sagt: Repression sei »äonenalt«[35].

Dieses Herrschaftsmoment verselbständigt sich in der Ideologiegeschichte bei Kant.

Die Aufklärung greift aber nur auf, was auf der Ebene der Produktivkräfte in dieser Zeit absehbar wird: die Ablösung der rationalen Vernunft durch Automation. »Durch die Unterstellung des gesamten Lebens unter die Erfordernisse seiner Erhaltung garantiert die befehlende Minorität mit ihrer eigenen Sicherheit auch den Fortbestand des Ganzen. [...] Ist am Ende Selbsterhaltung automatisiert, so wird Vernunft von denen entlassen, die als Lenker der Produktion ihr Erbe antraten und sie nun an den Enterbten fürchten.«[36] Damit ist der Widerspruch im Rationalitätsprinzip auf der personalen Ebene angesprochen. Die Gegenüberstellung von Herrschenden und Beherrschten, die sich auch sonst in Adornos Werk häufig findet, ist aber je nur eine agitatorische Finte, die das vulgärmarxistische Schema Kapitalist/Proletarier benützt, um auf seine Falschheit zu kommen.[37] Denn Adorno ist auf eine Strukturanalyse aus, die auch die Herrschenden als vom System Beherrschte ausweist.

Das System, von dem dabei die Rede ist, ist die »etablierte bürgerliche Ordnung«. Von ihr sagt die ›Dialektik der Aufklärung‹, sie habe »Vernunft vollends funktionalisiert«. Die Vernunft, als verselbständigte Rationalität, »ist zur zwecklosen Zweckmäßigkeit geworden, die eben deshalb sich in alle Zwecke spannen läßt. Sie ist der Plan an sich betrachtet.«[38] Damit ist der Faden zur Natur durchschnitten.[39]) In den präzis vernünftigen, das Schema der planenden Verfügung bis zur Erschöpfung auslotenden Grausamkeitsphantasien de Sades, besonders in den kalten Räsonnements der Bösewichte seiner Romane und Erzählungen wird demonstriert, was aus einer bloß formalen, wenn auch ›verständigen‹ praktischen Philosophie würde, nähme man sie beim Wort. Das wird der Aufklärung aber nicht nur mit Sade als vermeidbarer Fehler vorgerechnet, sondern es wird gezeigt, daß die Hybris schon in ihrer Wiege lag: Ziel der bürgerlichen Philosophie sei es gewesen, Katholizismus, Calvinismus und heidnisch-religiöse Rudimente zu beseitigen. »Die Befreiung aber reichte weiter, als es ihren humanen Urhebern in den Sinn kam. Die entfesselte Marktwirtschaft war zugleich die aktuelle Gestalt der Vernunft und die Macht, an der Vernunft zuschanden wurde.«[40] Diese Charakterisierung der ökonomischen Erscheinungsweise der ›etablierten bürgerlichen Ordnung‹ beschwört das Bild des Aufstands der Mittel: die Intention wurde allzu gründlich erreicht. Das trifft sich mit einer Formulierung aus dem ›Kommunistischen Manifest‹:

»Die bürgerlichen Produktions- und Verkehrsverhältnisse, [...] die moderne bürgerliche Gesellschaft, die so gewaltige Produktions- und Verkehrsmittel hervorgezaubert hat, gleicht dem Hexenmeister, der die unterirdischen Gewalten nicht mehr zu beherrschen vermag, die er heraufbeschwor.«[41] Bei den Klassikern des Marxismus/Leninismus hat das Theorem vom Aufstand der Mittel vor allem agitatorischen Wert. Deshalb taucht es bevorzugt in exoterischen politischen Schriften auf[42]) und hat dort die Funktion, die kapitalistische Gesellschaftsordnung als notwendige Stufe des Übergangs zu dem aus ihr angeblich notwendig hervorgehenden Sozialismus/Kommunismus darzustellen. Abgesehen davon, daß Marx und Engels offenbar Hexenmeister und Zauberlehrling verwechselten, scheint die Zuordnung der Tätigkeit des Hervorzauberns der Produktions- und Verkehrsmittel zu dem Subjekt ›bürgerliche Gesellschaft‹ der eigenen Theorie zu widersprechen. ›Bürgerliche Gesellschaft‹ ist Überbau.

Dann aber sind es die Produktions- und Verkehrsmittel selbst, die jene in Wahrheit lehrlingshafte bürgerliche Gesellschaft ins Leben riefen, und wenn sich die Ausbildung dieser Mittel auf die Entwicklung rationalen Denkens zurückführen läßt, ist es letztlich dieses Denken, auf welches das Goethesche Gedicht zutrifft.

Der Grund für die Verselbständigung der Mittel liegt nach Adorno – und hier hat er als Repräsentant der Frankfurter Gruppe zu gelten – im Zweck-Mittel-Schema selbst. Das läßt sich extrapolieren aus der Polemik gegen das Prinzip der Zweckrationalität. Diese, am Beispiel des ›guten Handwerks‹ in der Kunst zitiert,[43] sieht ab von den qualitativen Implikationen der Zwecke selbst. Anläßlich des Propagandabegriffs wird darüber im dritten Kapitel noch Genaueres zu sagen sein. Hier soll nur angedeutet werden, daß eine ganze Reihe von Theoremen auch des Wissenschaftlichen Sozialismus offenbar ins Wanken gerät, wenn die Analyse der Funktion des Zweckrationalitätsbegriffs ergibt, daß die Negativität dieser Funktion sich zurückführen läßt auf den formalen Begriff des Mittels selbst.

Die Erscheinung der Verselbständigung der Mittel ist sozial greifbar am Phänomen des Pauperismus. Habermas hat 1954 einen Aufsatz zu diesem Thema veröffentlicht,[44] der die These aufstellt, es gebe nach der von Marx und Engels beobachteten Verelendung der ersten Generationen von Industriearbeitern eine neue Art des Pauperismus, die im Gegensatz zur quantitativ ausdrückbaren Hungerlohnverelendung »sich nicht zahlenmäßig ausdrücken läßt«[45]. Habermas schreibt: »Wir glauben ihn [diesen ›anderen Pauperismus‹] auffällig in jener ›Entfremdung‹ am Werk zu sehen, die Marx vor mehr als hundert Jahren beschrieben hat, ohne allerdings zu erkennen, daß seine ökonomische Diagnose, von seiner politischen Therapie ganz zu schweigen, nur die Außenseite der Erscheinung trifft.«[46] Die damit angedeutete Marxkritik läßt sich angesichts der Pariser Manuskripte wohl nicht halten. Habermas kritisiert aber noch ein zweites. Marx habe diese Entfremdung »zwar immer mitgemeint, [...] aber nirgends vom handgreiflichen Pauperismus der Hungerlöhne getrennt [...].«[47] Die Forderung dieser Trennung ist Indiz für die reflexionsphilosophische Brille, von der Habermas sich bisher noch nicht trennen konnte.

Bei Marx und Engels sind Pauperismus und ökonomische Sicherung unmittelbar verbunden: »die immer rascher sich entwickelnde, unaufhörliche Verbesserung der Maschinerie macht ihre [der Proletarier] ganze Lebensstellung immer unsicherer«[48]. Sie gingen also von der Progression der industriellen Entwicklung aus, aber sie zogen den falschen Schluß: nicht unsicherer, sondern immer sicherer wurde die »Lebensstellung« der Arbeiter, zumindest bis heute. Die Voraussage, in Zukunft werde man sich im Laufe eines Werktätigenlebens ununterbrochen weiterbilden müssen, um der Konkurrenz auf dem Arbeitsmarkt gewachsen zu sein, könnte ein neues, vielleicht endgültiges Einschwenken in die Richtung der ökonomischen Unsicherheit bedeuten. Beispiele wie die von der englischen Eisenbahngewerkschaft durchgesetzte Besetzung auch elektrischer Lokomotiven mit Heizern, dieser Treppenwitz der sozialen Regelung, sprechen aber eine andere Sprache. Die These: »Der Arbeiter wird zum Pauper, und der Pauperismus entwickelt sich noch schneller als Bevölkerung und Reichtum«[49], der trotz ihres exoterischen Charakters der Anspruch auf Geltung nicht fehlt – erst durch diesen wird sie exoterisch – ist nicht zu halten.

An Habermas' Unterscheidung einer Innen- und einer Außenseite des Pauperismus[50] ist falsch, daß er Entfremdung und Pauperismus gleichermaßen auf dieses Statement bezieht.[51] Es gilt aber nur historisch, nämlich in einem Zustand, in welchem alle Lohnarbeiter Hungerlohn beziehen. Auch dann treffen äußere Armut und innere Entfremdung nur zufällig zusammen. Ursache der Entfremdung ist der Klassenantagonismus in Gestalt des Nichteigentums an Produktionsmitteln. Dadurch allein wird die Arbeitskraft zur Ware.

Adorno kritisiert die Pauperismustheorie. Über das Wort für die anwachsende Differenz zwischen Zunahme der Löhne und Zunahme der Profite, relative Pauperisierung, sagt er: »nur mit Komik« sei von ihr zu reden.[52] Gemeint ist damit, daß der Begriff der Verelendung durch die Hungerlöhne definiert ist. Zumindest für einen Aspekt der Hungerlohnverelendung ist das evident: »Die Proletarier haben mehr zu verlieren als ihre Ketten. [...] Keine Rede kann davon sein, daß Hunger sie zum bedingungslosen Zusammenschluß und zur Revolution nötigte.«[53] Der zusammenschweißende Effekt gemeinsamer Not ist damit verschwunden. Ist Pauperismus aber notwendig für das Selbstbewußtsein der revolutionären Klasse – und revolutionär wird sie nur kraft ihres Selbstbewußtseins –, so ist die Frage nach dem Proletariat heute zur »grimmigen Scherzfrage«[54] geworden.

Damit ist ausschließlich die Pauperismusseite gemeint, also der Für-uns-Aspekt der unmittelbar greifbaren Not. An deren Stelle setzt Adorno den Druck des Systems als solchen, der nun als eine höchst reale Erscheinung interpretiert wird. »Hat schon die Verelendungstheorie nicht à la lettre sich bewahrheitet, so doch in dem nicht weniger beängstigenden Sinn, daß Unfreiheit, Abhängigkeit von einer dem Bewußtsein derer, die sie bedienen, entlaufenen Apparatur universal über die Menschen sich ausbreitet.«[55] So hat sich zugleich die Pauperismustheorie zu einer, in Hinsicht auf die Umwälzung des Kapitalismus in den Sozialismus/Kommunismus nunmehr fortschrittlichen *Bewußtseins*theorie gewandelt: die Pauperisierung war im 19. Jahrhundert nicht trennbar von ihrem unmittelbaren Bewußtsein. Heute, bei der »Relativierung«, verliert sie ihre Geltung insofern, als ihre Bewußtseinskomponente abgeschnitten ist. Das aufzunehmen ist nötig, damit die so revidierte Theorie richtig bleibt. Pauperismus ist nicht länger eine strategische Prämisse, sondern analytische Kategorie, die nicht mehr evident, sondern empirisch zu erweisen ist.

»Jene Selbstverständlichkeit« — mit der Marx annehmen konnte, der Klassengegensatz als Erscheinungsform des Antagonismus zwischen Produktivkräften und Produktionsverhältnissen werde sich jederzeit als Pauperismus vorzeigen lassen — »ist in den höchstindustrialisierten Ländern zergangen«.[56] Die sozialistischen Kritiker Adornos sehen in dieser seiner Erkenntnis, nach welcher die Geschichte über die historische Rolle des Proletariats hinweggegangen ist, eine Manipulation, die das Bewußtsein der Irrevokabilität des historischen Augenblicks, in welchem die Abschaffung der Herrschaft möglich war, verabsolutiert und so funktional zur Stabilisierung des Kapitalismus beiträgt.[57] Adorno kennzeichnet die Position Marxens als historisch vor-spätkapitalistisch: »Das Proletariat, an das er [Marx] sich wandte, war noch nicht integriert: es verelendete zusehends, während andererseits die gesellschaftliche Macht noch nicht über die Mittel verfügte, im Ernstfall mit überwältigender Chance sich zu behaupten.«[58] Die Gesellschaft, die alle Möglichkeiten hat, dem Drang von unten mit ›sozialen‹ Maßnahmen den Wind vom Segel abzukaufen, hat sich diese Mittel beschafft, und keine Änderung ist abzusehen.

Die vierte These des von Adorno als Korrektiv gemeinten[59] Postscriptums zu der Abhandlung ›Zum Verhältnis von Soziologie und Psychologie‹[60] lautet:

»4. Wer die Soziologie mit Freud als angewandte Psychologie dächte, verfiele, trotz aller aufklärerischen Intention, der Ideologie. Denn die Gesellschaft ist keine von Menschen unmittelbar, sondern die Beziehungen zwischen diesen haben sich verselbständigt, treten allen Einzelnen übermächtig entgegen und dulden die psychologischen Regungen kaum eben als Störungen des Getriebes, die womöglich integriert werden. Wer die Psychologie eines Konzernherrn für die Betriebssoziologie fruchtbar machen wollte, geriete offensichtlich in Unsinn.«[61]

Das entscheidende Argument ist hier die Präponderanz der »Beziehungen« zwischen den Menschen über sie. Diese Beziehungen, das abstrakte Tauschprinzip, sind das struktive Konstituens von Gesellschaft überhaupt, so lange das Stadium der Vorgeschichte dauert. Die Gesellschaft ist ›acquisitiv‹[62]. Damit ist das Tauschprinzip aber immer noch erst genannt. Die herrschende Rolle, die es nach Adornos Theorie einnimmt, erklärt sich nicht ohne die Hinzunahme des Verdinglichungsbegriffs, der im folgenden Kapitel untersucht wird. Weil aber, und das sollte die Darstellung des Pauperismuskomplexes zeigen, in die Beurteilung des Bestehenden das Prinzip der Verselbständigung als Prämisse eingeht und dies Konsequenzen hat für die Theorie selbst, mußte diese Konsequenz zunächst gezeigt werden. Da das Tauschprinzip als verselbständigtes und herrschendes zur Struktur der geschlossenen Gesellschaft gerinnt, kann die Argumentation Adornos nur als struktive verstanden werden. Die damit entstehenden Probleme sind entscheidend für den Charakter der Theorie Adornos.

3. Der struktive Charakter der Argumentation Adornos und die These von der Liquidation des Individuums

Wer Strukturen objektive Macht zuspricht wie Adorno, setzt sich dem Vorwurf des Strukturfetischismus aus. Ist die Struktur in der Theorie eine soziale oder wird sie zu einer solchen, so ist das pejorative »Soziologismus!« leicht zur Hand. Adorno bemüht sich, hier Klärungen zu schaffen: »Eine dialektische Theorie der Gesellschaft geht auf Strukturgesetze, welche die Fakten bedingen, in ihnen sich manifestieren und von ihnen modifiziert werden. Unter Strukturgesetzen versteht sie Tendenzen, die mehr oder minder stringent aus historischen Konstituentien des Gesamtsystems folgen. [...] Dem Fetischismus der Fakten«, den Adorno den Empirikern und den Positivisten vorwirft, »korrespondiert einer der objektiven Gesetze«[63]. Dieser zweite Fetischismus wäre ein Dogmatismus. Von rechts und links haben Praktiker Adorno solchen Dogmatismus vorgeworfen, ohne dabei allerdings auf sein Argument einzugehen, das die Stelle bezeichnet, von der aus Adorno beansprucht, dem Dogmatismus zu entgehen. Die dialektische Theorie darf »nicht ihrerseits im Medium des Allgemeinen sich häuslich einrichten. Aus jenem Medium auszubrechen ist gerade ihre Intention«[64]. Daraus resultiert die methodische Komponente seiner Systemidiosynkrasie. Andererseits sind Systemidiosynkrasie und Betonung der Präponderanz von Strukturen nicht ohne weiteres verträglich: sie können nur zusammengedacht werden, wenn die Betonung der Herrschaft von Strukturen polemisch gegen diese Herrschaft selbst ist, womit sich dann sogleich die Frage nach dem Praxisbezug der Theorie stellt. Polemik ohne Angabe des Wegs, der zu beschreiten wäre, um das zu verändern, wogegen sie sich richtet, reicht nicht zu. Der Bestimmung des Wegs, also den Vorschlägen zu verändernder Praxis muß aber die Analyse des Bestehenden vorausgehen.

»In der antagonistischen Gesellschaft sind die Menschen, jeder einzelne, unidentisch mit sich, Sozialcharakter und psychologi-

scher in einem, und kraft solcher Spaltung a priori beschä-
digt.«[65] Solche Sätze nennen das Problem präzise: von aprio-
rischer Beschädigung ausgehen heißt, die Beschädigung zur anthropologischen Kategorie machen, die jetzt und hier den Wert
einer Konstante hat. Das führt zu krassen Formulierungen:
»Jedes Menschenbild ist Ideologie außer dem negativen.«[66]
Demnach kulminiert die Geschlossenheit des Systems in der
Vernichtung des Subjekts.[67]) »In der individualistischen Gesellschaft jedoch[68] verwirklicht nicht nur das Allgemeine sich
durchs Zusammenspiel der Einzelnen hindurch, sondern die
Gesellschaft ist wesentlich die Substanz des Individuums.«[69]
Oder er spricht von den »regressiven Tendenzen der Gesellschaft«, der »immer weiter fortschreitenden Liquidation des
Individuums in einer Welt, die kraft der Zusammenballung
stets größerer Machtkomplexe zur totalen Verwaltung übergeht«[70]. Die totale Subsumtion unter das Tauschprinzip hat
die radikale, aber darum falsche Entsprechung in der psychi-
schen Verfassung des Individuums: »Monade ist es in dem
strengen Sinn, daß es das Ganze mit seinen Widersprüchen
vorstellt, ohne doch je dabei des Ganzen bewußt zu sein.«[71]
Nicht nur verdoppelt die Psychologie die Dinghaftigkeit des
Individuums von außen; eine zweite Verdopplung geschieht
durch das atomisierte Individuum selbst: »es entwickelt auch,
indem es als ein von der Gesellschaft Abgedichtetes, Abgespal-
tenes existiert, nochmals die Pathogenese einer gesellschaftlichen Totalität aus sich heraus, über der selber der Fluch der
Vereinzelung waltet.«[72]

Das ist anthropologisch gesprochen. Anthropologisch ist solches Reden, weil der Wortsinn solcher Sätze Adornos Gesellschaftstheorie in Formulierungen kleidet, welche auf der Ebene
der Empirie das behaupten, was in der Theorie Axiom ist. Die
Deformationen werden anthropologisch genannt.[73] Die
Theorie selbst bewegte sich in Allerweltsdialektik, ginge sie
nicht mit so prononcierten Dikten über die Erkenntnis hinaus,
daß irgendwie alles mit allem zusammenhängt.[74] Der historischen Ableitung dieser Sätze ist ein Argumentationsstrang bei-

geordnet, der, nicht ohne seinerseits in sich Historisches zu verarbeiten, eine eher systematische Darlegung der realen Nichtdialektik im Verhältnis von Allgemeinem und Besonderem aufnimmt.

Zweites Kapitel
Adornos Begriff der Verdinglichung

1. Begriff und Phänomen der Verdinglichung
Der Begriff des Warenfetischismus bei Marx

Marx[1] hat die sachlichen und methodischen Gesichtspunkte zur politischen Ökonomie im ersten Kapitel des ›Kapital‹ resümiert. Den letzten Abschnitt dieses Kapitels widmet Marx dem »Fetischcharakter der Ware und sein[em] Geheimnis«. Lukács hat den Gehalt der Passage in den Satz zusammengefaßt: »Das Wesen der Warenstruktur [...] beruht darauf, daß ein Verhältnis, eine Beziehung zwischen Personen den Charakter einer Dinghaftigkeit und auf diese Weise eine ›gespenstige Gegenständlichkeit‹ erhält, die in ihrer strengen, scheinbar völlig geschlossenen und rationellen Eigengesetzlichkeit jede Spur ihres Grundwesens, der Beziehung zwischen Menschen verdeckt.«[2] In dieser allgemeinen Form ist der Satz undialektisch und falsch. Marx hat nicht das ›*Wesen* der Warenstruktur‹, sondern die Struktur der Ware selbst analysiert, und er hat sie nicht aus dem Verdinglichungsprinzip abgeleitet, sondern umgekehrt leitet erst Lukács die Verdinglichung des Bewußtseins aus der Warenstruktur ab. Primär ist bei Marx die Analyse der Ware als eines Knotens gesellschaftlicher Verhältnisse. Das Fetischkapitel erklärt, warum es den bürgerlichen Ökonomen nicht gelungen war, die Ware zu durchschauen. Dabei wird zwar einiges Grundsätzliche über die Struktur des bürgerlichen Bewußtseins gesagt, aber der Stellenwert des Kapitels innerhalb des ›Kapital‹ ist nicht der einer Analyse des bürgerlichen Bewußtseins schlechthin, sondern diese Analyse ist Teil der Analyse der Nebenfolgen des Warenverhältnisses. Eine brauchbare komprimierte Paraphrase der Analyse der Ware hat zuletzt Wolfgang Fritz Haug vorgelegt.[3] Abzuleiten ist die Warenform aus den Bedingungen ihrer ursprünglichen Gestalt, der des Tauschgutes. Haug nennt zwei konstitutive Bedingungen für das Zustandekommen eines einfachen unmittelbaren Tauschs: jeder der beiden Tauschenden muß das Produkt, das der andere nötig hat oder nutzen will, übrig haben und seinerseits das Produkt, das der andere übrig hat, benötigen oder nutzen wollen.[4] Außerdem müssen die Güter äquivalent sein.

Die Dialektik des Tauschs, als Form der Dialektik der Ware, verdeutlicht man sich am besten, indem man die vielfältigen Komponenten des Tauschverhältnisses auseinanderlegt. Die Tauschenden, A und B, beziehen sich auf das je eigene Produkt, a und b, als auf Tauschwerte, an denen ihre spezifische Weise, Gebrauchswert zu sein, für ihr Dasein als nichtbrauchendes Haben gleichgültig ist. Tauschwert ist das Produkt demnach, sobald es nichtbrauchendes Haben ist, auch ohne daß ihm das nichthabende Brauchen gegenübertritt. Der Tauschwert kann aber nur realisiert werden, d. h. sich in einen Gebrauchswert verwandeln, wenn ein Tausch stattfindet. Im Tausch ist der Tauschwert von a für A nur dann realisierbar, wenn sich B auf a als benötigtes Nichthaben bezieht. Konstitutiv für die Realisierbarkeit des Tauschwerts ist also, daß das je eigene Produkt für den anderen Gebrauchswert ist. Ware ist ein Gegenstand als für den Tausch produzierter Gebrauchswert.[5]

A verhält sich nicht nur zu seinem eigenen Produkt a, sondern auch zu b: als auf einen nicht besessenen Gebrauchswert. Die Aussicht, diesen begehrten Gebrauchswert nutzen zu können, ist an die Bedingung geknüpft, daß b für B Tauschwert ist.[6] Der Tauschwert von b entsteht in den Augen von B erst durch das Brauchen von A. Gebrauchs- (A) und Tauschwert (B) von b sind also wechselseitig Bedingung füreinander. Deutlich war aber, daß das Produkt b Tauschwert nur für B, Gebrauchswert nur für A sei. Diese Bestimmung muß revidiert werden: b selbst scheint beides zu sein, Gebrauchs- wie Tauschwert, kehrt aber B die Tauschwertseite, A die Gebrauchswertseite zu. b kann B die Tauschwertseite nur unter der Bedingung zukehren, daß es zugleich A die Gebrauchswertseite zukehrt. Niemand tauscht etwas gegen nichts, und so ist das bis hierher betrachtete Produkt b nicht im Tausch, wenn nicht das Produkt a symmetrisch die gleichen Beziehungen eingeht, mit vertauschten Rollen von A und B.

Marx verwendet viel Mühe darauf, deutlich zu machen, daß sich im Tausch qualitativ unterschiedene weil unterschiedliche Gebrauchswerte schaffende Privatarbeiten, deren Ergebnis die Produkte a und b sind, gegeneinander austauschen. Als unterschiedene sind sie aber nicht äquivalenzfähig. Der Tausch kommt überhaupt nur in Frage, wo gesellschaftliche Arbeitsteilung vorliegt. Diese aber muß einen Weg finden, die Inkommensurabilität der differenten Privatarbeiten aufzuheben. Jede Äquivalenzbildung hat die Gleichnamigkeit der Äquivalente zur Bedingung. Gleichnamig sind die Privatarbeiten aber nur als Repräsentanten abstrakt menschlicher Arbeit, ohne alle inhaltliche Bestimmung. So ergibt sich das Paradoxon, daß sich die qualitativ differierenden Privatarbeiten nur dann aufeinander beziehen können, wenn von dieser ihrer Eigenschaft abstrahiert wird.

Marx betont, daß die Abstraktion von dem Gebrauchswert des Warenkörpers schon in der einfachen Wertform vollständig ist. Die Reduktion des Tauschwerts auf Quanta festgeronnener[7] oder vergegenständlichter Arbeitszeit[8] und die Hervorhebung der Gebrauchswertseite des Tauschwerts gegen den Tauschwert selbst[9] stellen den Antagonismus der Ware dar, der sie zu einem ›sinnlich-übersinnlichen Ding‹[10] macht. Sinnlich ist eine Ware als Gebrauchswert, da dieser an die konkrete Beschaffenheit des Warenkörpers gebunden ist. Übersinnlich ist sie als Träger abstrakt menschlicher Arbeit. Umgekehrt kann man den Tauschwert eines Produktes nur dann konsumieren, wenn es sich dabei um das allgemeine Äquivalent oder die Geldware handelt. Getauscht wird also die qualitativ unterschiedliche nützliche Arbeit, die in unterschiedlichen Gebrauchswerten steckt.

Die Ablösung des einfachen Tauschs durch den entfalteten Markt, die mit der Entwicklung der Warenproduktion einhergeht, ist an die zunehmende Vergesellschaftung der Arbeit gekoppelt[11]. Mit der Warenproduktion setzt ein Prozeß ein, der die gesellschaftlichen Eigenschaften der Arbeit als auf das Arbeitsprodukt übertragen erscheinen läßt. Die gesellschaftliche Tatsache der Gleichheit menschlicher Arbeiten erscheint an den Waren als Identität der Art und Weise, in der alle Waren Wertgegenstände sind. Die gesellschaftliche Kategorie der Zeitdauer von verausgabter Arbeit erscheint in den Waren als deren Wertgröße. Die Tatsache der gesellschaftlichen Arbeitsteilung erscheint als gesellschaftliches Verhältnis der Arbeitsprodukte: Die Waren erscheinen als »untereinander und mit den Menschen in Verhältnis stehende selbständige Gestalten«[12]. Unter Fetischismus versteht Marx diesen Schein, nach welchem der gesellschaftliche Charakter der Arbeitsteilung und ihrer Folgen in der Warenproduktion als den Produkten selbst inhärierend aufgefaßt werden muß.[13]

Die Weiterentwicklung des Begriffs des Warenfetischismus zu dem der Verdinglichung bei Lukács

Gadamer macht auf Hegels Ableitung des Selbstbewußtseins aus der Arbeit aufmerksam. Dabei legt er mit Hegel Wert auf die Allgemeinheit des Selbstbewußtseins.[14] Diese Allgemeinheit sei Bedingung für die Möglichkeit menschlicher Gesellschaft, weil ohne Kommensurabilität der einzelnen sie nicht kommunizieren könnten und ohne Kommunikation keine sozialen Erscheinungen möglich seien. Wenn aber die Allgemeinheit des Selbstbewußtseins dadurch entsteht, daß das »arbeitende Bewußtsein [...] in dem selbständigen Bestehen, das die Arbeit dem Ding gibt, sich selber als ein selbständiges Bewußtsein wieder(findet)«[15], so ist die Kommensurabilität der so als selbständig gesetzten einzelnen Bewußtseine allein durch die Allgemeinheit der produzierten Dinge gewährleistet. Diese Dinge sind die ›Vergegenständlichung‹ des produktiven Vermögens der Arbeitenden, die – so Marx – »Materiatur«[16] der in ihnen aufgespeicherten Arbeit.

Als tertium comparationis geht der produzierte Gegenstand anstelle der in ihm aufgespeicherten Arbeit scheinbar deren gesellschaftliche Verhältnisse ein. Die Wirkungen, die das Vorhandensein eines Produktes auf das Selbstbewußtsein haben kann, sind demnach zu teilen in die Wirkungen autarker und gesellschaftlicher Arbeit.[17]) Aus der Selbständigkeit des Dings wird auf die Selbständigkeit des Selbstbewußtseins geschlossen.

Die Tätigkeit des Arbeitens setzt eben das Selbstbewußtsein, welches an ihrem Produkt erst entspringen soll, schon voraus: Arbeit ist zielstrebiges Tun und setzt als Produktion von Gebrauchswert[18] daher das Bewußtsein des Ziels voraus; zugleich das des Weges, das zu diesem Ziel führt und drittens das Bewußtsein der Fähigkeit des Arbeitenden, das Ziel auf diesem Wege zu erreichen. Diese drei Voraussetzungen aber konstituieren schon das Selbstbewußtsein.

Es ist das Verdienst von Georg Lukács, das Phänomen der Abstraktion im Tauschwert unter Umgehung der theologischen Mucken des Marxschen Fetischismusbegriffs in seiner konkreten Bewußtseinsform beschrieben zu haben und in einer gerafft darstellenden Formulierung unter dem Namen der Verdinglichung einer breiten Öffentlichkeit vertraut gemacht zu haben.

Der Verdinglichungsbegriff ist schon bei Lukács psychologisch gefaßt.[19] Historisch begrenzt Lukács das Phänomen der Verdinglichung auf die »Epoche des *modernen* Kapitalismus«[20]. Greift die Verdinglichung in die Psyche der Menschen ein, so werden sie objektiv zu dem, was sie nach Marx nur zu sein schienen: voneinander abgekapselte Einzelindividuen. Lukács benennt das mit dem Ausdruck »Atomisierung«[21]. Die Verdinglichung ist schon für ihn vollständig und mit dem Prinzip der Kalkulierbarkeit,[22] also dem der zweckgerichteten Rationalität, identisch: »Der Warencharakter der Ware, die abstrakt-quantitative Form der Kalkulierbarkeit erscheint hier in seiner reinsten Gestalt: sie wird also für das verdinglichte Bewußtsein notwendigerweise zur Erscheinungsform seiner eigentlichen Unmittelbarkeit, über die es – als verdinglichtes

39

Bewußtsein — gar nicht hinauszugehen trachtet; die es vielmehr [...] ewig zu machen bestrebt ist.«[23] Lukács hebt hervor, daß *»eine radikale Veränderung des Standpunktes [...] auf dem Boden der bürgerlichen Gesellschaft unmöglich«*[24] sei. Der Betonung der Subjektseite der Verdinglichung durch ihre Anerkennung als psychische Struktur entspricht, daß er der Bürgerklasse zuschreibt, sie könne nicht ausbrechen aus der Verdinglichung, umgekehrt aber doch die Möglichkeit ihrer Durchbrechung durch ihre Erkenntnis postuliert: die Gesetze der politischen Ökonomie und der »wirklich rationellen Organisation« dürfen im Kapitalismus *»niemals vollständig und adäquat erkennbar* sein. Denn die vollständige Erkenntnis des Ganzen würde dem Subjekt dieser Kenntnis eine derartige Monopolstellung sichern, die gleichbedeutend mit der Aufhebung der kapitalistischen Wirtschaft wäre.«[25] Darin kündigt sich schon an, daß Lukács diese Möglichkeit des Durchbrechens für das Proletariat reklamiert. Die prinzipielle Frage nach den Wirkungen der Verdinglichung, denen auch die Proletarier unterliegen,[26] erscheint im dritten Abschnitt der Arbeit als Problem des ›Standpunkts‹ oder ›Gesichtspunkts‹[27]. Die Erkenntnis der wirklichen Bedingungen des Lebens sei dem Proletariat auf gänzlich andere Weise möglich als der Bürgerklasse: »Konkreter gesagt: die objektive Wirklichkeit des gesellschaftlichen Seins ist *in ihrer Unmittelbarkeit* für Proletariat und Bourgeoisie ›dieselbe‹. Das verhindert aber nicht, daß die *spezifischen Vermittlungskategorien,* durch welche beide Klassen diese Unmittelbarkeit ins Bewußtsein heben, durch welche die bloß unmittelbare Wirklichkeit für beide zur eigentlichen objektiven Wirklichkeit wird, infolge der verschiedenen Lage der beiden Klassen in ›demselben‹ Wirtschaftsprozeß, grundverschieden sein müssen.«[28] Die entscheidende Differenz beruht nach Marx[29] darin, daß die Arbeit der Arbeiter diesen gegenüber, wenn sie sich, wie notwendig, als Ware unter die Verdinglichung begibt, in unhinnehmbaren Widerspruch zu ihrer Qualität als unmittelbare menschliche Lebensäußerung gerät.[30] Lukács verkennt die Doppeltheit der qualitativen Differenz von bürgerlichem Bewußtsein und proletarischem Klassenbewußtsein, die in dieser Reservation der Möglichkeit zur Erkenntnis der Wahrheit für das Proletariat besteht, nicht. Die Arbeiter müssen sich a) über sich selbst als Waren bewußt werden und sie müssen dieses Bewußtsein b) in der Form des Selbstbewußtseins haben.[31] Durch das Zusammentreten dieser beiden Momente wird das Bewußtsein der Arbeiter *»das Selbstbewußtsein der Ware«*[32]. Daraus folgt für Lukács: »Die Selbsterkenntnis des Arbeiters als Ware ist aber bereits als Erkenntnis: praktisch. D. h. *diese Erkenntnis vollbringt eine gegenständliche, struktive Veränderung am Objekt ihrer Erkenntnis.*«[33] Damit ist die für Lukács entscheidende Differenz zwischen Bourgeoisie und Proletariat angesprochen: »während die Bourgeoisie durch ihre Klassenlage in ihrer Unmittelbarkeit festgehalten wird, wird das Proletariat durch die – ihm spezifische – Dialektik seiner Klassenlage darüber hinausgetrieben.«[34] Hier ist implizit behauptet, daß es im Innern der Arbeiter einen unverdinglichbaren Rest geben muß, der tendenziell jederzeit in der Lage ist, Anstoß an der Verdinglichung des Lebens des arbeitenden Subjekts zu nehmen. Das ist sowohl verstanden als Bedingung der Positivität der Negation der Negation im Sinne Hegels wie auch als Axiom der Revolutionstheorie.

Adornos Stellung zum Verdinglichungsbegriff knüpft an Lukács an. Seine Rolle ist bei beiden identisch, solange es dabei bleibt, das Bewußtsein von Menschen zu beschreiben, die einen proletarischen Standpunkt (noch) nicht gewonnen haben.

Die Differenz setzt ein, wo darüber hinausgegangen wird: bis hierher gilt, daß die Arbeiter »sich unmittelbar als Gegenstand und nicht als Aktor des gesellschaftlichen Arbeitsprozesses«[35] erscheinen. Lukács leitet aber jetzt, zur Erkenntnis der Vermitteltheit dieser nur scheinbaren Unmittelbarkeit übergehend, ab, daß im Vollzug dieser Erkenntnis die Verdinglichung des subjektiven Bewußtseins durchbrochen werde: »Indem sich diese Unmittelbarkeit als Folge von mannigfaltigen Vermittlungen erweist, [...] beginnen die fetischisierten Formen der Warenstruktur zu zerfallen: der Arbeiter erkennt sich selbst und seine eigenen Beziehungen zum Kapital in der Ware«[36] – er erkennt sich selbst in der Ware, also sich selbst als Ware. Lukács meint hier eine sowohl psychologisch beschreibbare wie auch intellektuelle Selbsterkenntnis im Sinne des wahren Bewußtseins vom falschen Zustand. Das erhellt aus der Formulierung, mit der er fortfährt: »So weit er noch praktisch unfähig ist, sich über diese Objektsrolle zu erheben, ist sein Bewußtsein: *das Selbstbewußtsein der Ware*; oder anders ausgedrückt: die Selbsterkenntnis, die Selbstenthüllung der auf Warenproduktion, auf Warenverkehr fundierten kapitalistischen Gesellschaft.«[37] Absgehen davon, daß Zweifel an der Möglichkeit dieses Bewußtseinsschrittes theoretisch möglich sind, handelt es sich hier offenbar um einen Vorgang, den Lukács als realen, geschichtlich verifizierbaren faßt, von dem er also meint, es gebe ihn so oder habe ihn so gegeben. Er beschreibt also nicht ein Desiderat, sondern einen geschichtlich realen archimedischen Punkt: »Der objektive Spezialcharakter der Arbeit als Ware [...] erwacht in diesem Bewußtsein, durch dieses Bewußtsein *zur gesellschaftlichen Wirklichkeit.*«[38] Er »objektiviert sich selbst durch dieses Bewußtsein. Indem aber die spezifische Gegenständlichkeit dieser Warenart, daß sie unter dinglicher Hülle eine Beziehung zwischen Menschen, unter der quantifizierenden [= verdinglichenden][39] Kruste ein qualitativer, lebendiger Kern ist, zum Vorschein kommt, kann der auf die Arbeitskraft als Ware fundierte Fetischcharakter *einer jeden Ware* enthüllt werden: in jeder tritt ihr Kern, die Beziehung zwischen Menschen als Faktor in die gesellschaftliche Entwicklung ein.«[40] Die archimedische Qualität der Selbsterkenntnis, nach der das Warenverhältnis als Ganzes soll aufgerollt werden können, spricht Adorno ihr ab. Er geht damit insofern über Marx hinaus, als er – natürlich in Kenntnis des Umstands, daß er sich der an dieser Stelle allerdings nur polemischen Kritik Marxens an Ricardo aussetzt[41] – wie dieser das Warenverhältnis schon im einfachen Tausch als vorhanden ansetzt.

2. Die Rolle des Verdinglichungsbegriffs in der analytischen Argumentation Adornos

Kennzeichnend für die Art, in der Adorno sich dem Verdinglichungsphänomen nähert, ist ein Absatz aus seiner Schrift »Wissenschaftliche Erfahrungen in Amerika«. Dort heißt es:

»Was ich mit verdinglichtem Bewußtsein meine, kann ich, ohne umständliche philosophische Erwägung, am einfachsten mit einem amerikanischen Erlebnis illustrieren. Unter den vielfach wechselnden Mitarbeitern, die im Princeton-Projekt an mir vorüberzogen, befand sich eine junge Dame. Nach ein paar Tagen faßte sie Vertrauen zu mir und fragte mit vollendeter Liebenswürdigkeit: ›Dr. Adorno, would you mind a personal question?‹ Ich sagte: ›It depends on the question, but just go ahead‹, und sie fuhr fort: ›Please tell me: are you an extrovert or an introvert?‹ Es war, als dächte sie bereits als lebendiges Wesen nach dem Modell der Cafeteria-Fragen aus Questionnaires.«[42]

Adorno geht hier vom persönlichen Erfahrungsbereich aus. Der Widerspruch zwischen der Deklaration der Frage als »persönliche« und ihrem standardisierten, klassifizierenden Wortlaut, ist der Gegenstand des Anstoßes. Adorno konstatiert Verdinglichung am Bewußtsein oder Verhalten eines einzelnen Menschen. Die Erfahrung an einem einzelnen Menschen ist aber nicht das, was Adorno am Phänomen der Verdinglichung am stärksten hervorhebt. Vielmehr betrachtet er diese Dame als Exemplar des spätbürgerlichen Individuums schlechthin.[43]
Die These von der Geschlossenheit der Gesellschaft wäre unvollständig und undialektisch, ginge sie nicht auf den anderen Pol des gesellschaftlichen Ganzen ein: auf das der Theorie nach nicht länger vorhandene Individuum.
Problematisch bleibt dabei, wie die Subjektivität der Individuen mit ihrer Eingebettetheit in und ihrer Genese aus objektiven Zusammenhängen zusammengedacht werden kann. Der Mensch ist, als Subjekt und Objekt der Geschichte,[44] ein dialektisches Verhältnis, zumindest so lange, wie er nicht vollends zu ihrem Objekt geworden ist.[45])

Bei Lukács war der Gegenbegriff zur Verdinglichung der des Klassenbewußtseins. Bei Adorno ist es der Erfahrungsbegriff: »Das verdinglichte Bewußtsein schaltet Wissenschaft« – im Falle der zitierten Dame Jungs Lehre von den psychologischen Typen – »zwischen sich selbst und die lebendige Erfahrung.«[46] Die Formulierung erinnert nicht zufällig an die Verdrängungszensur und das Über-Ich bei Freud: Verdinglichung wird bei Adorno zur Bedingung der Existenz von Bewußtsein und Denken; damit zur Bedingung von Überleben schlechthin. Zweckrationalität erscheint, wie bei Lukács das Prinzip der Kalkulierbarkeit, als entscheidendes Hemmnis der rationalen Einrichtung der Gesellschaft. Im Kierkegaardbuch ist als Synonym für ›verdinglicht‹ noch ›kontingent‹ gebraucht.[47] Nach Auschwitz tritt ›manipulierbar‹ hinzu.[48]

Mit Marx betont Adorno, daß die Arbeitsteilung Ursache der Verdinglichung ist,[49] kritisiert aber zugleich Lukács: »Die sinnerfüllten Zeiten, deren Wiederkunft der frühe Lukács ersehnte, waren ebenso das Produkt von Verdinglichung, unmenschlicher Institution, wie er es erst der bürgerlichen attestierte.«[50] Für Adorno ist ja schon der homerische Odysseus Urbild des bürgerlichen Individuums. Nahm Lukács bei seiner Festlegung des Verdinglichungsphänomens auf den modernen Kapitalismus[51] die ›entwickelte griechische Gesellschaft‹ aus,[52] übrigens ohne dafür einen Grund anzugeben, so ist Adornos Homerinterpretation darauf aus, das Verdinglichungsprinzip mit dem sozialen Zuchtwahlprinzip, dem der Anpassung also, zu identifizieren. Es resultiert eine Identität von Selbsterhaltung und Verdinglichung. Verdinglichung ist bei Adorno urgeschichtlich entsprungen, überall greifbar[53] und gerade deshalb nicht geeignet, als Hauptangriffsziel zu fungieren: »Worunter die Menschen leiden, darüber gleitet mittlerweile das Lamento über Verdinglichung eher hinweg, als es zu denunzieren.«[54] Dennoch bleibt der Begriff Teil der gesellschaftsanalytischen Argumentation. Als Struktureigenschaft der Gesellschaft taucht Verdinglichung überall auf. Zuweilen getarnt unter anderem Vokabular: »Die Abstraktheit des

Tauschwerts geht vor aller besonderen sozialen Schichtung mit der Herrschaft des Allgemeinen über das Besondere, der Gesellschaft über ihre Zwangsmitglieder zusammen. Sie ist nicht [...] gesellschaftlich neutral.«[55]

Damit ist die Lukácssche Differenz von verdinglichtem bürgerlichen und verdinglichtem proletarischen Bewußtsein aufgehoben: nicht dadurch, daß beide Klassen gleichermaßen unter das Herrschaftsprinzip subsumiert werden, sondern durch den Widerspruch gegen die Auffassung Lukács', nach welcher das bürgerliche Individuum in der Verdinglichung seines Bewußtseins verharren könne und müsse, das proletarische dagegen nicht.[56]

Auch Subjektivierung fungiert als Gegenbegriff zu dem der Verdinglichung: »Die Subjektivierung der Musik und die Ausbreitung eines mechanischen Elements in ihr wären demnach nicht von verschiedenen Seiten hergekommen und hätten sich dann verbunden, sondern sind im Ursprung zwei Seiten des Gleichen, wie die Einheit der Extreme Subjektivierung und Verdinglichung in der neueren Philosophie.«[57]

Daß Adorno die Verdinglichung als Strukturmerkmal menschlichen Lebens überhaupt faßt, ist an seinem Bedürfnisbegriff zu sehen. Bei Marx ist die Bedürfniskategorie an den Begriff des Verlangens geknüpft.[58] Gebrauchswerte sind definiert als Bedürfnisse befriedigende Arbeitsprodukte. Der gesellschaftliche Zustand, der durch die Verdinglichung, wenn nicht hervorgerufen, so doch begleitet wird, modifiziert nach Adorno die Unmittelbarkeit, sprich Natürlichkeit, des Bedürfnisses.[59]

Adorno konstatiert »affektive Besetzung des Tauschwerts«[60] im Konsum. Dadurch hat sich das Verhältnis von unmittelbarem Bedürfnis der Menschen und falscher Gesellschaft, das bei Marx noch analog zu Hegels Modell der List der Vernunft konstruiert ist, umgekehrt. Bei Marx ist die Verknüpfung der Bedürfniskategorie mit der Natur als Quelle der Gebrauchswerte einerseits[61] und als unmittelbare[62] Lebensäußerung der Menschen andererseits[63] Grundlage der Auslegung der Geschichte als Vorgeschichte, die über eine Reihe antagonistischer Zustände zu einem Zielpunkt treibt, der die Abschaffung der Antagonismen durch Mittel erlaubt, welche ausschließlich in den antagonistischen Epochen entstehen können. Die Hoffnung auf ein Ende der Falschheit ist aber daran geknüpft, daß in der Bedürfniskategorie das Naturmoment, und sei es negativ, real fortlebt.

Die Umkehrung der geschichtsphilosophischen These, die Produktionsverhältnisse hätten ein doppeltes Standbein in der Natur, stützt sich auf die Objektivierung von Erfahrungen wie der mit jener Dame.[64] Das Tauschprinzip wird, legt es sich über die Beziehungen zwischen den Menschen, nicht nur Ursache für deren Atomisierung;[65] diese allein würde das Feld zur individuell autistischen Differenzierung der Einzelnen abgrenzen. Sondern die identifizierende Kraft der Verdinglichung, ihre im Ursprung die unterschiedlichen Gebrauchswerte entqualifizierende, sie auf dem Nenner des Tauschwertes gleichmachende Funktion erweist sich als das Identitätsprinzip schlechthin und als die Vernichtung der Individuen zugleich: »Das allherrschende Identitätsprinzip, die abstrakte Vergleichbarkeit ihrer [der Menschen] gesellschaftlichen Arbeit, treibt sie bis zur Auslöschung ihrer Identität.«[66] Im ›universalen Vollzug des Tausches‹ »[...] wird objektiv abstrahiert; wird abgesehen von der qualitativen Beschaffenheit der Produzierenden und Konsumierenden, vom Modus der Produktion, sogar vom Bedürfnis, das der gesellschaftliche Mechanismus beiher, als Sekundäres befriedigt. Primär ist der Profit.«[67] Huxleys Visionen sind für Adorno keine; sie bezeichnen präzise, ebenso wie die Beckettsche Destruktion der Kommunikation, was aus den Subjekten wurde. »In der Kritik am falschen Bedürfnis bewährt Huxley die Idee von der Objektivität des Glücks. Die sture Wiederholung des Satzes ›everybody's happy now‹ wird zur äußersten Anklage.«[68]) In nichts unterscheidet sich Huxleys Beschreibung einer falsch versöhnten Gesellschaft von Adornos Beobachtung, daß sich die Affekte auf Tauschwerte richten.[69] Damit wären sie das Gegenteil von Natur. Im Begriff des Individuums liegt seine Einmaligkeit, auch im Sinne von Persönlichkeit. Wenn aber die Bedürfnisse selbst entqualifiziert werden, unterscheiden sich die Individuen voneinander nur noch wie Zahlen. Sie wären keiner qualitativen Differenz voneinander mehr fähig. Das aber ist mit dem Begriff des Individuums nicht mehr vereinbar.

Die Trennung der Klassen ist nach Lukács Bedingung für die Aufhebung der gesellschaftlichen Antagonismen durch die zum Bewußtsein ihrer selbst kommende Ware in Gestalt des Proletariats. Ein erst postum veröffentlichter Text Adornos über die Klassentheorie enthält die Passage:

»Die jüngste Phase der Klassengesellschaft wird von den Monopolen beherrscht; sie drängt zum Faschismus[70], der ihrer würdigen Form politischer Organisation. Während sie die Lehre vom Klassenkampf mit Konzentration und Zentralisation vindiziert, äußerste Macht und äußerste Ohnmacht unvermittelt, in vollkommenem Widerspruch einander entgegenstellt, läßt sie die Existenz der feindlichen Klassen in Vergessenheit geraten.«[71]

Er unterscheidet also durchaus die Existenz des Klassengegensatzes, die er anerkennt,[72] von seiner Durchbrechbarkeit.[73] Die »Frage nach dem Proletariat« wird ihm zum »Vexierbild«[74] und zur »Scherzfrage«[75]. An diesem Punkt koinzidiert die Theorie der geschlossenen Gesellschaft, die Lehre von deren Genese aus dem Prinzip der Verselbständigung mit der These von der Liquidation des Individuums: »Die falsche Identität zwischen der Einrichtung der Welt und ihren Bewohnern durch die totale Expansion der Technik läuft auf die Bestätigung der Produktionsverhältnisse hinaus, nach deren Nutznießern man mittlerweile fast ebenso vergeblich forscht, wie die Proletarier unsichtbar geworden sind. Die Verselbständigung des Systems gegenüber allen, auch den Verfügenden, hat einen Grenzwert erreicht. Sie ist zu[r] [...] Fatalität geworden [...].«[76]

3. Der logische Ort der Verdinglichung
in der Philosophie Adornos

Immer wieder nennt Adorno die Verdinglichung, z. B. die der
Öffentlichkeit[77], als Ursache für die »Autonomie der Sozial-
prozesse«[78]. Damit wird die Verdinglichung interpretiert als
objektiv den Gegenständen des Bewußtseins anhaftende Struktur.[79] Der Begriff wird aber, wenn er so erweitert wird, un-
scharf: taucht er als anthropologische Konstante *und* als technische Verfahrensweise, als Identitätsprinzip *und* als objektive
Gegenstandsform auf, so wird er so nichtssagend, wie Adorno
es an Mannheims Ideologiebegriff kritisiert hat.[80]
Der Verdinglichungsbegriff erscheint, entgegen der sich damit
als weitgehend bloß verbal entpuppenden Abwehr solchen
Verhaltens in der ›Negativen Dialektik‹[81], in seiner Entgegensetzung gegen den Naturbegriff normativ negativ besetzt. Sätze wie der von der gelungenen Seelenaustreibung[82]
im Strawinsky-Teil der ›Philosophie der neuen Musik‹ stellen
diese zwar nicht unmittelbar mit dem Verdinglichungsbegriff
zusammen, wohl aber mit dem, was an anderer Stelle als Folge
der Verdinglichung benannt ist: der Schizophrenie, deren gesellschaftliche Genese er mit Lukács aus der Entfremdung ableitet[83] und gegen Lukács in Kafkas Dichtung wiederfindet[84],
der bürgerlichen Kälte[85] und dem Infantilismus als falscher
Regression.[86] Der Naturbegriff erscheint als in sich dialektisch,
nämlich als normativ insofern, als er den Wahrheitsbegriff, wie
ihn Adorno etwa in der Wendung ›unwahre Gesellschaft‹
oder ›unwahres Ganzes‹ beiordnet, positiv voraussetzt. Dagegen verschwindet seine normative Kraft mit seiner Auflösung in ein dialektisches Moment der Naturgeschichte.
Wahr wäre das reine Natürliche, gäbe es dieses. Daß es aber
nicht existiert, erzwingt die Aufhebung des Naturbegriffs und
damit die seiner normativen Kraft. Die Entgegensetzung von
Natur und Naturbeherrschung hebt sich auf, wenn Naturbeherrschung als naturgeschichtliches Apriori erscheint.[87]) Verdinglichung erscheint als noch nicht ganz Absolutes.[88] Die Aus-

weglosigkeit, die der Begriff der geschlossenen Gesellschaft enthält, verhindert die Möglichkeit noch der subjektiven Opposition gegen das System: »Kunst ist unendlich diffizil auch darin, daß sie zwar ihren Begriff transzendieren muß [...], daß sie jedoch dort, wo sie dabei Realien ähnlich wird, der Verdinglichung sich anpaßt, gegen die sie protestiert: Engagement wird unvermeidlich heute zur ästhetischen Konzession.«[89] Adorno argwöhnt, selbst die Absage der Kunst an die Sinnkategorie treibe sie dem Positivismus, noch ein Synonym für verdinglichtes Bewußtsein, in die Arme.[90] Verdinglichung und Subjektivität sind Korrelate.[91] Die Zusammenhänge, in denen der Begriff auftaucht, lassen eine moralphilosophisch zu begründende negative Besetzung erkennen: auf weiten Strecken ist die klagende Sehnsucht nach der Versöhnung von Gesellschaft und Verdinglichung, z. B. in der ›Ästhetischen Theorie‹, nicht zu überhören, während die ›Negative Dialektik‹ erklärt, solches »Lamento« sei nutzlos.[92]

Selbst die Kunst entgeht in Adornos Konzeption der Verdinglichung nicht. Das vollendet die reale Verabsolutierung der Verdinglichung. Bis in die feinsten Verästelungen künstlerischer und denkerischer Spontaneität hinein verfolgt Adorno das Verdinglichungsprinzip. Verdinglichung wird so zur Struktur alles Seienden und aller Relation überhaupt. Das bringt den struktiven Charakter der gesellschaftsanalytischen Argumentation Adornos hervor.

Dennoch ist die Verdinglichungskategorie nicht als oberster Punkt, als höchste Ursache der Falschheit der Gesellschaft zu denken:

»Das Unheil liegt in den Verhältnissen, welche die Menschen zur Ohnmacht und Apathie verdammen und doch von ihnen zu ändern wären; nicht primär in den Menschen und der Weise, wie die Verhältnisse ihnen erscheinen. Gegenüber der Möglichkeit der totalen Katastrophe ist Verdinglichung ein Epiphänomen[93] [...]. Bewußtsein, verdinglicht in der bereits konstituierten Gesellschaft, ist nicht deren Konstituens.«[94]

Sondern umgekehrt: Die Vergesellschaftung hängt ab von der

Naturbeherrschung und diese, das die Natur in sich selbst Brechende, überzieht notwendig alles Gesellschaftliche, das »Leben« selbst,[95]) mit Herrschaft. Sie bringt das hervor, was Adorno die Möglichkeit der totalen Katastrophe nennt.[96] »Verhältnisse« ist Inbegriff des Zwangs zur Naturbeherrschung. Die Unmöglichkeit der positiven Auflösung der gesellschaftlichen Antagonismen ist für ihn empirisch erwiesen.[97]) Wo immer Adorno über Verdinglichung spricht, will er das Herrschaftsprinzip treffen.

4. Weiterungen des Verdinglichungsbegriffs bei Adorno

Adorno hat die Positionslosigkeit seiner Philosophie als deren Negativität bezeichnet und ihrer Begründung den Abschnitt »Kritik der positiven Negation« in der ›Negativen Dialektik‹ gewidmet. Er trennt, gegen Hegel, die subjektive von der objektiven Positivität der negierten Negation.[98] Der Popperschen Dialektikkritik[99] gibt Adorno Recht, wenn er schreibt: »Die Gleichsetzung der Negation der Negation mit Positivität ist die Quintessenz des Identifizierens,« – und damit der Verdinglichung – »das formale Prinzip auf seine reinste Form gebracht. Mit ihm gewinnt im Innersten von Dialektik das antidialektische Prinzip die Oberhand, jene traditionelle Logik, welche more arithmetico minus mal minus als plus verbucht.«[100] Anders als Popper, der – nach Adorno – mit der Positivität falscher oder ideologischer[101] Dialektik das Dialektische als Ganzes verwirft, sucht Adorno durch Abschneiden ihres affirmativen Moments die Dialektik zu retten. »Das Negierte ist negativ, bis es verging.«[102] Die konkludierende Dialektik wird mit der Synthesis der Positivität beraubt: »Weiß der Erkennende genau genug, was einer Einsicht fehlt oder worin sie falsch ist, so pflegt er kraft solcher Bestimmtheit das Vermißte bereits zu haben. Nur darf dies Moment der bestimmten Negation, als ein seinerseits Subjektives, nicht der objektiven Logik und gar der Metaphysik gutgeschrieben werden.«[103] Die bestimmte Negation, als bestimmte inhaltsvoll, ändert die Verhältnisse nicht. Sie ist nur deren Bewußtsein.

Diese Wendung gegen Hegel, dessen Identifikation von Geist und Welt damit widerrufen wird, hängt mit dem Verdinglichungsbegriff durch dessen Weiterungen bei Adorno zusammen. Das Fetischkapital erklärt, warum den bürgerlichen Ökonomen die Ware ein Rätsel bleiben mußte. Adornos Verdinglichungsbegriff erklärt nicht nur die Abwesenheit von Klassenbewußtsein, sondern entfaltet das Verhältnis von Subjekt und Unmittelbarkeit als prinzipiell ideologisches. Das Stichwort ist das vom ideologischen oder technologischen Schleier.[104] Daß der Begriff in dem Abschnitt »Kulturindustrie« der ›Dialektik der Aufklärung‹[105] vorgestellt und zuerst erläutert wurde, weist darauf hin, daß es sich um einen Teil der Überbau-Diskussion handelt. Der Abschnitt verfolgt zwei Ziele: er will Kulturphänomene auf ihren politischen Gehalt untersuchbar machen und benötigt deshalb eine über Marxens Theorie der Rückwirkung des Überbaus auf die Produktionsverhältnisse hinausgehende Theorie des cultural lag, das als Herrschaft verursachend konstruiert werden muß. Der gesellschaftliche Gehalt von Kulturgegenständen wird hier auf seine soziale Wirksamkeit hin betrachtet. Das Verfahren ist exemplarisch generalisierend: »Jedem beliebigen Tonfilm, jeder beliebigen Radiosendung läßt sich entnehmen, was keiner einzelnen, sondern allen zusammen in der Gesellschaft als Wirkung zuzuschreiben wäre. Unweigerlich reproduziert jede einzelne Manifestation der Kulturindustrie die Menschen als das, wozu die ganze sie gemacht hat.«[106] Die These läuft auf das Modell eines in sich geschlossenen Kreises hinaus: Die Heteronomie des urgeschichtlichen Verdinglichungsmoments in Gestalt der Naturbeherrschung kehrt im Überbau wieder als dessen Abbildcharakter. Kultur kann nur das je Herrschende reproduzieren, formal wie inhaltlich. Die Form der antagonistischen Immergleichheit wird zum Inhalt schlechthin. Das Bedürfnis nach Aufhebung der Antagonismen, das Leiden der Menschen wird gefüttert mit einer Kultur, mit deren Gebilden sich die defizienten Menschen identifizieren können. So wird Kunst zum Amüsement. Anstatt der Realität die Maske vom Gesicht zu reißen, verkommt der Geist damit zur affirmativen Verdopplung dessen, was ohnehin schon ist. Das macht ihn zur Reklame für den falschen Zustand, ökonomisch zu der für sich selbst und seine Verwalter.

Die These behauptet, der Totalität dieses Zusammenhangs entgehe kein einziges Werk.[107] Damit aber, daß auch das Sein der Kunstwerke,[108] deren Gebrauchswert der Idee nach in ihrer Nutzlosigkeit, ihrem Eintreten für das Nichtidentische als dem der Zweckrationalität Entzogenen besteht,[109] unter den Bann des Tauschwerts gerät, wird die Welt eindimensional, indem die Bedürfnisse der Menschen – Adorno rechnet mit einem objektiven Bedürfnis der Menschen nach Kunst[110] – diese anthropologisch zu dem machen, als was sie der Zwangsgesellschaft am besten verwertbar erscheinen: stereotype Reize rufen stereotypes Verhalten hervor.[111] Das genormte Verhalten »bezeugt den Versuch, sich selbst zum erfolgsadäquaten Apparat zu machen, der bis in die Triebregungen hinein dem von der Kulturindustrie präsentierten Modell entspricht. Die intimsten Reaktionen der Menschen sind ihnen selbst gegenüber so vollkommen verdinglicht, daß die Idee des ihnen Eigentümlichen nur in äußerster Abstraktheit noch fortbesteht: personality bedeutet ihnen kaum mehr etwas anderes als blendend weiße Zähne und Freiheit von Achselschweiß und Emotionen. Das ist [...] die zwangshafte Mimesis der Konsumenten an die zugleich durchschauten Kulturwaren.«[112] Durch das Ineinandergreifen von anthropologisch falschem Bedürfnis und dessen interessierter Befriedigung, wobei das Subjekt des Interesses nicht mehr die Kapitalistenklasse oder das Kapital, sondern der Kapitalismus selbst in seiner abstrakten Anonymität ist, wird den Menschen, als Zwangsmitgliedern des Systems, die Möglichkeit der Erkenntnis ihres Zustands genommen, indem ihnen die Erfahrung ihres eigenen Leids vorenthalten wird:

»Es gehört zum Mechanismus der Herrschaft, die Erkenntnis des

Leidens, das sie produziert, zu verbieten, und ein gerader Weg führt vom Evangelium der Lebensfreude zur Errichtung von Menschenschlachthäusern so weit hinten in Polen, daß jeder der eigenen Volksgenossen sich einreden kann, er höre die Schmerzensschreie nicht.«[113]

Das Ineinandergreifen von falschem Innen und falschem Außen ist nach Adorno vermittelt durch die Vorstellung von einer »trügerischen Unmittelbarkeit«:

»Alles ist Eins. Die Totalität der Vermittlungsprozesse, in Wahrheit des Tauschprinzips, produziert zweite trügerische Unmittelbarkeit. Sie erlaubt es, womöglich das Trennende und Antagonistische wider den eigenen Augenschein zu vergessen oder aus dem Bewußtsein zu verdrängen. Schein aber ist dies Bewußtsein von der Gesellschaft, weil es zwar der technologischen und organisatorischen Vereinheitlichung Rechnung trägt, davon jedoch absieht, daß diese Vereinheitlichung nicht wahrhaft rational ist, sondern blinder, irrationaler Gesetzmäßigkeit untergeordnet bleibt. Kein gesellschaftliches Gesamtsubjekt existiert. Der Schein wäre auf die Formel zu bringen, daß alles gesellschaftliche Daseiende heute so vollständig in sich vermittelt ist, daß eben das Moment der Vermittlung durch seine Totalität verstellt wird. [...] Das meinten Horkheimer und ich vor Jahrzehnten mit dem Begriff des technologischen Schleiers.«[114]

Diese Unmittelbarkeit fällt zusammen mit der Verdinglichung als dem Gleichmachen des Verschiedenen: »Das Inkommensurable wird gerade als solches kommensurabel gemacht, und das Individuum ist kaum einer Regung mehr fähig, die es nicht als Beispiel dieser oder jener öffentlich anerkannten Konstellation[115] benennen könnte.«[116] »Verdinglichtes Bewußtsein kann nur Verdinglichtes ertragen.«[117] Zusätzlich zu den unumgänglichen Anpassungsmechanismen der Sozialisation wird der Bewußtseinszustand der Menschen von der »Erbschaft der Ideologie«, der Totalität der Kulturindustrie, intentional[118] ›modelliert‹ und ›fixiert‹.[119] Die »Verdopplung dessen, was ohnehin ist«[120] schlägt um in »Terror«[121], weil sie die Verdopplung der real abstrakten Herrschaft und der ihr entsprechenden Form der Subjektivität ist.

Anthropologisch ist daran, daß nach Adorno das ›Bewußtsein und Unbewußtsein‹[122], der ganze psychische Apparat der Menschen also, durch jenen Schleier von der gesellschaftlichen Realität abgetrennt wird und in den »Verblendungszusammenhang«[123] verfällt, der bei Lukács beschrieben ist,[124] aber für durchbrechbar gehalten wird. Das setzt die Kurierbarkeit der Verblendung voraus. Nach Adorno aber ist die Deformation »keine Krankheit an den Menschen, sondern die der Gesellschaft, die ihre Kinder so zeugt, wie der Biologismus auf die Natur es projiziert: sie ›erblich belastet‹«[125]. Die relative Konstanz des Unbewußten schlägt Adorno im Sinne der cultural lag-Theorie dem sich langsamer als der Unterbau umwälzenden Überbau zu. »Tatsächlich ist die individuelle Psyche gegenüber der Vormacht der realen Gesellschaftsprozesse sekundär, wenn man will: Überbau.«[126]

Das Zusammendenken von »anthropologischer Deformation« und »Überbau« so, daß der Überbau, das Epiphänomen, zur Struktur der den Unterbau tragenden Subjekte wird, bezeichnet neben dem Totalitätscharakter des Verdinglichungsbegriffs jene Umkehrung der Philosophie der List der ökonomischen Vernunft in eine der unvernünftigen Herrschaft. Adorno hält sich auch darin streng an die Interpretation des Warenfetischismus als entqualifizierendes Prinzip, daß er Verblendung als Verlust der Fähigkeit zu lebendiger Erfahrung beschreibt.[127]) Erfahrungslosigkeit und Manipulation koinzidieren in der affektiven Besetzung des Bestehenden. Mit dem psychoanalytischen Denkmodell der Triebenergie arbeitend, behauptet Adorno, die naturgeschichtlich entsprungenen qualitativen Bedürfnisse hielten mit eben jener Zähigkeit an der Ersatzbefriedigung fest, mit der sie das qualitativ andere wünschen sollten. Der Verzehr des Tauschwerts erfolgt in psychischem Krampf: »[...] ins sture Festhalten am je eigenen Interesse hat sich die Wut eingemischt, daß man es eigentlich ja doch nicht mehr wahrzunehmen vermag, daß es anders und besser möglich wäre.«[128] Die von Adorno diagnostizierte Totalität von Verblendung, Verdinglichung und Anpassung in der integralen

Gesellschaft widerspricht der ferneren Möglichkeit von verantwortlicher Philosophie. Das ist eine Schwierigkeit, die zwar nicht unüberwindlich ist, aber doch zum Unbehagen an der Philosophie Adornos beigetragen hat. Das Denken selbst, als identifizierende Kraft, trägt bei zu der Verblendung, aus der eine Philosophie, die dieses erkennt, herauswollen muß. Gewiß darf von irgendeiner Art Rückkehr zu einem ›alten Wahren‹[129] keine Besserung erwartet werden. Das hat Adorno gegen Lukács geltend gemacht.[130] Umgekehrt war er jeder Form der aktivistischen Praxis in militant revolutionärer Absicht abhold. Die im engeren Sinn politische Praxis war ihm suspekt, weil sie den Mechanismen der Macht notwendig ausgeliefert bleibt, solange sie wirksam sein will.[131] Wo er, wie es vorkam, abwich von der Maxime, bei der Analyse stehenzubleiben und vorsichtige Empfehlungen gab, etwa zur Reform des Sexualstrafrechts[132] oder zu Fragen der Pädagogik,[133] ist diesen Empfehlungen das Mentalreservat anzumerken. In dem Artikel »Gesellschaft«, den Adorno zum Evangelischen Staatslexikon beisteuerte,[134] betont er diese Art der Praxislosigkeit seiner Philosophie:

«Erst einmal jedoch wäre die Gesellschaft als universaler Block, um die Menschen und in ihnen, zu erkennen. Hinweise zur Änderung vorher helfen nur dem Block, entweder [wenn repressiv] als Verwaltung des Unverwaltbaren, oder [wenn kritisch] indem sie sogleich die Widerlegung durchs monströse Ganze herausfordern. Begriff und Theorie der Gesellschaft sind nur dann legitim, wenn sie zu beidem nicht sich verlocken lassen, sondern die Möglichkeit, die sie beseelt, negativ festhalten: aussprechen, daß die Möglichkeit erstickt zu werden droht. Solche Erkenntnis, ohne Vorwegnahme dessen, was darüber hinausführte, wäre die erste Bedingung dafür, daß der Bann der Gesellschaft einmal doch sich löse.«[135]

Auch das löst die Schwierigkeit nicht. Um es aussprechen zu können, muß die Bedrohung der Möglichkeit erkannt und die Erkenntnis motiviert sein.
Das System der Eindimensionalität läßt einen einzigen Spielraum, und ihn lotet Adornos Denken aus: es kann noch ver-

schärft werden. Er selbst nennt das verschärfende Verfahren das der Übertreibung. Die Denkfigur des Aphorismus', nach dem an der Psychoanalyse nichts wahr sei als ihre Übertreibungen,[136] findet sich schon in der ›Dialektik der Aufklärung‹: »[...] nur die Übertreibung ist wahr.«[137] Nicht anders denn als Übertreibung der verdinglichten Verfahren sind demnach jene »konsequenzlogischen Mittel«[138] zu verstehen, die Adorno als Methode der ›Negativen Dialektik‹ ebenso reklamiert wie für die »Logik der Kunst«[139] und deren philosophische Dimension in dem Versuch besteht, »über den Begriff durch den Begriff«[140] hinauszugelangen.

Gesellschafts- und Geschichtsphilosophie treten zusammen im Begriff der Herrschaft. Die Verdinglichung, als deren Derivat konstatiert, begründet das Urteil, nach welchem das Ganze das Unwahre sei.[141] Der Wahrheitsbegriff erscheint in diesem Satz als defizienter Modus seiner selbst, wie Wahrheit in der ganzen Philosophie Adornos als transzendent erscheint. Die Disparatheit des Verhältnisses von explizitem Anschluß an den Marxschen Materialismus und Aufrechterhaltung des Desiderats von Wahrheit erweckt das Interesse für das Verhältnis von Idealismus und Materialismus in der Philosophie Adornos.

Drittes Kapitel
Adornos Theorie der Genese der Wahrheit aus dem falschen Schein

1. Rückführung des Wahrheitsproblems
auf ein Problem der Naturgeschichte

Gesichert ist nunmehr, daß Adorno seine These von der vollständigen Unwahrheit des Ganzen und seiner Teile auf die Vorstellung der Möglichkeit objektiver Wahrheit baut. Das scheint zunächst das Schema zu erfüllen, nach welchem empirische Wirklichkeit und wahre Idee naturgesetzlich dichotomisch sind. Der Wahrheitsbegriff Adornos hat aber, wenngleich es nach dem bisherigen Gang der Untersuchung so scheint, nicht die Funktion einer regulativen Idee.

Das Verhältnis von Wahrheit und Unwahrheit ist gekoppelt an das von notwendiger und überflüssiger Herrschaft in der Gesellschaft. Die Erörterung des Homer-Exkurses der ›Dialektik der Aufklärung‹ ergab, daß der dem Fortschritt der Naturbeherrschung entgegenwirkende regressive Anteil der Vernunftmittel zwar als Herrschaft und damit Regression stiftend interpretiert wird; das bedeutet jedoch nicht, daß Adorno die subjektivitätstiftende Kraft der die Natur beherrschenden Vernunft verkennt. Seine Schriften unterdrücken diesen Aspekt weitgehend, aber nur in polemischer Absicht. Die Geschichte stellt sich unter Adornos urgeschichtlichem Blick nicht primär als die Geschichte von Klassenkämpfen dar, sondern als die Geschichte der Verschärfung des Gegensatzes von notwendiger Herrschaft und möglicher Freiheit.

Das allein ergibt noch keinen Gegensatz zur Geschichtsphilosophie Marxens. Deren Pointe ist es gerade, die wachsenden Antagonismen als notwendige Entwicklungsstufen zu begreifen, die in die Hervorbringung des Proletariats münden und damit in jenen Aufhebungsprozeß, den Lukács beschrieben hat. Marx hat aber allzusehr betont, er habe die idealistische

Eschatologie auf die Füße gestellt: die Freilegung der ökonomischen Basis der Menschengeschichte unterschätzt den Überbau und kommt, das ist ihr zentraler Widerspruch, nicht aus ohne Eschatologie. Diese ist zwar bei Marx an den wirklichen Interessen und Bedürfnissen der wirklichen Menschen orientiert, aber das eschatologische Bedürfnis selbst ist an die Existenz der Klassengesellschaft geknüpft, und der Schluß, deren Abschaffung legitimiere nachträglich das Bedürfnis, ist dann falsch, wenn nachgewiesen wird, daß das Bedürfnis nach Versöhnung von Freiheit und Herrschaft von der Falschheit der Gesellschaft, in welcher es entsteht, selbst falsch gemacht wird. Mit anderen Worten: wie das Bedürfnis nach Konfliktlosigkeit münden kann in die »Identifikation mit dem Angreifer«[1], so kann dasselbe Bedürfnis, wenn es sich in Gestalt des Proletariats, nach Lukács also als Selbstbewußtsein der Ware auf die gewaltsame Lösung der Herrschaft richtet, von eben der Falschheit weiterhin beherrscht werden, die es abschaffen möchte und die doch seine Ursache ist.

Adorno spricht oft von Versöhnung, niemals aber von der Versöhnung von Natur und Geschichte. Der Grund ist, daß er den Naturbegriff nicht für einen emphatischen Begriff hält, sondern im Gegenteil die Entgegensetzung von Natur und Geschichte für ideologisch. Was in der aus theologischer Tradition stammenden Versöhnungslehre von Natur und Geschichte als Gegensatz auftaucht, wird bei Adorno zusammengezogen in den Begriff der Naturbeherrschung. Wenn Adorno formuliert, er halte es für ›unendlich wichtig‹, »nicht länger Verhältnisse, die geworden, historisch entstanden waren [...], für natürliche zu halten«[2], so ist damit die ideologiekritische Maxime formuliert, welche den Schleier der Verblendung zerreißen möchte, der das Bestehende als unmittelbar und naturhaft, damit aber auch als metaphysisch wahr vorspiegelt.[3] Die Umwendung dieses Verhältnisses, die etwa auch Brecht vollzieht, indem er aus der Gewordenheit der Verhältnisse auf ihre Veränderbarkeit schließt, so daß nach dieser Erkenntnis die Menschen als unmittelbare Subjekte ihrer Handlungen erscheinen, liegt ganz außerhalb der Intention Adornos. Entsprechend darf der Begriff der Geschichtlichkeit nicht derart in Vorgeschichte und machbare nachrevolutionäre Geschichte aufgeteilt werden. Sondern die Geschichte muß konstruiert werden als Naturgeschichte, dem zentralen Satz des frühen Vortrags über die ›Idee der Naturgeschichte‹ gemäß:

»Wenn die Frage nach dem Verhältnis von Natur und Geschichte ernsthaft gestellt werden soll, bietet sie nur dann Aussicht auf Beantwortung, wenn es gelingt, *das geschichtliche Sein in seiner äußersten geschichtlichen Bestimmtheit, da, wo es am geschichtlichsten ist, selber als ein naturhaftes Sein zu begreifen, oder wenn es gelänge, die Natur, da, wo sie als Natur scheinbar am tiefsten in sich verharrt, zu begreifen als ein geschichtliches Sein.* [...] Die Rückverwandlung der konkreten Geschichte in dialektische Natur ist die [...] Idee der Naturgeschichte.«[4]

Die Dialektik des Verhältnisses von Natur und Geschichte ist kein Fund Adornos. Das Spezifische seiner Formulierung ist der deutliche Primat der Natur: Geschichte ist ein Moment der Natur, ebenso wie das die Natur Brechende, die Naturbeherrschung, als der Natur inhärent begriffen ist. Erst diese Bestimmung erlaubt den Übergang von der Interpretation der Genesis der Zweckrationalität und ihrer Durchsetzung mit Regression als abendländische Spätphase der Anthropogenese zur Interpretation desselben Vorgangs als Urgeschichte der Subjektivität und als Naturgeschichte zugleich. Entsprechend wird der Begriff der Aufklärung, »als der fortschreitenden Denkens, bis zum Beginn überlieferter Geschichte ausgedehnt«[5].

Diese Theorie scheint dem Geist allein die Ideologierolle zuzuweisen, so, daß alles Geistige, das über die technische Verfügung über Naturkräfte hinausgeht, als bloße plane Abbildung bestehender Verhältnisse im ideologischen Überbau[6] aufgefaßt wäre. Aber auch hier waltet nach Adorno das Prinzip der Verselbständigung. Dadurch, daß die Anthropogenese als naturgeschichtliches Ereignis interpretiert wird, gelangt der subjektive Aspekt des Geistes gerade in seiner negativ beschriebenen

Gestalt: als ideologischer Schleier, als Rationalisierung, welche die Identifikation mit dem angreifenden Bestehenden ermöglicht und das eigene Leid vergessen macht, zu objektiver Bedeutung. Freilich nicht von sich aus, sondern, dem retrospektiven Verfahren gemäß, als Nebenfolge der Entwicklung der Rationalität. Es wäre ja unsinnig, über der Betonung der Negativität des Fortschritts zu vergessen, daß die Ausbildung der Selbsttäuschung über die reale Herrschaft des Zwangs nicht nur die Idee des freien mündigen Subjekts hervorbringt: sie gerade ist, als subjektiv für wahr, d. i. gesellschaftlich verwirklicht gehaltene, falscher Schein, solange die reale Herrschaft das Entstehen dieses Subjekts verhindert; sondern zugleich treibt der Fortschritt der Naturbeherrschung qua Entwicklung der Produktivkräfte die wirkliche Grundlage der Gesellschaft auf einen Punkt, an welchem das Zwangsmoment der Gesellschaft nicht länger Bedingung des Überlebens ist, mit welchem also der Übergang zur wirklich freien und mündigen Subjektivität real möglich wird. Wahrhaft erwiesen wäre diese Möglichkeit erst mit Eintreten des herrschaftslosen Zustands selbst, aber extrapoliert werden kann sie aus der Erkenntnis, daß die vergangene Geschichte Stufen des Prozesses, der zu jenem Punkt treibt, wirklich hervorgebracht hat.

Problematisch bleibt die Bestimmung der Dimension dieses Prozesses; ob er eschatologisch, also finit, infinit oder indefinit gedacht wird. Die Entscheidung darüber benötigt neben einer Vorstellung über das Wesen des Prozesses selbst Zusatzannahmen, wenn er infinit gedacht wird. Solche Zusatzannahmen scheinen notwendig theologisch, zumindest theologischer Abstammung zu sein, da sie das Ganze als Absolutes müssen denken wollen. Die Lösung der Indefinität scheint trotz aller Sorgfalt, die Kant ihr in der Transzendentalen Dialektik gewidmet hat, leer zu bleiben und die Entscheidung für eine der beiden Alternativen nur zu vertagen, mit Gründen, die materialistisch aufhebbar sind. Eine solche Aufhebung bestünde darin, in der Geschichte konkret jenen Punkt aufzuzeigen, der die Möglichkeit der Befreiung aktuell macht.

Mit dem Hinweis, die Möglichkeit der Verwirklichung habe ihren Ort in der Entwicklung der Produktivkräfte, ist die Definition des eschatologischen Grenzpunkts schon gegeben: er besteht in demjenigen Stand der Produktivkräfte, der es erlaubt, die Erhaltung der Gattung als ausschließlich technologisch lösbares Problem aufzufassen.

Der Begriff der Wahrheit stand seit der Aristotelischen Bestimmung, die das Wahrheitsmoment dem Urteil über Sachverhalte zusprach, in der Dialektik von Wahrheit des Urteils und Wahrheit des Sachverhalts. Bei Adorno ist diese Dialektik in einer spezifischen Weise modifiziert. Wahr sind in seinem Denken nur Sachverhalte, und zwar ein eng begrenzter Sektor von Sachverhalten; wahr wäre der Zustand der Gesellschaft, in welchem das volle Maß möglicher Herrschaftsfreiheit verwirklicht wäre.

Auch diese Formulierung läßt die Möglichkeit eines Restes von notwendiger Herrschaft offen. Das heißt, daß, weil Herrschaft überhaupt mit Unwahrheit connotiert, der Begriff emphatischer Wahrheit gekoppelt ist an denjenigen Stand der Produktivkräfte, der es erlaubt, das Maß notwendiger Herrschaft wirklich auf Null zu bringen. Das bedeutet für die konkrete Formulierung der Bedingungen des Übergangspunktes: der technologische Stand muß das Stadium der Naturbeherrschung überwunden haben. Die Selbsterhaltung der Gattung darf nicht länger auf der Brechung der Natur basieren: die Naturgeschichte muß aufhören, dialektisch zu sein.[7]

Das Ende der Dialektik der Naturgeschichte kann aber dreierlei Gestalten haben: Der ideologische Schleier kann so fest werden, daß er überflüssig wird und auch keine Übertreibung die Möglichkeit des Besseren festzuhalten erlaubt; der Tod aller Menschen kann zur radikalen Endlösung nicht nur des Problems der Naturdialektik führen. Zwischen diesen der Theorie nach realen Möglichkeiten schrumpft der Boden für die Aufrechterhaltung der Naturdialektik selber, die Bedingung ist für die Aufhebung der Dialektik der Naturgeschichte in ihrer dritten Form: ihrer Versöhnung mit sich selbst.

Zugleich aber mit dem Übergang zur Subsumtion des Heteronomen unter die Natur bedarf es notwendig der Übertragung des Prinzips der Verselbständigung auf den Bereich des ideologischen Überbaus. Nicht dergestalt, daß dieser sich als ganzer verselbständigte und sich freimachte von seiner Abbildhaftigkeit; sondern so, daß das Verhältnis von Widerspiegelung und Verfestigung: von Schein und Fürwahrhalten wiederkehrt im ideologischen Überbau selbst. Wahrheit ist dann unter den herrschenden Verhältnissen und in der gesamten vergangenen Geschichte der defiziente Modus ihrer selbst.

Demnach spaltet sich der Wahrheitsbegriff in einen emphatischen und einen realen Teil: der reale ist der Geschichte der Ökonomie zugeordnet und registriert das – freilich jeweils verspätete – Verschwinden von Teilen überflüssiger Herrschaft, ein Vorgang, der offenbar jeweils dann eintritt, wenn der Anteil der überflüssigen zur notwendigen Herrschaft in ein allzu krasses Mißverhältnis gerät. Der emphatische Wahrheitsbegriff dagegen besteht auf der Abschaffung der Herrschaft überhaupt.

2. Die Genese der Wahrheit aus dem falschen Schein

Die Differenz von realem und emphatischem Wahrheitsbegriff ist bis hierher ganz äußerlich, weil abstrakt beschrieben. Sie muß qualitativ sein und doch historisch abgeleitet werden. Zur Verdeutlichung der Historizität des realen Wahrheitsbegriffs genügt die Erinnerung an Marxens ökonomische Geschichtstheorie. Die Geschichte der Klassenkämpfe ist das Modell der Konstruktion: zunehmende Rationalität der Produktion, einhergehend mit zunehmender Subjektivierung, verweist den Begriff der Subjektivität in eine historische Folgereihe, in welcher Relativität herrscht. Zur Legitimation des appellativen Charakters der Theorie Adornos reicht das nicht aus. Der emphatische Begriff der Wahrheit geht auf objektive Wahrheit, auf Freiheit von der Verdinglichung, auf Befreiung, nicht auf Emanzipation.[8]) Das setzt aber voraus, daß die Produktiv-kräfte angekommen sind auf dem Punkt, an dem die Herr-schaft von Menschen über Menschen im ganzen überflüssig wird. Dem emphatischen Wahrheitsbegriff entspricht das Urteil über die gegenwärtige Gesellschaft, sie sei Industriegesellschaft »nach dem Stand ihrer Produktiv*kräfte*« und Kapitalismus »in ihren Produktions*verhältnissen*«[9] exakt in dem Sinne, daß mit dem Terminus Industriegesellschaft gemeint ist, daß die Pro-duktivkräfte denjenigen Stand erreicht haben, in welchem die Möglichkeit der Befriedigung aller materiellen Bedürfnisse[10] aktuell gegeben ist.[11])

Adornos emphatischer Wahrheitsbegriff ist zu konstruieren als Quintessenz seiner Theorie des Scheins. Sie ist gebaut auf eine fast mechanistische Annahme über den naturgeschichtlichen Prozeß, die in Anlehnung an das dialektische Dogma des vor-kritischen Kant hinter dem Satz der ›Dialektik der Aufklä-rung‹ steht: »schon der Mythos ist Aufklärung«[12].

Kant hat in seiner Schrift: ›Versuch, den Begriff der negativen Größen in die Weltweisheit einzuführen‹ geschrieben: »Es ist demnach die Summe aller existierenden Realität, insoferne sie in der Welt gegründet ist, vor sich selbst betrachtet dem Zero = o gleich.«[13] Er gründet diesen Satz auf die aus viel-fachen Differenzierungen destillierte Einsicht, daß, »wenn A entspringt, in einer natürlichen Weltveränderung auch −A ent-springen müsse, d. i. daß kein natürlicher Grund einer realen Folge sein könne, ohne zugleich ein Grund einer andern Folge zu sein, die die Negative von ihr ist«[14]. Nun ist das »schon der Mythos ist Aufklärung« ein Stück der Erörterung des Fort-schrittsbegriffs, dessen Erwähnung Adorno kaum je vorbei-gehen läßt, ohne den Aphorismus Kafkas, übrigens falsch,[15] zu zitieren, nach dem ein Fortschritt überhaupt noch nicht stattgefunden habe: Fortschritt, »der, nach Kafkas Wort, über-haupt noch nicht stattgefunden hat, (ist,) solange er der gesell-schaftlichen Ordnung immanent bleibt, immer zugleich auch seine eigene Verneinung [...], die permanente Regression«[16]. Das Schema, nach welchem in der Geschichte nur die durch

Herrschaft verursachte *Regression* konstant war und ist, faßt den Fortschritt deshalb als nicht geschehen auf, weil die Differenz von Möglichkeit und Wirklichkeit der bürgerlichen Idealform der Subjektivität erhalten blieb. Auch von hier aus spitzt sich die Frage nach der Möglichkeit der Vereinbarkeit der Theorie der Immergleichheit einerseits und des Bestehens auf der beseelenden Möglichkeit des Besseren andererseits zu, und zwar deshalb, weil die Theorie der Immergleichheit alle bürgerlichen Ideale dem plan abbildenden ideologischen Bewußtsein zuweisen muß, dessen Falschheit der Grund der Immergleichheit ist. Wird aber, im Begriff der objektiven Möglichkeit des Besseren[17] die plane Abbildung als verselbständigte interpretiert, so gewinnt sie die Dimension ihres Dynamismus hinzu. Materialistisch ist das kritisierbar als Elend der Philosophie: fällt das Transzendierende vom Himmel? Wenn nicht, wie Adorno möchte, war Ideologie nie plan abbildend, und damit gerät die Theorie der Immergleichheit ins Wanken. Ideologie muß als Epiphänomen der Klassengesellschaft und als sich transzendierend zugleich aufgefaßt werden. Um diese Schwierigkeiten des Zusammenbringens von Natur und Geschichte in Hinsicht auf den Wahrheitsbegriff hat Adorno das Begriffsfeld Sensorium-Innervation-zweite Natur-Wahrheitsgehalt angeordnet. Auszugehen bleibt davon, daß die Wahrheit konkret ist oder keine.[18] Damit wird der Begriff abgelöst von seinem Zusammenhang mit Methodischem, und entgegen der These von der Liquidation des Individuums werden konkrete Subjekte als der Wahrheit fähig angesprochen, wo Adorno gegen die Delegation des Wahrseins an die Eliminierung der Subjektivität von Aussagen in Gestalt der Residualtheorie polemisiert: »jene Residualtheorie der Wahrheit, derzufolge objektiv ist, was nach Durchstreichung der sogenannten subjektiven Faktoren übrigbleibt, wird von der Hegelschen Kritik ins leere Zentrum getroffen [...].« Fruchtbar ist die Erkenntnis »nicht durch die Ausschaltung des Subjekts, sondern vielmehr kraft dessen höchster Anstrengung, durch all seine Innervationen und Erfahrungen hindurch«.[19] Der Satz der ›Dialektik der Aufklärung<: »Aber es gehört gerade zur Wahrheit, daß man selbst als tätiges Subjekt dabei ist«[20], scheint die Existenz des Subjekts vorauszusetzen, dessen Nichtexistenz Grundlage der Philosophie ist, die diesen Satz begründet.

Mit den Begriffen Erfahrung und Innervation wird der tätige Anteil des Subjekts an der Erkenntnis des Wahren bezeichnet. »Innervieren«[21] heißt: subjektiv, aber physisch vermittelt[22] auf Geschichte reagieren, den historischen Stand von Rationalität und Subjektivität wahrnehmen. Das ›eigentliche Feld‹ dessen, was die Residualtheorie der Wahrheit als subjektive Relativität kritisiert, ist das der ästhetischen Urteile.[23] Subjektivität und Objektivität der Erkenntnis kehren sich auf diesem Feld um:

»Wer jemals aus der Kraft seines präzisen Reagierens im Ernst der Disziplin eines Kunstwerks [...] sich unterwirft, dem zergeht der Vorbehalt des bloß Subjektiven seiner Erfahrung wie ein armseliger Schein, und jeder Schritt, den er vermöge seiner extrem subjektiven Innervation in die Sache hineinmacht, hat unvergleichlich viel größere objektive Gewalt als die umfassenden und wohlbestätigten Begriffsbildungen etwa des ›Stils‹, deren wissenschaftlicher Anspruch auf Kosten solcher Erfahrung geht.«[24]

Das Geschichtliche, das innerviert wird, heißt bei Adorno gesellschaftliche oder ästhetische »Konstellation«. Den gesellschaftlichen Konstellationsbegriff benutzt Adorno[25], ohne ihn entwickelt zu haben. Seine Bedeutung muß aus dem ästhetischen Konstellationsbegriff erschlossen werden, den Adorno in der Erörterung des ästhetischen Materialbegriffs deutlich werden läßt. Deshalb muß hier ein Lehrstück aus der Ästhetik herangezogen werden.

»Offenbar gibt es in den Materialien und Formen, die der Künstler empfängt und mit denen er arbeitet, so wenig sie noch sinnhaft sind, trotz allem etwas, was mehr ist als Material und Form. Phantasie heißt: dies Mehr innervieren. Das ist nicht so aberwitzig, wie es klingt. Denn die Formen, sogar die Materialien sind keineswegs die Naturgegebenheiten, als welche der unreflektierte Künstler sie leicht betrachtet. In ihnen hat Geschichte und, durch sie hindurch, auch

Geist sich aufgespeichert. Was sie davon in sich enthalten, ist kein positives Gesetz, wird aber in ihnen zur scharf umrissenen Figur des Problems.«[26])

Das Problem, dem der Künstler oder seine Phantasie sich gegenüber sieht, wird, so der Kontext, vom Material und den Formen selbst gestellt. Aber das bedeutet nicht, daß die ›Lösung‹ des Problems eine Angelegenheit sei, die sich zwischen dem Künstler und seiner Biographie abspielt. Sondern was ihm gegenübertritt, das Material und seine Formmöglichkeiten, ist selbst fait social. Als zentraler und programmatischer[27] Text ist dazu der Abschnitt ›Tendenz des Materials‹ aus der ›Philosophie der neuen Musik‹ heranzuziehen.[28] Dort weist Adorno mit dem Argument, die »spezifischen Züge« des musikalischen Materials seien sämtlich »Male des geschichtlichen Prozesses«, die physikalische und die tonpsychologische Auffassung zurück, die den Tönen einen apriorischen Sinn oder eine ansichseiende Ausdruckskraft zusprechen.[29] Diese Argumentation ist Teil der Adornoschen Kritik jedes Ersten oder Letzten, deren Durchführung das Husserl-Buch bietet.[30]
Sie schlägt sich nieder vor allem als Analyse des tonalen Systems in der Musik. Gegen die Meinung, der die temperierte Stimmung voraussetzende Dreiklang, konstitutives Stück des tonalen Systems, sei »notwendige und allgemeingültige Bedingung möglicher Auffassung«, polemisiert Adorno, indem er sie »Überbau für reaktionäre Komponiertendenzen« nennt.[31] Wichtig ist, wie Adorno solche Aussprüche belegt. Er rekurriert auf sein eigenes, höchst einzelnes, subjektives Ohr, wenn er über diese Meinung sagt:

»Sie wird Lügen gestraft von der Beobachtung, daß das entwickelte Gehör die kompliziertesten Obertonverhältnisse harmonisch ebenso präzis aufzufassen vermag wie die einfachen, und dabei keinerlei Drang zur ›Auflösung‹ der vorgeblichen Dissonanzen verspürt, sondern vielmehr gegen Auflösungen als einen Rückfall in primitivere Hörweisen spontan sich auflehnt [...].«[32]

Das Gehör, von dem Adorno als Subjekt der Spontaneität der Reaktion hier spricht, muß aufgrund der naturgeschichtlichen

Argumentation als Confinium von Natur und Geschichte im vordialektischen Verstande begriffen werden. Die Zusammenstellung von Spontaneität der Reaktion und Geschichtlichkeit des Materials setzt die Gleichartigkeit von Subjektivität und Material voraus:

»Die Forderungen, die vom Material ans Subjekt ergehen, rühren vielmehr davon her, daß das ›Material‹ selber sedimentierter Geist, ein gesellschaftlich, durchs Bewußtsein von Menschen hindurch Präformiertes ist. Als ihrer selbst vergessene, vormalige Subjektivität hat solcher objektive Geist des Materials seine eigenen Bewegungsgesetze. Desselben Ursprungs wie der gesellschaftliche Prozeß und stets wieder von dessen Spuren durchsetzt, verläuft, was bloße Selbstbewegung des Materials dünkt, im gleichen Sinne wie die reale Gesellschaft [...]. Daher ist die Auseinandersetzung des Komponisten mit dem Material die mit der Gesellschaft, gerade soweit diese ins Werk eingewandert ist und nicht als bloß Äußerliches, Heteronomes, als Konsument oder Opponent der Produktion gegenübersteht.«[33]

Die Parallelisierung von Gesellschafts- und Materialprozeß stammt als Teil der Widerspiegelungstheorie aus der Ideologienlehre und ist in diesem Zusammenhang vorausgesetzt. Es geht um das subjektive Moment im Materialbegriff. Es kristallisiert sich im Begriff der Konstellation: »Wohl redet Material, doch erst in den Konstellationen, in welche das Kunstwerk es setzt.«[34] Die ›Philosophie der neuen Musik‹ bestimmt ›Konstellation‹ als ›vergessene, vormalige Subjektivität‹, indem sie diese und den Konstellationsbegriff in identischer Weise auf den Materialbegriff bezieht. Es geht Adorno also darum, den Tönen in der Musik, den Wörtern in der Literatur, den Farben in der Malerei ihren reinen Naturcharakter abzusprechen: daß sie von anderen schon einmal benutzt wurden, affiziert ihr Ansichsein. Das musikalische Naturmaterial ist demnach die Geschichte dessen, was mit den bloßen Tönen verrichtet wurde: die ganze Musikgeschichte.[35] Entscheidend daran ist, daß der Geist, der als ›objektiver des Materials‹ erscheint, ehemals subjektiv war. Diese Einsicht hat Konsequenzen. Adorno muß mit allem, was dem Material in diesem Sinne einzuwohnen

scheint, so verfahren, daß seine eigene Verfahrensweise dieser Bestimmung nicht widerspricht. Dadurch aber, daß dem scheinbar Geweihten seine Weihe durch die Reduktion auf Stufen der Geschichte der Subjektivität entzogen wird, wird das Material nackt und ist deshalb nur noch Geschichte und nicht mehr Geist. Dem entspricht die Polemik gegen den Symbolbegriff,[36] der Einzelnem, Besonderem zusprach, in ihm sei Geist unmittelbar anwesend. Das kann Adorno nicht gelten lassen. Das Symbolische reduziert sich auf die Konstellation, weil, was andere mit Tönen machten, war, sie in Konstellationen bringen.[37]) Material begegnet ›in Figuren‹[38]. Es kommt nur als geformtes vor, anders wäre es Natur im nicht naturgeschichtlich dialektischen Sinne und also geistlos und blind. Aber Kunst ist nicht ohne Geist: »Wodurch die Kunstwerke, indem sie Erscheinung werden, mehr sind als sie sind, das ist ihr Geist.«[39] Dieses Geistige kongruiert mit dem, worin sie ›Figur‹ eines Besonderen sind: mit der Konstellation des Materials in ihnen: »Der Geist der Kunstwerke ist ihre immanente Vermittlung.«[40]
Was mit dem Konstellationsbegriff gemeint ist, formuliert Adorno auch in den Begriffen Form und Inhalt:

»Form ist in sich durch den Inhalt vermittelt, nicht derart, als ob sie einem ihr bloß Heterogenen widerfährt, und Inhalt durch Form; beides bleibt noch in seiner Vermittlung zu distinguieren, aber der immanente Inhalt der Kunstwerke, ihr Material und seine Bewegung, ist grundverschieden von Inhalt als Ablösbarem, der Fabel eines Stückes oder dem Sujet eines Gemäldes [...]. Der Inhalt eines Bildes ist nicht allein, was es darstellt, sondern alles, was es an Farbelementen, Strukturen, Relationen enthält; der Inhalt einer Musik etwa, nach Schönbergs Wort, die Geschichte eines Themas. Dazu mag als Moment auch der Gegenstand rechnen, in Dichtung auch die Handlung oder die erzählte Geschichte; nicht minder jedoch was all dem im Werk widerfährt, wodurch es sich organisiert, wodurch es sich verändert.«[41]

Der ›immanente Inhalt‹ der Werke wird hier mit dem ›Material und seiner Bewegung‹ identifiziert. Der bloße Stoff, Fabel oder Sujet, zählt nur als ›Moment‹. Schließlich ist Form »selber sedimentierter Inhalt«[42]. Die These Adornos einmal unterstellt, Kunst sei das Medium, in dem über die Gesellschaft gesagt wird, was die Sprache nicht sagen kann, weil sie »meinend« ist,[43] so ergibt sich für die beibehaltene Forderung der Materialgerechtigkeit oder des ›Formniveaus‹,[44] daß es Adorno offenbar darauf ankommt, die Reaktion des als autonom unterstellten Subjekts auf das Heteronome, die im Verblendungszusammenhang unmöglich ist, auf der Ebene des Überbau-Ähnlichen auch unter den Bedingungen der Verdinglichung zu retten. Dann wäre die bewußte Handhabung der sedimentierten Geschichte in Material und Formmöglichkeit dem autonomen Verhalten des Subjekts strukturgleich. Entsprechend rückt das Verhältnis von ›Verfahrensweise‹ – d. i. das Wort Adornos für den technischen Aspekt der künstlerischen Produktion – und Tradition, dem Globalbegriff für das Fortwirken der sedimentierten Geschichte, in den Vordergrund. Wenn es nach Adorno dabei darum geht, das »geschichtlich Fällige«[45] zu tun, so scheint das zunächst eine Distanz des künstlerischen Subjekts zur Tradition vorauszusetzen, kraft derer die Analyse der Tradition in das Vermögen des Subjekts gehoben wird, welche dem Urteil über sie, in welchem der Vollzug des Fälligen besteht, vorausliegt. Aber Adorno muß ohne diese Distanz auskommen, weil sie das Urteil abstrakt machen würde. Das Subjekt soll in den Sachen sein. Nicht das abstrakte Urteil darüber, was zu tun wäre, sondern das Selbermachen ist der Akt, in dem das geschichtlich Fällige gefunden wird.

Dennoch ist dieser Akt nicht bewußtlos, sondern reflektiert traditionsfeindlich. Tradition ist das, was als scheinbar natürliches Implikat des Möglichen in die Gegenwart hineinragt: »das gegenwärtige Vergessene«[46], »gegenwärtige Zeit«[47]. Die Auseinandersetzung mit der Tradition hat über den Überbauaspekt hinaus einen politisch-praktischen: »Wer in Beethoven nicht die bürgerliche Emanzipation und die Anstrengung zur Synthese des individuierten Zustands vernimmt; nicht in Mendelssohn die entsagende Reprivatisierung des zuvor sieg-

reichen allgemeinen bürgerlichen Subjekts; nicht in Wagner die
Gewalt des Imperialismus und das Katastrophengefühl einer
Klasse, die nichts anderes mehr vor sich sieht als das endliche
Verhängnis der Expansion – wer das alles nicht spürt, verkennt
nicht nur als hartgesottener Spezialist die Wirklichkeit, [...]
sondern auch ihre eigene Implikation;«[48] die Kunstwerke sind
demnach transparent auf das ihnen zugrunde liegende Gesellschaftliche. Die ›Bewegung des Materials‹ enthüllt die Wahrheit und die Unwahrheit der Geschichte. Veränderung geschieht
nicht durch distanzierte Manipulation, sondern jede ästhetische
hat eine gesellschaftliche zur Voraussetzung. »Reflexion auf
das Traditionale, die es aus Willen festhalten oder wiederherstellen möchte, ist selber vom Schlag jener Rationalität, welche
die Tradition auflöst.«[49] Deshalb ist Tradition ›geborgen‹
»einzig im unwillkürlichen Gedächtnis«[50]. Das Traditionale
wird durch den Verlauf der Geschichte traditionell, parallel zu
dem Begriff der realen Wahrheit, und das heißt: veraltet.

Darauf reagiert das historische Bewußtsein als unwillkürliches
Gedächtnis. Der Vorgang, den Adorno hier meint, der der
Innervation also, ist ganz konkret vorzustellen als sinnliche
Reaktion der Nerven auf die Totalität des Bestehenden und
seine historische Dimension. Das ist der Sinn des Satzes von
den Nerven als dem Tastorgan des historischen Bewußtseins.
Die Gesamtheit der Nerven bildet dann das Sensorium[51], dessen Tätigkeit die Innervation ist. Es ist definiert als »Möglichkeit der Erfahrung«[52]. Adorno hat den Begriff des Sensoriums
nicht scharf bezeichnet und auch nicht auf eine Definition verwiesen, die klären könnte, was genau gemeint ist. Aus den verschiedenen Kontexten, in denen er ihn benutzt, geht aber soviel
hervor, daß das Sensorium die drei Sphären der Historizität
der Wahrheit: die Ideologie, die aus ihr verselbständigte Idee
der Möglichkeit des Besseren bis Wahren und den Stand der
Rationalität oder Subjektivität umfaßt und deren Differenz
unmittelbar erfahren kann, sobald es die Struktur einer dieser
Sphären in der Realität erkennt und die Bedingung erfüllt ist,
ohne die das Sensorium nicht aktiv sein kann: die Ideologie

darf nicht Herr über es geworden sein. Damit ist das Problem der Unmittelbarkeit der Wahrheit aber nur in das Sensorium hineinverschoben. Die Entfremdungsproblematik wird dadurch zum Bestandteil des Begriffs und jene kathartische Methode[53] war ja darauf aus, die Möglichkeit der Erfahrung, nach dem neuen Begriff die Lebendigkeit oder Funktionsfähigkeit des Sensoriums, wiederherzustellen.

Die Ästhetik Adornos gibt noch einen Schritt weiter Antwort. Der Bezug des künstlerischen Subjekts zum Material ist das Analogon für die Wahrnehmung der Geschichte in ihrer geistigen Dreifaltigkeit von Ideologie, Idee und Stand ihrer Differenz. Das Sensorium begründet die Möglichkeit der Unterscheidung von traditional und traditionell. Die Unterscheidung selbst bietet zunächst auf dem Feld der ästhetischen Argumentation den Begriff des Wahrheitsgehalts als Analogon für den des realen Wahrheitsbegriffs. Wahrheit ist nach ihrer geschichtsphilosophischen Konstruktion vergänglich, d. h. Wahrheit kann Unwahrheit werden, und wenn Kunstwerke jene Durchsichtigkeit auf den Stand der Wahrheit in der Geschichte besitzen, so folgt, daß die Kunstwerke mit der Überschreitung des Standes der Rationalität, den sie dokumentieren, unwahr werden: weil die Gesellschaft nicht mehr ist, was sie war, als sie wahr waren. Sie bleiben wahr als Dokumente, aber sie sagen nicht länger etwas über den Stand der Geschichte, ihre Wahrheit wird zu ihrem Wahrheitsgehalt, der Spur der Notwendigkeit in der für unwahr erkannten Gesellschaft und ihrer Geschichte.

Für die Aktivität des auf das Material reagierenden Künstlers bedeutet das, daß er das Material gerade nicht als Fundus von Sinnversatzstücken behandeln darf. Der Wahrheitsgehalt der Werke ist nur der infinitesimale Rest der Positivität der Geschichte, und dieser Rest ist untrennbar verbunden mit der historischen Stunde, in der sich reale Negativität und potentielle Positivität so zueinander verhielten, wie das Werk es vormacht. Die Elemente der Werke, in denen sich die Rationalität des Verfahrens aufspeicherte, können nicht herausgelöst werden. Wer sie als Versatzstücke aus der Tradition heraus-nimmt und anders denn im parodierenden Zitat wiederbenutzt, der arbeitet mit leeren Schalen und ist politisch reaktionär, weil er mit solchem »Kultus des Plusquamperfekts«[54] das Überholte schlecht konservativ, traditionalistisch verklärt.[55] Dagegen setzt Adorno den Begriff aufklärender Kunst und den ihrer Rationalität, der technischen Verfügung über das Material, die der industriellen Entwicklung parallelisiert wird: »Aber soviel jedenfalls scheint mir fraglos, daß die Elektronik doch mit innermusikalischen Entwicklungen konvergiert. Zur Erklärung braucht man keine prästabilierte Harmonie zu unterstellen: die rationale Beherrschung des musikalischen Naturmaterials und die Rationalität der elektronischen Tonerzeugung gehorchen schließlich dem identischen Grundprinzip.«[56] Gemeint ist offenbar das der rationalen Naturbeherrschung selbst, aber in der Differenz seiner selbst, dem Satz gemäß, in welchem es heißt, die Rationalität habe nie »der Erinnerung an Autonomie und ihre Verwirklichung ganz sich entschlagen«[57]. Bevor der letzte Schritt zur Klärung der Historizität des emphatischen Wahrheitsbegriffs getan werden kann, muß das Problem der Spontaneität des Sensoriums, das ja auf Geschichtliches nach allem so reagiert, wie es der von Adorno kritisierte mythische Naturbegriff möchte, in der Alternative ihrer Historizität oder Natürlichkeit beleuchtet werden. Wäre das Sensorium der konkrete Ort von Spontaneität in dem glatt in Natur als versöhnter aufgehenden Sinn, so fiele die Theorie damit zurück in die Akzeptation des mythischen Naturbegriffs, den die naturgeschichtliche Konzeption gerade aufheben möchte. Deshalb findet sich schon in jenem Vortrag über die Idee der Naturgeschichte der Begriff der zweiten Natur, auf den Adorno die Vorstellung von Naturwüchsigkeit des menschlichen Inneren zurückführt.[58] Zweite Natur ist der gesellschaftliche Charakter der Substanz des Individuums[59], eine Wucherung der Gesellschaft.[60] In dem Essay ›Der Essay als Form‹, dem Adorno nach der Mitteilung seiner Witwe und Rolf Tiedemanns programmatische Bedeutung zumaß[61], ist die Form des Essays konstruiert als Methode der Negativen Dialektik, und dort heißt es, ›unterm Blick des Essays‹, und damit unter dem der Negativen Dialektik, »wird die zweite Natur ihrer selbst inne als erste«[62]. Damit wird die Differenz von erster und zweiter Natur zurückgeführt auf den Irrtum, es gebe überhaupt eine erste, womit zugleich gesagt ist, daß Natur schlechthin nur als zweite vorkommt. Das Sensorium ist demnach angefüllt mit sedimentierter Geschichte, wie es das Material ist, und wie dieses geht es in dieser seiner Heteronomie auf. Adorno hat die Paranoia wie die Schizophrenie als »geschichtsphilosophische Wahrheit übers Subjekt«[63] und als »realitätsgerecht«[64] konstruiert, und im Zusammenhang dieser Konstruktion formuliert er: »Wie aber beim Kurzschluß die Funken sprühen, so kommunizieren blitzhaft Wahn und Wahn in der Wahrheit.«[65] Der subjektive Wahn der Spontaneität, die als substantiell gesellschaftliche keine ist, und der objektive Wahncharakter der negativen Geschichte reagieren im Sensorium. Beides ist Überbau, obwohl dessen Differenz von der Basis mit der naturgeschichtlichen Idee selbst zu wackeln beginnt.

Das Sensorium kann demnach innerhalb der Dialektik der Naturgeschichte, in welcher der Gegensatz von Natur und Geschichte in dem Antagonismus der Kultur oder Gesellschaft selbst aufgeht, nur auf der Seite des falschen Scheins, der Ideologie, untergebracht werden; und doch ist es konstruiert als der Begriff, in dem die Positivität des mythischen Naturbegriffs aufgehoben ist.
Entgegen dem Schein, hier sei eine jener Lücken[66] oder einer der Brüche[67] des Denkens erreicht, die Adorno zu legitimieren versucht, indem er sie gegen die falsche, weil verdinglichte Systematik des Denkens als deren Widerpart ausspielt, geht diese Konzeption glatt auf in die aus der Idee der Naturgeschichte folgende Konstruktion der Genese der Wahrheit aus dem falschen Schein. Offen werden Schein und Wahrheit identifiziert: die »beste dialektische Wahrheit« von Kunst und

Philosophie ist die, »die im Schein sich gibt«[68]. »Die Wahrheit ist nicht zu scheiden von dem Wahn, daß aus den Figuren des Scheins einmal doch, scheinlos, die Rettung hervortrete.«[69] Die schon oft zitierte Möglichkeit des Besseren, Wahren, Anderen ›ging auf in ihrem Schein‹.[70]

Der falsche, bloße Schein konstituiert also die Möglichkeit seiner eigenen Realisierung. Er wird so zur Wirkursache für die Möglichkeit der Realisierung seiner Idee. Das Subjekt bestimmt sich danach durch das Ernstnehmen eines Falschen.

Auf dreierlei Weise kann man falschem Schein mit Ernst begegnen: man kann ihn ernst nehmen und für wahr halten, dann ist man seiner Falschheit aufgesessen; man kann ihn ernst nehmen und für falsch erkennen, dann hat man ihn vernichtet; man kann ihn aber auch, und dann erst nimmt man ihn nach Adorno wirklich ernst, für falsch erkennen und dennoch als regulative Idee anerkennen. Dann erst hat man ihn wahr gemacht. Diese Figur ist die der bestimmten Negation: das Nichtige des Falschen richtig erkennen und dennoch den Anspruch des Falschen aufbewahren, weil im falschen Ideologischen allein die Idee richtigen Lebens entstehen kann. Wenn die Schutzfunktion des Überbaus für die real Mächtigen überhaupt Fortschritt in Bewegung setzen kann, dann so.

Wenn ich Wirkursache sage, dann nicht in dem Sinne, daß, nun dieser, Fortschritt schon geschehen sei. Real hervorgebracht hat der falsche Schein bisher allein ohnmächtige Ideale, deren Realisierung permanent verhindert wird. Sie gerade sind das einzige und größte Hindernis ihrer eigenen Verwirklichung. Der Begriff der Autonomie bestimmt das Subjekt als das sich selbst ohnmächtig gegen seine Heteronomie wehrende Individuum: der ärmste und letzte Strohhalm, der falsche Schein und alles, was von ihm ausgeht, ist von außen, heteronom. Allein die Leistung des Individuums, den falschen Schein zu durchbrechen, den die Wirklichkeit um das Leben stellt, machte es zum Subjekt, und auch dann nur, wenn in der Destruktion des Scheins dessen Anspruch aufbewahrt wird.

Die Bestimmung der Genese der Autonomie aus der Heteronomie setzt sich denn auch dem Zirkularitätsvorwurf aus. Man könnte ja sagen, der falsche Schein von Autonomie, der im Heteronomen selbst schon liegt, solange Herrschaft ist, sei die Ursache der Autonomie. Aber er ist nach allem zwar Wirkursache, jedoch zugleich nur notwendige, nicht zureichende Bedingung. Die Bestimmung der Wahrheit als Vollzug, der ohne das Subjekt nicht denkbar wäre, das sich in ihm erst konstituiert, koppelt die Wahrheit des falschen Scheins an den Prozeß der Mündigwerdung. Der Zustand der Mündigkeit selbst ist prekär. Aber wenn man ein im Sinne Adornos autonomes Subjekt ein transzendiertes heteronomes nennen kann, so bleibt doch in der Instabilität der Autonomie ein Fixpunkt: die Falschheit des Scheins. Ihr rückt Adorno mit dem Instrument der bestimmten Negation auf den Leib, und dessen nähere Untersuchung wird eine weitere Differenzierung im Wahrheitsbegriff ergeben.

3. Die bestimmte Negation als Ort der Wahrheit und die These von der rückwirkenden Kraft der Erkenntnis

Die ausführliche Behandlung, die das Wahrheitsproblem in den ästhetischen Schriften Adornos erfährt, läßt, gerade weil es dort unter dem Gesichtspunkt der adäquaten und, in der dargestellten sublimen Form, spontanen Reaktion auf die geschichtliche Stunde besprochen wird, danach fragen, was in der philosophischen Dialektik an die Stelle der diskursiven Methoden tritt, die Adorno am wissenschaftlichen Denken kritisiert. Es ist ferner zu fragen, ob sich die Kritik Adornos auch auf das Methode-Sein des Methodischen erstreckt. Zunächst handelt es sich aber nur um das erste Problem. Dazu hat Adorno formuliert: »Der Nerv der Dialektik als Methode ist die bestimmte Negation.«[71] Er hebt die Bedeutung der Dialektik ›als Methode‹, also als Erkenntnismittel, ab von der Bedeutung der Dialektik der Naturgeschichte als Einheit von Natur und Geschichte. Diese hat objektiven Charakter im Sinne der Wirklichkeit des Bestehenden, wogegen die Dialektik als methodische bestimmte Negation der Objektivität der Erkenntnis zurechnet, welche durch die Innervation und Erfahrung des Subjekts konstituiert wird.[72] Zu vermuten ist also, daß Adornos Konzeption der bestimmten Negation die Momente Erfahrung und Innervation in sich enthalten wird.

Diese Objektivität der subjektiven Erfahrung hat eine starke Affinität zu dem Lukácsschen Begriff des Selbstbewußtseins der Ware in Gestalt des Selbstbewußtseins der sich als Ware erfahrenden Proletarier, und die sozialistische Kategorie der Praxis ist ja, wie die Adornosche der Objektivität, orientiert an Hegels Zusammenstellung von Geschichte und Geist im Begriff des Weltgeistes. Daß Adorno darauf beharrt, daß Wahrheit nur in der befreiten Gesellschaft sein kann, verweist ihn auf die Seite derer, die Hegel auf die Füße stellten. Umgekehrt bezeichnet die Kritik der instrumentellen Vernunft, die Adorno mit Horkheimer übt, wo immer er gegen das diskursive Denken argumentiert, den Punkt, an dem er den Marxisten zum Häretiker wird. Die Erfordernisse des konkreten Klassenkampfs, vorweg das der Organisation selbst, widersprechen der sublimen Form der Spontaneität, ohne welche ein wirklicher Fortschritt nach Adorno nicht geschehen kann. Sofern aber das künstlerische Sensorium in der geschilderten Weise der Wahrheit fähig sein soll, gewinnt der Satz: »Keine Wahrheit der Kunstwerke ohne bestimmte Negation«[73] systematische Bedeutung. Der Terminus ›bestimmte Negation‹, den auch die marxistische Revolutionstheorie für den Übergang zur sozialistischen Gesellschaft reklamiert,[74] ist in den Schriften Adornos passim belegt, und er kommt nicht vor, ohne daß der Kontext deutlich macht, daß die bestimmte Negation das positivste Element der Negativität der Dialektik ausmacht: in ihr ist philosophisch repräsentiert, was ästhetisch die Antwort auf den geschichtlichen Stand des Materials ist. Adorno appliziert den Terminus auf das Verfahren des künstlerischen Sensoriums: ›Die avancierte Musik‹ »[...] ist unter den gegenwärtigen Bedingungen zur bestimmten Negation verhalten.«[75]

Daß sich die marxistische Revolutionstheorie und der sie kritisierende Adorno gleichermaßen auf die bestimmte Negation berufen, rückt den Begriff selbst in das Dilemma von Real- und Begriffsdialektik.[76] Ilse Müller-Strömsdörfer hat dieses Dilemma als Widerspruch des Dialektischen bezeichnet.[77] Sie geht davon aus, daß die philosophische Dialektik nicht zu trennen sei »vom Gedanken der Synthesis, der Aufhebung von Gegensätzen«[78]. Gerade an der Art und Weise, in der die bestimmte Negation mit der Aufhebung von Gegensätzen verbunden ist, bildet sich die spezifische Prägung des Begriffs bei Adorno, und es wird sich zeigen, daß sie darin besteht, die Dialektik vom Gedanken der Synthesis zu befreien und dennoch an dem Moment des Aufhebens festzuhalten.

Das dialektische, aber ungeschichtliche bestimmte Nichts bei Hegel

Zwei Auffassungen stehen sich hinsichtlich des Gegensatzes von Liquidation und Bewahren im Begriff des Aufhebens gegenüber. Beiden gemeinsam ist die triadische Formel, nach der das Neue als Synthesis aus dem Bestehenden und dessen Negativität entsteht. Die Protagonisten der beiden Auffassungen sind Hegel und Marx. Beide gehen von der Realität des Bestehenden aus; beide erkennen das Bestehende als negativ: Hegel in einem besonderen Sinn, der daraus entsteht, daß er die Negativität des Bestehenden auf die Geschichte projiziert und damit Raum gewinnt für die Abhebung der Geistphilosophie, die sich in dem krassen Satz von der List der Vernunft,[79] der Vorstufe der bürgerlichen Theorie des Bedürfnissystems, ausdrückt, von der konkreten Gestalt der Gesellschaft. Das heißt aber, daß der Vermittlungsbegriff Hegels von ihm selbst schon problematisiert wird: Wenn die Faktizität in dieser Weise eskamotiert wird, und das wird sie, sobald die Geschichte festgeschrieben wird auf irgendeinem historischen Punkt, verliert der Vermittlungsbegriff an Umfang: Die Präponderanz des Vermitteltseins über das Vermittelte schränkt das Recht des Besonderen gegenüber dem des Allgemeinen ein. Hegel behauptet die Allgemeinheit einer konkreten geschichtlichen Epoche, die der bürgerlichen Revolution.

Der als methodischer eingeführte Begriff des bestimmten Nichts,[80] der ursprünglich seinen Ort hat in dem Übergang von der sinnlichen Gewißheit zur Wahrnehmung, erweist sich in diesem seinem Ursprung als ahistorisch: die Kritik an der sinnlichen Gewißheit läuft hinaus auf eine transzendentale Struktur, indem ein jedes »Hier« als »ein Hier anderer Hier, oder an ihm selbst ein *einfaches Zusammen* vieler *Hier*, d. h. ein Allgemeines«[81] nachgewiesen wird. Die ›Hierheit‹, Ursache und Bedingung der sinnlichen Gewißheit, erweist sich als Antagonismus von Einzelheit des Hierseienden und Allgemeinheit des Hierseins. Da es aber für Hegel dem Bewußtsein auf das einzelne Gegebene (Hegel: das Diese) ankommt, das als Einzelnes bestimmt und damit negativ ist wie die Einzelheit nur eine Stufe des absoluten Wissens, ist das bestimmte Nichts bei ihm beschränkt auf das bestimmte Nichts von einzelnem Gegebenen.[82] So löst sich auch der Wahrnehmung das »gemeinte Einzelne«[83] in die Allgemeinheit der *»Dingheit«*[84] als quantitative Reihung von Eigenschaften auf. Die Frage, was das Liquidierte und was das Bewahrte sei, entscheidet sich bei Hegel so, daß im Bewußtsein die Unmittelbarkeit der Auffassung und ihr Gegenstand nicht zusammengedacht werden können. Deshalb wird der Gegenstand, der für uns beides zugleich ist und nicht sein kann, zerlegt in die Form seiner Gegebenheit, die Dingheit als Unmittelbarkeit; und die als Negation bezeichnete, nur mit den metaphorischen Ausdrücken *»auch«* und *»insofern«*[85] beschreibbare differentia spezifica. Dieses Modell ist aber auf eine historische Entwicklung nicht applizierbar. Die Geschichtlichkeit kommt allein als das Entstandensein der Wahrnehmung vor. Die Dialektik von Liquidation (tollere) und Bewahren (conservare) ist bei Hegel an die Auffassung von Gegenständen gebunden, und seine Analyse affiziert nur die Gegebenheitsweise von Gegenständen, nicht die Gegenstände. Daß für die verschiedenen Formen der Gegebenheit auch verschiedene Namen auf das Bewußtsein, in dem sie jeweils gegeben sind, gelegt werden, ist ohne Bedeutung. Bewahrt wird das Gegebensein, liquidiert seine unwahren Formen.

Auch Hegel wird von der elften Feuerbachthese kritisiert,[86] durch den Umstand, daß er, zumindest in der ›Phänomenologie‹, als Gegenstand nur das allgemeine Gegenstandsein überhaupt gelten läßt. Nur durch diesen Ansatz ist es Hegel möglich, in der Gegebenheitsweise von Gegenständen den Widerspruch von Einzelheit und Allgemeinheit immer neu zu entdecken. Ausdrücklich bekennt er sich dazu, es mit Gedankendingen zu tun zu haben, und die Bestimmtheit, die er ihnen zuspricht,[87] macht sie nicht konkret, trotz seines Gebrauchs der Vokabel Realität.[88] Das triadische Schema, der »Prozeß-Walzer a priori«, wie Bloch gesagt hat,[89] spielt sich innerhalb des Bewußtseins ab, weil der Gegenstand Hegels immer schon im Bewußtsein ist: der Anfang der ›Phänomenologie des Geistes‹ begrenzt den Gegenstandsbereich, weil alles aus dem ›unmittelbaren Wissen‹[90] entwickelt wird. Die Bestimmtheit der Negation[91] erlaubt es, die Zwischenresultate, die jeweils darin bestehen, daß der für bestimmt und unmittelbar genommene Gegenstand sich in Wahrheit als allgemein und vermittelt erweist, aufzufassen als neue unmittelbare Bestimmtheit des veränderten Gegenstands, der nunmehr ebenso einen anderen Namen trägt wie die ihn habende Stufe des Bewußtseins. Möglicherweise wird aber der dialektische Charakter von Hegels Dialektik notwendig erkauft mit der Ahistorizität ihres Gegenstands.

Das geschichtliche, aber undialektische bestimmte Nichts bei Marx

Es scheint, als habe das Wort, nach welchem der wissenschaftliche Sozialismus den Hegel vom Kopf auf die Füße gestellt hat, mehr Wahrheit, als seinem Urheber lieb sein könnte. Wenn der Terminus ›bestimmte Negation‹ in seiner Lehre überhaupt einen Platz haben soll, heißt ihr Objektbereich bei Marx: Klassengesellschaft. Aufheben ihrer heißt: Liquidation ihres Klassencharakters, Bewahren ihres Gesellschaftscharakters. ›Bestimmt‹ heißt, daß die Klassengesellschaft in ihrer vorliegenden Form, der Kapitalismus also, praktisch, durch die Tat von Menschen, aufgehoben wird: liquidiert in ihren Produktionsverhältnissen, bewahrt in ihren Produktivkräften. Entscheidend ist daran, daß die Produktivkräfte nicht allein zurückbleiben können, sondern das bestimmte Nichts der Klassengesellschaft neue Produktionsverhältnisse zu seinem Inhalt haben muß, will es das Resultat einer bestimmten Negation sein.

Wenn Marx Hegel damit kritisiert, daß dieser das Bestehende verklärt habe,[92] indem er die Wahrheit nicht im praktischen Tun, sondern in mentalen Prozessen sucht, so muß er den Begriff der bestimmten Negation ablösen von dem Gegenstand, an dem er entstanden war. Er muß die Methode rein nehmen und ihr einen neuen Gegenstand geben. Dieser Gegenstand ist die konkrete Geschichte der Klassenkämpfe. Nun muß aber die bestimmte Negation, und das ist ja bei Marx auch offensichtlich, in dem gesamten Prozeß der bekannten Geschichte tätig gewesen sein, das heißt z. B., daß die bürgerliche Revolution als bestimmte Negation des Feudalismus aufgefaßt werden muß. Damit ist aber die Pointe der bestimmten Negation als Methode verlorengegangen: Es bleibt erhalten, daß der Feudalismus im Doppelsinn des Begriffs aufgehoben wird: Liquidiert wird die Herrschaft bestimmter Weniger über bestimmte Viele. Bewahrt wird neben dem Selbstverständlichen, daß der Gesellschaftscharakter der Gesellschaft erhalten bleibt, auch die Herrschaft von Menschen über Menschen, nur daß der Kreis der Herrschenden offiziell neu definiert wird, nachdem er es längst inoffiziell aber wirklich schon war in Ansehung der Ökonomie.

Zugleich benötigt die Revolutionstheorie eine Interpretation der Geschichte der Klassenkämpfe, die sie als zunehmende Verschärfung der Klassenantagonismen ausweist. Nur dann ist die

Möglichkeit gegeben, die Lukácssche Situation als praktisch und als Herrschaft beseitigend zu interpretieren. Dieser Prozeß der praktischen Umwälzungen hat dann eine Doppelheit: er ist Liquidation veralteter Herrschaft und Bewahrung immer unheilvollerer Herrschaft zugleich, bis hin zum Faschismus, der nach Adorno die logische Konsequenz des Kapitalismus ist.[93] Darin ist die Liquidation des Klassencharakters der Gesellschaft nicht enthalten.

Die These des wissenschaftlichen Sozialismus, der Kapitalismus führe zum Sozialismus/Kommunismus, die ja auch, siehe Lukács, in nichtvulgärmarxistischen Darlegungen enthalten ist, benötigt diejenigen eschatologischen Elemente, die Wellmer als zugleich retrospektiven und prolongierten ›Sinn der Geschichte‹[94] bei Marx feststellt und zum Ausgangspunkt seiner These von dem heimlichen Positivismus macht, der in der Geschichtsphilosophie Marxens nachweisbar sei. Daß Wellmers Auseinandersetzung mit dem Arbeitsbegriff aus ihrer Normativität – er zielt ab auf eine reductio mit Hilfe der Idee der Verwirklichung der Idee des realen Humanismus – mit dem Ökonomismusvorwurf endet, ist nicht zufällig so: die über das Instrument der bestimmten Negation hinaus erforderlichen Zusatzannahmen gewinnt Marx, das zeigt das Pathos, mit dem er vorträgt, die allgemeine Krise werde »selbst den Glückspilzen des neuen heiligen, preußisch-deutschen Reichs Dialektik einpauken«[95], aus seiner ökonomischen Theorie, die aber selbst gerade nicht dialektisch ist, wo sie den dialektischen Charakter der Geschichte nachweist. Dialektisch wird das ›Kapital‹ nur dort, wo es den Begriff der Ware analysiert, wie er sich im Bewußtsein findet, also ganz analog zu Hegel. Wo es um konkret Geschichtliches geht, also z. B. in den beiden ›Genesis‹-Abschnitten oder wo immer er aus dem historischen Nähkästchen plaudert, ist Marx konkretistisch auf Fakten bezogen, die er zur »Illustration«[96] seiner Geschichtskonstruktion heranzieht. Selbstverständlich ist die bürgerliche Revolution die bestimmte Negation des Feudalismus, aber daraus folgt nicht, daß die bestimmte Negation des Kapitalismus oder des Faschismus der Sozialismus ist. Das bestimmte Nichts Marxens muß, da nicht retrospektiv auf es geblickt werden kann, abstrakt bleiben. Was die klassenlose Gesellschaft sei, weiß man erst, wenn sie da ist.

Die Pointe der bestimmten Negation bei Hegel ist, daß das neue Etwas, das aus der Bestimmtheit des Aufgehobenen seinen Inhalt zieht,[97] zugleich von anderer Qualität ist als das Aufgehobene und qualitativ das gleiche: von anderer Qualität mittels jenes qualitativen Sprungs, den Hegel in der Vorrede zur ›Phänomenologie des Geistes‹ vorstellt;[98] qualitativ das gleiche durch das Stehenbleiben beim Gedanken. Deshalb braucht Hegel verschiedene Namen für die Stufen des mentalen Prozesses zwischen sinnlicher Gewißheit und absolutem Wissen.[99] Wenn sich die Geschichte der Klassenkämpfe in bestimmten Negationen politischer Herrschaft vollzogen hat, wie Marx glauben machen möchte, wenn er die Dialektik seiner Methode hervorhebt, so kann davon allenfalls die bekannte Geschichte getroffen werden. In ihr geschah aber immer auch die Verschärfung der Klassengegensätze, und das paßt genau in die Bestimmung der bestimmten Negation. Das Aufheben von Klassenantagonismen ist nicht als bestimmte Negation zu konstruieren, wenn daran festgehalten werden soll, daß der Klassencharakter ganz zu liquidieren ist.

Die Revolution kommt nicht aus ohne Formen der Organisation, der Zweckrationalität, der Möglichkeit krasser Widersprüche zwischen Strategie und Taktik, der Verwaltung. Diese Momente sind nur dann positiv, wenn die Geschichte so dialektisch ist, wie Hegel es für die Gegenstände des Bewußtseins annimmt. Das bestimmte Nichts der bürgerlichen Gesellschaft ist unter dem materialistischen Kriterium der auf den Füßen stehenden Dialektik nicht positiv, und darum auch nicht bestimmte Negation in dem von Hegel eingeführten Sinn. Danach scheinen sich Dialektik und Historizität im Sinne praktischen Tuns gegenseitig auszuschließen.

Die Antinomie, die Adorno kritisch auflöst, ist der Gegensatz
von Zweisinnigkeit des Aufhebens und Einbeziehung des praktischen Elements der Geschichte in die bestimmte Negation.
Das ist zu verdeutlichen. Das Ergebnis dieser kritischen Auflösung ist darzustellen als bestimmte Negation der Antinomie
selbst, und zwar in vier Schritten: Die Aneignung der Hegelschen Dialektik und die Zurückweisung seiner Geistphilosophie
hat bei Adorno eine besondere Form (1), die Schwierigkeit der
revolutionstheoretischen Lösung muß den Begriff des Aufhebens um eine dritte Bedeutung erweitern (2), die Adornosche
Rückkehr zur Zweisinnigkeit von Aufheben (3) ist darzustellen in ihrer Verbundenheit mit dem materialistischen Begriff
der Praxis. Diese Verbundenheit muß die bei Adorno vorliegende Identifikation von bestimmter Negation und immanenter Kritik (4) erklären.

(1) In die Frankfurter Kritische Theorie hält der Begriff der
bestimmten Negation Einzug mit der ›Dialektik der Aufklärung‹. Die Inauguration benutzt, wie die Hegelsche in der
Einleitung der ›Phänomenologie des Geistes‹, das Modell des
Skeptizismus als Negativfolie, von der sich die bestimmte Negation als deren positives Gegenteil abziehen läßt. Aber unter
Skeptizismus verstehen Hegel und die ›Dialektik der Aufklärung‹ Unterschiedliches. Das zeigt sich darin, daß Hegel
unter Skeptizismus die langweilige Methodisiererei faßt, die er
als Formalismus kritisiert. Auch Adorno gilt die schlechte Abstraktheit, der er den Skeptizismus zurechnet, als leer. Aber die
›Dialektik der Aufklärung‹ kommt auf den Skeptizismus zu
sprechen im Zusammenhang der Erörterung des Bilderverbots,
und dort führt erst der Umweg über den Buddhismus zum
Skeptizismus, dem der Rigorismus an die Seite gestellt wird.
Das Verhältnis von Identität und Nichtidentität, das in dem
universalgeschichtlichen Abriß des ersten Teils des Einleitungs-
kapitels der ›Dialektik der Aufklärung‹ thematisch ist,[100]

erfährt in dessen zweitem Teil[101] eine Erörterung unter dem Aspekt der Bildlichkeit. Schon der Mythos gilt als identifizierende, verdinglichte Bewußtseinsform. Dieser Charakter kommt ihm von der Sprache zu,[102] deren ursprünglicher Symbolgehalt in ihren Bild- und ihren Zeichencharakter zerfällt. Diese Dichotomie spiegelt sich philosophisch in dem Dualismus von Anschauung und Begriff.[103] Mit Schelling formuliert die ›Dialektik der Aufklärung‹, daß diese Trennung in der Kunst »aufgehoben« sei.[104] Im weiteren Verlauf des Textes wird der Sozialcharakter der Mana-Verehrung, der sie mit Herrschaft verknüpft, dargestellt als Übergang vom Symbol zum Fetisch,[105] und schließlich wird die Metaphysik als Apologie des je Bestehenden[106] abgeleitet aus jener Identifikation mit dem Angreifer in Gestalt des die Herrschaft weniger akzeptierenden Kollektivs.[107] Diese Skizze von Abläufen urgeschichtlicher Aufklärung mündet in die Erörterung des Zusammenhangs von Nominalität und Bildlichkeit.

War die Aufklärung in der Kritik dargestellt als Ausmerzung aller Reste des Nichtidentischen durch die Verwandlung der Sprache und der Allgemeinbegriffe in ein Zeichensystem, so heißt es jetzt: »Die Aufklärung als nominalistische macht Halt vor dem Nomen, dem umfanglosen, punktuellen Begriff, dem Eigennamen.«[108] Mit Nominalismus ist hier offenbar die aufklärerische Kritik an der Ideenlehre Platos und ihren Nachfolgern, besonders natürlich an der Allgemeinheit der Kirche gemeint. So jedenfalls fügt sich der Satz in die Darstellung der zunehmenden Säkularisierung des Sinnbegriffs ein, die begleitet wird von dem Verlust des im Mana mitgemeinten Nichtidentischen durch die Formalisierung des Denkens. Ist diese Säkularisation mit der Verdinglichung als dem entqualifizierenden Prinzip der Äquivalenz des Unterschiedenen in der zeichenhaften Begrifflichkeit verbunden,[109] so bleiben die Begriffe selbst, als Zeichen, identisch und akzeptiert. Die Anerkennung ihrer Identität mit dem von ihnen Bezeichneten ist eine Bedingung der Möglichkeit ihrer nivellierenden Funktion. Das ist der eine Aspekt des Satzes von der nominalistischen

Aufklärung, den sein Kontext weniger benutzt als voraussetzt. Der andere Aspekt behandelt die Thematik des Namens unter dem Gesichtspunkt des Gegensatzes von Identifikation und Nichtidentischem in den Religionen, und in diesem Zusammenhang wird der Begriff der bestimmten Negation aufgenommen. »In der jüdischen Religion [...] bleibt das Band zwischen Namen und Sein anerkannt durch das Verbot, den Gottesnamen auszusprechen.«[110] Der Verdinglichungsprozeß, dem dieses Band zum Opfer fällt, ermöglicht danach die Erhaltung des Nichtidentischen in der Negativität: der Bezug zum Nichtidentischen, wie die ›Dialektik der Aufklärung‹ ihn dem Mana zuspricht, bliebe bestehen, wo der Name durch seine Ausgrenzung aus der Sprache dem Verfall des Wortes entzogen bleibt. Die Enthaltsamkeit ist innerweltlich, und ihr Medium ist innerweltliche Transzendenz der Aussicht auf Versöhnung, die dennoch innerweltlich festgehalten wird durch den Verzicht auf ihre Nennung:

»Die jüdische Religion duldet kein Wort, das der Verzweiflung alles Sterblichen Trost gewährte. Hoffnung knüpft sie einzig ans Verbot, das Falsche als Gott anzurufen, das Endliche als das Unendliche, die Lüge als Wahrheit. Das Unterpfand der Rettung liegt in der Abwendung von allem Glauben, der sich ihr unterschiebt, die Erkenntnis in der Denunziation des Wahns. Die Verneinung freilich ist nicht abstrakt. Die unterschiedslose Bestreitung jedes Positiven, die stereotype Formel der Nichtigkeit, wie der Buddhismus sie anwendet, setzt sich über das Verbot, das Absolute mit Namen zu nennen, ebenso hinweg wie sein Gegenteil, der Pantheismus, oder seine Fratze, die bürgerliche Skepsis. Die Erklärungen der Welt als des Nichts oder Alls sind Mythologien und die garantierten Pfade zur Erlösung sublimierte magische Praktiken. Die Selbstzufriedenheit des Vorwegbescheidwissens und die Verklärung der Negativität zur Erlösung sind unwahre Formen des Widerstands gegen den Betrug. Gerettet wird das Recht des Bildes in der treuen Durchführung seines Verbots. Solche Durchführung, ›bestimmte Negation‹, ist nicht durch die Souveränität des abstrakten Begriffs gegen die verführende Anschauung gefeit, so wie die Skepsis es ist, der das Falsche wie das Wahre als nichtig gilt. Die bestimmte Negation verwirft die unvollkommenen Vorstellungen des Absoluten, die Götzen, nicht wie der Rigorismus, indem sie ihnen die Idee entgegenhält, der sie nicht genügen können. Dialektik offenbart vielmehr jedes Bild als Schrift. Sie lehrt aus seinen Zügen das Eingeständnis seiner Falschheit lesen, das ihm seine Macht entreißt und sie der Wahrheit zueignet. Damit wird die Sprache mehr als ein bloßes Zeichensystem. Mit dem Begriff der bestimmten Negation hat Hegel ein Element hervorgehoben, das Aufklärung von dem positivistischen Zerfall unterscheidet, dem er sie zurechnet. Indem er freilich das gewußte Resultat des gesamten Prozesses der Negation: die Totalität in System und Geschichte schließlich doch zum Absoluten machte, verstieß er gegen das Verbot und verfiel selbst der Mythologie.«[111]

Die Passage beginnt mit einer Zurückweisung der nominalistischen Religionskritik der Aufklärung. Sie wird begründet durch die These, in der einen jüdischen Religion sei durch das Verbot, den Gottesnamen auszusprechen, der Verfall des Mitgemeintseins des Nichtidentischen verhindert. Die Kritik an der Aufklärung ist demnach doppelt: falsch ist die Aufklärung in ihrer Methodik, die den Zeichencharakter der Sprache gegen ihre vom Nichtidentischen gelösten Bedeutungen wendet, weil diese Methodik die Richtung der Identifikation und damit die Entfernung vom Nichtidentischen fortsetzt; wahr ist sie als Destruktion des schon auf Identifizierung beruhenden platonischen Sinnbegriffs. Dieser ist als Begriffsrealismus die Hypostase des Identischen zum emphatisch Sinnhaften, und indem die Aufklärung am Sinnbegriff rüttelt, trachtet sie, diese Hypostase zu liquidieren. Demnach tritt sie ein gegen die Identifizierung des Nichtidentischen, aber nicht in dessen Namen, sondern ironisch: motiviert von der Tendenz zu einer Identität zweiter Stufe, dem Positivismus, der sich allein am Zeichencharakter der Sprache interessiert und ihre Bedeutung abschneidet.[112] Demgegenüber spielt die ›Dialektik der Aufklärung‹ die Lehre vom Bilderverbot aus als nicht abstrakte Verneinung. Das bedeutet, daß Nichtidentität mit Versöhnung in einem realen Sinn connotiert, der aber in der als zeichenhaft entlarvten Sprache negativ verharrt, nur abstrakt benannt werden kann als Idee oder Lehre richtigen Lebens.[113]

Dieses Verharren hat in der Argumentation der zitierten Passage die Rolle des Schlüssels zur Gleichsetzung von bestimmter Negation und jüdischer Religion einerseits sowie Abstraktheit, Buddhismus, Pantheismus, Skepsis, Rigorismus andererseits. Letztere werden subsumiert unter den Begriff ›sublimierte magische Praktiken‹. Gerade das Praktikmoment war ja der Punkt, an welchem das Nichtidentische durch die Verknüpfung von Herrschaft und Mana-Verehrung verlorenging und die Sprache ihren Zeichencharakter gewann. Die Kritik an der Abstraktheit ist also die Kritik am Verlust des Nichtidentischen. In der Form magischer Praktik wird die Immanenz des Transzendenten betrieben, und die Gebundenheit an diese Intention durchkreuzt die Absicht, sobald diese einen unmittelbaren Zugang zur Erlösung verspricht. Nun kann man der Skepsis und dem Positivismus dies Versprechen gewiß nicht unterstellen, und entsprechend wird der Akzent auf die Gemeinsamkeit eines Gestus gelegt: den des Vorwegbescheidwissens. Dieser ist die allgemeine Form der abstrakten Negation, weil sich in ihm das Desinteresse am Besonderen wie am Einzelnen ausdrückt. Das Kriterium des Satzes, nach welchem das Recht des Bildes gerettet werde ›in der treuen Durchführung seines Verbots‹, ist demnach die Innerweltlichkeit oder Konkretheit der Utopie.

Die bestimmte Negation hat aber als Bilderverbot und als Methode selbst einen zweifachen methodischen Aspekt. Bis hierher ist die Rede ontisch: als eine von seienden Ausprägungen der Bildlichkeit und deren Falschheit. Zentral war der Aspekt der Herstellung von Bildern. Das Vorwegbescheidwissen ist aber auch der Begriff des Übergangs zum Aspekt der Interpretation bestehender Bilder, deren Falschheit nun feststeht: sie vergehen sich gegen das Verbot. Diese Feststellung hat aber selbst den Charakter des Vorwegbescheidwissens, und dagegen richtet sich die Kritik am Rigorismus; er wird vorgestellt als abstrakte Negation, als die er zusammenfällt mit dem Skeptizismus. Dem Verfahren, den Bildern der Positivität ›die Idee‹ entgegenzuhalten, ›der sie nicht genügen können‹, ist abstrakt: die damit als universalistisch sinnhaft gekennzeichnete Idee selbst kann dies nicht sein: sinnhaft ist sie nur als abstrakte; solange die Sprache Zeichen ist. Die bestimmte Negation als Methode ›offenbart‹ dagegen ›jedes Bild als Schrift‹ und damit als Allegorie im Sinne Benjamins.[114] Im allegorischen Schriftcharakter ist aber der Zeichencharakter der Sprache durchbrochen. Die Sprache wird zurückverwandelt in Hieroglyphen zweiter Ordnung. Die Hieroglyphen waren ja dargestellt als Einheit von Wort und Bild auf der Stufe des Übergangs zum Mythos.[115] Getreu der Konzeption der ›Naturgeschichte‹ und der intendierten Aufhebung des Gegensatzes von φύσις und θέσις unter dem Primat der φύσις[116] heißt das Verfahren auch physiognomisch,[117] und es entspricht dem, was er gegen die positivistische Soziologie als Verfahren der »Deutung«[118] pointiert und in der ästhetischen[119] wie der soziologischen[120] Analyse als immanente Kritik oder immanente Negation bezeichnet. Dieses Moment der Immanenz löst Adorno ab von der Vermitteltheit der bestimmten Negation zur Kategorie der Totalität, die sie bei Hegel hatte. Mit der Kritik an Hegel, wie sie der Schlußsatz der zitierten Passage bietet, nimmt die ›Dialektik der Aufklärung‹ die materialistische, fußhaft bodenständige Argumentation des früheren Marx auf.

(2) Wenn die Revolutionstheorie die Revolution als bestimmte Negation versteht, und daß sie das tut, scheint angesichts der Kröberschen Zusammenfassung unleugbar,[121] muß sie, weil sie gegenüber der Hegelschen Bewußtseinsimmanenz der Gegenstände der bestimmten Negation die Kategorie der Praxis addiert, den von Hegel her bekannten Bedeutungen von Aufheben (tollere, conservare) eine dritte hinzufügen, nämlich elevare.[122] Das wird von Kröber nicht behandelt, ergibt sich aber zwingend aus dem Moment der praktischen Gewalt, das der materialistischen Kategorie der Praxis eignet.[123]

Zweifellos ist die Praxiskategorie verbunden mit Vorstellungen, die als weltlich in einem Sinn zu gelten haben, der in einem zu bestimmenden Verhältnis steht zu der Weltlichkeit der Versöhnung, die die ›Dialektik der Aufklärung‹ gleichermaßen gegen Positivismus und Pantheismus ausspielt. Der Kern der Differenz der beiden Weltlichkeitsbegriffe ist die Dreisinnigkeit von »Aufheben« im orthodoxen Materialismus und deren Zweisinnigkeit bei Adorno. Die Revolutionstheorie bleibt teleologisch in einem politischen Sinn, während das teleologische Moment bei Adorno abgespalten wird von der unmittelbar politischen Praxis und in ästhetischen Phänomenen prekär weiterlebt. Demgegenüber befreit sich bei ihm die gesellschaftliche Praxis von aller positiven Teleologie, und die bestimmte Negation führt entsprechend in Adorno ein Doppelleben: in der Ästhetik ist sie Marxisch, in der Gesellschaftstheorie Hegelisch ausgeprägt.

(3) In beiden Ausprägungen bleibt sie aber streng zweisinnig. Die Affinität der ästhetischen Form zur Marxschen Teleologie ergibt sich aus dem Gegenteil von deren Begründung, nämlich aus der Unbewußtheit der Antwort auf das Material, die bei Adorno Bedingung für das Gelingen ästhetischer Produktion ist. Nur damit sind die zur Substanz des Individuums gewordenen Verdinglichungsstrukturen an den »vor-ichlichen Impuls« anknüpfbar, und nur in einer solchen Anknüpfung kann sich die »Spontaneität« der künstlerischen Reaktion ergeben,[124] mit Hilfe derer die ästhetische Produktion als Vorreiter der realen fungieren kann.[125]

Umgekehrt gibt die gesellschaftstheoretische Form der bestimmten Negation Anlaß zu der Frage, wie es mit deren Verhältnis zu dem Hegelschen Begriff denn nun wirklich steht. Die These, daß Adorno die Zweisinnigkeit von »Aufheben« aus Hegel übernimmt,[126] steht in Gegensatz zu der anderen, daß die Negativität der Adornoschen Dialektik außer aus der Erfahrung der Negativität der verdinglichten Welt auch aus dem methodischen Instrument selbst hervorgeht oder daß die Methode der bestimmten Negation unmittelbar umschlägt in die Erfahrung der Verdinglichung. Zur Erklärung der Positivität der Dialektik Hegels reichte dann der Vorwurf, er habe die Totalität mystifiziert, nicht aus.

Darüber entscheidet, ob Lenin in den angezogenen Stellen Hegel adäquat interpretiert;[127] anders ausgedrückt, die Frage nach dem ontischen Verhältnis des bestimmten Nichts zu dem mittels seiner negierten Etwas oder danach, ob das bestimmte Nichts überhaupt ein Etwas ist.

Daß diese Frage von Adorno in der letzten Formulierung verneint wird, ist deutlich: die Aktivismuskritik, die sich zusammenzieht in dem Satz: »Es gibt kein richtiges Leben im falschen«[128], steht auf derselben Stufe wie die gegen Hegel die Negativität der bestimmten Negation hervorkehrende Fußnote der ›Negativen Dialektik‹, die schon zitiert wurde.[129]

Betont wurde die Bewußtseinsimmanenz des Hegelschen Etwas und die damit zusammenhängende Kontinuität des synthetischen Fortschreitens. Soweit ist Lenin zuzustimmen. Folgt man aber der These Adornos über die rückwirkende Kraft von Erkenntnis und Geschichte, die er wörtlich meint, wie das Nachwort zur dritten Ausgabe des Kierkegaardbuches ausweist, in dem die Rede ist von einer »geschichtlichen Veränderung [...], die dem Gehalt der Kierkegaardschen Philosophie widerfuhr«,[130] so reduziert sich der Gegensatz der beiden Thesen auf den Gegensatz von antiquarischer und lebendiger Hegelrezeption, wobei lebendig diejenige Rezeption genannt ist, welche sich das Theorem von der rückwirkenden Kraft zu eigen gemacht hat.

(4) Demnach käme die Dreisinnigkeit des Marxschen Aufhebungsbegriffs dem Hegelschen in gleicher Weise zu wie dem Mythos die Verdinglichung oder der aristotelischen Katharsis die Anpassung.[131]) Mit der Rückwirkungstheorie, die aus der hermeneutischen Diskussion stammt, nimmt Adorno den Gedanken der Offenbarung der Wahrheit in der Geschichte auf. Dem theologischen, heilsgeschichtlichen Zweig dieses Gedankens widerspricht er aber ebenso scharf wie der phänomenologischen Rede vom sich entbergenden Sein. Daß die Auslegung des Geschichtlichen nicht zum Absoluten führt, hat Adorno der Ontologie nachgewiesen,[132] und wenngleich seine Kritik an Heidegger in vielem methodisch übertreibt, so scheint doch der

Versuch, Adorno als heimlichen Heideggerianer hinzustellen,[133] fehl am Platze: zwar leitet er selber in einem Vortrag von 1932, der seine Benjaminrezeption ausgeprägt dokumentiert, die Fragestellung seiner und der Philosophie der Frankfurter Schule[134] aus derselben Problematik ab, auf die Scheler und Heidegger nach seiner Analyse die falsche Antwort geben, aber diese Identität ist gegenüber der Differenz ganz sekundär. Die Identität ist die der geschichtlichen und philosophiegeschichtlichen Situation, nach Adorno der Krise der Objektivität der Erkenntnis nach Kant. Nachdem Kant die Wahrheit des Seins dem bloß intelligiblen Ding an sich zugesprochen hatte, unternahm die Ontologie den verzweifelten Versuch, sich dieser Wahrheit mit Hilfe der von Kant als unzulänglich ausgewiesenen Mittel unmittelbar zu versichern. Ein vergeblicher Versuch, dem Adorno gegenübertritt. Aus der dialektischen Tradition kommend und sie modifizierend, macht er die Verzweiflung, die dem ontologischen Versuch beigemischt war, zum Grundzug seiner Philosophie, damit die humanistische Wurzel seines Denkens materialistisch aufhebend.

Mit dem Begriff der bestimmten Negation und seinem aus der Tradition wiedergewonnenen Dualismus von Aufheben und Bewahren hat dies insofern zu tun, als Adorno die Frage der »ontologischen Umorientierung der Geschichtsphilosophie«[135] aufnimmt, um die Weltlichkeit der Versöhnung, naturgeschichtlich dialektisiert, von den Schatten jener Verklärung von Bestehendem freizuhalten, welche die ›Dialektik der Aufklärung‹ mit der Polemik gegen die »garantierten Pfade zur Erlösung«[136] kritisiert. Zu fragen ist, was an dieser Kritik, die selbst eine bestimmte Negation darstellen muß, das Bewahrte und was das Liquidierte sei und ob und warum an die Stelle des neuen Etwas nicht ein wirkliches Nichts tritt.

Drei Hauptargumente führen Adorno zur Neukonzeption der bestimmten Negation als immanenter Kritik: (a) Umfaßt die bestimmte Negation die Bedeutung elevare, so ist sie zwar innerweltlich konzipiert und entgeht damit der Immanenzkritik an Hegel. Aber der Affirmationskritik unterliegt sie weiterhin, solange sie Methode im methodologischen Sinn bleibt. Die Affirmationskritik geht damit in die Teleologiekritik über. (b) Zur Teleologiekritik treibt auch die andere Überlegung, die den Begriff der Zweckrationalität als irrational hervorkehrt. Paradigmatisch für diese Kritik ist das Propaganda-Stück der ›Dialektik der Aufklärung‹.[137] Auf diese Weise ergibt sich die Notwendigkeit, den Etwas-Charakter des bestimmten Nichts geschichtsphilosophisch[138] zu tilgen. (c) Unterstützt wird diese Notwendigkeit von der Durchstoßung des Natur-Geschichte-Antagonismus: der Totalitätsbegriff der Naturgeschichte impliziert, daß die Denkfigur, die am Fortschrittsbegriff seine Nichtigkeit entdeckte, indem sie ihn in die Potentialität der Freiheit und die Aktualität der Unterdrückung zerlegte, auf alle möglichen Gegenstände überhaupt ausgedehnt wird. Demnach bestünde die bestimmte Negation darin, daß dem Faktischen seine Potentialität entgegengehalten wird, ›der es nicht genügen kann‹.[139]

Diese Bestimmung ist aber zu allgemein, als daß sie das Adornosche Verfahren genau treffen könnte. Die Potentialität als Maß, an welchem die Faktizität zuschanden wird, wäre genau in dieser Entgegensetzung der Empirie äußerlich wie das Vorwegbescheidwissen über den Sachen stehender Formalisten. Das Negans soll in der bestimmten Negation aus dem Negandum genommen werden. Das müßte heißen, daß die Erlösung in der negativen Faktizität schon positiv aktuell ist. Gegen diese Verklärung steht aber das ganze Pathos der Kritischen Theorie.

Der Gegenüberstellung von Wirklichkeit und Möglichkeit korrespondiert die von *Anspruch* und dessen Nichtigkeit. Die Vorrede der ›Dialektik der Aufklärung‹ enthält in dem Absatz, der sich auf das Kulturindustrie-Kapitel bezieht, die Bemerkung:

»Aber da ihre [der Kulturindustrie] Berufung auf den eigenen kommerziellen Charakter, das Bekenntnis zur gemilderten Wahrheit, längst zu einer Ausrede geworden ist, mit der sie sich der Verantwortung für die Lüge entzieht, so hält unsere Analyse sich an den objektiv den Produkten innewohnenden Anspruch, ästhetische Gebilde und damit gestaltete Wahrheit zu sein. Sie erweist das gesellschaftliche Unwesen an der Nichtigkeit jenes Anspruchs.«[140]

Zwei Momente daraus sind hervorzuheben: die Rede von einem den an Ort und Stelle ästhetischen[141] Produkten *objektiv* innewohnenden Anspruch und der letzte Satz, der das Stehenbleiben bei dem negativen Befund präzise nennt: das gesellschaftliche Unwesen erweist die Analyse an der Nichtigkeit jenes Anspruches.

Der Begriff des Anspruchs bildet also die Brücke zwischen dem Kriterium der objektiven besseren Möglichkeit und dem Analysandum. Aus der ästhetischen Sphäre auf die soziologische übertragen müßte der Satz lauten: ›Unsere Analyse hält sich an den objektiv den sozialen Phänomenen innewohnenden Anspruch, gesellschaftliche Einrichtungen und damit verwirklichter Humanismus zu sein.‹ Daran wird deutlich, was die Theorie der Genese der Wahrheit aus dem falschen Schein für die Methode der bestimmten Negation austrägt: sie garantiert die Immanenz der besseren Möglichkeit im Analysandum und ermöglicht es, seine Potentialität als objektiven Anspruch seiner selbst zu fassen. Die positiven Ausdrücke »gestaltete Wahrheit« und ›verwirklichter Humanismus‹[142], auf die der Anspruch geht, entstammen der bürgerlichen Ideologie und gewinnen ihren Realmöglichkeitscharakter durch die ideologiekritische Rückkopplung solcher Begriffe an das ökonomisch von ihnen Gemeinte. Die Prädikation von Objektivität bleibt dialektisch insofern, als die Gegenständlichkeit des Analysandums durch die Vermitteltheit der Objekte konstituiert wird. Das führt zu Hegel zurück, denn diese Argumentation ist bekannt aus der ›Phänomenologie des Geistes‹.[143]

In seinen drei Hegelstudien,[144] zu denen der zweite Teil der ›Modelle‹ aus der ›Negativen Dialektik‹, sowie etliches aus dem Kierkegaardbuch und der ›Ästhetischen Theorie‹[145] hinzuzuzählen wäre, betreibt Adorno die »Vorbereitung eines veränderten Begriffs von Dialektik«[146]. Dieser Begriff ist natürlich der negative, aber die Differenz von Vorbereitung und Ausführung, die demnach in einem Vergleich zwischen den Hegelstudien und dem zweiten Teil der ›Negativen Dialektik‹ zu erwarten wäre, kommt nicht heraus. Vielmehr ist das Verfahren Adornos spätestens seit der Habilitation und auch in den Hegelstudien das der bestimmten Negation qua immanente Kritik oder Konsequenzlogik. Dieses Verfahren prägt zunächst die Art und Weise, in der Adorno auf das Werk Hegels zugeht. Müller-Strömsdörfer hat behauptet, die Konzeption der Adornoschen Dialektik sei der »Versuch eines Hegel-Revisionismus«,[147] aber schon die Art und Weise des Zugriffs schließt das aus. Adorno kennzeichnet sein Verfahren wie folgt:

»Insistente Befassung mit Hegel lehrt, daß man in seiner Philosophie – wie wohl in jeder großen – nicht auswählen kann, was einem paßt, und verwerfen, was einen ärgert. Diese düstere Nötigung, kein Ideal des Kompletten erzeugt den Ernst und die Substantialität von Hegels systematischem Anspruch. Seine Wahrheit steckt im Skandalon, nicht im Plausiblen. Hegel retten – und nicht Erneuerung, bloß Rettung ziemt ihm gegenüber – heißt daher, seiner Philosophie dort sich zu stellen, wo sie am wehesten tut; dort, wo ihre Unwahrheit offenbar ist, die Wahrheit ihr zu entreißen.«[148]

Der affirmative Charakter der Philosophie Hegels, ihr Skandalon, ist demnach ihre Unwahrheit und der Ort ihrer Wahrheit zugleich. Die Entschlüsselung dieser Wahrheit arbeitet selbst mit dem Begriff der objektiven Möglichkeit: »Auch der Gedanke, der die stets wieder besiegte Möglichkeit gegen die Wirklichkeit festhält, hält sie bloß, indem er die Möglichkeit als eine der Wirklichkeit faßt unter dem Blickpunkt ihrer Verwirklichung; als das, wonach die Wirklichkeit selbst, wie immer auch schwach, die Fühler ausstreckt, nicht als ein Es wär so schön gewesen, dessen Klang vorweg damit sich abfindet, daß es mißriet.«[149] Der Versuchung erliegt Hegel also notwendig, solange die auch von Adorno selbst zum Kriterium gemachte objektive Möglichkeit die Triebfeder der Philosophie ist. Die Wahrheit der Hegelschen Affirmation hat aber nur den Stellenwert von Wahrheitsgehalt. Adorno fährt fort: »Das ist der Wahrheitsgehalt selbst der Schichten der Hegelschen Philosophie, wo er, wie in der Geschichtsphilosophie und besonders der Vorrede der Rechtsphilosophie, der Realität resigniert oder hämisch Recht zu geben scheint und über die Weltverbesserer spottet.«[150] Die Affirmation[151] »verzeichnet spiegelbildlich die Erfahrung des übermächtigen Zwanges, der allem Seienden durch seinen Zusammenschluß unter der Herrschaft innewohnt. Das ist das Wahre an Hegels Unwahrheit.«[152] Der Wahrheitsgehalt der Unwahrheit der Philosophie Hegels besteht also nach Adorno darin, daß sie durchsichtig ist auf die Herrschaftskategorie, die in der Gesellschaft wirksam ist.

Der Umgang mit Hegel entspricht dem ideologiekritischen Verfahren, insofern es seinen Gegenstand gegen den Strich liest. Entscheidend ist aber, daß hier tatsächlich das Kriterium, an dem die Affirmation zur Unwahrheit wird, aus Hegel selbst genommen wird: es ist Hegels Erfahrung der Geschlossenheit der bürgerlichen Gesellschaft: »Noch dort, wo er [Hegel] der Erfahrung, auch der seine Philosophie selbst motivierenden, ins Gesicht schlägt, spricht Erfahrung aus ihm. Ist jenes Subjekt-Objekt, zu dem seine Philosophie sich entwickelt, kein System des versöhnten absoluten Geistes, so erfährt der Geist doch die Welt als System.«[153] Adorno behauptet die Immanenz des Widerspruchs, an dem die bestimmte Negation arbeitet, im Analysandum – hier der Philosophie Hegels – als den Widerspruch von Anspruch und Einlösung. Das Immanenzmoment gewährleistet, daß Hegel hier mit Hegel gegen den Strich gelesen werden kann.[154]

Der konkrete Inhalt der institutionellen und der ideologischen Seite des Überbaus stimmen jeweils miteinander überein. Seine Differenz von dem, was bei optimaler, rationaler Nutzung der Produktivkräfte entstehen könnte, macht seine Unwahrheit aus. Der Begriff der objektiven Möglichkeit vernachlässigt also die wirkliche Wechselwirkung von Produktivkräften und Produktionsverhältnissen. Er spielt das, was bei idealen Produktionsverhältnissen und den gegebenen Produktivkräften möglich wäre, gegen die reale Fesselung der rationalen Nutzung der Produktivkräfte aus und übergeht so die historische Notwendigkeit der Differenz des sich langsamer Umwälzens des Überbaus. Diese Differenz gibt im Gegenteil nur den Beweisgrund dafür ab, daß, was als objektiv möglich behauptet wird, nicht real ist.

Es handelt sich bei der Auseinandersetzung Adornos mit Hegel um die retrospektive Analyse eines Kulturphänomens. Kulturphänomene sind Bilder in dem Sinne des Begriffs, der in der zitierten Passage aus der ›Dialektik der Aufklärung‹ kritisiert wird. In dieser kritisierten Bedeutung des Bildbegriffs besteht sein Überbaucharakter.

Das dialektische Verfahren, so wurde dort gesagt, »offenbart [...] jedes Bild als Schrift«[155]. Die Verwandlung eines historischen Dokuments des Geistes in »Schrift« und seine Auslegung ist der Gehalt der bestimmten Negation als Methode. Daß Adorno die Philosophie Hegels als Bild, ja als Abbild und als Wirklichkeit zugleich behandelt, lehrt seinen Begriff der bestimmten Negation als Allegorese begreifen. Die Vermutung liegt nahe, daß das als Schrift offenbarte Bild der ›Dialektik der Aufklärung‹ und das dialektische Bild Benjamins identisch sind. Dieser Vermutung widersprechen aber schwierige Textverhältnisse, welche die Theorie des dialektischen Bildes bei Benjamin betreffen.

Rolf Tiedemann hat in seinem Benjaminbuch[156] auf den Brief Adornos vom 2. August 1935 hingewiesen und ihn zur Interpretation des Benjaminschen Begriffs des dialektischen Bildes verwandt. Tiedemanns Verfahren ist nicht ganz durchsichtig: der Brief steht einem Text Benjamins, dem »Memorandum«[157] oder »Exposé«[158] (1935) zu der Passagenarbeit kritisch gegenüber, und zwar kritisch gegen Benjamins Theorie des dialektischen Bildes, wie sie dieser Text enthält. Tiedemann interpretiert das Passagenwerk auf den Begriff des dialektischen Bildes hin und setzt es dabei in Gegensatz zu dem Memorandum.[159] Er referiert Adornos Kritik so, als repräsentiere sie unmittelbar den ›Geist der Passagenarbeit‹.[160])

Nun hat der Brief Adornos in der Tat den Tenor, gegen das

Benjaminsche Exposé »die Sprache des glorreichen ersten Passagenentwurfes«[161] zu beschwören und also auch hier mit Benjamin gegen Benjamin zu argumentieren, aber die sachliche Differenz zwischen Exposé und Brief ist so deutlich, daß hier von einem wirklichen Einfluß Adornos auf Benjamin gesprochen werden muß.[162]

In dem Brief entwickelt Adorno gegen Benjamins Auffassung, die dialektischen Bilder seien ins Bewußtsein, und zwar ins Kollektivbewußtsein verlegt,[163] was ja bedeuten würde, daß der Bildcharakter im Bewußtsein des die Bilder Betrachtenden entsteht und ihnen nicht an sich zukommt, die These: »dialektische Bilder sind als Modelle keine gesellschaftlichen Produkte, sondern objektive Konstellationen, in denen der gesellschaftliche Zustand sich selbst darstellt.«[164] Adorno kritisiert so die Immanenz der dialektischen Bilder, auf die er auch ausdrücklich zu sprechen kommt: »Durch den sit venia verbo Abbild-Realismus der jetzigen immanenten Fassung des dialektischen Bildes geht aber gerade jene dialektische Macht des Fetischcharakters verloren.«[165] Er vermutet, daß Benjamin, der aus den dialektischen Bildern seinerseits die wahre Realität der Möglichkeit des Besseren – die wahre Identität von Subjekt und Objekt[166] – gewinnen möchte, in Platonismus zurückzufallen im Begriff gewesen sei und mobilisiert die »objektive Schlüsselgewalt« dialektischer Bilder gegen den Benjaminschen Begriff, eine Schlüsselgewalt, »die gerade materialistisch ihn legitimieren könnte«[167]. Auf diesen Schlüsselcharakter kommt es hier an, und zugleich auf den Widerspruch zwischen der von der Interpretation an Adorno nachgewiesenen Immanenz der Möglichkeit des Anderen im Bestehenden und der Immanenzkritik Adornos an Benjamin. Beides hängt eng zusammen.

Was die Immanenzkritik betrifft, so gibt eine Argumentation des Briefes Auskunft, die lautet:

»An den Waren und nicht für die Menschen haben wir das Versprechen der Unsterblichkeit und der Fetisch ist [...] fürs neunzehnte Jahrhundert ein treulos letztes Bild wie nur der Totenkopf. An dieser Stelle scheint mir der entscheidende Erkenntnischarakter Kafkas, insbesondere des Odradek als der nutzlos überlebenden Ware zu liegen: in diesem Märchen mag der Surrealismus sein Ende haben wie das Trauerspiel im Hamlet.«[168]

Kritisiert hatte Adorno an Benjamin, daß dessen Konzeption den Schein der Affinität zu Jungs Archetypik habe. Damit erweist sich die Kritik als eine des archaischen Psychologismus, den Adorno hier Immanenz nennt: der Für-uns-Aspekt der Möglichkeit wird ontisch liquidiert, und die Immanenz wandelt sich in die des Kulturphänomens: in dem Zitat in die der Ware, deren Objektcharakter allein, unabhängig von seiner besonderen Erscheinung, den Inhalt des ›Versprechens‹ enthält. Hält man den Satz daneben, nach welchem sich im Schein das Scheinlose verspricht,[169] also in der Ware die scheinlose Verwirklichung der Autonomie der Subjekte, so ist die Anknüpfung an den Materialismus vollzogen.[170] Adorno betont also, daß das Scheinlose, Wahre sich selbst verspricht; nicht nur in der Ware, sondern auch in geistigen Gebilden: Die Auseinandersetzung des Künstlers mit dem Material ist die mit der Gesellschaft, »gerade soweit diese ins Werk eingewandert ist«,[171] und in dem Brief an Benjamin wird die Objektimmanenz der Möglichkeit des Besseren ja deutlich hervorgehoben.[172] Die Kafka-Reminiszenz, die sich zurückbezieht auf den Brief Adornos über Benjamins Kafka-Essay,[173] betont dasselbe Argument: Odradek, das verzwickte Ding, das der Literaturwissenschaft Anlaß zu höchst amüsanten Spekulationen gegeben hat, ist aufgrund seiner Anonymität und Nutzlosigkeit ein Bild der Ware. Die Verabschiedung des Surrealismus, an dem Adorno also den Glauben an die individuelle Psyche hervorhebt, der ihn wie den Dadaismus zur Abstraktheit verurteilt,[174] ist die Verabschiedung des säkularisierten Restes der Theologie. Der Objektcharakter des dialektischen Bildes ist also die entscheidende, zur Physiognomik führende und sie begründende Bestimmung. Er garantiert die Immanenz der Möglichkeit im Analysandum und legitimiert ihren materialistischen Anspruch.

Bei Hegel findet sich derselbe Objektcharakter in idealistischer

Ausprägung. Man geht kaum fehl, wenn man die sinnliche Gewißheit als dialektisches Bild der Wahrnehmung auffaßt, gerade unter dem Aspekt der Objektimmanenz.[175] Hegel geht ja nicht wie Benjamin 1935 den Weg über ein empirisches Kollektivbewußtsein, sondern er gewinnt die Allgemeinheit, die die Wahrheit des dialektischen Bildes der Wahrnehmung ausmacht, aus der sinnlichen Gewißheit selbst als deren begriffliche Implikation.[176]

Die Interpretation hat nunmehr die wichtigsten Bestimmungen bereitgestellt, die der bestimmten Negation bei Adorno zukommen. Sie hat damit den Ort der Wahrheit in seiner Philosophie soweit beleuchtet, daß eine genaue Beschreibung der bestimmten Negation als Methode, wie Adorno sie konstruiert, möglich geworden ist.

Diese bestimmte Negation steht als Positivum gegen die Negativität aller mythischen Versöhnungslehren, die sie als abstrakte selbst einer bestimmten Negation unterwirft. Wenn sie dennoch an dem Gedanken innerweltlicher Versöhnung festhält, so doch gänzlich ohne die Idee fortschreitender Säkularisierung. Im Gegenteil so, daß die wirkliche kontinuierliche Säkularisierung des Heilsgedankens nicht länger aus einer zunehmenden Verweltlichung eines ursprünglich überweltlichen Sinnes der Geschichte abgeleitet wird, sondern für die Gegenwart aus den unmittelbar vorfindlichen Produktivkräften und Produktionsverhältnissen. Für die Vergangenheit verliert die Ableitung von Kulturphänomenen aus ihren gesellschaftlichen Bedingungen an Interesse. Hier tritt vielmehr der physiognomische Gesichtspunkt in den Vordergrund, der von den Kulturphänomenen auf die Gesellschaft schließt und dabei weniger den Aspekt fortschreitender Zweck-Mittel-Rationalität als den sich erhaltender Herrschaft betont.

Adornos Kritik an Hegel verändert, ›rückwirkend‹, den Sachgehalt der bestimmten Negation: indem sie Hegels Philosophie als die Schrift liest, als die dialektische Bilder gelesen werden wollen, offenbart sich an Hegels Methode der Immanenzcharakter des Gegenstands der bestimmten Negation. Ihn

99

trägt Adorno mit Marx aus dem Bewußtsein in die wirkliche Gesellschaft und schneidet nun nicht etwa das positive Moment der Synthesis von ihr ab, sondern er erkennt, daß das resultierende bestimmte Nichts nur dann Etwas-Charakter haben kann, wenn dieser von dem Gegenstand der Negation selbst gewährleistet ist. In diesem Sinne ist schon Hegels bestimmte Negation immanente Kritik, was sich freilich erst dadurch offenbart, daß die rückwirkende Kraft der Erkenntnis in Hegels Philosophie selbst als wirksam erkannt ist.

Das affiziert aber den Etwas-Charakter des Hegelschen bestimmten Nichts. Der synthetische Aufbau der Logik Hegels, soweit er sich im Gang der ›Phänomenologie des Geistes‹ verwirklicht, haftet demnach an der Form der Darstellung und wäre in der Totalität des absoluten Wissens aufgehoben, verwiese Hegel nicht darauf, daß der Prozeß selbst das Absolute sein soll und daß das absolute Wissen in sinnliche Gewißheit zurückschlägt. Deren *Form* war es ja, an welcher der dialektische Prozeß begann. Inhaltlich, unter dem Kriterium der Bestimmtheit also, ginge das synthetische Moment in der Prävalenz der analytischen oder systematischen Immanenz des Einzelnen und seiner Stufen im absoluten Allgemeinen unter. Das bestimmte Nichts ist dann nur insoweit Etwas, als die Darstellung als solche synthetisch ist. Entsprechend wäre auch bei Hegel von dem dritten Sinn von Aufheben, elevare, zu sagen, daß er eine Rolle spielt: soweit Synthesis waltet, soweit die Dialektik der Darstellung des Absoluten und seiner Vermitteltheit in dem Prozeß des Stufengangs verankert ist. Also ist der Etwas-Charakter bei Hegel dialektisch: das bestimmte Nichts ist Etwas, sofern die Dialektik synthetisch, aber Nichts, soweit sie analytisch ist.

Nun betont Adorno den analytischen Charakter der Hegelschen Dialektik und damit den Nichts-Charakter des bestimmten Nichts bei Hegel, und die Interpretation wird zeigen, daß er daraus Konsequenzen zieht. Zuvor jedoch ein Blick auf das entwickelte Modell der Revolutionstheorie und die Veränderungen, denen die Dialektik von Etwas- und Nichts-Charakter des bestimmten Nichts unterliegt, wenn sie aus der Sphäre des Geistes in die konkrete Geschichte übertragen wird.

Die Objektimmanenz der Marxschen Dialektik ist von Wellmer bestritten worden.[177] Mit der Unterscheidung von Objekt- und Subjektimmanenz, die sie aus Adornos Kritik an Benjamins Konzeption der dialektischen Bilder gewonnen hat, kommt die Interpretation zu demselben Ergebnis.[178] Die Kategorie der Praxis als Medium der Aneignung des Sinns der Geschichte erfordert eine Differenzierung, die aus der Theorie selbst nicht abgeleitet werden kann: die Trennung von Vorgeschichte und Geschichte. In der Vorgeschichte regiert – das ist nicht nur ein Implikat, sondern die Pointe der Ideologienlehre – die List der Vernunft. Deshalb kann sie mit dem Hegelschen Instrumentarium erarbeitet werden. Der Umschlag, in welchem die von Lukács beschriebene Aneignung des Bewußtseins der objektiven Gesetzmäßigkeit der ökonomischen Prozesse durch das Selbstbewußtsein der Arbeiter bestehen soll, verändert den sachlichen Gehalt des elevativen Moments von Aufheben.

Diese Veränderung besteht darin, daß das elevare-Motiv in der Vorgeschichte als zu einer Sowohl-als-auch-Lösung hinsichtlich des Etwas-Charakters des bestimmten Nichts führend interpretiert werden muß, wogegen das bestimmte Nichts in der sozialistischen Praxis den Nichtscharakter vollständig verlieren soll: Waltet in der Vorgeschichte die List der Vernunft, so sind die Ergebnisse dialektischer Negationen im konkreten Geschichtsprozeß *Etwas* hinsichtlich der Entwicklung der Produktivkräfte, *Nichts* hinsichtlich der Abschaffung der Herrschaft. Das soll in der sozialistischen Praxis anders sein.

Daß, um es in den gängigen Vokabeln auszudrücken, es zur Herstellung der mündigen Gesellschaft mündiger Individuen bedarf, die aber nur unter den Bedingungen der Mündigkeit entstehen können, macht die Schwäche des Praxisbegriffs aus. Die Theorie kann den Vorgang, den sich die Interpretation von Lukács hat beschreiben lassen, nur postulieren.[179]

Die Geschichte offenbart sich dem historischen Materialismus und Hegel gleichermaßen als eine Abfolge dialektischer Negationen. Der methodische Begriff der dialektischen Negation kann nur gewonnen werden aus der Betrachtung vergangener Geschichte, in welcher das bestimmte Nichts eines Gegenstandes selbst als Gegenstand vorfindlich ist: es muß schon entstanden, schon wirklich sein. Bei Hegel wird diese sich zunächst nur auf die Form der Genese der Idee der bestimmten Negation beziehende Bestimmung nur in der Darstellung durchbrochen, und wo sich seine Philosophie durch die Kategorie der Totalität analytisch macht, wird diese Durchbrechung rückgängig gemacht. Obwohl Hegel aus dem beobachteten Gesetz, daß sich die Entwicklung von Geist und Geschichte in bestimmten Negationen vollziehe, ein Instrument der Analyse von Kulturphänomenen macht, verbleibt die Methode[180] doch gerade kraft der Immanenz des Prozesses in der als gegeben angenommenen Totalität[181] in dem retrospektiven Bezug zu seinem Gegenstand, der seine zeitliche Grenze an der Gegenwart hat.

Darin, daß Marx die bestimmte Negation über die Dimension der Vergangenheit hinaus in Anspruch nimmt, besteht die Veränderung des Etwas-Charakters des bestimmten Nichts, den dieser bei ihm erfährt. Er behandelt die bestimmte Negation so, als sei sie, die sich bei Hegel durch ihre Umwandlung in ein Instrument der Analyse von Gesellschaft und Bewußtsein hinsichtlich des Etwas-Charakters des bestimmten Nichts verändert hatte: als sei sie von Hegel nicht verändert worden. Er behandelt sie sowohl in der Analyse seiner Gegenwart als auch hinsichtlich der Möglichkeit prognostischer Sätze als Geschichtsgesetz. Sie ist aber als Gesetz der Geschichte ausgewiesen nur in der Vorgeschichte, und deshalb auch mußte sie sich bei der Verwandlung in ein Instrument der Analyse verändern.[182])

Nach alldem steht nun die Frage offen, ob die Übertragung des analytischen Gebrauchs der bestimmten Negation auf die wirkliche Geschichte und ihre Manifestationen in Kulturphänomenen notwendig mit der revolutionstheoretischen Rückkehr zum Etwas-Charakter des bestimmten Nichts zusammengehört oder nicht. Es ist dies dieselbe Frage, die bezüglich der praktischen Bedeutung der negativen Dialektik Adornos allenthalben gestellt wird.

Zur Erörterung steht also nunmehr, inwiefern bei Marx in einem qualitativ neuen Sinn vom Etwas-Charakter des bestimmten Nichts zu reden ist. Die Frage tangiert die Möglichkeit des Übergangs von der Applikation tradierten Sinns auf die Geschichte zur Erhebung des Sinnes der Geschichte aus ihr selbst: es handelt sich um die Behauptung, die Möglichkeit wahren Seins, die sich unter der immergleich anhaltenden Herrschaft entwickelt hat, sei an jenem Punkt, an dem ihre Potentialität in Aktualität umschlägt.

Entscheidend ist dabei der Gesichtspunkt, daß die Objektimmanenz der Bestimmungen, die zur dialektischen Negation eines bestimmten Etwas führen, in dem historischen Strang der Überlegung, was eine bestimmte Negation sei, von sich aus nach dem teleologischen Moment im Negandum verlangt. Dieses Verlangen kann sie nicht beibehalten, wenn die Objekte selbst statisch sind: wenn in ihnen die Dialektik der Naturgeschichte stillsteht.

Der Etwas-Charakter des Negandums ist solange vorausgesetzt, wie es sich um konkrete Gegebenheiten handelt, um historische Individuen im Sinne Webers.[183] Dort ist real überall die Geschichte am Werk, Geschichte im vornaturgeschichtlichen Sinne. Kulturgebilde, also auch Kunstwerke sowie philosophische und andere Texte sind demgegenüber nach der Lehre vom ideologischen Überbau sekundär. Marx und Engels haben das betont in dem Satz, die Bewußtseinsformen hätten keine Geschichte.[184] Das ist der Kern von Benjamins Konzeption der Dialektik im Stillstand: in Kulturphänomenen steht *für uns* die Dialektik der Naturgeschichte still in einem doppelten Sinn: weder sind ›Gebilde‹ dynamisch als aus vorhergehenden Gebilden Hervorgetriebenes oder neue Gebilde Hervortreibendes, noch ist aus ihnen der Dynamismus der Entwicklung der Produktivkräfte zu erschließen. Was an ihnen entziffert werden kann, ist allein die Differenz von Möglichkeit und Wirklichkeit: das Maß und die Art der Fesselung der Produktivkräfte.[185]

4. Das historisch-dialektische bestimmte Nichts bei Adorno

Adorno modifiziert Benjamins Theorie der dialektischen Bilder über das hinaus, was Benjamin von Adorno zu diesem Komplex übernahm. Habermas[186] stilisiert die ästhetische Position Adornos auf eine ›defensive‹ Theorie der Autonomie der Kunst, die Adorno repräsentiert sehe in der ›hermetischen Moderne‹.[187] Dagegen setzt er Benjamins Konzeption der Massenkunst und verkennt dabei, daß Adorno den produktionsästhetischen Gesichtspunkt strikt von dem kunstsoziologischen trennt. Zu verfolgen ist diese Trennung an dem Übergang vom Lob der autonomen Hervorbringung an Schönberg[188] zu der massiven Kritik an den Werken, die daraus hervorgehen: die Produktion der wirkungsästhetisch hermetischen Werke[189] ist der Ort jener gebrochenen Spontaneität, deren Kennzeichen hier gerade die höchst verdinglichten mathematischen Verfahrensweisen der Zwölftonkomposition sind. Wenn das Überwinterungsmotiv, das Habermas hervorhebt,[190] und das ja, etwa am Ende des ›Propaganda‹-Abschnitts der ›Dialektik der Aufklärung‹, auch ganz deutlich ist,[191] mit dem Wort von der ›wahren Flaschenpost‹[192] den Schönberg-Teil der ›Philosophie der neuen Musik‹ abschließt, so ist es doch die mechanische Musik, von der dort die Rede ist: nicht eine doch noch unmittelbar naturhaft-spontan hervorgebrachte. Die objektive Unmöglichkeit des Überwinterns – auch Einzelner[193] – und die ihr widersprechende Autonomie der ganz immanenten Produktion bilden den Widerspruch in den Kunstwerken, an dem sie dem physiognomischen Blick Adornos auf die Geschlossenheit der verwalteten Welt durchsichtig werden. Die »Lossage vom Material«[194] ist produktionsästhetisch die abstrakte Negation des Materials selbst[195]: *neue* Geschichte. Wo aber Kulturphänomene vorliegen, behandelt sie Adorno als dialektische Bilder, in denen die Naturgeschichte stillsteht: Nach Benjamin sind sie »Ausdruck«[196] der Antagonismen im Unterbau.

Habermas schlägt sich in der Auseinandersetzung um die dialektischen Bilder, die brieflich zwischen Benjamin und Adorno geführt wurde,[197] auf die Seite Benjamins: »Benjamin will und braucht in der Tat nur ›die Auffassungsweise des Fetischcharakters im Kollektivbewußtsein‹ zu untersuchen, weil die dialektischen Bilder Bewußtseinsphänomene *sind,* und nicht – wie Adorno meint – [von Benjamin] ins Bewußtsein verlegt werden.«[198] Danach geht es um einen Sachverhalt, nämlich um den ontischen Status der dialektischen Bilder. Habermas setzt eine Alternative voraus: entweder sie »*sind*« Bewußtseinsphänomene oder aber objektive Gebilde. Habermas unterstellt Adorno also, daß dieser hier eine Alternative sieht, und wenn er in dieser Alternative Benjamin Recht gibt, akzeptiert er sie auch. Sie ist aber bei Adorno gar nicht vorhanden, sondern eine Zutat Habermas'. Das entscheidende Zitat übernimmt er selbst, ohne es als wörtliches kenntlich zu machen, unmittelbar vor der zuletzt zitierten Stelle.[199] Habermas schreibt: »Der Fetischcharakter der Ware, so hält er [Adorno] Benjamin entgegen, ist keine Tatsache des Bewußtseins, sondern dialektisch in dem eminenten Sinn, daß er Bewußtsein produziert«, und jetzt verläßt er Adorno und mißversteht ihn auf Benjaminsche Weise[200]): »nämlich archaische Bilder in den bürgerlich entfremdeten Individuen[201].« Diesem Nachsatz ist entgegenzuhalten, daß Adorno, wenn er auf der bewußtseinsbildenden Kraft der Verdinglichung besteht, damit nicht die Vermitteltheit der vier beteiligten Größen – künstlerische Produktionsweisen, Objektivität der Gebilde, Bewußtsein der Rezipienten und Bewußtsein des Physiognomikers – widerruft. Die archaischen Bilder wirft er Benjamin ja gerade vor.

Die Vermitteltheit wird durch den Begriff der zweiten Natur abgedeckt. Weil aber in ihr die Struktur der Verdinglichung überall anwesend ist, schlägt Habermas' Alternative auf Benjamin zurück. Gerade die Verbindung von Theologie und historischem Materialismus, die die erste Geschichtsphilosophische These als *Desiderat* formuliert, bei Unterordnung der Theologie,[202] erweist die von Habermas an Benjamin gegen Adorno hervorgehobene Profanität von dessen untergründigem Praxisbegriff als subjektivistisch in dem von Adorno brieflich kritisierten Sinn.[203]

Innerhalb der Verflochtenheit in die gesellschaftliche Struktur sind drei der vier vermittelten Größen variabel. Die dialektischen Bilder selbst aber sind Objekte. Adorno hat den Objekt- oder Dingcharakter[204] der Kunstwerke herausgestellt, ihr ontisches Dasein. Als Dinge schon unterliegen sie der Kritik an der Gegebenheit, die den Physiognomiker vom Rezipienten unterscheidet: »Das Gegebene ist in seiner armen und blinden Gestalt nicht Objektivität [...].«[205] Das objektivierte Prozessuale, die »innere Historizität, die sedimentierte auswendige Geschichte«[206] macht ihren Bildcharakter aus. Dieser ist aber zunächst ebenso dinghaft wie das Objekt selbst. Das Ziel, den dialektischen Bildcharakter einzelner Werke herauszuarbeiten, ist eins mit dem, den Bildcharakter überhaupt erst zu offenbaren: erst indem der gesellschaftliche Gehalt, das objektivierte Geschichtliche aus der Objektivation in seine Geschichtlichkeit zurückverflüssigt ist, ist der Bildcharakter erwiesen. Dieser aber ist dem Kunstwerk als Ding immanent gerade kraft beider Vermitteltheit durch das Prinzip der Gesellschaft. An Adornos Wagnerbuch hat Benjamin das Gelingen genau dieses Verfahrens gespürt.

Das Offenbaren des Bildgehalts eines Kulturphänomens ist nur möglich als bestimmte Negation seines gesellschaftlichen Gehaltes, oder, was dasselbe ist, als Gewinnung der Wahrheit seiner Unwahrheit. Daß Adorno diesen Satz als Kennzeichnung seiner Haltung zum Begriff der bestimmten Negation akzeptieren müßte, muß noch gezeigt werden. Die Immanenz des gesellschaftlichen Gehalts von Kulturphänomenen in ihnen als Dingen hat zu tun mit der Immanenz des Maßstabs der

Negation im Negandum. Unter dem Gesichtspunkt der Geschichte des Überbaus, die ja nach Marx nicht stattfindet – und Adorno hat dem an keiner Stelle widersprochen[207] –, bedeutet das, daß Kulturphänomene auf zweierlei Weise Gegenstand von Negationen sein können: sie werden negiert von neuen Kunstwerken[208] und sie sind von der Analyse physiognomisch zu negieren. Daß in der Kritik, die jedes Kunstwerk an allen anderen übt, der Etwas-Charakter der bestimmten Negation erhalten bleibt, ist evident, aber sekundär. Primär ist dabei die Applikation neuer technischer Produktionsverfahren in dem zweckfreien Bereich der Kunst: jedes neue Kunstwerk kritisiert den veralteten Stand der Technik in den vergangenen. Daher gewinnt die Avantgarde in Adornos Ästhetik überragende Bedeutung.

Die Evidenz, mit der jedes Kunstwerk als Feind aller anderen deren bestimmtes Nichts darstellt, wird erschüttert durch die Leugnung der eigenen Geschichte des ideologischen Überbaus. Die Einsicht, daß der ›geronnene Prozeß‹, als der sich Adorno Kunstwerke darstellen, aufgrund ihres Dingcharakters also die »in sich stillgestellten Werke«[209] selbst, denselben »Zeitkern«[210] haben, den Benjamin der Wahrheit zusprach,[211] begründet das Theorem, nach welchem Kunst und Philosophie in ihrem Wahrheitsgehalt konvergieren.[212] Entsprechend der Benjaminschen Distinktion, nach welcher es der Sinn der Technik nicht sei, die Natur zu beherrschen, sondern das »Verhältnis von Natur und Menschheit[213]«, geht es also in Adornos Materialästhetik um die bestimmte Negation des *Verhältnisses* von Material und Verfahrensweisen.[214]) Kunstwerke wären danach bestimmte Negationen des Verhältnisses von Verfahrensweise und Bildcharakter vergangener Kunstwerke. Sie schöpfen aber dieses Verhältnis, soweit sie selbst es enthalten, nicht aus ihrem Bezug zu vergangenen Werken, sondern aus der Erfahrung der Subjekte: »Leiden ist Objektivität, die auf dem Subjekt lastet; was es als sein Subjektivstes erfährt, sein Ausdruck, ist objektiv vermittelt.«[215])

Der Bezug auf vorherige Werke ist also abstrakt: nur von der

Reflexion herzustellen und – nun doch, aber nicht wie in Benjamins Memorandum unmittelbar und ontisch, sondern auf dem Wege über den ökonomischen Antagonismus – vermittelt in der Gemeinsamkeit der Verdinglichung einer Kollektivität, an deren nichtontischem Status Adorno mit Entschiedenheit festhält:

»Während kein Kollektivbewußtsein oder -unbewußtsein zu hypostasieren ist; während die Konflikte fensterlos gleichsam in den Einzelnen sich zutragen und aus ihrer individuellen Triebökonomie nominalistisch herzuleiten sind, haben sie doch in zahllosen Individuen identische Gestalt. Deswegen ist der Begriff Sozialpsychologie nicht so abwegig, wie das geklitterte Wort und sein Allerweltsgebrauch es vermuten läßt. Der Primat der Gesellschaft wird, rückwirkend, von jenen typischen psychologischen Prozessen verstärkt, ohne daß darin Gleichgewicht oder Harmonie zwischen den Individuen und der Gesellschaft sich bekundete.«216

Die Abstraktheit des Bezuges der Kunstwerke zu den vor ihnen vorhandenen und der psychologische Nominalismus, auf dem Adorno beharrt,217 sind Konsequenzen des Theorems der Geschichtslosigkeit des ideologischen Überbaus. Aus ihm folgt auch, was nunmehr deutlich geworden ist: daß der Etwas-Charakter des bestimmten Nichts, das Kunstwerke sind, sich geschichtlich konstituiert: sie sind Ausdruck – verzerrende, auf Utopie hin abbildende reine Konstruktionen – dessen, was man mit den erreichten Produktivkräften machen könnte. Sie sind abstrakte Negationen vergangener Werke, bestimmte Negationen des wirklichen synchronen Verhältnisses von Natur und Menschheit, das an ihnen bestimmt werden kann als die Immergleichheit überflüssigen Beherrschtseins der Menschen. Das Medium dieser Bestimmung ist die physiognomische Negation als Analyse. Wenn es gelänge, sie als methodisches Instrument zu konstruieren und ohne Rückgriff auf die Erfahrung der Negativität der Welt den Etwas-Charakter ihres bestimmten Nichts aus begrifflicher Notwendigkeit der bestimmten Negation selbst zu tilgen, so wäre die entscheidende Schwierigkeit der Philosophie Adornos: die Einheit von Praxislosigkeit und nichtresignativer Haltung in ihr[218] zusammenzudenken, gelöst. Gleichzeitig wäre der antisystematische Anspruch Adornos[219] auf seine Philosophie der Praxis, sofern sie zukünftigem Handeln gilt, eingeschränkt.

Die Erfahrung der Negativität der Welt schien im ersten und zweiten Kapitel die Grundlage dafür abzugeben, daß Adorno den Verdinglichungsbegriff zum Totalitätsbegriff und zur anthropologischen Konstante erweitert. Gerade weil es »›keine vorkulturelle menschliche Natur‹ gibt«[220] und die menschliche Natur deshalb immer »zweite« ist,[221] kann die ›Dialektik der Aufklärung‹ die Entstehung der Bildlichkeit der Sprache als Urgeschichte der Subjektivität *und* der Verdinglichung konstruieren.[222] Diese Konstruktion ist unabhängig von Adornos Erfahrung des Faschismus, wenngleich das ihm und Benjamin gemeinsame Programm einer physiognomischen Philosophie zur Aufdeckung dieser als Sachverhalt konstruierten Lehre von der anthropologischen Deformation[223] erst vermittels dieser Erfahrungen geführt haben mag.

Durch den konstruktiven Charakter der Lehre von der Liquidation des Individuums ist die Verdinglichung der Kunstwerke garantiert. Als zweckfrei angewandte sind in ihnen die technischen Verfahrensweisen aus ihrer Verformung durch die sie fesselnden Produktionsverhältnisse gelöst. Das betrifft aber nur ihre Produktion, den Ort jener Spontaneität, in welcher »blitzhaft Wahn und Wahn in der Wahrheit« kommunizieren.[224] Nur Kunstwerke, nicht auch Philosophien oder andere Kulturphänomene, die weitaus stärker als jene in der Produktion schon auf die verformte Gestalt der Produktionsverfahren verpflichtet sind (Philosophien auf die entfremdete Sprache), enthalten in den Prozessen, deren Vergegenständlichung sie sind, die Verfahrensweisen rein.[225] Gemeinsam ist ihnen allen, daß sie dem ideologischen Überbau angehören, mit Übergängen zum institutionellen. Als solche sind sie alle »Ausdruck« der gesellschaftlichen Verhältnisse. Darin besteht ihr ontisch physiognomischer Charakter.

Die physiognomische Methode hat, sofern sie ihrerseits ihre

Resultate vergegenständlicht, weil sie selbst auf die Sprache angewiesen ist – deshalb geht es darum, die Begriffe »mit Begriffen« aufzusprengen[226] – die ontische Bildhaftigkeit methodisch zu öffnen. Sie muß den Wahrheitsgehalt: das Verhältnis von Möglichkeit und Wirklichkeit in den Kulturphänomenen aufdecken. Das kann, wiederum unter Berücksichtigung der Geschichtslosigkeit des Überbaus, nur heißen, daß das Erkenntnisziel eben das Verhältnis von Produktivkräften und Produktionsverhältnissen ist, dessen Ausdruck die Kulturphänomene – jedes für sich und als Aufbewahrung vergangenen Leides[227] – sind. Darin besteht, was ich ihren physiognomischen Gehalt nennen möchte: daß sie die Gesellschaft in sich enthalten.[228])

Den Kunstwerken kam die Bestimmung der Abstraktheit ihres Bezuges zu den anderen Kunstwerken von dem her zu, dessen Ausdruck und bestimmte Negation sie sind, indem sie vormachen, was mit den bestimmten, historischen Produktionsverfahren gemacht werden könnte. So weit sind die anderen Gegenstände nicht von der Gesellschaftsverfassung entfernt: sie bringen das Mögliche nicht so rein hervor wie die Kunstwerke. Indem sich die physiognomische Analyse auf die Gesellschaftsverfassung bezieht, deren Ausdruck und bestimmte Negation die Analysanda sind, ist sie *materialistisch:* sie setzt ihren Gegenstand als materialistisch abgeleitet voraus.

Beide Objektbereiche haben, wie das ›Material‹ des Künstlers,[229] Geschichte in sich aufgespeichert, aber nicht primär die Geschichte des Geistes als Manifestation des analytischen und reflexiven Vermögens, sondern als materiale Produktivkraft. Das hebt Adorno mit seinem Begriff der Verfahrungsweise[230] hervor. Die Dynamik des Fortschritts in den Techniken der Naturbeherrschung ist in jedem Produkt menschlicher Arbeit aufbewahrt. Darin besteht der konkret historische Charakter der Selbstwerdung der Menschheit: der Zeitkern im Seienden. Durch ihn gewinnt auch die Kategorie der Möglichkeit den ihren. Ihre Wahrheit oder ihr Kriteriumcharakter ist ihre Differenz von sich selbst: sie als nicht erschienene. Darin, daß die physiognomische Analyse sich auf die Gesellschaftsverfassung bezieht, wie sie sich in den Begriffen der Kritik der politischen Ökonomie darstellt: darin ist sie *historisch*-materialistisch.

Aber das bestimmte Nichts, das sie hervorbringt, ist nicht Etwas. Es ist von anderer Qualität als das, was sie analysiert: wo sie Ästhetisches analysiert, sticht sie ab von ihm durch ihre Sprache.[231] Wo sie durch den naturbeherrschenden Geist Verformtes analysiert, ist sie zu diesen hin so abstrakt, wie die Kunstwerke es gegenüber ihren Vorgängern sind. Kommunizieren kann sie mit ihnen allein in dem verdinglichten Medium der identifizierenden Sprache. Darin sticht sie aber auch ab von denjenigen Analysanda, die nicht Kunstwerke sind: diese selbst sind ja auch, wie Kunstwerke, nur einmal mehr gebrochen, Ausdruck ihrer Gesellschaft.

Das bestimmte Nichts kann hier nicht Etwas sein. Wie die Kunstwerke bestimmte Negationen ihrer Zeit, aber abstrakte Negationen ihrer Vorgänger sein sollen, so müssen auch Philosophien beides sein: bestimmte Negationen ihrer Gesellschaften und abstrakte Negationen ihrer Vorgänger. Sie können also Etwas sein allenfalls gegenüber ihrer Gesellschaft, um den Preis ihrer praktischen Wirkung. Daraus folgt eine Trennung von Philosophie und physiognomischer Analyse. Insofern Kunstwerke sich zu ihrer Gesellschaft als deren Ausdruck und bestimmte Negation verhalten,[232] kommt es der physiognomischen Analyse noch einmal darauf an, die bestimmte Negation einer vergangenen Gesellschaftsform zu leisten: ganz und gar einzuholen, was das Kunstwerk seiner Gesellschaft vormacht. In dem Ganz und Gar steckt, daß die physiognomische Analyse von neuem Ausdruck jener Gesellschaft muß sein wollen, sofern sie aus dem Subjekt hinausgestellt und ihrerseits objektiviert wird in Gestalt eines Textes. Dazwischen schiebt sich aber, das Spontaneitätsmoment hier ausschaltend, die Ungeschichtlichkeit der Kulturphänomene selbst. Deshalb ist das physiognomische Verfahren auf diskursive Mittel verpflichtet. Es wird damit zur Methode im traditionellen Sinn.

Weil diese Methode, deren Methodencharakter also nicht der

Kritik unterliegen kann, den physiognomischen Gehalt der Analysanda hinsichtlich des ihnen immanenten Verhältnisses von Möglichkeit und Wirklichkeit – Anspruch und Erfüllung – untersuchen soll, ist sie gehalten, den Anspruch der Produktivkräfte, die aus der Gesellschaft herrühren und den Anspruch der Kulturphänomene auf gelingenden Ausdruck des Antagonismus ihrer Gesellschaft zu trennen. Sie muß, was den Anspruch der materialen Produktivkräfte angeht, aus der Immanenz der Werke heraus entdecken, worin die Unwahrheit der von ihnen repräsentierten Gesellschaft besteht oder welcher Art die Fesselung der Produktivkräfte in ihr ist. Darin liegt die veritas analysandi. Seine Unwahrheit ist aber nicht minder hervorzuheben. Der affirmative Charakter der Kultur, unhintergehbar auch für Adorno,[233] ist dabei gar nicht das primäre. Er ist nur die Folge der Falschheit der Gesellschaft: erst in der befreiten könnte der Ausdruck des Leidens ganz gelingen – freilich würde in ihr das Leiden vergehen. Deshalb kann die Entfesselung der Produktivkräfte auch ästhetisch nicht gelingen. Zu bestimmen, worin und wessen die Kulturphänomene Ausdruck sind, setzt sie als gelungene voraus. Die gelingenden erweisen sich aber als gebrochen durch ihren Warencharakter, der in der Warengesellschaft identisch ist mit ihrem Dingcharakter, welcher ihnen a priori eignet. Mit ihrem Warencharakter haben sie teil am Sein ihrer Gesellschaft. Unwahr sind sie darin, das Mögliche nur vorzumachen; in ihrer Differenz von dem, was sie nicht sein können: Gebrauchswerte in einer befreiten Gesellschaft. Darüber hinaus sind sie für die Späteren gebrochen als veraltete, weil die Produktivkräfte fortschritten, weil das Verhältnis von Produktivkräften/Möglichkeit zu Produktionsverhältnissen/Wirklichkeit sich in seinem Sosein verändert hat, ohne daß damit eine Differenzierung der Immergleichheit der Herrschaft selbst verbunden sein müßte.

An der Unwahrheit der Philosophie Hegels hebt Adorno hervor:

»Die Kraft des Ganzen, die sie mobilisiert, ist keine bloße Einbildung des Geistes, sondern die jenes realen Verblendungszusammenhangs, in den alles Einzelne eingespannt bleibt. Indem aber Philosophie wider Hegel die Negativität des Ganzen bestimmt, erfüllt sie zum letztenmal das Postulat der bestimmten Negation, welche die Position sei. Der Strahl, der in all seinen Momenten das Ganze als das Unwahre offenbart, ist kein anderer als die Utopie, die der ganzen Wahrheit, die noch erst zu verwirklichen wäre.«[234]

Diese Schlußsätze der zweiten Hegelstudie – »Erfahrungsgehalt«[235] – enthalten alle Momente des Verhandelten, und sie fügen noch eines hinzu. Voraus geht der Stelle der Satz, an dem oben die Interpretation der Stellung Hegels zu Adorno unterbrochen wurde.[236] Die ›Kraft des Ganzen‹, die Hegels Begriff der Totalität als positive mit sich führt, ist ›Einbildung‹. Aber keine ›bloße des Geistes‹ im Sinne von sich selbst (autonom, halluzinatorisch) etwas einbilden, sondern von außen. In den Geist wird die Struktur des Verblendungszusammenhangs, von dem hier also ausgegangen wird, hineingebildet: ›spiegelbildlich‹, wie es vorher heißt, also seitenverkehrt: die Negativität des Ganzen wird nach Adorno von Hegel ausgedrückt als positive Totalität. Darin ist Hegels Philosophie Abbild, aber gebrochenes. Wie den dialektischen Bildern ihre Dialektik, so kommt das Ganzheitsmotiv der Philosophie aus der Gesellschaft zu als aus der zugleich dialektischen und monolithischen. Hegels Philosophie wird also aufgefaßt als Ausdruck der Totalität der Gesellschaft.

Der nächste Satz erfordert genaueste semantische Klärung. Sein Ende behauptet, es sei ein Postulat der bestimmten Negation, daß sie selbst die Position sei. Man weiß, daß Adorno die Negation der Negation als negativ: inhaltsvoll aber ohne Etwas-Charakter bestimmt hat.[237] Man weiß aber auch, daß ihm die Möglichkeit – als materialistische Kategorie – mehr gilt denn die Wirklichkeit, und daß er im Begriff der Negativität seine Interpretation der Unwahrheit der Gesellschaft qua Immergleichheit des Beherrschtseins der Menschen aufbewahrt. Diese Bestimmungen beherrschen die Auseinandersetzung mit Hegel: Adorno *weiß* die Negativität des Ganzen und entziffert kraft dieses Wissens die Erfahrungen Hegels. Aber ohne dieses Wissen, aus eigener Erfahrung geschöpft, geht es offenbar nicht. Denn an keiner Stelle – und an dieser hätte es sein müssen – demonstriert oder erläutert Adorno den induktiven Übergang von der physiognomischen Analyse der Einzelphänomene oder »Modelle«[238] zu den Totalitätsaussagen, die sich in Fülle bei ihm finden. Nichts offenbart diese Unverbundenheit eindringlicher als die Vereinzelung des Satzes »Das Ganze ist das Unwahre«[239] in den ›Minima Moralia‹. Er springt dort, als letzter einer Reihe von Sprüchen, ganz monolithisch und aggressiv hervor: völlig kommentarlos. Auch wo Adorno diesem Satz einen Kontext gibt,[240] bleibt er, wie Gedö ihn nennt, »Axiom«[241]. Die Gewaltsamkeit des Über den Sachen, Von oben her, die an ihm haftet, wird nicht gemildert. Sie wird erklärt und gerechtfertigt. Sie steht mit aller Härte gegen die des abstrakten Verblendungszusammenhangs, den Adorno ja auch die Verhärtung nennt.[242] Mit dem Satz wird Partei genommen, Standpunkt bezogen. Darin erweist er sich als undialektisch.[243] Er gibt sich, nach außen, als Konstatierung eines Sachverhalts. Aber gerade durch seinen polemischen Bezug auf Hegels Satz von der Einheit von Vernunft und Wirklichkeit, den er bestätigt, weil er leugnet, daß die Vernunft schon sie selbst sei, ist er so abstrakt wie dieser: er verwandelt die Erfahrung in ein Urteil.

Das ist der logische Status der Bestimmung der Negativität des Ganzen. Daran, daß Adorno beansprucht, mit dieser Bestimmung ›zum letztenmal‹[244] das Positionspostulat der bestimmten Negation zu vollziehen – es wird damit widerrufen, deshalb: zum letztenmal –, läßt sich ablesen, daß er den Etwas-Charakter des bestimmten Nichts in diese Erfahrung hinein aufheben möchte. Adorno hat die Theorie der Negativität des Ganzen ›in all seinen Momenten‹ als Komplement zur verändernden Praxis aufgefaßt: »Praxis, welche die Herstellung einer vernünftigen und mündigen Menschheit bezweckt, verharrt im Bann des Unheils ohne eine das Ganze in seiner Unwahrheit denkende Theorie.«[245] Bestimmte Negation und

Etwas-Charakter des bestimmten Nichts treten auseinander: die Negation der Negativität zieht sich in die immanente Kritik zurück als in die physiognomische Analyse, der nurmehr das vergangene Leiden zugänglich ist und seine gesellschaftliche Ursache. Die physiognomische Analyse verharrt im Nichts. Sie bestimmt Gewesenes.

Die Hegelsche Absolutheit, zu der die Synthesis des Dialektischen führt und die dann die Synthesis als Analysis begreift, kehrt in dem Satz gegen Hegel wieder, der Etwas ist, aber unverbunden mit den Einzelanalysen. Sein Licht kommt, wie der letzte Satz des Zitats sagt, von der ganzen Wahrheit her, die als ›Strahl‹ das Ganze als das Unwahre offenbart.

Noch einmal erläutert die Fußnote aus der ›Negativen Dialektik‹[246] den Axiomcharakter der Rede von der Unwahrheit des Ganzen: der die Unwahrheit begriffslos Erkennende bringt dessen Wahrheit hervor. Sie ist aber verborgen und nur kraft dieser Verborgenheit Wahrheit. Deshalb darf sie nicht als das ans Licht, was sie nicht sein kann in der antagonistischen Gesellschaft: die wirkliche. Sie darf nicht an ein Objektives herangetragen werden; Wahrheit darf weder von Seiendem noch vom Sein prädiziert werden.[247] Dagegen vergeht sich der Satz nicht. Wohl bringt er durch seine Aussageform den Anschein hervor, die Synthesis der Einzelanalysen zu vollziehen. Darin ist er Position. Aber durch seine Anknüpfung an den Grundsatz der Metaphysik, den Hegel noch einmal aufnahm, gewinnt er nicht nur die damit verbundene Abstraktheit von oben herab, sondern er bereitet der physiognomischen Analyse nur das Feld: er ist nicht ihr Abschluß, sondern ihr Beginn. Zum letzten Mal ist er Etwas: inhaltlich, als Revokation der im Denken aufbewahrten Natur- und Menschenbeherrschung. Er ist es aber nur hinsichtlich der philosophischen Metaphysiken als vergangenen Kulturphänomenen. Formal ist er selbst in sich zerbrochen. Er konterkariert sich selber, indem seine Urteilsform seinen Inhalt zurücknimmt. Sofern er die Kritik der Bildlichkeit der Sprache in sich enthält, ohne seinerseits Bild zu sein – er ist nur Aussage – kritisiert er seine eigene

Form und damit seine Gegenwart: er selbst ist Ausdruck des gesellschaftlichen Antagonismus, dessen Immergleichheit sich in die Industriegesellschaft qua Spätkapitalismus hinein erhalten hat. Darin ist er bestimmte Negation, aber nicht Etwas. Das Auseinandertreten von bestimmter Negation und Etwas-Charakter des bestimmten Nichts durch die Verwandlung der bestimmten Negation in die physiognomische Analyse und des bestimmten Nichts in eine auf Seiendes und Sein nur noch polemisch bezogene Kategorie der Erfahrung besteht die Leistung der negativen Dialektik Adornos, mit der sie den historischen und den dialektischen Materialismus zu sich selbst bringt.

Der Satz, die Wahrheit sei die Unwahrheit des Ganzen, ist kraft dieser Trennung von Etwas und Nichts in der Zuordnung des bestimmten Nichts einerseits zur Historizität des Fortschritts in den Techniken der Naturbeherrschung (Dynamik) und andererseits zur Immergleichheit des Beherrschtseins (Statik) die Grundlage der Aktivismuskritik Adornos. Daß die Praxis verstellt ist – »auf unabsehbare Zeit vertagt«, wie es am Anfang der ›Negativen Dialektik‹ heißt[248] –, folgt nicht allein aus der objektsprachlichen Argumentation des Propaganda-Themas (Praxis muß zweckrational sein und fördert deshalb a priori die Unfreiheit), sondern aus der Einsicht in das Wesen der bestimmten Negation: ist das Ganze negativ, so muß sich der Etwas-Charakter in die Reflexion flüchten. Bloch hat die These, der Materialismus sei säkularisierte Theologie, aufs schärfste angegriffen.[249] Adorno folgt ihm darin, indem er die praktische Gewalt vor den Richter ihres eigenen Begriffs stellt: vor das Legitimitätsproblem.

Der Begriff der Wahrheit, von Adorno in seiner ganzen materialistischen Historizität ernstgenommen, wird appellativ. Die physiognomische Analyse, die die Irrationalität der Position immer wieder aufdeckt, erweist die Rationalität der Möglichkeitskategorie, aber sie macht kein Bild von ihr. Die Wahrheit wird beschworen in dem Nachweis, daß ihre Bilder nichtig sind. Ließe sie sich abbilden, sie wäre nicht sie selbst.

Viertes Kapitel
Der Begriff der negativen Dialektik und die Offenheit des geschlossenen Systems

1. Die Negativität der Dialektik

Konvergieren Kunst und Philosophie der Theorie nach in ihrem Wahrheitsgehalt, so liegt er doch in jener weiter entfernt von der Oberfläche als in dieser. Die physiognomische Analyse hat es mit Dingen zu tun, deren Oberfläche das Gesellschaftliche in ihnen enthält und verbirgt, wenngleich begriffslos. Die physiognomische Ästhetik ist einen Schritt weiter von dem Wahrheitsgehalt ihrer Gegenstände entfernt als die ›Negative Dialektik‹, die es immer schon mit Begriffen zu tun hat.

Die physiognomische Analyse der Kunstwerke muß aus deren Erscheinung erkennen, welche Prozesse in ihnen stillgestellt sind; muß diese Prozesse in unmittelbar gesellschaftliche übersetzen und auf Begriffe ziehen; sie hat in dieser Übersetzung immer noch erst den Produktivkraftanteil: es fehlt das Moment seiner Verbiegung. Dieses erscheint nur in der an Marx anknüpfenden Diskussion der Warenform der Kunst. Insbesondere ist die Unwahrheit der Kunstwerke als ihr Warencharakter, die Dialektik ihrer Zwecklosigkeit, als Ursache der Diskrepanz zwischen ihrem Anspruch und ihrem Sein wiederum sphärenlogisch von der Erhebung ihres physiognomischen Gehalts, soweit sie objektsprachliche Sätze über ihre Gesellschaft zuläßt,[1] unterschieden.

Solche sphärenlogischen Unterschiede entfallen in der philosophischen Argumentation als der denkenden Bewegung von Begriffen. Die Begriffe der traditionellen Philosophie, als identifizierend geschlossene, enthalten den Anspruch auf Wahrheit unmittelbarer als Kunstwerke. Wenn es etwa heißt: »Der Totalität ist zu opponieren, indem sie der Nichtidentität mit sich selbst überführt wird, die sie dem eigenen Begriff nach

verleugnet«[2], so ist darin nicht nur der Hegelsche Begriff der
Totalität gemeint, obwohl der Kontext gerade die Lossage von
Hegel verteidigt, sondern die Konkretheit des Begriffs und
seine Sachhaltigkeit werden einander gegenübergestellt, und
jedes überführt das andere seiner Unwahrheit. Das schon an-
geführte Motiv der List als Übertreibung der Verdinglichung
findet in dem Abschnitt ›Zur Dialektik von Identität‹[3] aus
der ›Negativen Dialektik‹ seine theoretische Rechtfertigung.
Wiederum wird etwas mit sich selbst gegen sich selbst gelesen:
der Begriff der Identität.
Der zitierte Satz hebt die formale Struktur des Begriffs der
Totalität hervor, der, soll er sinnvoll sein, die Identität des
Ganzen mit sich selbst zum Inhalt hat: der Satz: ›der Begriff
der Totalität verleugnet die Nichtidentität mit sich selbst‹ ist
von Adorno impliziert, und auch der komplementäre: ›der Begriff der Totalität behauptet die Identität des Ganzen mit dem
Begriff der Totalität‹. Hegels Begriff der Totalität beinhaltet
beides: das (synthetische) Prinzip der Negativität als das des
Werdens aus immanenten Gegensätzen setzt die Totalität als
offene; das (analytische) Prinzip der Identität überhöht das
von dem Begriff Bezeichnete trotz der Betonung des antagonistischen Charakters der Sache zur Einheit. Freilich ist der
Begriff der Einheit von Gegensätzlichem nur sinnvoll als Komplement ihrer Getrenntheit. Der Begriff der werdenden Totalität degradiert aber dadurch, daß der Antagonismus im Seienden zum Motor der Geschichte gemacht wird, das synthetische
Moment der Negativität zum Akzidens des Werdens. Die Dialektik als synthetisierende, der Geschichte nachgebildete Methode, bedarf aber des Stillstehens bei der Gegensätzlichkeit
des Antagonismus von Einheit und Mannigfaltigkeit. Sobald
sie eine der beiden in sich wiederum antagonistischen Seiten des
unter dem Begriff der Totalität subsumierten Seienden bevorzugt, verschwindet nicht nur die Konkretheit des Werdens in
der Geschichte, weil die Kontroverse der gleichgewichtigen
Gegensatzseiten sich verflüchtigt, sondern der Antagonismus in
den Seiten selbst geht über in ihre Identität mit sich selbst. Des-

halb macht die Identität des Identischen seine Nichtidentität aus.

Demnach wäre, und Müller-Strömsdörfer hat Adorno in dieser Weise gelesen, die Negativität der Dialektik das Beharren auf der Gegensätzlichkeit des Gegensätzlichen: das Verbot ihrer Synthese.[4]

Das hieße aber, daß Adorno das dynamische Moment der Immergleichheit, das Anwachsen des Antagonismus, vernachlässigte. Das Gegenteil ist der Fall, und der Begriff der Vermittlung bestimmt ja gerade das Aufeinanderbezogensein der Gegensatzseiten. Aber: »wollte indessen einer in solchem Vermitteltsein selber das Urprinzip entdecken, so verwechselte er einen Relations- mit einem Substanzbegriff und reklamierte als Ursprung den flatus vocis.«[5] Das ist die erkenntnistheoretische Legitimation für den ›Vorrang des Objekts‹ innerhalb der Vermitteltheit von Subjekt und Objekt im Erkenntnisprozeß und der Entwicklung der Denkformen.[6] Adorno betont hier, daß, wenngleich die Vermittlung die Priorität vor dem Vermittelten hat dergestalt, daß sie die Priorität des einen Vermittelten über das andere ausschließt, sie doch selbst nicht solches Gewicht gewinnen darf, daß das Vermittelte als der Vermittlung immanent in ihr aufgeht.[7] Daß Adorno schließlich dennoch von einem Vorrang des Objekts redet, widerspricht dem durchaus nicht, wie sogleich zu zeigen sein wird. Zuvor jedoch gilt es, die Immanenz seines dialektischen Verfahrens zu begreifen: wenn Adorno von »der Totalität« spricht und ihr opponieren möchte,[8] so ist damit eben nicht gemeint, daß er aus der Immanenz des Seienden heraus, quasi in Kenntnis der Naturgesetze, also als besserwissender, dem Satz der Identität auf den Leib rückt, sondern: weil er Denken überhaupt als identifizierendes, damit gleichmachendes und verdinglichendes auffaßt, ist es für ihn a priori auf den ›Willen zur Identität‹ vereidigt.[9] Dieser Wille ist aber der zur Erkenntnis des Ansich der Dinge: identisch mit sich selbst ist, was geschlossen in sich ruht, was nicht von den formalen Kategorien des Füruns verändert wird. Apriorisch ist solche Identität aber nicht nur nach Kant, sondern auch materialistisch: als von den Menschen nicht herstellbar: »Ihre [der Wirklichkeit] Gestalt ist menschlich und noch die schlechterdings außermenschliche Natur vermittelt durch Bewußtsein. Das können die Menschen nicht durchstoßen: sie leben im gesellschaftlichen Sein, nicht in Natur.«[10] Davon, daß damit der Gesichtspunkt des Füruns in den Identitätsbegriff einwandert, konstitutiv wird für das Bewußtsein wie das Bewußtsein konstitutiv ist[11] für das Leben der Menschen, rührt der Widerspruch her, an dem Kant angesetzt hat: der Identitätsbegriff meint beides zugleich, das Ding wie es an sich selbst ist und wie es für uns ist. Das ›Das können die Menschen nicht durchstoßen‹ betont die Prävalenz des Füruns, aber nur – es stammt aus dem Husserl-Buch – gegenüber der Meinung, es herrsche Adäquanz zwischen dem Gedachten und dem Ansichseienden. Innerhalb dessen, was sich an die Stelle dieser Meinung setzt – und das muß noch nicht die negative Dialektik sein; die materialistische Marxens, wie Alfred Schmidt sie an dessen Naturbegriff entfaltet hat[12], reichte dazu aus – gilt diese Prävalenz nichts.

Den Willen zur Identität leitet Adorno eher aus der Sprache denn aus dem Denken selbst ab, womit er sich den denkpsychologischen Schwierigkeiten entzieht. Aus dem identifizierenden Sinn der Copula[13] leitet er den Willen zur Synthesis ab, und dieser gilt ihm als der zur Identität:

»In jeglicher Synthesis arbeitet der Wille zur Identität; als apriorische, ihm immanente Aufgabe des Denkens erscheint sie positiv und wünschbar: das Substrat der Synthesis sei durch diese mit dem Ich versöhnt und darum gut.«[14]

Jeder Begriff trägt seine Copula in sich: Er prädiziert sich selbst von dem Seienden, das er meint. Adorno hat das gegen Husserls Kategorie des ›jeglichen Gegenstands‹, mit dessen Unterstellung die Logik statisch wird, in die Formel gekleidet, die Sätze der formalen Logik »gelten nur ›für‹ Gegenstände«[15]: »Absolutistisch ist Husserls Theorie [...], weil sie die Abhängigkeit logischer Gesetze von Seiendem überhaupt als der Bedingung ihres möglichen Sinnes leugnet.«[16] Der Hauptteil der ›Negativen Dialektik‹ beginnt mit dem gleichen Gedanken: »Kein Sein ohne Seiendes.«[17] Diese immanente Bezogenheit der Begriffe auf die Sache, die sie meinen, reproduziert das allgemeinere Ineinander des Ansich und Füruns in den Begriffen. Der Begriff der Totalität ist exponiert dadurch, daß er alles, das Ganze meint. Gerade wegen dieser seiner Weite scheint er die Identität mit sich zu verbürgen, zu fragen: Was willst du gegen mich? Zeige mir, was ich nicht umfasse, es ist immer schon in mir. Das meint Adorno, wenn er sagt, die Totalität verleugne die Nichtidentität mit sich selbst dem eigenen Begriff nach. Gerade aber daß sich Füruns und Ansich auch in ihm verschränken, wird der Identität des Ganzen mit sich selbst und mit seinem Begriff zum Verhängnis.

Adorno bezieht sich aber gar nicht auf den Begriff, wo er gegen »die Totalität« ›opponieren‹ möchte,[18] sondern auf die Sache. Es heißt entsprechend ja auch nicht: der Begriff des Ganzen ist unwahr, sondern: das Ganze ist das Unwahre. Anstatt aber von der Sache aus, geht er auf sie zu, durch ihren Begriff hindurch. Wenn er statt den »unvollkommenen Vorstellungen des Absoluten [...] die Idee«[19] den wirklichen Sachen ihren konkreten materialistischen Begriff als ihre eigene Norm[20] entgegenhält,[21] erfüllt sich die »Eingreifende Kritik des Relativismus« als »Paradigma bestimmter Negation«[22]: dieser Relativismus wäre das Aufgehen des Vermittelten in der Vermittlung, demgegenüber Adorno nominalistisch – also nach ihrem eigenen Maß – an die identifizierenden Begriffe herangeht, sie noch einmal mit sich selbst identifizierend. Insofern ›heftet‹ sich die Dialektik nun doch[23] an die Identität.

Dieser Vorgang Adornos, sich des Nichtidentischen in den Identität meinenden Begriffen zu versichern: es formaliter als intelligibel aufzuweisen, rechtfertigt von sich aus nur das Prädikat ›dialektisch‹. Die Negativität kommt der Dialektik erst durch ein Hinzutretendes zu. Bis hierher ist Adornos Verfahren mit dem der ›Phänomenologie des Geistes‹ identisch: das synthetische Moment der Begriffe erweist das Nichtbegriffliche als ihren Inhalt: »Das Nichtbegriffliche, dem Begriff unabdingbar, desavouiert dessen Ansichsein und verändert ihn.«[24] Ein durchgehendes Motiv bei Adorno ist es, der Erkenntnistheorie nachzuweisen, daß sie von sich aus zur Dialektik treibt: »Der Begriff des Nichtbegrifflichen kann nicht bei sich, der Erkenntnistheorie verweilen; zur Sachhaltigkeit der Philosophie nötigt diese«[25], nämlich die Erkenntnistheorie. Der Topos ist in dem Husserl-Buch ›Dialektik wider Willen‹ benannt[26] und dort auch durchgeführt.[27] Über Husserl heißt es sogar, sein Denken *gravitiere*, komme also naturgesetzlich zur Dialektik.[28] Von Plato wird das gleiche gesagt,[29] und die ›Vorlesung zur Einleitung in die Erkenntnistheorie‹ erläutert denselben Punkt an Kant.[30] Der Beginn des Hauptteils der ›Negativen Dialektik‹[31] wiederholt das Motiv und nennt es die ›Selbstkritik des Begriffs‹:

»Denken widerspräche schon seinem eigenen Begriff ohne Gedachtes und dies Gedachte deutet vorweg auf Seiendes, wie es vom absoluten Denken doch erst gesetzt werden soll: ein einfaches ὕστερον πρότερον. Der Logik der Widerspruchslosigkeit bliebe es anstößig; allein Dialektik kann es in der Selbstkritik des Begriffs begreifen. Sie wird objektiv vom Gehalt des von der Vernunftkritik Erörterten, von Erkenntnistheorie veranlaßt und überlebt darum den Untergang des Idealismus, der in ihr gipfelte.«[32]

»[...] die philosophische Analyse trifft immanent, im Inneren der vermeintlich reinen Begriffe und ihres Wahrheitsgehalts, auf jenes Ontische, vor dem es dem Reinheitsanspruch schaudert und das er, hochmütig zitternd, an die Einzelwissenschaften zediert.«[33]

Adorno kennt keine Naturdialektik im Engelsschen Sinn.[34] Das führt auf die Spur der Argumentation, mit welcher die Dialektik bei Adorno ihre Negativität gewinnt. In dem dieser Argumentation gewidmeten Teil der ›Negativen Dialektik‹, eben ihrem Hauptteil, kommt der Begriff der negativen Dialektik zuerst in folgendem Zusammenhang vor:

»Nichts führt aus dem dialektischen Immanenzzusammenhang hinaus als er selber. Dialektik besinnt kritisch sich auf ihn, reflektiert seine eigene Bewegung; sonst bliebe Kants Rechtsanspruch gegen Hegel unverjährt. Solche Dialektik ist negativ. Ihre Idee nennt die Differenz von Hegel. Bei diesem koinzidieren Identität und Positivität; der Einschluß alles Nichtidentischen und Objektiven in die zum absoluten Geist erweiterte und erhöhte Subjektivität sollte die Versöhnung leisten. Demgegenüber ist die in jeglicher einzelnen Bestimmung wirkende Kraft des Ganzen nicht nur deren Negation sondern selber auch das Negative, Unwahre.«[35]

Die Interpretation analysiert Satz für Satz.

1. »Nichts führt aus dem dialektischen Immanenzzusammenhang hinaus als er selber.«

In der Fußnote zu derselben Seite legt Adorno das Wort Identität in seiner Mehrsinnigkeit aus. Dabei bezieht er sich offenbar zurück auf seine Darstellung der drei Bedeutungen von Immanenz, die er in der ›Vorlesung zur Einleitung in die Erkenntnistheorie‹ gegeben hat. Sie entsprechen sich in einem wichtigen Punkt.

Mehrsinnigkeit von Identität nach ND p. 143 f. Fußn.

Einmal designierte es [das Wort Identität] die Einheit persönlichen Bewußtseins: daß ein Ich in all seinen Erfahrungen als dasselbe sich erhalte. Das meinte das Kantische »Ich denke, das alle meine Vorstellungen soll begleiten können«.

Dann wieder sollte Identität das in allen vernunftbegabten Wesen gesetzlich Gleiche sein, Denken als logische Allgemeinheit;

weiter die Sichselbstgleichheit eines jeglichen Denkgegenstandes, das einfache A = A.

Dreisinnigkeit von Immanenz nach VE p. 132 f.

Die zweite Bedeutung des Ausdrucks »immanent« bezieht sich auf die Bewußtseinsimmanenz. Immanent in diesem Sinn sind alle die Tatsachen, die ich als Tatsachen meines Bewußtseins, d. h. des je eigenen Bewußtseins individueller Subjekte bestimmen kann [...].

Die erste Bedeutung ist die Bedeutung der logischen Immanenz. Damit ist nichts anderes gemeint als eine jede Betrachtung, welche ihrerseits sich mißt an der logischen Einstimmigkeit oder Unstimmigkeit des Gegenstandes, den sie zu behandeln hat.

Schließlich, erkenntnistheoretisch: daß Subjekt und Objekt, wie immer auch vermittelt, zusammenfallen.

Drittens gibt es einen Begriff von Immanenz, den Sie nun in der Tat als den metaphysischen Begriff der Immanenz bezeichnen mögen. Die metaphysische Immanenz ist der Inbegriff alles dessen, was innerhalb der Möglichkeiten von Erfahrung liegt [...].

Die Übereinstimmung ist dort am deutlichsten, wo es um das empirische Subjekt geht. Dort koinzidieren Immanenz und Identität bei Adorno. Der materialistische Begriff des empirischen Subjekts als Natur und als das der Natur in Stoffwechselprozeß und Gattungszusammenhang Gegenüberstehende[36] ist die Grundlage des dialektischen Materialismus, der die Anthropogenese nach dem Modell Darwins als Anpassung durch Differenzierung konstruiert und daraus die Überbautheorie und die subjektive Konstitution der Gegenstände des Bewußtseins zugleich zieht. Entsprechend kann die Dialektik des Stoffwechselprozesses absehen von dem a priori vorgegebenen Substanzbegriff der Materie und, wie Schmidt formuliert, als ›wahren Gegenstand materialistischer Theorie‹ »das Konkretum der gesellschaftlichen Praxis«[37] begreifen. In diesem Konkretum ist das Denken als Verselbständigung von Verfahrensweisen der Aneignung von Lebensmitteln »Naturprozeß«[38] und konstituiert dennoch den Begriff der Gesellschaft. In der gesellschaftlichen Praxis reagieren Natur und Natur, und die Immanenz dessen, was als Gesellschaftliches darin dem Substratbegriff der Materie gegenübersteht, ist der dialektische Immanenzzusammenhang, von welchem Adorno spricht und aus welchem nur ›er selber‹ hinausführen soll. Schmidt notiert: »Marx hat die aus der perennierenden ›Vorgeschichte‹ gewonnene Erfahrung im Sinn, daß trotz aller technischen Triumphe im Grund noch immer die Natur und nicht der Mensch triumphiert.«[39] Dieser Triumph ›des‹ Menschen wäre das Hinausgehen über den Immanenzzusammenhang, aus dem nur ›er selber‹, also kein Messias und keine Metaphysik, führen soll: die gesellschaftliche Praxis. Insofern die Geschichte also Naturgeschichte ist, ist die gesellschaftliche Praxis Naturimmanenz. ›Vorgeschichte‹ heißt dann, komplementär zu der oben gegebenen Bestimmung,[40] daß die Naturgeschichte überhaupt noch nicht dialektisch geworden ist: trotz der Verselbständigung der reflektiven Kraft von der blinden Naturimmanenz des vorgesellschaftlichen Seins ist die Natur noch immer mit sich identisch.[41]

2. »Dialektik besinnt kritisch sich auf ihn, reflektiert seine eigene Bewegung;«
Dieser Immanenzzusammenhang wird von der Dialektik reflektiert. Das heißt nicht, daß er sich in das dialektische Denken hineinspiegelte. Das wäre die passive Spekulation, das bloße Wiedergeben. Sondern reflektieren heißt zurückwerfen. Die Bewegung des naturimmanenten Prozesses wird aktiv auf ihn selbst appliziert: die verselbständigten Denkprozesse in die gesellschaftliche Praxis hineingeworfen, aus der sie stammen. Die Identität des Identischen wird konstatiert. Kritisch ist solche Konstatierung, weil kraft der Tatsache des Verselbständigtseins eine Differenz im Identischen selbst aufgetan ist. Insofern steht die Dialektik schon hier auf der Seite des Nichtidentischen als des sich aus dem naturverfallenen, heteronomen und gleichwohl Identischen zur Autonomie drängenden Menschlichen.

3. »sonst bliebe Kants Rechtsanspruch gegen Hegel unverjährt.«
Der Rechtsanspruch Kants gegen Hegel besteht nach der ›Negativen Dialektik‹ darin, daß Kant »durchs Medium der erkenntnistheoretischen Besinnung den sogenannten metaphysischen Fragen die metaphysisch keineswegs neutrale Antwort (erteilt), jene dürften eigentlich nicht gefragt werden.«[42] Diese

Negation der Möglichkeit von Metaphysik führt Adorno als das Recht Kants gegen Hegel an. Dadurch legt er sich die Beweislast dafür auf, daß Hegel die Metaphysik als positive Wissenschaft wiedererstehen läßt. Adorno kritisiert also Hegel mit Kant: er sei hinter Kant zurückgefallen. Aber diesen Rückfall stellt er als Konsequenz der Vernunftkritik dar:

»Insofern präformiert die Kritik der reinen Vernunft ebenso die Hegelsche Lehre, Logik und Metaphysik seien dasselbe, wie die positivistische, welche die Fragen, an denen alles hinge, umgeht durch ihre Abschaffung, und sie mittelbar negativ entscheidet. Aus dem Fundamentalanspruch der Erkenntnistheorie, die das Ganze zu tragen sich anheischig macht, hat der deutsche Idealismus seine Metaphysik extrapoliert. Zuende gedacht, urteilt die Vernunftkritik, welche objektiv gültige Erkenntnis des Absoluten bestreitet, eben damit selber Absolutes. Das hat der Idealismus hervorgekehrt.«[43]

Damit wird Hegels Seinslogik als konsequente, aber gleichwohl falsche Verlängerung der Lehre von der subjektiven Konstitution interpretiert. Diese Argumentation, Hegel habe mit seiner Geistphilosophie die Logik vergötzt, widerruft Adorno aber im gleichen Atemzug. Wenn es heißt: »sonst bliebe Kants Rechtsanspruch gegen Hegel unverjährt«, so bedeutet das, daß Adorno diese Kritik an Hegel für veraltet hält: nicht die Vernunftkritik, also auch nicht der »Ausgang vom Begriff«[44] macht die Dialektik negativ oder die Philosophie Hegels falsch; nicht die Vernunftkritik soll also die fernere Unmöglichkeit der wissenschaftlichen Metaphysik erweisen, sondern ›der dialektische Immanenzzusammenhang‹. Dieser ist bei Adorno doppelt gefaßt: er heißt dialektisch *heteronom* als Naturgeschichte[45] und dialektisch *autonom* als das aus sich selbst Hinausführende. Der Begriff der Verjährung weist auf die dritte Revolution der Denkungsart, von der Adorno behauptet, sie auf den Begriff zu bringen.[46])

4. »Ihre Idee nennt die Differenz von Hegel.«
Die Idee von Dialektik selbst, nicht schon die der negativen: die Idee derjenigen Dialektik, die sich auf den dialektischen Immanenzzusammenhang ›kritisch besinnt‹ ist es, welche hier-

nach die Differenz von Hegel ›nennt‹[47]: das »Solche« faßt diese Bestimmungen zusammen, und der Satz spricht, im Gegensatz zur Überschrift des Kapitels, von der Idee dieser Dialektik, die also offenbar von dem Begriff der negativen Dialektik unterschieden werden soll.

Der Begriff des Immanenzzusammenhangs verweist an dieser Stelle zurück auf die drei Bedeutungen von Immanenz. In dem dritten der oben angeführten Immanenzbegriffe: ›Inbegriff alles dessen, was innerhalb der Möglichkeit von Erfahrung liegt‹ verschränken sich Subjektivität (›Erfahrung‹) und Objektivität (›alles das, was [= alle Gegenstände, die] innerhalb der Möglichkeit ihrer liegt [liegen]‹). Dieser Begriff von Immanenz, der kraft seiner Pole Subjekt und Objekt mit dem Begriff der gesellschaftlichen Praxis zusammenfällt, nennt Adorno metaphysisch. Damit schließt er unmittelbar an Alfred Schmidts Bestimmung des dialektischen Materialismus an:

»Wie aller Materialismus erkennt auch der dialektische an, daß die Gesetze und Bewegungsformen der äußeren Natur unabhängig und außerhalb eines jeglichen Bewußtseins existieren. Dieses An-sich wird aber [und damit modifiziert der dialektische den allgemeinen Materialismus] nur relevant, insofern es zum Für-uns wird, das heißt insofern die Natur einbezogen ist in menschlich-gesellschaftliche Zwecke.«[48])

Das soll heißen, daß das Ansichsein der Natur mehr ist als das Ansichsein der Natur, sofern es in den Stoffwechselprozeß zwischen Menschheit und Natur eingeht und damit zum Füruns wird: wenn Marx von dem Menschen und der »ohne sein Zutun vorhandenen Erde«[49] spricht, so ist das ontische Prius beim Objekt, wenngleich es die Philosophie inhaltlich nur mit demjenigen ›Natursegment‹[50] zu tun hat, welches in den Stoffwechselprozeß eingeht.

Adorno hat dieser Bestimmung von dialektischer Immanenz prädiziert, sie sei metaphysisch. Damit verändert sich notwendig der Begriff der Metaphysik. Adorno hat ja auch die Metaphysik auf die »Frage: ja, ist denn das alles?«[51] reduziert; ›das‹ bedeutet: ›diese Welt der Erfahrungen‹, wobei Adorno die Frage aus einem Widerspruch im Erfahrungsbegriff entwickelt: »Auf der einen Seite haben wir nur dieses Leben, wir wissen von keinem anderen [...]. [...]. Auf der anderen Seite aber ist dieses Leben selber doch [...] immer so gewesen, daß diese Erfahrungswelt, aus der alles stammt, was uns fesselt und was uns angeht, zugleich empfunden wird als: das kann doch nicht alles sein, wo will denn das hinaus, welchen Sinn hat das, was steht dahinter, was bedeutet dieses Dasein, als eine Art von Schrift.«[52] Mit diesem letzten Wort von dem Schriftcharakter der Erfahrungswelt knüpft Adorno die Sinnfrage an seine Theorie des dialektischen Bildes an und zugleich an die materialistische Konstruktion der Sinnfrage als Frage nach der Differenz von Möglichkeit und Wirklichkeit in der Wirklichkeit. Als Frage geht der Satz: Ist denn das alles? auf Sinn. Er reproduziert die These, daß Sinn noch nicht erschienen sei. Der Anspruch auf Sein des Sinnes ist in ihm nur latent mitgesetzt. Der Sinn »hält sich negativ«[53]. Die Formulierung der metaphysischen Frage wird in die materialistische Kategorie der Praxis integriert, wenn es heißt: »Nur wenn, was ist, sich ändern läßt, ist das, was ist, nicht alles.«[54] Die reale Veränderung der Erfahrungswelt, die autonome Beherrschung des Verhältnisses von Natur und Menschheit ist das Desiderat. Darin liegt eine Konvergenz von Metaphysik und Materialismus, die von dem Schlußsatz der ›Negativen Dialektik‹ formuliert wird: »Solches Denken ist solidarisch mit Metaphysik im Augenblick ihres Sturzes.«[55]

Der Sturz der Metaphysik ist die Destruktion des Anspruchs metaphysischer Antworten auf objektive ontische Geltung. Darauf kommt es der ›Idee von Dialektik‹, die den Immanenzzusammenhang: den Naturzwang in der Praxis in seinem überflüssigen Teil liquidieren möchte, an: die an dem Denken haftenden Herrschaftszüge sind identisch mit dem Anspruch des verselbständigten Aneignungswissens auf geltende Beantwortung der Adornoschen metaphysischen Frage.

Die Frage ›Ist das alles?‹ enthält in ihrem Bezug auf die Erfahrungswelt die Begriffe, durch die jene Welt dem Bewußtsein gegeben ist und mit den Begriffen auch das Prinzip der Identität. Damit kommt die Bestimmung des erkenntnistheoretischen Begriffs der Identität: ›Subjekt und Objekt fallen zusammen‹[56] in die metaphysische Frage hinein, die doch gerade aus dem Immanenzzusammenhang hinausfragt. Wiederum löst sich diese Verschränkung durch eine vorläufige Trennung:

Subjekt und Objekt fallen, dem strengen Begriff der Identität gemäß, real zusammen als gleichgewichtige Momente der gesellschaftlichen Praxis. In der Vorgeschichte – solange also Praxis und Naturbeherrschung zusammenfallen – sind Subjekt und Objekt in der Immanenz der Gesellschaft identisch. Wenn Hegel das in dem Begriff der Totalität ausdrückt, bildet er – nach Adorno ist dies die Wahrheit seiner Philosophie – diesen Tatbestand ab, und die Hegelsche Dialektik beinhaltet ja auch und gerade die Gegensätze in der Gesellschaft. Aber der Identitätsaspekt des Immanenzzusammenhangs darf nicht verabsolutiert werden. Die Gegenüberstellung von metaphysischer Immanenz und erkenntnistheoretischer Identität macht deutlich, daß es sich bei der Abweichung der Idee der Immanenzdialektik von Hegels Philosophie um das Verhältnis von Metaphysik und Ontologie handelt.

5. »Bei diesem koinzidierten Identität und Positivität;«
Damit wendet Adorno die Argumentation in die Vorbereitung einer Differenzierung im Begriff der Positivität, der selbst als Widerspruch von Anspruch und Sein aufgefaßt wird:

6. »der Einschluß alles Nichtidentischen und Objektiven in die zum absoluten Geist erweiterte und erhöhte Subjektivität sollte die Versöhnung leisten.«
Noch immer ist offen, warum Kants Rechtsanspruch gegen Hegel verjährt sein soll. Er wird im Gegenteil noch einmal bekräftigt: die erhöhte und erweiterte Subjektivität bei Hegel, als die Adorno den Begriff des absoluten Geistes interpretiert, indem er sie mit Feuerbach und Marx als Abstraktion von den wirklichen gesellschaftlichen Zusammenhängen auffaßt, wiederholt den Vorwurf der schlecht idealistischen Hypostasie-

rung des Identitätsmoments in der gesellschaftlichen Immanenz der Antagonismen.

7. »Demgegenüber ist die in jeglicher einzelnen Bestimmung wirkende Kraft des Ganzen nicht nur deren Negation sondern selber auch das Negative, Unwahre.«

Die ›Kraft‹ des ›Ganzen‹: des gesellschaftlichen Immanenzzusammenhangs wirkt in allen einzelnen Bestimmungen. Das bedeutet: das Identitätsprinzip gehört selbst in den Immanenzzusammenhang hinein. Es überschreitet ihn nicht; – deshalb muß Adorno die Genese der Verdinglichung in die Urgeschichte verlegen als in den korrelativen Ursprung von Subjektivität und Verdinglichung zugleich.

Wie über die apriorische Beschädigung der Menschen anthropologisch, so redet Adorno hier über die Negativität des Ganzen empirisch, also ontisch. Die Kraft des Ganzen als die qualitative Bestimmung der Gesellschaft als Immanenzzusammenhang überwiegt die Kraft der Subjektivität in Hegel und damit auch in Kant: urteilte Kant nach Adorno mit der Unerkennbarkeit des Absoluten selber Absolutes,[57] so fußt dieses Urteil auf einem materialistisch falschen Begriff von Ansichsein: die dialektische Reduktion des Umfangs des Begriffs des Ansich auf den Begriff des Für-uns-Ansichseienden befreit ihn von seinem Charakter der Absolutheit, ohne ihn so zu relativieren, daß er zu einer Funktion des Bewußtseins wird.[58]

Das affiziert den Begriff der Totalität und befreit auch ihn vom Charakter der Absolutheit, den er bei Hegel und auf der anderen Seite bei Engels noch hat. Die reale Immanenz von Subjekt und Objekt begründet ihre Identität. Deshalb darf diese im Stadium der Vorgeschichte: solange das Verhältnis von Natur und Menschheit selbst noch nicht beherrscht wird und der Naturzwang also weiterhin waltet, nicht als Positivität ausgegeben werden. Adorno läßt Verdinglichung und Herrschaft zusammenfallen, um am wirklichen Vorhandensein der Herrschaft die These, die Geschichte habe noch nicht begonnen, sondern sei überall und bis heute nur Vorgeschichte, desto sicherer begründen zu können.

Mit dem Verlust des Absolutheitscharakters gewinnt der Totalitätsbegriff die normative, desiderative und regulative Kraft des Identitätsmoments in sich zurück. Nicht länger soll die Dialektik wie bei Hegel die Totalität, die in der Tat und in der gesamten bekannten Geschichte identisch war, wegen dieser ihrer faktischen Existenz anerkennen, sondern ihre soziale Funktion: daß sie das Protokoll, die vollkommene Widerspiegelung des gesellschaftlichen Zwangszusammenhangs ist, soll den Blick öffnen dafür, daß das positive Sein als Identität von Subjekt und Objekt nicht die Erfüllung, nicht die Versöhnung des Identischen mit sich selbst ist, sondern daß das positive Sein die Identität selbst travestiert. Die Differenz zu Hegel entsteht also dort, wo Adorno Hegel zum Vorwurf macht, daß er durch die Identifikation von Identität und Positivität die reale Negativität abgebildet hat. Nur als Protokoll der Erfahrung der Totalität der Welt, also als ihre Abbildung, so ist im vorigen Kapitel gesagt worden, hat Hegels Philosophie nach Adorno Wahrheitsgehalt; das wird hier präzisiert: ihr Wahrheitsgehalt ist gebunden an die Form der Abbildung. Der notwendig allem Ausdruck von Erfahrung eignende Bildcharakter ist demnach Bedingung der Möglichkeit, die Erfahrung der Negativität überhaupt nach außen zu bringen. Anders gesagt: Die Unwahrheit der Hegelschen Philosophie ist für Adorno identisch mit der Unwahrheit der Gesellschaft; weil die Menschen von dem abstrakten Identitätsprinzip, das strukturgleich mit der entqualifizierenden Tauschwertabstraktheit ist, real untereinander und mit dem Ganzen identisch sind, weil also die Konvergenz von Identität und Positivität exakt richtig ist, verbietet sich die Entäußerung des Leidens in Bildern.

Die Stärke der Adornoschen Argumentation besteht darin, daß er weitgehend ohne eigene positive Setzung, also ohne den Anspruch auskommen kann, mit dem, was er selbst formuliert, dialektische Bilder zu erstellen. Er geht nicht auf das gesellschaftliche Sein zu, sondern auf dialektische Bilder. Dadurch bleibt sein Denken destruktiv, »zersetzend«, wie er es selbst genannt hat.[59] Das Ausdrucksmoment kommt nur ganz nebenher hinein. Primär ist der ›Ausgang vom Begriff‹. Die Negativität der Dialektik ist von der Dialektik selbst gefordert, wie die Dialektik der Logik von dieser. Deshalb heißt es:

8. »Solche Dialektik ist negativ.«

Die metaphysische Frage bleibt gestellt: ›Ist denn das alles?‹, aber sowohl das Ziel, auf das hin gefragt wird, wie auch das Potential der Erfahrung, aus dem heraus gefragt wird, ist immanent. Die metaphysische Frage bleibt Frage im wörtlichsten Verstande: eine Antwort wird nicht nur verweigert, sondern verboten. Durchbrochen werden darf das Verbot einzig dort, wo Antworten keine sind: in ästhetischen Gebilden, und auch in ihnen nur begriffslos; denn alle Begriffe behaupten, weil sie die Identität des von ihnen Gemeinten mit sich selbst (im doppelten Verstande: mit sich selbst als Sachen und mit sich selbst als Begriffen) behaupten, diese Identität als seiende. Sobald sie prädiziert werden, setzen sie diese Identität auch schon. Daß sie mit dieser Behauptung Recht haben: daß die Herrschaft des Tauschwerts die Bedürfnisse abgeschafft hat,[60] daß der Tauschwert sich sogar am äußersten Extrem total durchgesetzt hat: in den Kunstwerken, die beides sein könnten: ganz Gebrauchswert und ganz Tauschwert, dies bezeugt die Ohnmacht der synthetischen Kraft in den Begriffen. Wenn Adornos Kritik des methodischen Denkens sich mit dem Ausgang vom Begriff auf die Methodik seines Gegenstandes einläßt, so schließt sie an den ›philosophisch *sekundären*, primär kritischen Charakter der Konzeption des historischen Materialismus‹ an, den Jürgen von Kempski dahingehend bestimmt hat, »daß er, um sich für einen Bereich konstituieren zu können, die Existenz einer historisch-idealistischen Theorie voraussetzt«[61]. Indem Adorno der Dialektik zuspricht, daß »gerade sie, mehr und anders als das Identitätsdenken, identifiziert«,[62] bringt er dem Begriff die Intention auf das Nichtidentische zu und damit das synthetische Prinzip. Die Dialektik »will sagen, was etwas sei, während das Identitätsdenken sagt, worunter etwas fällt, wovon es Exemplar ist oder Repräsentant, was es also nicht selbst ist«[63]. All dies gilt positiv auch von Hegel, der aber durch die Bestimmung des Ganzen als Totalität das synthetische Element ins Positive wandte. Ins Positive braucht diese Art Synthesis aber nach Adorno nicht gewandt zu werden, weil nicht nur das klassifizierende, abstrakt identifizierende Denken – nach Horkheimers Ausdruck die ›traditionelle Theorie‹[64] – die Struktur der Tauschwertvergleichbarkeit erfüllt, sondern auch die Identifizierung des Wahren mit dem Ganzen.[65] Die dynamische Totalität das Wahre zu nennen bedeutet, die erreichte Aufbrechung der starren Tauschwertlogik selbst zu verfestigen.

Die Interpretation kann nunmehr das Verhältnis der Sätze »Das Wahre ist das Ganze«[66] und »Das Ganze ist das Unwahre«[67] in ihrem Verhältnis zueinander genauer bestimmen. Es handelt sich nicht um einen diametralen Gegensatz, sondern um einen Fortschritt der Erkenntnis, um eine Ergänzung. Der Satz Adornos bedeutet nicht: ›Hegel spricht die Unwahrheit, wenn er sagt, das Wahre sei das Ganze, denn das Ganze ist das Unwahre‹, sondern er bedeutet: ›Hegel hat richtig gesehen, daß das Ganze – das nunmehr materialistisch als Bereich der gesellschaftlichen Praxis verstehbar geworden ist – die Wahrheit der Realität ist. In der Tat ist das Wahre das Ganze.[68] Aber das Ganze selber ist das Unwahre.‹ Adorno fügt seinen Satz dem Hegelschen hinzu, er setzt ihn ihm nicht entgegen. Die Entgegensetzung findet auf einer anderen Stufe statt, dort, wo Hegel die Totalität als geschichtlich erreichte absolute Positivität ausgibt. Dort erst wird nach Adorno Hegels Philosophie affirmativ.

Dennoch bezieht sich Adorno mit jenem Satz nicht auf Hegels Bestimmung der Wirklichkeit des Vernünftigen, auf Hegels »Theodizee des Diesseits«[69]. Die Identität des Seienden darf nicht absolut gemacht werden, wenngleich sie real ist.[70] Die Dynamik der Gesellschaft, die von der synthetischen Dialektik abgebildet wird, bestimmt Adorno als Statik.[71] Diese Statik, das Nichtsein wirklichen Fortschritts, wird von Hegel getroffen in dem Satz von dem Wahren als des Ganzen. Aber sie wird erst von Adorno erkannt. Deshalb ist seine Dialektik negativ als die Bestimmung alles Seienden als Defizienz seiner selbst. Die Ideen werden ihm zu negativen Zeichen[72]: zu blinden Flecken im Bewußtsein der Menschen, Flecken, die »Höhlen« sind »zwischen dem, was die Sachen zu sein beanspruchen, und dem, was sie sind.«[73] Die Erkenntnis des Anspruchs der Sachen ist an die Vermittlung durch Begriffe gebunden, und deshalb ist auch Adornos Denken darauf verpflichtet, an ihnen das Negative dessen, auf das sie gehen, zu entdecken. Der Einwand gegen Adornos Philosophie: Wer das Ganze als das Unwahre bestimme, dem müsse auch dieser Satz als unwahr gelten, kann sich auch in der Gestalt des Vorwurfs wiederholen, daß die Theorie genau die Begriffe als wahr unterstellt, deren Unwahrheit sie erweist oder erweisen möchte. In beiden Gestalten mißlingt die reductio ad absurdum, weil die Unwahrheit der Begriffe gar nicht behauptet wird. Es handelt sich nicht um Sätze, die den logischen Wahrheitswert der Begriffe oder des Satzes von der Wahrheit als des Ganzen bestreiten. Sondern die reale Übereinstimmung von Logik und Sein: daß der Wahrheitswert identifizierender Begriffe und Sätze objektive Geltung hat, führt zu einem ontischen Urteil über das Seiende: es selber ist das Negative.

Alle drei noch nicht aufgenommenen Bedeutungen von Identität und Immanenz treffen hier zusammen. Identität als logische Allgemeinheit und als A = A sind im Hegelschen Sinne: als überhöhte Identität des Nichtidentischen, real. Die Geschichte ist in der Tat so, wie die Philosophie Hegels sie auffaßt, und sie ist es nach Maßgabe der logischen Immanenz selber. Insofern gibt Adorno Hegel Recht in der Einschätzung der bürgerlichen Gesellschaft als dem zu sich selbst gekommenen Weltgeist. Gerade *daß* der Weltgeist *Welt*geist ist: in die Immanenz der gesellschaftlichen Praxis verflochten, immer noch vorgeschichtlicher Naturzwang, öffnet den Blick für die wirkliche Negativität der wirklichen Harmonie von Allgemeinem und Besonderem in der geschlossenen Gesellschaft.

2. Die Dialektik der Negativität

Zu Beginn des dritten Kapitels mußte die Interpretation widerrufen, was sie zuvor als die totale Geschlossenheit des Systems bei Adorno diagnostiziert hatte. Die Untersuchung der Argumentation, die Adorno zu dem Begriff der negativen Dialektik führt, hat eine ähnliche Situation hervorgebracht: Wiederum endet die Diagnose dabei, daß Adorno der Wirklichkeit ein schlechtes Zeugnis ausstellt. Im Zusammenhang der besprochenen Stellen heißt es einmal: »Dialektik als Verfahren heißt, um des einmal an der Sache erfahrenen Widerspruches willen und gegen ihn in Widersprüchen zu denken.«[74] Das legt die Vermutung nahe, daß der Maßstab, an welchem das Urteil über die Wirklichkeit entsteht, nun doch, entgegen der Differenzierung von physiognomischer Negation mit Etwas-Charakter des bestimmten Nichts und bestimmter Negation mit Nichts-Charakter des bestimmten Nichts, auch in der Negation eines Kulturphänomens, also im zweiten methodischen Fall, daß dieser Maßstab aus der subjektiven Erfahrung der Negativität entstehe. Wird also erneut nach dem Maßstab gefragt, an dem sich die Negativität des Ganzen erweisen soll, so müssen die Negativität der Dialektik und die Weise, in welcher der emphatische Wahrheitsbegriff materialistisch abgeleitet wird, aufeinander bezogen werden.

Darüber hinaus ist das utopische Element der Philosophie Adornos als dem emphatischen Wahrheitsbegriff immanent in den Blick zu rücken und zu beziehen auf die Negativität des Wirklichen. Ohne Annahme eines Potentials des Besseren kann die Philosophie der Negativität nicht sinnvoll gedacht werden. Wenn Adorno als konsequenzlogisches Verfahren bezeichnet, was ihn dazu führt, dem Negativitätsprädikat ontische Dignität zu verleihen, so muß es, konsequent, als von dieser selben ontischen Dignität erfordert angesehen werden, daß die Möglichkeit realen Humanismus in dem Ganzen, das das Unwahre sein soll, ebenfalls ontisch behandelt wird: als empirisch existent. Adorno formuliert: »Angesichts der konkreten Möglichkeit von Utopie ist Dialektik die Ontologie des falschen Zustandes.«[75] Die ›konkrete Möglichkeit von Utopie‹ muß, wegen der erforderten ontischen Dignität der Möglichkeit, verstanden werden als ›Möglichkeit, die Utopie jetzt und hier konkret zu verwirklichen‹, nicht als Möglichkeit, ›jetzt und hier konkrete Vorstellungen vom utopischen Zustand zu entwickeln‹.

Diese beiden Elemente: das ontisch Negative und das utopisch Positive sind nur dann sinnvoll aufeinander beziehbar, wenn sie sich gleichberechtigt gegenüberstehen. Wird diese architektonische Forderung nicht erfüllt, so ergibt sich die gleiche Situation wie bei dem Begriff der Totalität, daß nämlich in dem Dreieck: Einzelnes-Allgemeines-Vermittlung jeweils die beiden anderen in den einen Eckpunkt als dessen Momente hineinstürzen, sobald diesem einen auch nur eine geringe Vormacht verliehen wird.

Soll aber demnach zwischen ontischer Negativität und ontischem Utopiepotential Gleichgewicht herrschen, so verschwände damit die Unwahrheit des Ganzen. Das von Adorno an einigen Stellen benutzte Gedankenmodell ›Druck erzeugt Gegendruck‹, das er besonders gern heranzieht, um die Negativität des Wirklichen eindringlich darzustellen,[76] enthält das Schema solchen Gleichgewichts: »[...] manchmal will es scheinen, als wäre die unselige Keimzelle der Gesellschaft, die Familie, zugleich auch die hegende Keimzelle des kompromißlosen Willens zur anderen.«[77] Der Aphorismus, aus dem die Stelle genommen ist, beklagt den Abbau der Autoritätsverhältnisse in der Familie.[78]) Adorno sieht sich gezwungen, jener in der familiären Einübung in das autoritäre Verhalten erfolgenden »sadomasochistischen Lösung des Oedipuskomplexes«[79] das Wort zu reden, deren faschistisches Potential er selbst im Anschluß an die Theorien Fromms und Horkheimers[80] empirisch verifiziert hat.[81]

Daß Adorno tatsächlich ein Gleichgewicht zwischen latenter Positivität und aktueller Negativität annimmt, geht aus mehreren Stellen hervor:

»Wenn aber das fortschrittliche Ticket[82] dem zustrebt, was schlechter ist als sein Inhalt, so ist der Inhalt des faschistischen so nichtig, daß er als Ersatz des Besseren nur noch durch verzweifelte Anstrengung der Betrogenen aufrecht erhalten werden kann. Sein Grauen ist das der offenkundigen und doch fortbestehenden Lüge. Während es keine Wahrheit zuläßt, an der es gemessen werden könnte, tritt im Unmaß seines Widersinns die Wahrheit negativ zum Greifen nahe, von der die Urteilslosen einzig durch die volle Einbuße des Denkens getrennt zu halten sind.«[83]

»Im richtigen Zustand wäre alles, wie in dem jüdischen Theologumenon, nur um ein Geringes anders als es ist, aber nicht das Geringste läßt so sich vorstellen, wie es dann wäre.«[84]

Die beiden Stellen ergänzen sich. In der zweiten ist die Nähe des wirklichen Zustands zu dem richtigen hervorgehoben, auch seine Diesseitigkeit.[85] Das bedeutet, daß Adorno die technischen Möglichkeiten, den Stand der Produktivkräfte wirklich dahingehend beurteilt, daß sie die utopische Gesellschaft schon ermöglichen. Um so eindringlicher betont er die Differenz des Tatsächlichen von der vernünftigen Einrichtung der Gesellschaft. Die Struktur der ›Identifikation mit dem Angreifer‹[86] wird in dem ersten Zitat aufgenommen. Adorno umschreibt hier seine Diagnose, nach welcher die Möglichkeit der Wirklichkeit der Utopie so klar sichtbar sei, daß das Ausbleiben des Übergangs nur unter Anspannung aller Kräfte, die ihn nur irgendwie verhindern können, erreicht werden kann. Das erste Zitat betont, daß ›die Wahrheit negativ zum Greifen nahe‹ sei: ›zum Greifen‹: zur wirklichen Verwirklichung; ›negativ‹: das damit angesprochene Bilderverbot kennzeichnet, wie auch der Schlußsatz des Zitats, daß es sich auch um eine Angelegenheit des individuellen Bewußtseins handelt. Solche Verschränkung von bewußtseinstheoretischer und ontischer Argumentation korrespondiert sowohl der Bestimmung der Vernunft als daseinsimmanente und deshalb noch immer naturbeherrschende Reflexionsform als auch der naturgeschichtlichen Konzeption. Eine weitere Stelle, die trotz ihres Umfangs wegen ihrer Wichtigkeit zitiert wird, arbeitet diese Verschränkung unter dem Aspekt der Identität von Ideologie und Realität und dem Gleichgewicht von Positivität und Negativität heraus:

»Wollte man in einem Satz zusammendrängen, worauf eigentlich die Ideologie der Massenkultur hinausläuft, man müßte sie als Parodie des Satzes: ›Werde was du bist‹ darstellen: als überhöhende Verdoppelung und Rechtfertigung des ohnehin bestehenden Zustandes, unter Einbeziehung aller Transzendenz und aller Kritik. [...] [Absatz] Nichts bleibt als Ideologie zurück denn die Anerkennung des Bestehenden selber, Modelle eines Verhaltens, das der Übermacht der Verhältnisse sich fügt. Kaum ist es Zufall, daß die heute wirksamsten Metaphysiken an das Wort Existenz sich anschließen, so als wäre die Verdoppelung bloßen Daseins durch die obersten abstrakten Bestimmungen, die aus ihm gezogen werden, gleichbedeutend mit seinem Sinn. Dem entspricht weithin der Zustand in den Köpfen der Menschen. Sie nehmen die aberwitzige Situation, die angesichts der offenen Möglichkeit von Glück jeden Tag mit der vermeidlichen Katastrophe droht, zwar nicht länger als Ausdruck einer Idee hin, so wie sie noch das bürgerliche System der Nationalstaaten empfinden mochten, aber sie finden sich mit dem Gegebenen ab im Namen von Realismus. Vorweg erfahren die Einzelnen sich selber als Schachfiguren und beruhigen sich dabei. Seitdem aber die Ideologie kaum mehr besagt, als daß es so ist, wie es ist, schrumpft auch ihre eigene Unwahrheit zusammen auf das dünne Axiom, es könne nicht anders sein als es ist. Während die Menschen dieser Unwahrheit sich beugen, durchschauen sie sie insgeheim zugleich. Die Verherrlichung der Macht und Unwiderstehlichkeit bloßen Daseins ist zugleich die Bedingung für dessen Entzauberung. Die Ideologie ist keine Hülle mehr, sondern nur noch das drohende Antlitz der Welt. Nicht nur kraft ihrer Verflechtung mit Propaganda, sondern der eigenen Gestalt nach geht sie in Terror über. Weil aber Ideologie und Realität derart sich aufeinanderzubewegen; weil die Realität mangels jeder anderen überzeugenden Ideologie zu der ihrer selbst wird, bedürfte es nur einer geringen Anstrengung des Geistes, den zugleich allmächtigen und nichtigen Schein von sich zu werfen.«[87])

Auch hier betont Adorno die Durchbrechbarkeit des ideologischen Schleiers. Er gewinnt sie aus der von ihm diagnostizierten Demontage der Ideen in dem ideologischen Bewußtsein: die Idee eines Systems von Nationalstaaten sei verschwunden und an ihre Stelle die nackte Rechtfertigung des Bestehenden getreten. Die Idee des Systems der Nationalstaaten bezeichnet ein gegenüber der Realität Anderes: gerade weil die Nationalstaaten nicht in ein die Interessen ausgleichendes System integriert waren, konnte es immer wieder zu Kriegen kommen. Dieser Charakter des Andersseins des von der Ideologie der Realität Vorgehaltenen ist, davon spricht die Stelle, nach Adorno vergangen. Das Gleichgewicht zwischen Durchschauen des trügerischen Charakters der Ideologie, die insofern gar keine mehr ist, als sie den Anspruch auf Geltung eines Ideals gar nicht mehr erhebt[88] und Gehorsam gegenüber ihrer Über-Ich-Funktion[89] wird also von Adorno ganz klar herausgestellt. Im Grunde, so heißt es, »bedürfte es nur einer geringen Anstrengung des Geistes, den zugleich allmächtigen und nichtigen Schein von sich zu werfen«[90]. An dieser Stelle ist zu beobachten, was Reinhart Maurer »Asymmetrie« der Kritischen Theorie nennt[91]: daß Adorno von der materialistisch begründbaren Beschreibung des Bestehenden als Unwahrheit übergeht zu der Versicherung, es sei noch nicht alles verloren. Die Nacktheit der Herrschaft selbst, der unverhüllte Terror, den die Ideologie nach Adorno ausübt, indem sie auf ihren Idealcharakter verzichtet und so zur reinen Apologie wird, stellt er heraus als die Erkennbarkeit der Negativität: als das Ende von Ideologie.

An dieser Stelle beginnt aber das Modell von Druck und Gegendruck zu wanken:

»Unter all den kassierten Sprichwörtern steht auch ›Druck erzeugt Gegendruck‹: wird jener groß genug, so verschwindet dieser, und die Gesellschaft scheint mit dem tödlichen Ausgleich der Spannungen beträchtlich der Entropie zuvorkommen zu wollen.« [92]

Die Erkennbarkeit der ontischen Unwahrheit des Ganzen, die objektiv gegeben sein soll, wird in jedem Zusatz[93] zurückgenommen: die ›geringe Anstrengung des Geistes‹, deren es bedürfte, ist ›das Allerschwerste‹. Gerade daß die Ideologie sich selbst abschafft, schlägt zum Unheil aus, zur ›verzweifelten Fetischisierung bestehender Verhältnisse‹[94]. Dennoch ist es möglich, die Negativität des Ganzen zu bestimmen.[95] Wo dies gelingt, wie es nach Adorno in seiner Philosophie der Fall ist, soll der Theorie nach der ›zugleich allmächtige und nichtige Schein‹, der Schleier der Verblendung, abgeworfen sein.[96] Diesen Übergang zur Positivität faßt Maurer als Asymmetrie auf, und das Positive an ihr nennt er ›eschatologisch‹.[97] Eschatologisch wäre sie aber nur, wenn das, was hier als die Möglichkeit des Überschreitens des Verblendungszusammenhangs angesprochen wird, zugleich als Überschreiten der Negativität des Ganzen aufgefaßt wäre. Adornos Philosophie spricht das Gegenteil davon aus, und weil sich die Benennung dieser Denkfigur als ›Asymmetrie‹ nur halten läßt, wenn die positive Seite der Argumentation tatsächlich als eschatologisch bestimmbar ist, fällt mit dem Nachweis, daß das, was von Adorno als Positivum projektiert wird, nicht eschatologisch gedacht ist, auch die Möglichkeit, hier von Asymmetrie zu sprechen. In der ›Negativen Dialektik‹ sagt Adorno, Dialektik sei »das Selbstbewußtsein des objektiven Verblendungszusammenhangs, nicht bereits diesem entronnen.«[98]

(Mit diesem Satz belegt übrigens das ›Historische Wörterbuch der Philosophie‹ die Aussage, die ›Negative Dialektik‹ Adornos gehe »mit dem zu kritisierenden und sie selber erzeugenden gesellschaftlichen Ganzen zugrunde«.[99] Damit ist aber gar nichts gesagt. Wenn das gesellschaftliche Ganze zugrunde geht, ist es mit aller anderen Philosophie ebenso vorbei.)

Offenbar eröffnet sich der Frage nach der Dialektik der Negativität eine neue Dimension, wenn einerseits Subjektivität und Verdinglichung als Korrelate aufgefaßt sind, was die Gleichheit von Druck und Gegendruck impliziert und andererseits die jenen äquivalenten Begriffe Verblendung und Aufklärung[100] so aufeinander bezogen werden, daß diese jenen zu durchbrechen vermag, ohne ihm entrinnen zu können. Daß diese Frage durch den Nachweis, daß die Positivität in der Philosophie Adornos – nach Maßgabe dessen, was oben über den Katharsis-Begriff gesagt wurde[101] – immer nur darauf aus ist, die Erfahrung der Unwahrheit wieder möglich zu machen, nicht erledigt ist, geht hervor aus Formulierungen wie dieser: »Solche Erkenntnis [= Erkenntnis der Negativität], ohne Vorwegnahme dessen, was darüber hinausführte, wäre die erste Bedingung dafür, daß der Bann der Gesellschaft einmal doch sich löse.«[102]

Druck und Gegendruck: Verdinglichung und Subjektivität oder Verblendung und Aufklärung sind in ihrer Polarität bezogen auf das Prinzip der Naturbeherrschung, aus dem Adorno den Verfügungscharakter der instrumentellen Vernunft – und eine andere Vernunft gibt es bisher nicht nach seiner Theorie – ableitet. Beide polaren und korrelativen Größen sind in dem Dreieck Verdinglichung-Subjektivität-Naturbeherrschung aber auch selbständig gegen die letztere: Die Verdinglichung als Bedingung der Möglichkeit von menschlichem Leben überhaupt und die Subjektivität als das der Naturimmanenz immer noch potentiell, aber zur Aktualität verpflichtete Entgegengesetzte.

Fünftes Kapitel
Adornos Ablösung der materialistischen Philosophie von ihren Dogmen

In dem Rundfunkgespräch mit Arnold Gehlen sagte Adorno, der entsprechenden These Gehlens[1] zustimmend:

»Ich meine, daß, zu sagen, was der Mensch sei, absolut unmöglich ist. Wenn die Biologen damit recht haben, daß es für den Menschen gerade das Charakteristische ist, daß er selber offen und nicht durch einen bestimmten Umkreis von Aktionsobjekten definiert ist, liegt in dieser Offenheit auch, daß, was aus dem Menschen wird, wir überhaupt noch nicht absehen können. Und zwar nach beiden Seiten, auch nach der negativen. Ich erinnere an den Satz von Valéry, daß die Unmenschlichkeit noch eine große Zukunft hat.«[2]

Oberflächlich ließe die Passage auf ein schizophrenes Bewußtsein schließen, hielte man ihn gegen die Theorie der geschlossenen Gesellschaft. Hält man ihn aber neben sie, so zeigt sich, daß er ihr nicht widerspricht. In der Geschlossenheit ist die Gesellschaft, wie soeben gezeigt, nach Adorno so weit offen, daß das Bewußtsein ihrer Unwahrheit: ihrer Differenz von dem in ihr aktuell Möglichen, selbst schon aktuell ist, aber mit übermächtiger Gewalt abgewiesen wird, einer Gewalt, die trotz ihrer Macht durchbrechbar ist.[3]

Nach dem Zitat ist sie in einer weiteren Bedeutung offen: nichts, was die Zukunft der Gesellschaft betrifft, ist dem Bewußtsein irgendwie gegeben. Darin gerade besteht der Verblendungszusammenhang, daß die Idee einer vernünftig eingerichteten Gesellschaft[4]) nur negativ: als latent in der Kritik am Bestehenden und seiner Widerspiegelung in Kulturgebilden Mitgesetztes bewahrt werden kann. Die daraus resultierende Askese im Positiven kann nicht ohne Wirkungen auf konstitutive Lehrstücke des Wissenschaftlichen Sozialismus sein, sofern sich die Theorie der Negativität des Wirklichen aus ihm herleitet.

1. Veränderungen im Telos des Materialismus

Unter Telos des Materialismus sei verstanden, was unter den Prinzipien der materialistischen Philosophie – soweit sie Prinzipien haben darf – von dieser Philosophie als Ziel der Geschichte angesehen wird.

Weil seit Marx und Engels Materialismus und Sozialismus äquivalente Begriffe geworden sind, erscheint es um so verfehlter, von einem solchen Telos zu reden, als gerade die Verbindung von Sozialismus und Materialismus den letzteren dialektisch und den ersteren zur Wissenschaft gemacht hat. Möglicherweise aber ist es gerade seine Wissenschaftlichkeit, die den Sozialismus dazu treibt, ein Ziel zu formulieren.

Der wissenschaftliche Sozialismus hat sich dadurch, daß er sich darauf einließ, den Kommunisten ein Manifest zu geben, eine Revolutionstheorie verordnet, die sich bisher einzig in Chile als überflüssig erwiesen hat.[5] Alle Revolutionstheorien basieren auf dem berühmten Satz Marxens: »Aber die kapitalistische Produktion erzeugt mit der Notwendigkeit eines Naturprozesses ihre eigne Negation.«[6] Der Satz selbst ist Resultat des Vergleichs empirischer Forschungsergebnisse und theoretischer Reflexion. Strukturell unterscheidet er sich in nichts von jenen in nomologische Form gegossenen Konditionalsätzen, die Horkheimer als »Existenzweise« der traditionellen Theorie bezeichnet hat.[7] Solche Sätze gehen auf Verwertbarkeit und daher auf Planung. Sofern der wissenschaftliche Sozialismus also eine Revolutionstheorie erheischt und er sie zugleich aus sich selbst muß schöpfen wollen, ist er gezwungen, im Kapitalismus nach dem Maß des Kapitalismus die sozialistische Gesellschaft zu planen mit den Mitteln, die dem Denken im Kapitalismus zur Verfügung stehen.

Bekanntlich haben Marx und Engels keine Utopie entworfen. Wenn Adorno ihnen darin folgt und sie so gegen ihre Inbeschlagnahme für partikulare Interessen in Schutz nimmt, so reduziert sich das Telos-Problem zwischen Adorno und dem Materialismus wie das zwischen Dialektik und Pragmatismus auf die »Auffassung« des »nächsten Schritts«[8]. Der Vorwurf der praxislosen Resignation, gegen den Ulrich Sonnemann[9] und Rolf Tiedemann[10] Adornos Denken verteidigt haben, schlägt nach dem eigenen Maß auf sich selbst zurück: wenn denn schon die Herstellung der sozialistischen Gesellschaft jetzt und hier bewerkstelligt werden soll und wenn das nach dem Schema der bestimmten Negation mit Etwas-Charakter des bestimmten Nichts erfolgen soll, muß das Bestehende allererst bestimmt erkannt werden – Adorno sagte: ›in seiner Unwahrheit gedacht‹.[11] Erst dieses Denken ermöglicht eine von dem Herrschaftscharakter des Taktikdenkens nicht ganz durchtränkte Praxis. Das Problem des Telos des Materialismus verschwindet also im Praxisproblem.

Aber auch über die Utopie hat Adorno, das Bilderverbot vernachlässigend, Andeutungen gemacht. Daraus, daß er den gegenwärtigen Zustand so interpretiert, daß er die Möglichkeit der Utopie in sich trägt, läßt sich an einzelnen Stellen, an denen er über das Glück des Erkennens spricht, ablesen, welche Bedeutung er der Kultur auch in der utopischen Gesellschaft einräumt. Theoretisch äußert er sich dazu so: »Der verwirklichte Materialismus wäre heute das Ende des Materialismus, der blinden und menschenunwürdigen Abhängigkeit der Menschen von den materiellen Verhältnissen.«[12] Ebenso an anderer Stelle: Der »verwirklichte Materialismus (wäre) auch seine eigene Abschaffung, die der Herrschaft materieller Interessen.«[13]

Vor den Versuch, diese Sätze als Bilder der Utopie auszulegen, hat Adorno die Bemerkung geschoben: »[...] aber nicht das Geringste läßt so sich vorstellen, wie es dann wäre.«[14] Es gibt aber eine Stelle, die eine zu deutliche Sprache spricht, wenngleich Adorno den betreffenden Text zunächst nur unter Vorbehalt hat drucken lassen.[15] In seiner Rede ›Zur Bekämpfung des Antisemitismus heute‹ kommt Adorno zweimal auf das antisemitische ›Argument‹ zu sprechen, die Juden, als Intellektuelle, »entzögen sich der harten körperlichen Arbeit«[16].

Demgegenüber empfiehlt Adorno folgende Argumentation:

»Man sollte nicht vor anti-intellektuellen Argumenten zurückweichen, ihnen irgend etwas vorgeben, sondern in ihrem Angesicht zu militanter Aufklärung sich stellen, das heißt, sagen, daß in einer Gesamtverfassung der Menschheit und auch der deutschen Nation, in der das Bewußtsein der Menschen nicht länger mehr gefesselt und durch alle möglichen Beeinflussungsmechanismen verstümmelt wird, intellektuell zu sein nicht länger ein beneidetes und darum diffamiertes Privileg wäre, sondern daß im Grunde alle Menschen das sein könnten und eigentlich das sein sollten, was man im allgemeinen den Intellektuellen vorbehält.«[17]

Adorno betont hier wiederum die Realmöglichkeit des Zustands, in welchem die Befriedigung materieller Bedürfnisse nicht mehr der Kern der materialistischen Utopie zu sein braucht. Deutlicher ist die andere Stelle:

»Man müßte [...] aussprechen, daß diese ganze Argumentation eine Rancune-Argumentation ist: weil man selber glaubt, hart arbeiten zu müssen oder es wirklich muß: und weil man im tiefsten weiß, daß harte physische Arbeit heute eigentlich bereits überflüssig ist, denunziert man dann die, von denen zu Recht oder Unrecht behauptet wird, sie hätten es leichter. Eine wahre Entgegnung wäre, daß Handarbeit alten Stils heute überhaupt überflüssig, daß sie durch die Technik überholt ist und daß es etwas tief Verlogenes hat, einer bestimmten Gruppe Vorwürfe zu machen, daß sie nicht hart genug physisch arbeitet. Es ist Menschenrecht, sich nicht physisch abzuquälen, sondern lieber sich geistig zu entfalten.«[18]

Das hört sich weitgreifend an: als sei mit dem pathetischen Ausdruck ›Menschenrecht‹ die Antizipation wahren Menschseins gemeint. Die Interpretation wird später zeigen, daß dieses Menschenrecht von Adorno als Naturrecht verstanden wird, wobei der Begriff des Naturrechts allerdings eine Modifikation erfährt. Kein Zweifel kann daran bestehen, daß dies die Utopie ist: alle sollen die Möglichkeit erhalten, sich so differenziert wie nur möglich zu entwickeln, nach dem nominalistischen Grundsatz: ganz sie selbst sein können. Unter den bestehenden Verhältnissen hat das »Glück der winzigen Freiheit, die im Erkennen als solchem liegt«[19] das Telos der Leidensfähigkeit. Es verbleibt im Falschen und selbst falsch.[20] In immer neuen Wendungen bekräftigt Adorno das. Aus der Unwahrheit des Ganzen aber schöpft er auch die Perspektive, unter der sich die Utopie in seiner stereotypen Zersetzung affirmativer Gedanken über das Bestehende verbirgt. An Kant hat Adorno den Spontaneitätsbegriff hervorgehoben: »Sie ist einerseits Leistung des Bewußtseins: Denken; andererseits unbewußt und unwillkürlich, der Herzschlag der res cogitans jenseits von dieser.«[21] Von den beiden Wegen zur Versöhnung, die Kleist im ›Marionettentheater‹ vorstellt: dem innerlichen und dem um die Welt herum ist ihm nur der zweite offen, aber die res cogitans gewinnt ein Herz. Adorno fährt fort: »Reines Bewußtsein – ›Logik‹ – selber ist ein Gewordenes und ein Geltendes, in dem seine Genese unterging.«[22] Die Ideologiekritik, als die Adorno sein Denken verstand,[23] ist zwar zersetzend. Aber sie zersetzt nur die Wehrkraft der ›stärkeren Bataillone‹[24], als die Adorno gegen Lukács und Hegel den Weltgeist, die Wirklichkeit des Vernünftigen bestimmte.

Es geht ihm nicht darum, ideologische Bewußtseinsformen durch deren Rückführung auf ihre Genese zu liquidieren. Das stünde einer Theorie, die von der Realmacht der Verdinglichung überzeugt ist, auch schlecht zu Gesicht. Sondern ihre Falschheit ist nicht länger ihre Genese. Daß die planende Vernunft als geltende aus der Genese hervorgetreten ist: verselbständigt die Herrschaft der Natur über die Menschen fortsetzt, hat zugleich die Möglichkeit der Freiheit, die Möglichkeit der autonomen Bestimmung des Ganzen durch alle hervorgebracht. Aus der Totalität der Unwahrheit soll die ganze Wahrheit werden, die aber keinesfalls zu gewinnen ist durch den Versuch, mit den zur Verfügung stehenden Mitteln den Sozialismus hier und jetzt mit aufgekrempelten Ärmeln aufzubauen.

Die Theorie des Aufgehens der Genese des Geistes in seiner Verselbständigung hat Konsequenzen für die Theorie des kulturellen Bedürfnisses: ist es in der Vorgeschichte pathisch als sublimierte Versagung von materiellen, so kann es sich mit der

Verselbständigung des Geistes doch von diesem lösen und seinerseits nach der Figur des sich am Zopf aus dem Sumpf ziehenden Münchhausen,[25] die Adorno zu dem Schema der Philosophie »heute« erklärt hat, auch ohne das Bewußtsein von Nöten weiterexistieren. Wie die Kunst aussehen wird, die ohne Nöte entstehen soll, fällt freilich unter jene Unvorstellbarkeit.[26]

2. Veränderungen im Praxisbegriff des Materialismus

Soll der Satz gelten, daß der Vorwurf praxisloser Resignation auf sich selbst zurückschlägt, so muß die Theorie Adornos nicht nur nach dem Maß der Wahrheit des Praxisbegriffs diesen besser erfüllen als der Praxisbegriff, der ihm entgegengehalten wird (1), sondern zudem muß Adornos naturgeschichtliche Konzeption den Praxisbegriff so hervorbringen, daß er sowohl die Intentionen seiner Gegner deckt als auch die Beschränkung darauf, sich »in ganz bestimmte Einzelphänomene zu versenken«[27] (2).

Etwas von dem, was Adornos Philosophie an konkreter Utopie enthält, wurde im vorigen Abschnitt beschrieben. Der Grundsatz der Adornoschen Sprachphilosophie lautet: »Es bleibt ihm [dem Philosophen] keine Hoffnung als die, die [vorhandenen, seinsentleerten, unverbindlichen][28] Worte so um die neue Wahrheit zu stellen, daß deren bloße Konfiguration die neue Wahrheit ergibt.«[29] Die neue Wahrheit ist nach diesem Verfahren in dem so gekennzeichneten Text ausgedrückt, also weder benannt noch bezeichnet, aber doch erkennbar. Als Erkanntes, Benanntes und Bezeichnetes ist der Gehalt des utopischen Gedankens von der Interpretation verwandelt worden: verbildlicht. Sie reicht deshalb an dieser Stelle, gesetzt, Adornos Sprachphilosophie ist wahr, an das Ausgedrückte prinzipiell nicht heran. Zum Verhältnis von Theorie und Praxis hat Adorno sich aber signifikativer geäußert. Es wird zunächst versucht, ein das Problem erkennbar machendes Begriffsschema aufzustellen.

(1) Das Kriterium, nach welchem der Begriff der verändernden Praxis gebildet ist, hat die Doppelheit, daß die erfolgreiche Veränderung darin bestehen muß, a) den bestehenden (schlechten, kapitalistischen) Zustand zu liquidieren und b) den utopischen (guten, sozialistischen) Zustand herzustellen. Maßnahmen, die von einzelnen Menschen oder Gruppen vorgenommen werden, lassen sich demnach einteilen in positive und negative. Negativ wären dann alle Tätigkeiten, die an dem bestehenden Zustand nichts ändern oder ihn befestigen helfen, positiv alle, die das Bestehende positiv verändern.

Dieses Einteilungsschema deckt aber die beiden Klassen von Tätigkeiten nicht, die in dem Streit, den U. Sonnemann kommentiert hat,[30] kontrovers sind. Es stehen sich Vorwürfe gegenüber: Adorno habe der wirklichen Veränderung entsagt und trage so mindestens funktional[31] zur Verfestigung des Bestehenden bei. Umgekehrt wirft Adorno seinen Kritikern vor, die an ihn gestellte Forderung nach praktischem Engagement entbehre der Einsicht in die Rolle der Theorie heute. Die Interpretation versucht zu zeigen, daß ein Streit in Wahrheit gar nicht vorliegt, sondern die Aktionen der Aktivisten von Adorno gebilligt wurden. Seine Praxisfeindlichkeit beschränkte sich darauf, daß er sich weigerte, selber an solchen Aktionen teilzunehmen. Inwiefern die Position Adornos die seiner Gegner mitumfaßt, wird zu zeigen sein. Zunächst ist auf die gegen Adorno erhobenen Vorwürfe einzugehen.

Hans-Jürgen Krahl hat die Kontroverse in seinem Nachruf auf Adorno sehr deutlich formuliert. Richtig hat er erkannt, daß Adornos Denken weiß, »daß es sich der Verstrickung in die ideologischen Widersprüche der bürgerlichen Individualität, deren unwiderruflichen Zerfall es erkannt hat, gleichwohl nicht entziehen kann«[32]. Er interpretiert die von Adorno selbst hervorgehobene Brüchigkeit der Konzeption der ›Negativen Dialektik‹ als das »monadologische Schicksal des durch die Produktionsgesetze [...] vereinzelten Individuums«. Dieses Schicksal, so Krahl, »spiegelt sich in seiner [Adornos] intellektuellen Subjektivität. Daher vermochte Adorno die private

Passion angesichts des Leidens der Verdammten dieser Erde nicht in eine organisierte Parteilichkeit der Theorie zur Befreiung der Unterdrückten umzusetzen.«[33]

Das Wort ›vermochte‹ ist der Schlüssel zu dem Kern des Vorwurfs. Es geht darum, daß Adorno nicht bereit war, in persona an politischen Aktionen teilzunehmen. H. H. Holz hat das noch stärker betont.[34] Allzu umstandslos wird aber auch von Krahl die subjektive Ablehnung der Teilnahme an bestimmten Protestmärschen[35] als unmittelbarer Gehalt der Theorie genommen: aus dem Verhalten des Mannes Adorno wird der Gehalt seiner Philosophie erschlossen, und die so gewonnene Fehlinterpretation wird dann auch noch so behandelt, als habe Adorno sie als Doktrin verkündet. Es ist hier aber zwischen dem persönlichen Verhalten Adornos und dem sachlichen Gehalt seiner Philosophie sehr wohl zu unterscheiden.[36]) Diese Trennung ist außer durch die Komplementaritätstheorie über das Verhältnis von Theorie und Praxis gestützt von dem Gedanken an das aufklärerische Motiv der List, das für Adorno unhintergehbar ist und trotz seiner verdinglichenden Formung des Bewußtseins nur auf die rechte Weise komplettiert zu werden braucht, um den Weg zu der erwünschten Gesellschaftsform zu ebnen.

Auch dies wird jede ›friedliebende Kraft‹, um die Sprachregelung der Deutschen Demokratischen Republik aufzugreifen, akzeptieren. Das Mißverständnis entsteht dadurch, daß Krahl und Holz offensichtlich das Gelingen ›solidarischer Aktionen‹[37] hier und jetzt für möglich halten als Einheit von Theorie und Praxis. Das weiß die Theorie Adornos besser. Mit Alfred Sohn-Rethel, auf dessen Analyse der Denkformen er sich in der ›Negativen Dialektik‹ explizit beruft,[38] führt Adorno das die Verdinglichung des Bewußtseins hervorbringende Herrschaftsprinzip auf die Teilung von geistiger und körperlicher Arbeit zurück.[39] Diese Teilung schlug um in die Herrschaft der Kopfarbeiter über die Handarbeiter und richtete sich so gegen ihren gesellschaftlichen Ursprung, freilich notwendigerweise. Die bestehende Gesellschaft kann nach

Adorno nur nach vornhin umgewälzt werden: durch das Zu-sich-selbst-Bringen des schon Vorhandenen.[40] Das bedeutet hier: *mit Hilfe* der gesellschaftlichen Arbeitsteilung von Kopf- und Handarbeit, wobei selbstverständlich ist, daß die Kopf-arbeiter die Handarbeiter in diesem Prozeß nicht beherrschen dürfen. Deshalb darf der Satz Adornos, die Praxis sei ›auf unabsehbare Zeit vertagt‹[41], nicht so gelesen werden, als plä-diere Adorno dafür, daß niemand politisch progressiv handeln soll.[42] Sondern die kritische Gesellschaftstheorie Adornos ge-denkt in der notwendigen Arbeitsteilung ihr Teil *als Kopf-arbeit* beizutragen: das Ganze in seiner Unwahrheit zu den-ken.[43] Es sei die Bemerkung gestattet, daß, wer Adorno so interpretiert, als ob seine Theorie nicht nur das Ausmalen von Bildern des versöhnten Zustands mit einem Verbot belege, sondern auch jede Aktion, auch den Bericht Sonnemanns für erlogen halten muß, nach welchem Adorno kurz vor seinem Tode davon gesprochen hat, »wie er über jede glückende Re-bellionsregung der ›Kinder‹, der oppositionellen Studenten, jeden Anflug von Geist, phantasievoller Polemik, von Witz, der in der Regel auch nicht unbelohnt von punktuellen Erfol-gen geblieben sei, wie ein Schneekönig sich gefreut habe«[44]. Niemand hat schärfer als Adorno das Problem des kontempla-tiven Lebens reflektiert.[45] Gerade die Einsicht, daß die un-mittelbare Einheit von Theorie und Praxis hier und jetzt nicht möglich ist, motivierte ja auch Krahl und Holz dazu, die Dringlichkeit der praktischen Veränderung des Bestehenden hervorzukehren.

Krahl redete davon, Adorno habe »regressive Angst vor den Formen praktischen Widerstands« gehabt. Er bemängelte, daß Adorno subjektiv nicht in der Lage gewesen sei, eine »organi-sierte Parteilichkeit der Theorie« zu befürworten.[46] Darunter kann nichts anderes verstanden werden, als daß die Theorie nach dieser Forderung der Parteilichkeit den Erfordernissen der Praxis gemäß gestaltet werden soll, daß also sich jene von dieser soll modifizieren lassen oder sich ihr unterordnen. Die Theorie soll sich zwar positiven, aber doch in der vorrevolutionären Phase partikularen Interessen unterordnen. Dieser Prävalenz der Praxis stellt Adorno gleichgewichtig eine Prävalenz der Theorie gegenüber, damit die Arbeitsteilung erhalten bleibt, ohne daß eins der beiden Teile das andere in seinen Dienst nehmen kann.

»Adornos Negation der spätkapitalistischen Gesellschaft ist abstrakt geblieben und hat sich dem Erfordernis der Bestimmtheit der bestimmten Negation verschlossen, jener dialektischen Kategorie also, der er sich aus der Tradition Hegels und Marxens verpflichtet wußte.«[47] Mit diesem Satz benennt Krahl das Mißverständnis noch einmal präzise und auf einer reflektierteren theoretischen Stufe. Entgegen der von ihm unterstellten Bedeutung der »Kategorie« der *Bestimmtheit* der bestimmten Negation ist die bestimmte Negation nicht kraft der Bestimmtheit dessen, was sie negiert, ein neues Etwas, welches das Negandum ablöst; auch nicht kraft des Bestimmens des Negandums in seiner Negativität und als negatives. Sondern erst die Einheit von theoretischer und praktischer Negation wäre das Hervorbringen eines gegenüber dem Bestehenden nur noch qualitativ Anderen.

Krahls Forderung an Adorno unterstellt, daß mittels der von ihm offensichtlich aus Lukács zitierten Parteilichkeit diese Einheit hier und jetzt verwirklichbar ist, und es stärkt seine Position, daß die Theorie Adornos, die dies bestreitet, möglicherweise zu diesem Ergebnis nur kommen kann, weil sie die gesellschaftliche Arbeitsteilung voraussetzt und für die Vorbereitung der revolutionären Praxis benutzen möchte. Dennoch wäre Krahl im Recht nur, wenn die Philosophie Adornos sich selbst nicht bloß, gemeinsam mit bestimmten Formen der künstlerischen Avantgarde, als Statthalter des objektiv Möglichen verstünde und ausgäbe, sondern als das die bestehende Ordnung selbst unmittelbar Überschreitende.

Krahl und alle praktizistischen Kritiker müssen unterstellen, daß das Prinzip der Parteilichkeit jene Versöhnung von Theorie und Praxis nicht etwa nur antizipiere, sondern unmittelbar selber sei. Solche Versöhnung bestimmt Adorno als Schein, wo nicht mit Horkheimer[48] als propagandistische Lüge: »Durch unversöhnliche Absage an den Schein von Versöhnung hält sie [die neue Kunst (und damit auch die Philosophie Adornos – nach Adornos Philosophie)] diese fest inmitten des Unversöhnten, richtiges Bewußtsein einer Epoche, darin die reale Möglichkeit von Utopie – daß die Erde, nach dem Stand der Produktivkräfte, jetzt, hier, unmittelbar das Paradies sein könnte – auf einer äußersten Spitze mit der Möglichkeit der totalen Katastrophe sich vereint.«[49]

In Wahrheit ist jener praktische Gesichtswinkel Krahls aber wohl nur die durchsichtige Unsicherheit des Willens zur Handlung, der nicht recht weiß, was zu tun ist und deshalb von der Theorie eine Empfehlung erheischt, die diese nur geben kann, wenn sie auf das ihr unabdingbare Maß von Autonomie verzichtet. Böckelmann hat die Forderung der Praktiker an die Theorie noch einmal formuliert,[50] und Sonnemann hat geantwortet, daß »Empfehlen selber schon Praxis ist«[51]: mit allen Mängeln des Versuchs, inmitten des ›falschen Lebens‹[52] auch nur richtige, geschweige denn wahre Anweisungen zu geben.

Aber eine derartige Zurückweisung des praktizistischen Anspruchs genügt dem Erfordernis der Dringlichkeit der Veränderung nicht; sie reproduziert nur die Stringenz des Adornoschen Gedankens als Pathos. Daß ›Denken ein Tun‹ ist und daher »Theorie eine Gestalt von Praxis«[53], ist als Adornosches Diktum auch von Sonnemann überbewertet worden.[54] Aller Plausibilität des Satzes – was soll Theorie-Treiben anderes sein als eine Tätigkeit im grammatikalischen Sinn der Vokabel Tätigkeitswort – steht nicht nur die Kritik Adornos an dem Prinzip der Plausibilität entgegen, die Kritik der reinen Kommunizierbarkeit;[55] sondern ihren Stellenwert erhält die Bemerkung erst durch die Überlegung, daß die Theorie, die sich durch diesen Kunstgriff als Tun zu rechtfertigen scheint, in der Schwäche des Arguments zugleich ein Licht auf die Schwäche des Begriffs des Tuns wirft. Ebenso blind wie die Praxis derjenigen, die von der Theorie verlangen, sie solle auf sich verzichten, bleibt die Theorie, sofern sie bloß irgendein Tun ist, Verausgabung menschlicher Arbeitskraft. Als ein solches Tun ist sie bloß abstrakte Arbeit: Tauschwert, gerade nicht das arbeitsteilig Andere der Praxis, als welches sie ihren Gebrauchswert allein gewinnen kann.

Deshalb müssen ihr weitere Bestimmungen zukommen, nicht zuletzt jene geschichtsphilosophische These von der Möglichkeit des Besseren »jetzt, hier, unmittelbar«[56].

Mit dieser These knüpft Adorno an Marxens elfte These ›ad Feuerbach‹ an. Bekanntlich leitet der Beginn der ›Negativen Dialektik‹ das Recht zur philosophischen Spekulation direkt aus diesem berühmten Satz Marxens ab:

»Philosophie, die einmal überholt schien, erhält sich am Leben, weil der Augenblick ihrer Verwirklichung versäumt ward. Das summarische Urteil, sie habe die Welt bloß interpretiert, sei durch Resignation vor der Realität verkrüppelt auch in sich, wird zum Defaitismus der Vernunft, nachdem die Veränderung der Welt mißlang.«[57]

Adorno hat diese Eingangspassage seines Buches später selbst noch einmal interpretiert:

»Praxis ohne Theorie, unterhalb des fortgeschrittensten Standes von Erkenntnis, muß mißlingen, und ihrem Begriff nach möchte Praxis es realisieren. Falsche Praxis ist keine. Verzweiflung, die, weil sie die Auswege versperrt findet, blindlings sich hineinstürzt, verbindet noch bei reinstem Willen sich dem Unheil. Feindschaft gegen Theorie im Geist der Zeit, ihr keineswegs zufälliges Absterben, ihre Ächtung durch die Ungeduld, welche die Welt verändern will, ohne sie zu interpretieren, während es doch an Ort und Stelle geheißen hatte, die Philosophen hätten bislang *bloß* interpretiert – solche Theoriefeindschaft wird zur Schwäche der Praxis.«[58]

Deutlich ist erkennbar, daß Adorno das Kriterium des Gelingens der Veränderung des Bestehenden als Kriterium über die Theorie stellt: sie muß ihm genügen. Aber er stellt es auch über die Praxis, und in dem Vergleich der Differenz von Aktionen um jeden Preis einerseits und möglicherweise praxisloser Theorie andererseits von dem Ziel beider Verhaltensweisen schneidet die Theorie in jedem Fall besser ab. Sie kann wenigstens nichts verderben, solange sie Theorie bleibt, während die Praktiken der Praktiker möglicherweise und gegen ihren Willen, objektiv aber mit einer sehr hohen Wahrscheinlichkeit selber das tun, was jene Adorno zum Vorwurf machten: das Prinzip der Herrschaft am Leben erhalten.

Adorno redet vom Mißlingen der Veränderung der Welt, davon, daß die Verwirklichung der Philosophie ›versäumt‹ worden sei. Das unterstellt die objektive Möglichkeit des Übergangs in die nicht länger von dem Prinzip der Naturbeherrschung unterdrückte und darum blinde Praxis: zur autonomen Bestimmung dessen, was geschieht. Diese Unterstellung kann auf zwei Stufen erfolgen: als Behauptung der Realmöglichkeit des Überlebens trotz Abschaffung produktiver Herrschaftsverhältnisse, wobei ausgeklammert bleibt, ob die existierenden Produktionsverhältnisse den Übergang zulassen oder nicht. Diese Betrachtungsweise hält sich streng an den Begriff der gegenständlichen Produktivkräfte, an die Produktionsmittel. – Die zweite Stufe der Unterstellung wäre die Behauptung, daß nicht nur die Existenz der befreiten Gesellschaft, sondern auch ihre Herstellung realmöglich sei. Das Wort vom Versäumen der Veränderung impliziert dies zweite: versäumt kann nur werden, was angezeigt und real möglich war. Die Theorie muß, wenn sie von Versäumnis redet, einen bestimmten historischen Punkt angeben, an welchem dieser Umschlag realmöglich gewesen sein soll. Außerdem muß sie eine Begründung der ebenfalls implizierten These enthalten, daß dieser Zeitpunkt vorüber ist.

(2) Den Vorwurf der Praxisfeindlichkeit könnte Adorno weit weniger umständlich zurückweisen als er es tut. Praxis, die Einheit von Theorie und Praxis, ist das Desiderat, und die Veränderung soll sie erst möglich machen. Die Formel, im falschen Leben gebe es kein richtiges, bedeutet nichts anderes, als daß wahre Praxis noch gar nicht erschienen sei:

»Praxis ist entstanden aus der Arbeit. Zu ihrem Begriff gelangte sie, als Arbeit nicht länger bloß das Leben direkt reproduzieren sondern dessen Bedingungen produzieren wollte: das stieß zusammen mit den nun einmal vorhandenen Bedingungen.«[59] Die Bedingung für das Erwachen des Begriffs der Praxis ist die Entfremdung: »List« – die bürgerlich rationale Verhaltensweise – »muß sich verselbständigt haben, damit die Einzelwesen jene Distanz vom Fressen gewinnen, deren Telos das Ende der Herrschaft wäre, in welcher Naturgeschichte sich perpetuiert.«[60] Solange das nicht geschehen ist, bleibt nach Adorno alle Praxis blind. Deshalb kann er, den Praxisbegriff der Aktivisten ad absurdum führend, formulieren:

»Das Ziel richtiger Praxis wäre ihre eigene Abschaffung.«[61]

Der qualitative Umschlag der Arbeit von der blinden Reproduktion zur bewußten Produktion der Bedingungen des Lebens fällt für Adorno zusammen mit der Trennung von Theorie und Praxis: »Mit der Trennung von Theorie und Praxis erwacht Humanität; fremd ist sie jener Ungeschiedenheit, die in Wahrheit dem Primat von Praxis sich beugt.«[62] Erst das sich der Reproduktion des Lebens entringende Denken ist Geist[63], nur die Verselbständigung der List ermöglicht ihre eigene Abschaffung.

Daraus folgt zweierlei: a) Die materialistische Ableitung alles Geistigen aus seiner materiellen Bedingtheit darf nicht dazu führen, daß, was als ideologischer Überbau firmiert, für nichtig erklärt wird. Aus diesem Gedanken besteht Adornos Kritik der Wissenssoziologie. Im Gegenteil erscheint als Desiderat, daß das abgespaltene Natürliche, das keine eigene Geschichte hat und deshalb nur Reflex ist, sich weiter verselbständigt: eine eigene Geschichte gewinnt. Wo die Menschen die Bedingungen ihres Lebens mit Bewußtsein produzierten, wäre das die Geschichte treibende Moment auf das übergegangen, was vorläufig Überbau heißen muß. Die Weltfremdheit der Theorie ist demnach kein Manko, sondern ihre Stärke: was als falsch bürgerliche Autonomie ideologisch entsprang, muß so lange festgehalten werden, bis es wahr wird. – b) Die Theorie darf, soweit es vom Willen des Einzelnen überhaupt abhängt, was er tut, nicht nach ihrem Nutzen schielen. An der Kunst hat Adorno das in einem besonderen Abschnitt der ›Ästhetischen Theorie‹ entfaltet[64] und auch die ›Marginalien zur Theorie und Praxis‹ weisen die Frage nach dem cui bono zurück.[65] Statt dessen zeigt Adorno den Automatismus des Verflochtenseins der Gedanken in die gesellschaftliche Praxis auf: »Es gibt keinen Gedanken, wofern er irgend mehr ist als Ordnung von Daten und ein Stück Technik, der nicht sein praktisches Telos hätte. Jegliche Meditation über die Freiheit verlängert sich in die Konzeption ihrer möglichen Herstellung, solange die Meditation nicht an die praktische Kandare genommen und auf ihr anbefohlene Ergebnisse zugeschnitten wird.«[66] Es wird so die Abblendung der Theorie gegenüber dem, was zu tun wäre, zur Bedingung ihrer positiven Wirkung auf eben das gemacht, was wirklich getan werden wird. Bökkelmann hat das in die treffende Formulierung gekleidet: »Die Theorie kann selbst nicht wissen, welche Momente in ihr den Ausblick auf die richtige Praxis gewähren.«[67] Daraus destilliert er die Erkenntnis, daß die Theorie »sich selbst überraschen« muß.[68] In der Tat wäre das Gelingen der Herstellung richtigen Lebens für die Theorie Adornos und für seine Person überraschend, aber daß die Theorie das Subjekt ihrer eigenen Überraschung sein soll, ist ebensowenig einzusehen wie der Satz Böckelmanns, nach welchem Adornos Zurückweisung der Frage cui bono, diese »Abwehr inadäquater zweckrationaler Anforderungen kaschiert, daß der Gedanke von sich aus zu etwas gut sein möchte: zur Erschütterung des präpotenten Prinzips verselbständigter Selbsterhaltung«[69]. Böckelmann unterschlägt hier, daß die Entdeckung des objektiven, gesellschaftlich vermittelten Drangs des Gedankens zur Verwirklichung ein expliziter Bestandteil der Aktivismuskritik Adornos ist.[70]

Adorno trennt den Begriff der wahren Praxis von dem der diese Praxis herstellenden Aktion und macht sich damit das pragmatistische und zweckrationale Denkschema gerade hier zu eigen. Bei seiner strengen Anwendung kommt er zu dem

Ergebnis, daß sich die Theorie arbeitsteilig verhalten und jene Autonomie beanspruchen muß, die sie selbst als Schein erkennt. Aber: »Im Schein verspricht sich das Scheinlose.«[71] Adorno erklärt also die Forderung nach der Parteilichkeit der Theorie als praxisfeindlich. Nur »durch Verselbständigung [...] wird Theorie zur verändernden, praktischen Produktivkraft«[72]. Die Komplementaritätstheorie von Theorie und Praxis, die sich dem Kriterium des Erfolgs der Veränderung des Bestehenden stellt, läuft darauf hinaus, die parteiliche Theorie als Teil einer Scheinpraxis[73] zu bestimmen, indem sie die Parteilichkeit als Parteiischkeit[74], als blinde, hilflos verzweifelte Anstrengung versteht. Wohlgemerkt handelt es sich nur um die Kritik des Versuchs, die Theorie unter Kuratel der Parteilichkeit zu stellen, nicht um ein generelles Verbot politischer Handlungen.[75] Ein solches wäre selbst schon eine Empfehlung.

3. Veränderungen in der materialistischen Kritik des Idealismus

Die Betonung der Dringlichkeit des Beharrens auf der als scheinhaft durchschauten Autonomie der Theorie scheint nicht nur selbst die Identifikation mit dem Angreifer zu wiederholen, indem sich die Theorie gegen die von ihr erkannte Bedingtheit verblendet und auf ihre Scheinhaftigkeit geradezu pocht, sondern darüber hinaus dem ideologischen Überbau objektiv mehr zuzutrauen, als die Ideologienlehre an Geltung von Geistigem übrigläßt. Demgegenüber ist daran zu erinnern, daß der Schluß auf die Realmöglichkeit des Besseren, den das Kapitel über die Theorie der Genese der Wahrheit aus dem falschen Schein nachzuzeichnen versuchte, nicht über materialistische Annahmen hinauszugehen brauchte.

Diese Überlegung wird von Adorno verlängert auch und gerade in der Diskussion des Praxisbegriffs. Die Sätze darüber, daß der verwirklichte Materialismus seine eigene Abschaffung wäre[76] wie die wahre Praxis die der Praxis,[77] spielen die Ambivalenz des Begriffs der Totalität – einerseits ist er Beschreibung der wirklichen, aber falschen Totalität, andererseits die Idee der richtigen – gegen das falsche Bestehende aus. Entsprechend ist der Begriff des Materialismus in den Sätzen über seine Abschaffung durch seine Verwirklichung äquivok. Was abzuschaffen ist, ist das blind zufällige Funktionieren des Bedürfnissystems, der objektive Materialismus. Seine Abschaffung, die wirkliche Befestigung der Geltung des Geistigen, die bewußte Produktion der Bedingungen des Lebens, wäre die Verwirklichung des von der materialistischen Philosophie gemeinten Ziels der Geschichte, der Übergang von der Naturbeherrschung zur Beherrschung des Verhältnisses von Natur und Menschheit. Was die materialistische Philosophie wollen muß, ist demnach die Abschaffung des bloß naturwüchsigen Charakters des Funktionierens der Gesellschaft. Läßt sie dieses ihr Implikat unreflektiert, resigniert sie vor dem Bedürfnissystem: »Aber die bis zum Überdruß verkündete Wendung der Philosophie gegen den Idealismus wollte nicht militante Aufklärung, sondern Resignation. [...] Gegen solche Resignation tritt ein Wahrheitsmoment am Idealismus hervor«[78], nämlich die Idee, in der Reflexionsform der Wirklichkeit, dem Geist, zugleich das Mittel zu besitzen, den Zustand, in welchem der Geist nur Reflex ist, zurückzulassen. Feuerbach hat das in dem Satz ausgedrückt: »Rückwärts stimme ich den Materialisten vollkommen bei, aber nicht vorwärts.«[79] Wer für die Zukunft auf die Selbständigkeit des Bedürfnissystems vertraut, resigniert vor seiner Immergleichheit in der Vergangenheit.

Adorno sieht sich also genötigt, der materialistischen Philosophie ein idealistisches Moment beizumengen. Die ganze Theorie der dialektischen Bilder hängt davon ab, ob den Vergegenständlichungen geistiger Prozesse, die gerade nicht unmittelbarer Teil der naturbeherrschenden Praxis sind, ein materialistischer Gehalt zukommt oder nicht. Zudem muß auch die Verselbständigung der naturbeherrschenden Vernunft materialistisch erklärt werden. Gerade dies hebt Adorno als

Wahrheit der Philosophie Hegels hervor: daß in der Tat der Begriff als die verdinglichte Logik wirklich wirksam geworden ist.

Der Idealismus ist materialistisch auf zweierlei Weise kritisierbar: als die Herrschaft von Menschen über Menschen stützend verklärende Ideologie – die Kritik daran ist die Kritik am Begriffsrealismus, der das bürgerliche System der Bedürfnisse zum Gegenteil dessen erklärt, was es sachlich ist: zum Gegenteil des blinden darwinistischen Ablaufs; diese Kritik ist die am objektiven Idealismus. Zweitens ist der subjektive Idealismus materialistisch kritisierbar als der Glaube an das Bestehen des Zustands, in welchem die Menschen ihre Geschichte mit Bewußtsein machen und in welchem es wirklich auf die Intentionen der Einzelnen ankommt.

Die Geltung der Kritik der Verklärung des Bedürfnissystems kann unterstellt werden. Sie ist – praktizistisch: wäre – zugleich Kritik aller bestehenden Gesellschaften außer vielleicht der chinesischen und der albanischen. Die Kritik des subjektiven Idealismus ist nicht so selbstverständlich. Mit dem Feuerbachschen Satz ist angedeutet, worum es geht: ob aus der Kritik der ideologischen Funktion des Grundsatzes des subjektiven Idealismus – daß das Bewußtsein das Sein bestimme – folgt, daß auch die Idee der Utopie nicht das sein darf, was der subjektive Idealismus für hier und jetzt seiend erklärte; oder ob nicht vielmehr um keinen Preis auf die nominalistische Idee der bürgerlich-subjektiven Autonomie verzichtet werden darf. Nach Adorno fallen »in der Tat die Motive der unnachgiebigen bürgerlichen Selbstkritik zusammen mit den materialistischen, welche jene zum Bewußtsein ihrer selbst bringen«[80]. Der Grundgedanke der Aktivismuskritik ist darin wieder aufgenommen. Wenn er formuliert: »Das Bild der unentstellten [menschlichen] Natur entspringt erst in der Entstellung als ihr Gegensatz«[81], so betont Adorno auch damit, daß die Idee der positiven Lösung des Gesellschaftskonflikts, die Idee der vernünftigen Einrichtung der Gesellschaft, nur im falschen Zustand und nur in falscher Gestalt, als Bild nämlich und damit schon als Ideologie entstehen kann. Die Kritik an dem Bildcharakter darf nicht zur Kritik des Gehalts der Bilder führen. Sonst wird der Begriff der revolutionären Praxis, den Marx Feuerbach entgegenhält,[82] so blind wie die idealistische Ideologie.

Dennoch scheint in Sätzen wie diesem: »Im Lesen des Seienden als Text seines Werdens berühren sich idealistische und materialistische Dialektik«[83] die Gemeinsamkeit von Idealismus und Materialismus nicht allein positiv verstanden zu sein. Die Stärke des Materialismus Adornos, der seinen schlechthin undeterministischen Charakter aus der Hereinnahme der bürgerlichen Autonomievorstellung gewinnt, basiert auf der Schwäche des Idealismus, der nur als Verklärung der atomistischen Scheinautonomie erschienen ist, wie der Satz von der grauen Farbe der Theorie »Ideologie schon am ersten Tag«[84]. Die Schwäche des Idealismus ist aber zugleich seine materialistische Stärke, wenn der im dritten Kapitel vorgeführte Schluß von der erschienenen Ideologie auf die Realmöglichkeit dessen, wozu sie das Bestehende erklärt, erlaubt und materialistisch ist. Die Kritik des Idealismus beschränkt sich auf seinen Ideologiecharakter, darauf also, worin der subjektive Idealismus selbst objektiver Idealismus ist. So wird sie zur Kritik an der Gesellschaft, die, was möglich war, versäumte. Inwiefern vom Begriff des Versäumens her ein Licht auf die naturgeschichtliche Konzeption in der Philosophie Adornos ein Licht fällt, soll der folgende Abschnitt zeigen.

4. Adornos Begriff der Naturgeschichte und sein Zusammenhang mit der These von der mißlungenen Kultur

Es gilt zunächst, den Begriff der Naturgeschichte von seiner kosmologischen und naturwissenschaftlich-anthropologischen Bedeutung abzuheben, damit er als zugleich anthropologischer und kritischer verstanden werden kann (1); es ist sodann der von Adorno trotz seiner Umdeutung in einen kritischen Begriff implizierte materiale Begriff der Anthropogenese als Naturgeschichte zu skizzieren (2), was auf die These vom Mißlingen der Kultur führt, deren Untersuchung es erforderlich macht, die von Adorno vertretene Theorie der seit 1850 rückläufigen Anthropogenese genauer zu betrachten (3). Schließlich soll versucht werden zu begründen, inwiefern diese Theorie die Trennung von physiognomischer und bestimmter Negation rechtfertigt, indem sie dem abstrakten Bezug der bestimmten Negation auf ihren Gegenstand und der physiognomischen Negation auf ihre Gesellschaft das Moment seiner historischen Dynamik zubringt (4).

(1) Die Interpretation hat in ihrer Anknüpfung an Alfred Schmidts Interpretation des Marxschen Naturbegriffs als eines Ansich, sofern es Füruns wird oder geworden ist,[85] die objektive Natur auf dasjenige Natursegment beschnitten, welches in dem Stoffwechselprozeß zwischen den Menschen und der Natur als dem Weltganzen, dem sie angehören, jeweils für uns geworden ist. Daß eine historisch-dialektische Theorie mit dem a priori abstrakten mythischen Naturbegriff aufräumen muß, ist selbstverständlich. Er ist Teil des von Adorno als Platonismus geschmähten Begriffsrealismus. Adorno beschreibt den mythischen Naturbegriff wie folgt: »Es ist damit gemeint das, was von je da ist, was als schicksalhaft gefügtes, vorgegebenes Sein die menschliche Geschichte trägt, in ihr erscheint, was substantiell ist in ihr.«[86] Diesen Naturbegriff möchte Adorno auflösen[87] und er versucht das mit dem schon zitierten Satz, der besagt, daß jedes der beiden von dem mythischen Naturbegriff als gegensätzlich vorgestellten Momente Natur und Geschichte als das, was es wirklich ist, nur begriffen werden kann, wenn man jeweils das andere unter ihm versteht.[88] Als Charakteristikum des von dem mythischen Naturbegriff als sein Anderes gesetzten Geschichtsbegriffs nennt Adorno, daß nach ihm in der Geschichte »qualitativ Neues erscheint, daß sie eine Bewegung ist, die sich nicht abspielt in purer Identität, purer Reproduktion von solchem, was schon immer da war, sondern in der Neues vorkommt und die ihren

wahren Charakter durch das in ihr als Neues Erscheinende gewinnt«[89].

Wenn Adorno nun gegen diese Entgegensetzung Natur und Geschichte in dem Begriff der Naturgeschichte zusammenfallen läßt, so bedeutet das, daß er das Vermögen, Neues zur Erscheinung zu bringen, der Natur zuspricht, was zugleich bedeutet, daß er die These verficht, daß alles, was an Neuem erschienen ist, immer noch naturwüchsig: Vorgeschichte als Immergleichheit der Herrschaft sei.

Daraus folgt, daß der Begriff der Naturgeschichte gegen beide Begriffe polemisch gebraucht ist, was aber nicht zu der Auffassung führen kann, daß der ontische Charakter des Begriffs damit getilgt wäre. Erst durch seinen Anspruch auf ontische Geltung wird er polemisch. Auch die Überlegung, in welchem Verhältnis die gegen den Naturbegriff gerichtete Hälfte des Begriffs der Naturgeschichte, der der nur als Natur adäquat begriffenen Geschichte als Inbegriff der Immergleichheit gegenübergestellt wird, zu dem Naturbegriff steht, bestätigt den polemischen Charakter dieses Verhältnisses: Wird die Natur als Geschichte verstanden, so ist ihrem Begriff die Substantialität entzogen, die aber das hervorstechende Merkmal des Begriffs selbst ist und die Adorno benutzt, wenn er sie der Geschichte mit dem Naturbegriff prädiziert. Das Verfahren ist also folgendes: Adorno tilgt an dem Naturbegriff die Substantialität, indem er erklärt, die Natur sei das, was der alte Geschichtsbegriff gemeint hat: menschliche Handlung in Gestalt der Hervorbringung des Neuen. Den Inhalt des so gehandhabten Geschichtsbegriffs erklärt er zu dem, was der alte Naturbegriff meinte: zur in sich verharrenden, wenngleich sich ständig reproduzierenden Substanz. Der polemische Bezug des Naturbegriffs auf den Geschichtsbegriff bewirkt aber nicht, daß Adorno mit dem Satz ›die Geschichte ist Natur‹ der Geschichte Substantialität verliehe, wie sogleich deutlich wird:

Trotz des symmetrischen Verfahrens resultiert nichts wiederum Symmetrisches. In dem herauskommenden Begriff der Naturgeschichte ist nichts mehr substantiell, wohl aber weiterhin alles geschichtlich. Substantialität kann ganz und gar Ideologie sein, Geschichte nicht: die Zeit ist wirklich. Wird die Natur zur Geschichte erklärt, so wird ihre Substantialität entfernt. Umgekehrt wird aber nicht etwa die Geschichte substantiell, wenn man sie zur Natur erklärt, sondern: die Geschichte zur Natur erklären heißt, sie zur Vorgeschichte erklären und sie damit als blinden Mechanismus begreifen. An dem Mangel von Symmetrie im Ergebnis wird die Asymmetrie der alten Begriffe offenbar. Sie könnten nur dann zu einem symmetrischen Ergebnis führen, wenn das Hervorbringen des Neuen im Geschichtsbegriff vorgestellt wäre als von substantieller Autonomie getragen. An dem Mißlingen der Symmetrie ist der ideologische Charakter des Autonomiebegriffs greifbar.

(2) Trotz der Liquidation der Substantialitätskomponente der Natur bleibt das harte Wort von der anthropologischen Deformation ontisch. Es setzt zudem den anthropologischen Begriff des nicht deformierten Menschen als positives Maß voraus. Die Frage nach dem positiven Maßstab, den Adornos Sätze über die Unwahrheit von Seiendem als materialistisch intelligibel voraussetzen, wurde bisher dadurch beantwortet, daß gezeigt wurde, in welcher Weise die zunächst idealistisch scheinenden positiven Maßstäbe tatsächlich materialistisch intelligibel sind. Im vorliegenden Fall muß das um so dringender gefordert werden, als die Rede von dem Versäumen der Verwirklichung der Philosophie über die Intelligibilität hinaus konkret historisch aufgefaßt werden muß, weil sie anders keinen Sinn ergibt.

Dem steht zunächst Adornos Kritik des Worts Entfremdung entgegen, das so tut, »als wäre im vorindividuellen Zeitalter Nähe gewesen, die doch anders als von Individuierten schwerlich empfunden werden kann«[90]. Die Entfremdung ist also – vorausgesetzt, man hält tierische Instinkte nicht für der erstrebten menschlichen Unmittelbarkeit zur Natur vergleichbar – von Anfang an die Schizophrenie gewesen, als welche sie sich erst nach dem Naturalismus deutlich zu erkennen gibt.

Mit dieser Argumentation macht Adorno jede romantisierende

Rückwendung zu einem vergangenen, vermeintlich heilen Zustand unmöglich. Zustände, in die man sich mit Grund zurücksehnen könnte, haben nach Adorno zu keiner Zeit stattgefunden.

Daraus ergeben sich Konsequenzen für den an Adorno von mehreren Seiten hervorgehobenen Begriff der Mimesis oder mimetischen Reaktion.[91] Die Interpretation hat diese Konsequenzen in der Entwicklung des Begriffs des innervierenden Sensoriums dargetan: Mimesis ist nicht das Anknüpfen an unverändert heiles Natürliches, sondern das mimetisch reagierende Organ ist selbst historisch entsprungen, und solange die Vorgeschichte andauert, ist Mimesis identisch mit Mimikry, mit Unterwerfung unter die Herrschaft, mit Anpassung: »Selbst die Normen, welche die Einrichtung der Welt verdammen, verdanken sich deren eigenem Unwesen. Alle Moral hat sich am Modell der Unmoral gebildet und bis heute auf jeder Stufe wiederhergestellt. Die Sklavenmoral ist schlecht in der Tat: sie ist immer noch Herrenmoral.«[92]

Dies ist ein wichtiger Punkt. Müßte tatsächlich, wie Rohrmoser schreibt, ein »durch Mimesis bestimmtes Naturverhältnis [...] gedacht werden als ein solches, welches das Moment der Herrschaft von sich ausschließt«[93], so gälte auch sein Satz: »Unter Mimesis versteht Adorno, daß der Mensch noch unmittelbar auf die Natur bezogen ist.«[94] Dann aber wäre Adornos Anthropologie auf ein irgendwie substantiell naturhaftes Menschenbild festzulegen. Dieser Deutung widerspricht die Kritik des Naturbegriffs aufs schärfste.

Die Stellen, an denen Adorno von Mimesis spricht,[95]) gehen sämtlich in den entworfenen Begriff der Innervation auf als des spontanen Reagierens auf *Geschichtliches.* Erst das wahr autonome Individuum könnte auf Natur überhaupt reagieren: wenn der Begriff der Naturgeschichte polemisch ist gegen den Geschichtsbegriff, so ist der Satz impliziert: ›Geschichte ist noch gar nicht sie selber‹, der zu extrapolieren ist aus der Beschreibung der bestimmten Negation als des kritischen Gedankens:

»Fruchtbar ist nur der kritische Gedanke, der die in seinem eigenen Gegenstand aufgespeicherte Kraft entbindet; für ihn zugleich, indem sie [die Kraft] ihn zu sich selber bringt, und gegen ihn, insofern sie ihn daran mahnt, daß er noch gar nicht er selber sei.«[96]

In der Symmetrie des Verfahrens liegt aber auch, daß der Natur selbst im entideologisierten, krud empiristischen Sinn als dem – chemisch gesprochen – organischen und anorganischen Weltganzen gesagt wird, daß auch sie noch gar nicht sie selbst sei: ›Natur ist noch gar nicht sie selber‹.

Die Interpretation hat die Stufen der Naturgeschichte schon angedeutet. Sie beginnt dort, wo die Geschichte des alten Geschichtsbegriffs begann: mit den ersten Mythen. Auf diesen Beginn ist die Adornosche Naturgeschichte festgelegt, weil sie sich um der Polemik gegen den Geschichtsbegriff willen diesem gleichmachen muß und weil zu diesem Zeitpunkt der Theorie nach mit dem Einsetzen von Entfremdung, Verdinglichung und Subjektivität die Naturbeherrschung beginnt.

Daß Adorno das Prinzip der Naturbeherrschung mit dem der sozialen Herrschaft zusammendenkt, wurde ausreichend verdeutlicht. Mythen sind demnach die ersten Erscheinungsformen von Ideologie und Kultur zugleich. Alle Errungenschaften der Menschen, das wurde anläßlich des Fortschrittsbegriffs betont, gelten in Ansehung eines emphatischen Begriffs der Anthropogenese nichts, weil sie, wie sich für Adorno aus den barbarischen Vorgängen in den Konzentrationslagern unter Voraussetzung der Theorie von der rückwirkenden Kraft von Geschichte und Erkenntnis ergibt, nicht zur Erscheinung gekommen sind. Alle bisherige Praxis ist nach Adornos Maß Scheinpraxis. Zudem belegen die Lager, daß es einen Rückschritt gegeben hat.

Immerhin aber ist in den Ideologien, deren Abfolge zwar keine eigene Geschichte darstellt, das jeweils Mögliche den Menschen als das bereits Verwirklichte vorgespiegelt worden. Die Idee der Utopie ist es, die als wirklich vorgelogene Möglichkeit wahr, d. i. wirklich wirklich zu machen.

Die Interpretation hat auch gezeigt, daß die Produktivkräfte einen bestimmten Entwicklungsstand erreicht haben müssen, bevor sie die Realmöglichkeit der Existenz der verwirklichten Utopie garantieren können. Darüber hinaus bedarf es der Realmöglichkeit des Übergangs zur befreiten Gesellschaft.

Bedingung der Möglichkeit dieses Übergangs ist das Vorhandensein einer über das Bestehende hinausweisenden Ideologie, in Gestalt des Traums von einer Sache, von der die Menschheit nur das Bewußtsein besitzen muß, um sie wirklich zu besitzen – so jedenfalls hat es Marx 1843 geschrieben,[97] und er hat die Existenz dieses Traums dabei so vorausgesetzt, daß der Traum von der bestehenden Gesellschaft denn doch ein gutes Stück unterschieden war.

Bei Adorno ist das anders. Ihm zufolge bewegen sich Ideologie und Realität ja aufeinander zu,[98] und es gibt auch Formulierungen, in denen diese Bewegung als vollendet vorgestellt ist.[99] Je identischer Ideologie und Bestehendes sind, desto mehr verschwindet also die Bedingung der Möglichkeit des Übergangs zur freien Gesellschaft.

Die Theorie des Verschwindens der Differenz von Ideologie und Realität formuliert Adorno auch als These vom Mißlingen der Kultur:

»[...] daß Kultur an eben der Menschheit mißlang, die sie produzierte.«[100]

»Daß Kultur mißlang, impliziert, daß es subjektive kulturelle Bedürfnisse, losgelöst von Angebot und Verbreitungsmechanismen, eigentlich nicht gibt.«[101]

»[...] geschichtlicher Prozeß, dem die Versöhnung von Allgemeinem und Besonderem mißlang [...].«[102]

»[...] Versagen der Kultur vor den Menschen [...].«[103]

»Als neutralisierte und zugerichtete aber wird heute die gesamte traditionelle Kultur nichtig: durch einen irrevokablen Prozeß ist ihre [...] Erbschaft in weitestem Maße entbehrlich, überflüssig, Schund geworden, worauf dann wieder die Geschäftemacher der Massenkultur grinsend hinweisen können, die sie als solchen Schund behandeln.«[104]

»Begreift man Kultur nachdrücklich genug als Entbarbarisierung der Menschen, die sie dem rohen Zustand enthebt, ohne ihn durch gewalttätige Unterdrückung erst recht zu perpetuieren, dann ist Kultur überhaupt mißlungen. Sie hat es nicht vermocht, in die Menschen einzuwandern, solange ihnen die Voraussetzungen zu menschenwürdigem Dasein mangeln: nicht umsonst sind sie stets noch, aus verdrückter Rancune über ihr Schicksal, die tief gefühlte Unfreiheit, zu barbarischen Ausbrüchen bereit. Daß sie dem Schund der Kulturindustrie, von dem sie halbwegs selber wissen, daß es Schund ist, zulaufen, ist ein anderer Aspekt des gleichen Sachverhalts, harmlos wahrscheinlich nur an der Oberfläche. Kultur ist längst zu ihrem eigenen Widerspruch, zum geronnenen Inhalt des Bildungsprivilegs geworden; darum gliedert sie nun in den materiellen Produktionsprozeß als dessen verwalteter Anhang sich ein.«[105]

Die Kultur, so heißt es hier, ist überhaupt mißlungen; begründet wird die Aussage mit dem Satz, sie habe es nicht vermocht (Perfekt), in die Menschen einzuwandern, solange ihnen die Voraussetzungen zu menschenwürdigem Dasein mangeln (Präsens). Durch die Verschränkung von Präsens und Perfekt treten in dieser Formulierung mehrere Bedeutungen des Satzes nebeneinander, durch deren feldartige Anordnung ein Anfangs- und ein Endzustand deutlich bezeichnet werden: a) der Zeitraum vor der Erlangung der ›Voraussetzungen zu menschenwürdigem Dasein‹ und b) derjenige danach, in dem aber, was durch die präsentische Form ausgedrückt wird, die Voraussetzungen noch immer nicht vollständig erlangt sind. Das heißt, daß Adorno die Aneignung der Kultur zu diesen Voraussetzungen zählt und also in dem perfektiven Teil des Satzes nur über den Produktivkraftanteil des Begriffs der objektiven Möglichkeit spricht, in dem präsentischen über den ganzen Begriff. Was immer noch fehlt, ist das Einwandern der Kultur in die Menschen, ihr und deren Substantiellwerden. Kultur ist also als auslösender Faktor aufgefaßt; sie ist vorgestellt als in Gestalt der Ideologie im Sinne falschen Bewußtseins entstanden. Sie hätte, und auch das entspricht dem Marxschen Brief an Ruge vollständig, nur angeeignet werden müssen. Der Gegensatz von Perfekt und Präsens wiederholt den Gedanken, daß die Chance vertan sei, und mit der Betonung des auslösenden Charakters der Kultur begründet er die im Zusammenhang mit der Rechtfertigung des Philosophierens formulierte Marxkritik: »Vielleicht langte die Interpretation nicht zu, die den praktischen Übergang verhieß.«[106] Die Kultur ist demnach das einzige, was den Menschen fehlt. Wenn Adorno damit das verselbständigte Geistige als die einzig noch fehlende ›Voraussetzung zu menschenwürdigem Dasein‹ bestimmt, so doch nicht als ein idealistisch von außen Hinzutretendes, sondern als ein immanent Gewordenes und materialistisch Abgeleitetes:

»Daß der Geist von den realen Lebensverhältnissen sich trennte und ihnen gegenüber sich verselbständigte, ist nicht nur seine Unwahrheit, sondern auch seine Wahrheit; keine verbindliche Erkenntnis, kein geratenes Kunstwerk wäre durch den Hinweis auf seine soziale Genese zu widerlegen. Wenn die Menschen den Geist entwickelten, um sich am Leben zu erhalten, so sind die geistigen Gebilde, die sonst nicht existierten, doch keine Lebensmittel mehr. Die unwiderrufliche Verselbständigung des Geistes gegenüber der Gesellschaft, die Verheißung von Freiheit, ist selber so gut ein Gesellschaftliches, wie die Einheit von beidem es ist. Wird jene Verselbständigung einfach verleugnet, so wird der Geist unterdrückt und macht dem, was ist, nicht weniger die Ideologie, als wo er ideologisch Absolutheit usurpiert. Was ohne Schande, jenseits des Kulturfetischismus, kulturell heißen darf, ist einzig das, was vermöge der Integrität der eigenen geistigen Gestalt sich realisiert und nur vermittelt, durch diese Integrität hindurch, in die Gesellschaft zurückwirkt, nicht durch unmittelbare Anpassung an ihre Gebote. Die Kraft dazu aber wächst dem Geist nirgendwoher zu als aus dem, was einmal Bildung war. Tut indessen der Geist nur dann das gesellschaftlich Rechte, solange er nicht in der differenzlosen Identität mit der Gesellschaft zergeht, so ist der Anachronismus an der Zeit: an Bildung festzuhalten, nachdem die Gesellschaft ihr die Basis entzog. Sie hat aber keine andere Möglichkeit des Überlebens als die kritische Selbstreflexion auf die Halbbildung, zu der sie notwendig wurde.«[107]

Also: die historische Bewegung der Gegenwart ist aufgefaßt als Rückbildung. Wird Kultur als das Entbarbarisierende verstanden, so bedeutet der Übergang in die Phase nach dem Zeitpunkt, in welchem die Kultur hätte angeeignet werden können und müssen, Rebarbarisierung, anthropologisch gesprochen Regression.[108] Wörtlich ist gemeint, was dazu in der ›Dialektik der Aufklärung‹ steht: »Die Eliminierung der Qualitäten, ihre Umrechnung in Funktionen überträgt sich von der Wissenschaft vermöge der rationalisierten Arbeitsweisen auf die Erfahrungswelt der Völker und ähnelt sie tendenziell wieder der der Lurche an.«[109]

Adornos Begriff der Naturgeschichte meint anthropologisch exakt das, was Helmuth Plessner in den Satz faßte: »Wir auf der Erde kennen den Menschen nur als Hominiden.«[110] Denn in der Entwicklung des Hominiden zum Anthropos hat es einen Bruch gegeben, der rückwirkend alle Kultur prinzipiell als Ideologie erscheinen läßt. Mit der Differenz der wirklichen Ideologie, ihres manifesten Inhalts von der Realität verschwindet, was Bloch Vor-Schein nannte und wird zum reinen Schein. Möglicherweise wird hier einmal die Kritik an Adorno einsetzen, dann nämlich, wenn trotz allem eine solche Differenz wieder entsteht.

Adorno bestimmt also die Anthropogenese als rückläufig. Die Theorie des Mißlingens der Kultur wählt als Gesichtspunkt, unter dem sie sich begründet, den der Kulturkritik als Kritik der Kulturindustrie. Nichts macht die Verbindung von Gesellschaftstheorie und Ästhetik in der Theorie eindringlicher klar als der Umstand, daß die Theorie der Regression in einer musiksoziologischen – nach Adornos Begriff der Musiksoziologie[111] – Arbeit ausgeführt ist: als Theorie der Regression des Hörens. Der Aufsatz ›Über den Fetischcharakter in der Musik und die Regression des Hörens‹[112] spricht davon, daß »das zeitgemäße Hören das Regredierter, auf infantiler Stufe Festgehaltener«[113] sei. Mit dem Begriff der objektiven Möglichkeit und der Verhinderung ihrer Verwirklichung durch die »zwangshafte Mimesis der Konsumenten an die zugleich durchschauten Kulturwaren«[114], mit Hilfe derer der Hörer »auf der Linie seines geringsten Widerstandes in den akzeptierenden Käufer verwandelt« wird,[115] ist die Regression demnach ontogenetisch verknüpft: die Entwicklung der Einzelnen wird als von Anfang an verhindert vorgestellt. Wenn Adorno schreibt: »Es ist diese präsente Möglichkeit oder, konkreter gesprochen, die Möglichkeit einer anderen und oppositionellen Musik, vor der eigentlich regrediert wird«[116], so bezieht sich das durchaus auf die Theorie der positiven Mimesis des frühkindlichen[117], vor-ichlichen Impulses[118], der als vor-ichlicher dennoch nicht als naturhaft im alten Sinn, sondern in der Bedeutung des geschichtlichen Charakters des ›Sensoriums‹ gedacht ist. Diese positive Mimesis ist dem Telos der Katharsis äquivalent, wie es gegen Schweppenhäusers Interpretation als Wiederherstellung der Leidens- und Erfahrungsfähigkeit bestimmt wurde.

Adorno zufolge wird den Menschen die Fähigkeit, Erfahrungen zu machen, von den Mechanismen der Kulturindustrie ausgetrieben. Darin kongruiert Adornos Theorie mit der Benjamins,[119] deren Ausgangspunkt, die These von der Veränderung der Art und Weise der Sinneswahrnehmung,[120] denselben Sachverhalt als kulturelle Analogie[121] der ökonomischen Analyse des Fetischcharakters der Ware auf die gleiche Weise darstellt wie die Adornos.

Daß bei beiden der Prozeß der Entstehung der Möglichkeit der Aneignung der Kultur und die Rückbildung dieser Möglichkeit als notwendiger Vorgang gefaßt ist, wird von dem Begriff der Naturgeschichte, den Adorno dem Trauerspielbuch Benjamins entlehnte – ausdrücklich beruft er sich in der Arbeit über die Idee der Naturgeschichte auf Benjamin[122] – mit gedeckt, ohne daß er deshalb weniger kritisch würde.[123]

(3) Das Gewicht der Kultur ist der Theorie nach nicht zum Tragen gekommen, aber die Theorie des Auf- und Wiederabstiegs impliziert, daß in ihr ein Höhepunkt der objektiven Möglichkeit der Veränderung der Gesellschaft gedacht ist. Man wird im Werk Adornos vergeblich nach konkreten Hinweisen auf die sozioökonomischen Bedingungen suchen, die diesen Zeitpunkt definieren, der also der Zeitpunkt des Mißlingens der Kultur genannt werden kann. Deutlich ist aber, daß es der Zeitpunkt sein muß, zu dem das geschieht, was Benjamin den

Verlust der Aura nennt. Bei Adorno wird diese Bestimmung wieder aufgenommen, und es entspricht dem Gehalt seiner Philosophie, daß hier wie beim Wahrheitsbegriff nur die Ästhetik die Auskünfte erteilt, die als manifest soziologische von Adorno nicht entwickelt wurden.[124] Dennoch bleibt die Bestimmung dieses Zeitpunktes negativ, indem nur gesagt wird, was nicht geschah und doch hätte geschehen sollen. Die Ableitung der objektiven Bedingungen des Mißlingens der Kultur überläßt Adorno dabei weiterhin Marx, ihn allerdings dadurch unterstützend, daß er seine Kapitalismuskritik und die Beurteilung der Gesellschaftsform, in der Marx lebte, anhand von Untersuchungen ästhetischer Gebilde verifiziert.

In den Arbeiten über die Kunst und Kunstwerke erscheint der gedachte Zeitpunkt als der Beginn der ästhetischen Moderne. Deren Charakteristikum hat zu tun mit der Geschichte des Verhältnisses von Gebrauchs- und Tauschwert: es besteht in Traditionsfeindlichkeit in einem perspektivischen Sinn, der zu erläutern sein wird.

Nur an drei Stellen hat Adorno den Zeitpunkt des Mißlingens der Kultur außerhalb der explizit ästhetischen Arbeiten behandelt: unter dem Gesichtspunkt des Klassenverhältnisses, unter dem des Zusammenhangs von Tauschprinzip und Verwaltung und drittens unter dem Aspekt des Zusammenhangs beider Gesichtspunkte.

»In schroffem Gegensatz zu der Zeit um 1848, als das Klassenverhältnis sich als Konflikt zwischen der gesellschaftsimmanenten Gruppe, der bürgerlichen, und der halb draußen befindlichen, dem Proletariat manifestierte, hat die von Spencer, als Grundgesetz von Vergesellschaftung überhaupt, konzipierte Integration das Bewußtsein derjenigen ergriffen, die Objekt der Gesellschaft sind.«[125]

Adorno bestimmt hier ›die Zeit um 1848‹ als den Zustand, in welchem eine proletarische Revolution an der Zeit gewesen wäre: das Proletariat wird als beherrschte und nicht integrierte Klasse (›halb draußen aus der Gesellschaft‹) der Bourgeoisie als der herrschenden oder zumindest nicht beherrschten (›gesellschaftsimmanent‹) gegenübergestellt. Die Stelle dient dazu, den gegenwärtigen Zustand der Gesellschaft, in dem ja Adorno die Frage nach dem Proletariat zur »Scherzfrage«[126] geworden ist, abzuheben von jenem Punkt der Gesellschaftsgeschichte[127], den es hier zu beschreiben gilt. Den gegenwärtigen Zustand kennzeichnet Adorno auch hier mit Hilfe des Motivs der nominalistisch abzuleitenden sozialpsychologischen Allgemeinheit des Verblendungszusammenhangs. Er nennt den Vorgang, der die Individuen dazu bringt, die Bildung ihres ›Selbst‹, wie Adorno den Ichbegriff Freuds umbenennt,[128] dadurch zu verhindern, daß sie sich auf der infantilen Stufe festhalten lassen – es heißt ja sogar, daß sie sich diese Regression ›selbst verordnen‹[129] –, mit dem Begriff Spencers ›Integration‹[130]. Statt der Kultur, so könnte Adorno formulieren, ist das Tauschprinzip in die Menschen eingewandert. Dies nennt er den ›schroffen Gegensatz zu der Zeit um 1848‹. Zu jener Zeit, so Adorno, ›manifestierte‹ (Imperfekt: als abgeschlossen und nicht länger von Bedeutung vorgestellt) sich ›das Klassenverhältnis als Konflikt‹: nicht *dieses*, also irgendwie partikular das Verhältnis der hier zufällig aufeinandertreffenden Klassen Proletariat und Bourgeoisie, sondern das Klassenverhältnis schlechthin. Man sieht, wie nahe die Theorie des Mißlingens der Kultur in ihrer politischen Dimension dem Kommunistischen Manifest steht; kaum wäre die Stelle überinterpretiert, erblickte man in dem Wort von dem Konflikt, der sich hier *manifestierte*, eine direkte Anspielung. – Mit dem Klassenverhältnis, das die Erscheinungsform des in Herrschaft von Menschen über Menschen verlängerten Zwangs zur Naturbeherrschung darstellt, ist dann aber auch das Prinzip der Herrschaft selbst als Konflikt manifest geworden – zumindest war hier die Möglichkeit, die Philosophie zu verwirklichen, gesellschaftsgeschichtlich am größten. Adorno unterstellt die Möglichkeit der Einheit von Theorie und Praxis zu jener Zeit, akzeptiert also den appellativen Charakter der elften Feuerbachthese.[131]

Zugleich – denn es ist klar, daß die Veränderung nicht stattfand – muß er den Fehlschlag erklären. Die Begründung, »Vielleicht langte die Interpretation nicht zu, die den praktischen Übergang verhieß«[132] allein ist ja keine, sondern nur eine Vermutung, die selbst der Begründung bedarf. Eine solche Begründung scheint dem soeben Entwickelten – der behaupteten Realmöglichkeit der Befreiung – zu widersprechen. Die Interpretation wird zeigen, daß sie sie nur einschränkt.[133]) Die Hinweise finden sich in einer Stelle über das Verwaltungsprinzip:

»Schwerlich erklärt die immanente Expansions- und Verselbständigungstendenz von Verwaltung als bloßer Herrschaftsform allein den Übergang von Verwaltungsapparaturen älteren Wortsinns in solche der verwalteten Welt; ihren Eintritt in früher nicht verwaltete Bereiche. Verantwortlich sein dürfte die Expansion des Tauschverhältnisses über das gesamte Leben bei zunehmender Monopolisierung. Denken in Äquivalenten produziert von sich aus insofern eine der Verwaltungsrationalität prinzipiell verwandte, als es Kommensurabilität aller Gegenstände, ihre Subsumierbarkeit unter abstrakte Regeln herstellt.«[134]

Die Stelle selbst enthält keinen konkreten Hinweis auf die ›Mitte des neunzehnten Jahrhunderts‹. Aber daß sie sich auf den Zeitpunkt des Mißlingens der Kultur bezieht, ist deutlich erkennbar, da der Gegenstand der Passage das Einwandern des Tauschprinzips in die Menschen ist. Zugrunde liegt eine Unterscheidung von ›früher nicht verwalteten Bereichen‹ des Lebens von solchen, die auch früher verwaltet wurden. Die ganze Theorie der Kulturindustrie, die als thema probandum die Kritische Theorie von Anfang bis Ende durchzieht und in allen Äußerungen zu Anpassung, Integration, Identität, Identifikation, Verblendungszusammenhang gegenwärtig ist, hat den Status der Begründung der These von der rückläufigen Anthropogenese. Die Theorie der Kulturindustrie ist damit zugleich das Medium der Erklärung des Fehlschlagens der Möglichkeit zur Veränderung der Welt. Die vorliegende Stelle behandelt das unter dem Aspekt des Verwaltungsbegriffs, der sich auf Bereiche ausdehnt, die ›früher‹ nicht verwaltet wurden und, das ist zu ergänzen, verwaltet werden weder können noch sollen. Zu denken ist hier an die Idee der Autonomie, der Freiheit des einzelnen, der unbedingten Wahrheit, die unter den Mechanismen der Verwaltung nicht existieren können. Das normative Moment der Kritik der Kulturindustrie, das sich in Sätzen ausdrückt wie diesem: »Kultur ist der Zustand, welcher Versuche, ihn zu messen, ausschließt«[135] kann leicht als idealistische petitio mißverstanden werden, aber daß es als materialistisch abzuleiten vorgestellt ist, ist daran zu erkennen, daß es sich an Marxsche Formulierungen anlehnt.

Auf die Bestimmungen, die den Zeitpunkt des Mißlingens der Kultur ausmachen, führt auch die Überlegung, daß von Naturgeschichte sprechen leugnen heißt, daß es Kultur, die in die Menschen hätte einwandern können, überhaupt schon gegeben hat. Dann aber wäre es sinnlos, von einem Bruch in der Gesellschaftsgeschichte auszugehen. Dennoch ist die Naturgeschichte vorgestellt als hinarbeitend auf den Zustand, in dem die Kultur dann mißlang. Es wäre darauf angekommen, die Realmöglichkeit der Verwirklichung der Philosophie zu erreichen, bevor die Mittel, mit Hilfe derer diese Möglichkeit allein herstellbar war und hergestellt wurde, sich so weit ausbreiteten, daß der Zustand resultiert, den die Kritische Theorie verwaltete Welt nennt. Das Zitat nennt als Ursache für die Subsumtion auch unverwaltbarer Lebensbereiche unter das Verwaltungsprinzip die ›Expansion des Tauschverhältnisses‹. Dieses ist, wie gezeigt, das entqualifizierende Prinzip.

Seine Rolle ist also doppelt gedacht. Es ist positiv, weil es in Gestalt der instrumentellen Vernunft – die Arbeiten Horkheimers haben das genauer entfaltet – die Möglichkeit der Distanz gegenüber dem unmittelbaren Naturzwang und damit auch die Möglichkeit der Freiheit von Herrschaft geschaffen haben, wenn sie auch selber Teil dieser Herrschaft sind und geblieben sind. Das Instrumentarium der Vernunftmittel ist als Gegen-Macht gegen die Beherrschung der Menschen durch Naturzwänge gedacht, die aber nur dadurch als Macht fungieren kann, daß sie sich der Art und Weise, in der die Natur die Menschen beherrscht, einschmiegt.

Es greifen hier drei Argumentationsstränge ineinander: a) die

Verlängerung der Theorie der Verdinglichung bis in die Urgeschichte der Subjektivität hinein stellt eine Revision der Marx-Lukácsschen These dar, daß die Verdinglichung eine spezifische Erscheinung des spätkapitalistisch-industriegesellschaftlichen Gesellschaftszustands sei. Diese Revision arbeitet mit dem Instrument der These von der rückwirkenden Kraft von Geschichte und Erkenntnis: daraus, daß die Revolution nicht gelang und b) sich die Möglichkeit ihres Gelingens verringert, weil den Menschen die Möglichkeit der Erfahrung der Gesellschaftsantagonismen genommen wird, schließt Adorno, daß die Möglichkeit nicht wirklich bestand. Deshalb kann er von dem Resultat der Geschichte sagen: »Die ganz angepaßte Gesellschaft ist, woran ihr Begriff geistesgeschichtlich mahnt: bloße darwinistische Naturgeschichte.«[136]

Wenn seine Theorie dennoch mit der Realmöglichkeit der Veränderung der Welt um 1850 rechnet, was abzulesen ist aus der Rede vom Versäumen[137] der Veränderung, so muß es dennoch um eine qualitative Veränderung innerhalb der Naturgeschichte gehen. Diese Veränderung ist die Entwicklung der Idee des realen Humanismus, aus der die Möglichkeit der Existenz einer humanen Gesellschaft zurückzuschließen ist. Es muß sich also um eine Denkfigur handeln, die c) mit der Wirklichkeit einer qualitativen Veränderung innerhalb der Gesellschaftsgeschichte begründet, inwiefern die Rede davon berechtigt ist, daß eine qualitative Veränderung – ein Fortschritt überhaupt – noch nicht geschehen sei. Adorno schreibt:

»[...] Bildung ist nichts anderes als Kultur nach der Seite ihrer subjektiven Zueignung. Kultur aber hat Doppelcharakter. Er weist auf die Gesellschaft zurück und vermittelt zwischen dieser und der Halbbildung. Nach deutschem Sprachgebrauch gilt für Kultur, in immer schrofferem Gegensatz zur Praxis, einzig Geisteskultur. Darin spiegelt sich, daß die volle Emanzipation des Bürgertums nicht gelang oder erst zu einem Zeitpunkt, da die bürgerliche Gesellschaft nicht länger der Menschheit sich gleichsetzen konnte.«[138]

Auch dies fügt sich ganz in die Marxsche Formulierung von dem Traum der Menschheit, der nur noch bewußtzumachen ist:

subjektiv zuzueignen, eine andere Formulierung für das Einwandern der Kultur in die Menschen. Genannt wird der Doppelcharakter der Kultur: ihre Möglichkeit, auch und ausschließlich Kulturindustrie zu sein, Anpassungsmedium, aber auch das der Anpassung Widerstrebende.

Das Zitat nennt einen »Zeitpunkt, da die bürgerliche Gesellschaft nicht länger der Menschheit sich gleichsetzen konnte«. Adorno schließt damit an Formulierungen der ›Deutschen Ideologie‹ an: »Die revolutionierende Klasse tritt von vornherein, schon weil sie einer *Klasse* gegenübersteht, nicht als Klasse, sondern als Vertreterin der ganzen Gesellschaft auf [...]. Sie kann dies, weil im Anfange ihr Interesse wirklich noch mehr mit dem gemeinschaftlichen Interesse aller übrigen nichtherrschenden Klassen zusammenhängt [...].«[139] Die gemeinte Verwandlung der Bourgeoisie von einer allgemeinen, revolutionären Klasse in eine partikulare, herrschende, ist spätestens 1848 abgeschlossen.

Diesen Übergang faßt Adorno als Sieg des Tauschwerts über den Gebrauchswert, als Sieg des Verwaltungsprinzips über die Idee der Freiheit auf, also als einen der subjektiven Zueignung der Kultur sphärenlogisch gleichgestellten Vorgang. Demnach wäre trotz der von ihm implizierten Behauptung, daß die Einheit von Theorie und Praxis in der Gestalt, in der sie wirklich war – daß nämlich die Proletarier nichts zu verlieren hatten als ihre Ketten[140] –, selbst schon eine falsche Gestalt dieser Einheit. Wo die Revolutionstheorie ihr Recht ökonomistisch aus der Pauperisierungsthese ableitet, setzt sie das Verhältnis von Theorie und Praxis bereits als nur in der von Adorno als unheilvoll gekennzeichneten Gestalt der Dichotomie von Geisteskultur und Lebenspraxis existierend voraus und ordnet, indem sie die Notwendigkeit des Übergangs aus den Argumentationen des Pauperismuskomplexes gewinnt, die Theorie gerade darin aktivistischen Gesichtspunkten unter, daß sie Philosophie und Theorie selber schon dem Praxiszusammenhang entzieht, indem sie sie *nur* als Interpretation der Welt interpretiert.

Der Umschlagszeitpunkt wird also auch gefaßt als der Übergang von der revolutionären zur herrschenden Bourgeoisie. Sie erst hat, in ihrer revolutionären Phase, die Kategorie der kon-kreten Allgemeinheit hervorgebracht, und über die Philosophie der Aufklärung hat in Ansehung der Freiheitsantinomie noch nichts hinausgeführt. Seit der Aufklärung hat sich die Bestim-mung des Subjekts als des autonomen Individuums, das gleich-berechtigt mit den anderen Subjekten kommuniziert und Ver-träge mit ihnen eingehen kann, nicht verändert. Was sich verändert oder vielmehr gar nicht erst hergestellt hat, ist die Fähigkeit, die Differenz der tatsächlich vorhandenen Gleich-heit von dem wahrzunehmen, was mit dem Begriff der Gleich-heit der Subjekte gemeint war und ist. Diese Erfahrung, die sinnliche Gewißheit der Erkenntnis, daß die Gesellschaft nicht so ist wie sie sein könnte und sollte, ist es, was Adorno als ver-stellte Bedingung der Möglichkeit befreiender Praxis vor Augen steht. Daß diese Erfahrung möglich ist, ist allein theo-retisch erschließbar: an keiner Stelle spricht Adorno davon, die von ihm als Telos der Katharsis projektierte Möglichkeit der Erfahrung sei einem Menschen zuteil geworden. Seine eigene Erfahrungsweise beschreibt er mit dem Begriff der exakten Phantasie als Imagination,[141] durchaus also noch als unter-schieden von der physischen Qualität der Erfahrung eigenen Leidens. Gerade daß die Antagonismen der Gesellschaft nur von denjenigen wahrgenommen werden können, die kraft ihrer parasitären Existenz den Zwängen, die es zu erfahren gälte, im allergeringsten Maße ausgesetzt sind, bestätigt die Theorie der Negativität der gesellschaftsgeschichtlichen Dia-lektik. Wo Adorno Einzelnen das Vermögen der Innervation zuspricht, liest er dessen Vorhandensein an hermetischen Kunstwerken oder inkommunikablen Texten ab. Die Einheit von Theorie und Praxis ist demnach nur entweder als wahre Praxis unter Verzicht auf die richtige Theorie, also als un-wahre, oder als wahre Theorie unter Verzicht auf die richtige Praxis, also ebenso als unwahre, also überhaupt nur als un-wahre möglich und wirklich.

Zweifellos haben sowohl Marx als auch Adorno die gesellschaftsgeschichtliche Notwendigkeit der Verselbständigung des Geistes gegenüber der Natur und die Funktion dieser Verselbständigung: die Verwandlung des Geistes in ein Anpassungsmedium auch dort noch, wo er es nicht mehr zu sein brauchte, ihren Theorien zugrunde gelegt. Merkwürdigerweise stimmen sie auch darin überein, daß das Erreichen der bürgerlichen Produktions- und Denkweise die vorletzte Stufe der Gesellschaftsgeschichte darstellt. Während Marx aber mit dem Untergang der kapitalistischen Organisation der Produktion auch die Philosophie der Aufklärung umstürzen möchte, um sie zu verwirklichen, interpretiert Adorno die historische Entwicklung als den bereits erfolgten Umsturz des bürgerlichen Denkens in die wirkliche Verselbständigung des Geistes, ohne daß aber die gesellschaftliche Basis den verselbständigten Geist als ihren Überbau trüge.

Hieraus resultiert Adornos ambivalente Haltung gegenüber den idealistischen Lösungen des Theorie-Praxis-Problems: weder dürfen die gedachten Idealisierungen des Bestehenden als wahr hingenommen werden, noch auch darf man sie als mit der Wirklichkeit nicht übereinstimmend schlicht verwerfen. Daß die Kultur nur Geisteskultur geblieben ist, ist kein zureichender Grund für den Entschluß, sie abzuschaffen. An ihr festzuhalten bedeutet jedoch auch nicht, sie als geltend unterstellen, sondern nur, sie als materialistisch zu interpretierendes Faktum anerkennen.

Trotz seiner Kritik an dem Wort Entfremdung kann Adorno als gravierendste Folge der Ausbreitung des Tauschverhältnisses die Verdinglichung des Bewußtseins nennen, die er immer unter dem Gesichtspunkt der Herrschaft, deren Ausdruck sie ist, behandelt. Zwar hat es im vorindividuellen Zeitalter keine Nähe zu den Dingen geben können, aber die Differenzierungen in der Erfahrungsweise der Menschen bilden den Begriff der Nähe zum Nichtidentischen doch mittels der Kraft der Verdinglichung, also vermöge derselben Vernunftmittel, welche diese Nähe verhindern. Die Philosophie Adornos hat ihr Pathos darin, vor dem Irrtum zu warnen, eine gelöst-friedliche

Nähe zur Natur sei je gewesen oder auch nur möglich gewesen, bevor sie aktuell verhindert wurde. Dennoch ist mit dem Erscheinen der Idee dieser Nähe etwas unverlierbar geworden: die Sehnsucht nach dem ganz Anderen als konkrete Allgemeinheit und die Erkenntnis, daß, solange die Freiheit nicht für alle da ist, sie nicht die Freiheit ist. Diese Sehnsucht und diese Erkenntnis bestimmen seit dem Umschlag der Kultur in ein Instrument der Rebarbarisierung, das sie vorher nicht war, die Idee des richtigen Lebens. Sie ist abstrakt, weil sie nicht verwirklicht ist und doch konkret als in ihrer Genese materialistisch aus dem Stand der Produktivkräfte und aus der Gleichheit der Menschen auf dem Warenmarkt – insofern sie Lebensmittel konsumieren – ableitbar und bestimmbar: »ein Gewordenes und Geltendes, in dem seine Genese unterging«[142]. Nur so läßt sich begreifen, daß Adorno die Geschichte als darwinistischen Ablauf versteht, der darwinistisch geblieben ist, obwohl er objektiv und subjektiv die realen Bedingungen für die Existenz des verwirklichten Idealismus hervorgebracht hat: »Die entfesselte Marktwirtschaft war zugleich die aktuelle Gestalt der Vernunft und die Macht, an der Vernunft zuschanden wurde.«[143]

(4) Nach allem stehen sich also bei Adorno gegenwärtig zwei Weisen der subjektiven Aneignung der Möglichkeit der Einheit von Theorie und Praxis gegenüber. Beide Weisen bringen Falsches hervor. Diese Gegenüberstellung findet jenseits der Komplementaritätstheorie von Theorie und Praxis statt und sie läuft, wie gezeigt, auf strikte Arbeitsteilung hinaus, dergestalt, daß die Theorie mit den Aktionen, zu denen sich die Theorie als verselbständigte komplementär verhält, mit Theoretischem immanent nur so verbunden ist, daß ein Handelnder eben irgendeine Art von Einstellung, Bewußtsein, Motiv haben muß, damit er überhaupt etwas tun kann. Die verselbständigte Theorie ist mit der Praxis immanent nur dadurch verbunden, daß Denken eben eine Tätigkeit in dem erwähnten grammatikalischen Sinn ist.

Die Komplementaritätstheorie selbst kann nicht aus demjenigen Teil des Denkens Adornos herrühren, den er die negative Dialektik genannt hat, sondern muß ihm vorausliegen in Form einer strategischen Entscheidung. Anders wäre die Komplementarität nicht gewahrt. Ginge die Theorie der Komplementarität von Theorie und Praxis aus der negativen Dialektik hervor, so wäre der Praxis-Teil der konzipierten Strategie ihr untergeordnet und die Arbeitsteilung verletzt.

Mit der zwar als mißlingend vorgestellten, aber doch als Einheit von Theorie und Praxis konzipierten Praxis kann dann nur der Akt der physiognomischen Negation gemeint sein und umgekehrt mit der ebenfalls als mißlingend vorgestellten und als Einheit von Theorie und Praxis konzipierten Theorie die bestimmte Negation. In ihrem Mißlingen und in ihrem Diese-Einheit-Sein konvergieren sie, und folgerecht mißlingen sie auf verschiedene Weise.

Resultate physiognomischer Negationen sind Kunstwerke oder hermetische Texte.[144] Dafür negieren sie ihr Negandum nur abstrakt. Sie mißlingen also als Negationen, insofern sie die Negativität ihrer Neganda zwar praktisch, dafür aber begriffslos und also unbestimmt, diffus negieren.

Demgegenüber ist die in der Theorie vollzogene Bestimmung von Seiendem als negativ bloß theoretisch, aber bestimmt. Als Analyse dialektischer Bilder unterscheidet die bestimmte Negation nicht mehr zwischen geistigen Gebilden und gesellschaftlichen Zuständen, weil sie beide unter die Herrschaft des Tauschprinzips subsumiert. Wenn die Utopie konkret möglich ist und dennoch nicht einmal vorstellbar, und wenn Adorno deshalb Dialektik als »Ontologie des falschen Zustandes«[145] versteht, so geht daraus doch nicht hervor, daß die bestimmten Negationen, die in objektsprachliche Sätze münden (Das Ganze ist das Unwahre), selber die im idealistischen Wesensbegriff fundierte Statik ontologischer Sätze übernehmen. Dadurch, daß diese Bestimmungen paradoxale Struktur annehmen, kritisieren sie das Wesen der Ontologie selber und bringen der bestimmenden Negation[146] das historische Element zu, durch welches sie dialektisch wird. Daß in der physiognomischen Negation, dem Herstellen dialektischer Bilder, die Dimension der Historizität enthalten ist, wurde schon dargelegt. Sie bleibt dialektisch, indem sie die verschüttete Differenz zwischen dem, was ist und dem, was sein könnte, in einem Monument zusammenhält, das selber Prozeß nur ist, indem es für Menschen Prozeß wird. Die Möglichkeit, daß dies geschehen könnte, wird von Adorno freilich bestritten. Warum, muß in dem folgenden Kapitel über die Adornosche Ästhetik gezeigt werden.

Seitdem es aber die Möglichkeit gibt, jenes »Glück der winzigen Freiheit, die im Erkennen als solchem liegt«[147] zu erfahren, ist es auch »Menschenrecht«[148], auf der Erfahrung dieses Glücks zu beharren. Auch dies liegt in Adornos Begriff der Naturgeschichte: daß diese Möglichkeit, die an sich unverlierbar ist, weil sie naturgeschichtlich entsprungen ist; die aber für uns verlorenzugehen droht unter dem Druck der Kulturindustrie, daß diese Möglichkeit, gerade weil der Prozeß, der ihre Aktualität blind darwinistisch hervorgebracht hat, ein Naturprozeß war, nur als konkret allgemeine hat hervorgebracht werden können. Deshalb kann man sagen, daß es ein Naturrecht der Menschen ist, sich frei zu entfalten und körperliche Arbeit lieber zu meiden; ein Naturrecht, das von fast allen Verfassungen – unbeschadet seiner realen Nichtexistenz – garantiert wird. Politisch zu reden: sind Verfassungen Überbau und Ideologie und nach Adorno die Ideologien nur die Verdopplung der Realität, so ist auch die westdeutsche Wirklichkeit Unrecht von Kopf bis Fuß.

Sechstes Kapitel
Grundzüge der Ästhetik Adornos

Da die naturgeschichtliche Konzeption der Interpretation der Gesellschaftsgeschichte Teil der Theorie der Genese der Wahrheit aus dem falschen Schein ist, diese Theorie aber ihren Wahrheitsbegriff aus der Ästhetik schöpft, muß nunmehr die Ästhetik als Teil der Naturgeschichte auftreten, wenn der Versuch, die Theorie Adornos als konsequent materialistisch zu interpretieren, durchgehalten werden soll.

1. Die Notwendigkeit
des Übergangs von der Gesellschaftstheorie zur Ästhetik.
Zum Begriff einer soziologischen Ästhetik

Von rechts und links hat man versucht, in das Werk Adornos einen Bruch zwischen Soziologie und Gesellschaftstheorie einerseits, Musiktheorie und Ästhetik andererseits zu konstruieren: »in ihm [Adorno] (könnte) der Soziologe schnell die Überhand über den Philosophen gewinnen.«[1] So Silbermann von rechts. Fast gleichlautend Dawydow von links: »Man wird sich kaum vorstellen können, daß es dem Soziologen und dem Philosophen in Adorno leichtgefallen sei, miteinander auszukommen.«[2] Diese schöne Eintracht gründet in einer Übereinstimmung der Beurteilung des Sozialcharakters der Kunst, gegen deren manifesten Inhalt Adornos Ästhetik polemisch reagiert.

Kunst wird von den sozialistischen Theoretikern als Waffe im ideologischen Kampf verstanden. Mao Tse-tung weist der ›Literatur und Kunst‹ eine erzieherische Rolle im Klassenkampf zu:

»Im Proletariat gibt es noch zahlreiche Menschen, die ein kleinbürgerliches Denken bewahren, die Bauern und die städtische Kleinbourgeoisie haben alle ihre rückständigen Ansichten, und das alles belastet sie im Kampf. Wir müssen sie lange Zeit hindurch geduldig erziehen [...]. Im Verlauf des Kampfes haben sie sich schon geändert oder sie tun es gerade, unsere Literatur und Kunst sollten den Vorgang dieser ihrer Änderung schildern. [...] Was wir über sie schreiben, sollte sie dazu bringen, sich zusammenzuschließen, Fortschritte zu machen, [...] vorwärts zu stürmen, [...] das Revolutionäre in sich zu entwickeln; es darf keineswegs das Gegenteil davon bewirken.«[3]

Das Kriterium für das Urteil darüber, welche Kunstwerke akzeptabel sein sollen und welche nicht, gibt sich offen zu erkennen: gut ist, was der Revolution nützt, indem es die Menschen dazu bringt, sich in ihrem Sinne einzusetzen.

Diese Beurteilung des Zusammenhangs zwischen Kunst und Gesellschaft wird von Adorno bestritten, ohne daß er jedoch auf Mao Tse-tung je Bezug genommen hätte. Einwenden läßt sich, daß sie undialektisch eine einseitige Beziehung von wirkenden Werken und zu beeinflussenden Rezipienten unterstellt.

Dagegen kann im Falle Maos geltend gemacht werden, daß Mao gerade wegen des dialektischen Charakters dieser Beziehung betont, die Künstler, welche die so beschriebenen Werke produzieren, müßten sich 1) durch ein intensives Studium der Lebensumstände des Proletariats und Kleinbürgertums in die Lage versetzen, solche Mitteilungsformen (inhaltlich: bei den wirklichen Sorgen der Adressaten beginnen; formal: die Sprache sprechen, welche die Adressaten sprechen) zu verwenden, die geeignet sind, bestmöglich a) verstanden zu werden und b) den richtigen Inhalt zu transportieren; 2) durch das Studium der Klassiker des Marxismus/Leninismus dazu befähigen, die historische, ökonomische und Bewußtseinslage der Adressaten korrekt analysieren zu können und 3) durch intensive Auseinandersetzung mit den wirklichen Proletariern den proletarischen Klassenstandpunkt aneignen. All dies ist zwar von Mao in dieser Weise projektiert,[4] aber dennoch offensichtlich integrierbar in ein zweckrationales Handlungsmodell, welches die Genese von Kunstwerken unter dem Gesichtspunkt betrachtet: 1) der sozialen Bedingungen der Rezeption, soweit sie formal und inhaltlich faßbar sind; 2) der Anwendbarkeit der Methoden des Wissenschaftlichen Sozialismus in der Erforschung dieser Bedingungen (unter Einschluß des Übergangs des methodischen Aspekts in den weltanschaulich-dogmatischen) und 3) der Bewußtseinslage der Kunstproduzenten. Alle drei Gesichtspunkte lassen sich trotz der in ihnen ausgedrückten differenzierten Berücksichtigung der Rückwirkungen seitens der zu Beeinflussenden auf das Beeinflussende unter die Maxime subsumieren, nach der alles gut sei, was der Revolution nütze.

Das Kriterium »revolutionärer Nutzen« hat einerseits sehr viel mit der Befreiung der Arbeiterklasse aus ökonomischer und sozialer Herrschaft zu tun. Die Revolution soll in eben diese Befreiung münden. Kunst wird aber bei Mao andererseits mit allen anderen Kommunikationsmedien auf dieselbe Stufe gestellt. Kunsttheorie ist in einem solchen Ansatz ein Teil der Medientheorie. Das besagt, daß hier nicht vom Bestehen einer spezifischen Differenz zwischen Presse, Schulwesen, Wissenschaft, Propaganda einerseits und Kunst andererseits ausgegangen wird. In der Theorie Maos ist Kunst ausschließlich als das gefaßt, was die bürgerliche Ästhetik mit dem Namen Gebrauchskunst belegt und von der Betrachtung über lange Zeit hinweg ausgeschlossen hat.

Wenn Adorno sich demgegenüber auf die Seite der bürgerlichen Ästhetik schlägt und den Begriff der Autonomie für die Kunst zu retten sucht, indem er ihn von seiner idealistischen Wesenhaftigkeit befreit, muß ihn das nicht a priori in das politisch reaktionäre und restaurative Lager stellen. Immerhin aber stellt er sich damit auch in Opposition zu der Kunsttheorie Walter Benjamins.

Benjamins berühmte These: »ein Werk, das die richtige Tendenz aufweist, muß notwendig jede sonstige Qualität aufweisen«[5] stützt sich auf das Postulat, literarische – Benjamin spricht über Literatur; für alle Kunst müßte es heißen: ästhetische – Tendenzen hätten selbst politischen Charakter und dieser sei bestimmt durch die politische Tendenz eines Werks; die politische Tendenz schließe die literarische Qualität ein, weil sie seine ästhetische Tendenz als Teil seiner politischen hervorbringe.[6] Diese These differenziert zwischen politischem Nutzen und literarischer Qualität, um die letztere dann wieder mit dem politischen Nutzen zusammenzubringen. Auch hier liegt das Gewicht der Argumentation auf dem Gebrauchs-kunstgesichtspunkt.

Benjamin hat die Erkenntnis des Auraverlustes umschlagen lassen in einer Theorie der Massenkunst, welche die technische Reproduzierbarkeit der Kunstwerke – die Ursache des Ver-schwindens der Aura – »ratifiziert«[7]. Damit wird aber auch ihr Warencharakter und also ihre Falschheit gerade in dem Augenblick übernommen, in welchem erkennbar wurde, daß diese Form der Demokratisierung der Kunst nur unter Ver-zicht auf den Anspruch ästhetischer Gebilde, gestaltete Wahr-heit zu sein,[8] verwirklicht werden kann.

Wer aber wie Mao Tse-tung Kunst als Medium der Kommu-nikation abhandelt, vernachlässigt ihre spezifische Differenz von dem, was bei Adorno und Horkheimer Kulturindustrie heißt. Diese spezifische Differenz ist das eigentliche Thema dessen, was seit Mittenzweis Aufsatz unter dem Namen Brecht-Lukács-Debatte den Formalismusstreit der wissen-schaftlichen Ästhetik bezeichnet.[9] Brechts Theorie der Ver-fremdung und die Verteidigung der literarischen Formen des bürgerlichen neunzehnten Jahrhunderts durch Lukács unterstel-len sich scheinbar dem Kriterium der Bewußtseinsbildung, wenn es bei Lukács um die These der Dekadenz der formalen Innovation geht, die an der Rezeptionsfähigkeit des Publi-kums vorbeisehe; deshalb sollen Wesen und Erscheinung des in der Kunst Abgebildeten nach Lukács »für den Rezeptiven eine unzertrennbare Einheit bilden«;[10] Brechts Verfremdungspro-gramm legt den Akzent des Pädagogischen genauso auf das Bewußtsein der Menschen. Beide wollen, daß die Menschen sich vom bürgerlichen Bewußtsein befreien und sich den analyti-schen Blick des Wissenschaftlichen Sozialismus aneignen.

Entscheidend an der ›Debatte‹ ist, worin Lukács und Brecht übereinstimmen, nicht, worüber gestritten wurde. Beide haben die Kunst so behandelt, als ginge sie in ihrer pädagogisch-funktionalen Wirkung auf. Die Differenz bestand ja nicht darin, daß Lukács etwa die Formen des verdinglichten Bewußtseins für anthropologische Konstanten und Brecht sie für die entscheidende Hemmung in der Ausbildung eines proletarischen Standpunktes gehalten hätten. Sondern den Streitpunkt bildet allein die Art und Weise, in der die Tatsache der Verdinglichung des Bewußtseins genutzt werden kann, um richtige Urteile über die kapitalistische Gesellschaft und den Wissenschaftlichen Sozialismus zu transportieren oder hervorzurufen. Dabei ist der Vorschlag von Lukács, diese Formen unmittelbar zu verwenden und somit vorhandene Wertungen auf neue, sozialistische Inhalte zu übertragen, nicht geeignet, die Verdinglichung des Bewußtseins selbst anzugreifen. Die Überwindung der Verdinglichung geschieht nach Lukács ja im beschriebenen qualitativen Sprung im Bewußtsein der Arbeiter, im Selbstbewußtwerden der vermarkteten Arbeit als Ware. Brechts Verhältnis zur bürgerlichen Denkweise ist demgegenüber weit kritischer. Er nutzt sie nur mittelbar, indem er bestrebt ist, in den Fluß abbildender Darstellung Elemente einzubauen, die das glatte Aufgehen des Gebotenen im Gewohnten verhindern und zur rationalen Abwägung des Urteils über das Abgebildete anregen möchten. Das impliziert bereits eine Kritik an den Strukturen des bürgerlichen Denkens, die über das bei Lukács Mögliche hinausgeht, sich aber doch positiv auf sie bezieht und damit ihr eigenes kritisches Potential einengt.

Dem so skizzierten Ansatz gegenüber besteht Adornos Begriff des sozialen Gehalts der Kunstwerke auf der Trennung der sozialen Wirksamkeit von Kunstwerken und deren bei ihm als monolithisch aufgefaßten Sosein.

Gegen die Wirkungsästhetik hält Adorno an dem Objektivationscharakter der Kunstwerke fest. Ihn interessiert weniger, was an den Werken zu sozialer Wirkung gelangt. Wem wie

Adorno die Gesellschaft als ein einziger riesiger Verblendungszusammenhang vor Augen steht, dem muß alle meßbare und
mit den quantifizierenden Methoden der empirischen Sozialforschung erfaßbare Wirkung von Kunstwerken als Ausdruck
eben dieses Verblendungszusammenhangs erscheinen. Er muß
Wirkungen als Abläufe auffassen, die dem Verblendungszusammenhang immanent sind. Daraus resultiert Adornos Kritik aller faktisch vorhandenen Kommunikation, die in der
Ästhetik sogar zum programmatischen Verbot der Anwendung
kommunikativer Mittel führt:

»Der akute Grund der gesellschaftlichen Unwirksamkeit von Kunstwerken heute, die sich nicht an krude Propaganda zedieren, ist, daß
sie, um dem allherrschenden Kommunikationssystem zu widerstehen,
der kommunikativen Mittel sich entschlagen müssen, die sie vielleicht
an die Bevölkerungen heranbrächten.«[11]

Das ist eine deutliche Alternative: entweder ein Kunstwerk
ist kommunikativ, dann ist es aber auch gleich ›krude Propaganda‹, oder es ist wahr als Kritik des Kommunikations-
systems. Dann aber ist es gesellschaftlich unwirksam.
Die Kritik der kommunikativen Werke ist Teil der Kritik
der Kulturindustrie. Mit den kulturindustriellen Erzeugnissen
hat die Ästhetik als philosophische Betrachtung von Kunstwerken nur negativ zu tun. Wertend kann die Ästhetik feststellen, welche Kunstwerke Wahrheitsgehalt haben und welche
nicht. Das Problem, das sich als Grundproblem einer materialistischen Ästhetik im Zeitalter des Verblendungszusammenhangs auftut, läßt sich als Frage formulieren: Wie können
Kunstwerke, die sich dem Zusammenhang der nun einmal vorhandenen Gesellschaft entziehen, soziologisch behandelt werden, in welchem Verhältnis stehen sie zu dieser Gesellschaft,
und mit welchen Gründen kann davon geredet werden, daß
überhaupt nur kommunikationsfeindliche Kunstwerke Wahrheitsgehalt haben?
Mit seiner Antwort auf den ersten Teil der Frage wendet
Adorno die Fragerichtung der Kunstsoziologie um. Er projektiert eine Kunstsoziologie – an Ort und Stelle spricht er über

Musiksoziologie –, »die nicht mit äußerlichen Zuordnungen sich begnügt; nicht damit, zu fragen, wie die Kunst in der Gesellschaft steht, wie sie in ihr wirkt, sondern die erkennen will, wie Gesellschaft in den Kunstwerken sich objektiviert«[12]. Dieses: die Art und Weise, in der sich die Gesellschaft in den Kunstwerken manifestiert, nennt Adorno ihren sozialen Gehalt. Wie er die Komplementarität von Theorie und Praxis aus dem Kriterium der praktischen Veränderung der Gesellschaft entwickelt, so auch hier die Theorie des sozialen Gehalts von Kunstwerken, insofern sie nicht in den Kommunikationszusammenhang der Gesellschaft fallen, aus dem Kriterium der Wirkungsästhetik:

»Dieser soziale Gehalt ist, ob auch unbewußt, ein Ferment der Wirkung. Desinteressiert Kunstsoziologie sich daran, so verfehlt sie die tiefsten Beziehungen zwischen der Kunst und der Gesellschaft: die, welche in den Kunstwerken selbst sich kristallisieren.«[13]

Nach ihrem eigenen Maß – dem des ›revolutionären Gebrauchswerts‹[14] – wird die sozialistische Wirkungsästhetik erst dort nützlich, wo sie dazu beiträgt, daß sich diejenigen Werke, die neu zu schaffen sind, an den aus der Wirkungsästhetik ableitbaren Forderungen orientieren und die gewünschten Folgen zeitigen. Diese Forderungen verfangen sich aber deshalb in Antinomien, weil nicht ausreichend bedacht wird, daß der strenge Begriff des Bewußtseins, dem mit dem Kantischen »ich denke«[15] sein reflexiver Charakter nachgewiesen wird und der deshalb Selbstbewußtsein heißt, gar nicht bemüht zu werden braucht, um das Ziel solcher Wirkungen zu beschreiben. Was diese Werke wollen, ist eine Wirkung auf das Verhalten der von ihnen Beeinflußten, die sich messen läßt. Der Eingriff, der dazu nötig ist, kann sich, ohne daß der Zweck Schaden nimmt, auf das beschränken, was in der Psychologie »Einstellung« heißt und was Adorno boshaft »Gesinnung« nennt.[16]

Daß Kunstwerke mit dem Bewußtsein der Rezipienten zusammenhängen, ist natürlich nicht bestreitbar. Auch für Adorno ist Kunst Praxis »als Bildung von Bewußtsein«[17], aber es macht doch einen Unterschied aus, ob damit der einstellungspsychologische oder der philosophische Bewußtseinsbegriff gemeint ist.

Wenn die Kunstsoziologie bei der Wirkungsästhetik stehenbleibt, verliert sie aus den Augen, was Adornos Begriff der objektiven Möglichkeit als emphatische Wahrheit von Kunstwerken gegen die kommunizierbaren Gedanken über die Gesellschaft hervorhebt.

»Die Frage, ob Kunst und alles, was auf sie sich bezieht, soziales Phänomen sei, ist selbst ein soziologisches Problem. Es gibt Kunstwerke höchster Dignität, die zumindest nach den Kriterien ihrer quantitativen Wirkung sozial keine erhebliche Rolle spielen und die darum Silbermann zufolge aus der Betrachtung auszuscheiden hätten. Dadurch aber würde die Kunstsoziologie verarmen: Kunstwerke obersten Ranges fielen durch ihre Maschen. Wenn sie, trotz ihrer Qualität, *nicht* zu erheblicher sozialer Wirkung gelangen, ist das ebenso ein fait social wie das Gegenteil. Soll die Kunstsoziologie davor einfach verstummen? Der soziale Gehalt von Kunstwerken selbst liegt zuweilen, etwa konventionellen und verhärteten Bewußtseinsformen gegenüber, gerade im *Protest* gegen soziale Rezeption; von einer historischen Schwelle an, die in der Mitte des neunzehnten Jahrhunderts zu suchen wäre, ist das bei autonomen Gebilden geradezu die Regel. Kunstsoziologie, die das vernachlässigte, machte sich zu einer bloßen Technik zugunsten der Agenturen, die berechnen wollen, womit sie eine Chance haben, Kunden zu werben, und womit nicht.«[18]

Diese Argumentation, die man auf den ersten Blick als Apologie esoterischer Kunst auffassen könnte, hebt an denjenigen Werken, die sich der Art von Wirkung, auf die sich die Wirkungsästhetik festlegen muß, ihre Unwirksamkeit als Wirkung gegen ihre Verwertung im Propagandaapparat der Gesellschaft hervor. Sie folgt dem Kriterium der sozialen Wirkung wie Brechts Kritik der Verdinglichung dem Prinzip dieser Verdinglichung. Umfassender noch ist die Kritik der soziologistischen Wirkungsästhetik, die sich allerdings in den ›Thesen zur Kunstsoziologie‹ schon feststellen läßt,[19] in einem Satz der ›Ästhetischen Theorie‹:

»Die Immanenz der Gesellschaft im Werk ist das wesentliche gesellschaftliche Verhältnis der Kunst, nicht die Immanenz von Kunst in der Gesellschaft.«[20]

Auf diese These ist Adornos Ästhetik gebaut. Durch sie kann sie sich soziologisch machen. Zugleich postuliert der Satz die Möglichkeit einer Ästhetik, die sich auf die Werke selbst konzentriert und dennoch nicht in schlecht subjektive Geschmacksurteile auswuchert.

Daraus, daß die zitierte dritte These zur Kunstsoziologie die ›Mitte des neunzehnten Jahrhunderts‹ als den Zeitpunkt nennt, von dem an es bei ›autonomen‹ Kunstwerken ›geradezu die Regel‹ sei, daß sie sich der Kommunikation mit der Gesellschaft entziehen, ist zu ersehen, daß die ästhetische Theorie Adornos unmittelbar mit der bei ihm nicht material ausgeführten Gesellschaftsgeschichte zusammenhängt. Ein Blick auf diesen Zusammenhang wird die Notwendigkeit des Übergangs von der Gesellschaftstheorie zur Ästhetik verdeutlichen.

Auszugehen bleibt von der geschichtlich gewordenen Möglichkeit, das Sein durch das Bewußtsein zu bestimmen, also von der Realmöglichkeit autonomer Selbstbestimmung. Die Verhinderung der Realisierung dieser Möglichkeit bleibt ebenfalls Bestandteil der Theorie.

Vor dem Zeitpunkt des Mißlingens der Kultur hatten Ideologien nach Adorno deshalb Vor-Schein-Charakter, weil die Möglichkeit der Befreiung von den Naturzwängen, die, in Herrschaft verwandelt, fortlebten, in der Kunst die materialen Bestimmungen dessen, was sein könnte, positiv enthielten. Gerade weil die Möglichkeit der Existenz der befreiten Gesellschaft noch nicht aktuell war, konnte die Gesellschaft als in sich ruhendes Ganzes aufgefaßt werden, und die Integrationsmechanismen hatten, als ökonomisch notwendige, befreiende Funktion. Alle Geschlossenheit von Kunstwerken ist mit dem das Bestehende verklärenden Prinzip der Ideologie, die das Mögliche als seiend in die Gesellschaft zurückprojiziert, so lange nicht selbst ein Teil überflüssiger Herrschaft, wie die Herrschaft, die sie stützt, notwendige Herrschaft ist.

Eine Form solcher Geschlossenheit ist das tonale System in der Musik, und es ist nachweisbar, daß Adorno den Zeitpunkt des Mißlingens mit dem Wanken der Tonalität in Wagners ›Tristan‹ gleichsetzt:

»Der aller großen Musik bis heute unlösbare Widerspruch des Allgemeinen und Besonderen jedoch – und der Rang von Musik mißt sich gerade danach, ob sie diesen Widerspruch formend ausdrückt und schließlich ihn doch wiederum hervortreten läßt, anstatt ihn durch Fassadenharmonie zu verstecken – ist kein anderer, als daß real das partikulare Interesse und die Gesellschaft auseinanderweisen. Musik transzendiert die Gesellschaft, indem sie durch ihre eigene Gestaltung dem zum Laut verhilft und zugleich das Unversöhnliche im vorwegnehmenden Bilde versöhnt. Je tiefer aber sie daran sich verliert, um so mehr entfremdet sie seit der Mitte des neunzehnten Jahrhunderts, dem Tristan, sich dem Einverständnis mit der bestehenden Gesellschaft.«[21]

Adorno bestimmt es als die Pointe des musikalischen Verfahrens, daß es das Verhältnis von Allgemeinem und Besonderem formuliert. Das ist ein Topos der Musikologie, der in den Begriffen Polyphonie und Kontrapunktik ausgedrückt wird: es geht um den Zusammenhang zwischen dem Prinzip der selbständigen Führung autonomer Stimmen und, bei Mehrstimmigkeit, ihren Zusammenklang. Gemeinsam mit Thomas Mann hat Adorno diese Problematik in seinem Anteil an Manns Roman ›Doktor Faustus‹ entfaltet.[22] Schlagend werden die Komplikationen von dem antinomischen Begriff des freien Kontrapunkts genannt, in dem das kontrapunktische Prinzip: daß von zwei Stimmen, die beide selbständig geführt sein sollen, sich die eine auf die andere als auf eben ihr Anderes bezieht und sich ihr damit auch unterordnet, abgeworfen wird. Der Zusammenhang beider oder mehrerer, als Allgemeines, wird durch die Addition der Einzelstimmen hergestellt, aber erst im freien Kontrapunkt erfolgt wirklich bloß eine Addition, unter Aufhebung der den Zusammenhang in eine vorgegebene Struktur (Tonalität) einbindenden Gesetze.[23] Bis zur Erreichung des Zeitpunktes, an dem die Produktivkräfte eine freie Gesellschaft tragen könnten, ›weisen‹ partikulare Interessen und Gesellschaft nicht ›auseinander‹, sondern gesellschaftsgeschichtlich bringen sie diesen Stand der Produktivkräfte erst hervor.

Deshalb hat die Kritik an der Tonikalität ihre gesellschaftsgeschichtliche Stunde erst in der Mitte des neunzehnten Jahrhunderts. Das Bedürfnissystem veraltet und also auch die Berechtigung, übergeordnete Gesichtspunkte als Garantie des Zusammenhangs von Allgemeinem und Besonderem anzunehmen. Bild eines solchen übergeordneten Gesichtspunkts ist die Rückgebundenheit der Selbständigkeit von Einzelstimmen auf eine Tonika.

Adorno bezeichnet es als einen der Geschichte des musikalischen Materials immanenten Prozeß, daß sich die Musik von dem ›Einverständnis mit der bestehenden Gesellschaft‹ entfernt. Demnach wäre in der Geschichte des musikalischen Materials seit dem Mißlingen der Kultur der Befreiungsprozeß weitergegangen, der in der Gesellschaft erstarrte. Die Fortentwicklung künstlerischer Techniken in der statisch gewordenen Gesellschaft wäre schon der Übergang in jenen Zustand, in dem der ideologische Überbau seine eigene Geschichte gewinnt. Was also die Entfremdung zwischen Gesellschaft und Musik auslöst, ist eine Veränderung in der Gesellschaft, nicht eine in der musikalischen Entwicklung. Sofern die instrumentelle Vernunft, als verselbständigte Produktivkraft, ebenfalls weiterentwickelt wird, sind es also allein die Produktionsverhältnisse und der institutionelle Überbau, welcher durch sein Stehenbleiben den Kommunikationsschwund zwischen der Kunst und der Gesellschaft verursacht, genau in dem Maße, in dem statt der Kultur die Verdinglichung in die Menschen einwandert.

Wenn dem aber so ist, so hat die Gesellschaftstheorie kein anderes Objekt als die Kunstwerke, an denen sie physiognomisch die Gesellschaft, aus der sie stammen, wiedererkennen möchte. Die materialistische Theorie der Gesellschaftsgeschichte als Naturgeschichte wird so zu ihrem Gegenteil gedrängt: dazu, in den sublimsten Erscheinungen der Kunst das Objekt anzunehmen, das allein die Interpretation der Welt ermöglicht; von der abhängt, ob ihre Veränderung gelingen kann.

Die Analyse der Adornoschen Analysen von Kunstwerken ist einer späteren Arbeit vorbehalten, zu der diese ein Prolegomenon sein soll. Die Interpretation beschränkt sich daher darauf, die angezeigte Bedeutung der Ästhetik für die Gesellschaftstheorie Adornos noch ein wenig deutlicher hervorzuheben.

2. Der Aurabegriff in der Philosophie Adornos

»Jedes Werk, als ein vielen zubestimmtes, ist der Idee nach bereits seine Reproduktion. Daß Benjamin in der Dichotomie des auratischen und technologischen Kunstwerks dies Einheitsmoment zugunsten der Differenz unterdrückte, wäre wohl die dialektische Kritik an seiner Theorie.«[24]

Der Begriff der Aura ist von Walter Benjamin in die materialistische Kunsttheorie eingeführt worden. Der Haupttext seiner berühmten Arbeit über ›Das Kunstwerk im Zeitalter seiner technischen Reproduzierbarkeit‹ scheint die Kritik Adornos in seinem ersten Satz vorwegzunehmen:

»Das Kunstwerk ist immer reproduzierbar gewesen.«[25]

In der Tat meint Benjamin aber in diesem Satz nur die grundsätzliche Reproduzierbarkeit allen Menschenwerks.[26] In seiner Definition für den Begriff der Aura, in welcher der Begriff der Echtheit[27] die Rolle eines Synonyms übernimmt, entwickelt Benjamin als Gegensatz der Aura den Begriff des ›Sinns für das Gleichartige in der Welt‹:

»Die Entschälung des Gegenstandes aus seiner Hülle, die Zertrümmerung der Aura, ist die Signatur einer Wahrnehmung, deren *Sinn für das Gleichartige in der Welt* so gewachsen ist, daß sie es mittels der Reproduktion auch dem Einmaligen abgewinnt.«[28]

Gleichartigkeit ist das Prinzip der Tauschwertvergleichbarkeit, die von Benjamin hier durch den Terminus ›Sinn für‹ als Wahrnehmungsweise in physiologischer – nach Adornos Terminologie: als per Gesellschaftsgeschichte anthropologisch-gewordener – Bedeutung klassifiziert wird.

Dazu paßt, daß Aura bei Benjamin nichts an den Werken ohne Veränderung Klebendes ist, sondern relativ zu den Rezipienten. Sie wird von ihnen sogar konstituiert.[29])

Das bedeutet, daß die Aura mit dem Sieg der Verdinglichung über das Bewußtsein der Menschen – nichts anderes ist der Auraverlust – nach Benjamin ohne Rest verschwindet. So jedenfalls legt es der Kunstwerk-Aufsatz nahe.[30] Dann aber ist der Begriff bloß beschreibend gebraucht.

Adornos naturgeschichtlichem Blick stellt sich auch der Auraverlust als Kennzeichen des Mißlingens der Kultur dar. Nicht zufällig hebt er immer wieder mit Benjamin hervor,[31] daß es in der Dichtung Baudelaire mit den ›Fleurs du mal‹ war, der die Abwendung von der Aura mit der Tendenz zur hermetischen Kunst verband und einführte – die ›Fleurs du mal‹ (1857) entstanden gleichzeitig mit Wagners Tristan (1855–59). Aber anders als Benjamin konstatiert er nicht die Zertrümmerung der Aura, sondern ihre Übertragung auf das Realitätsprinzip:

»In solcher [naturwüchsig-blinder, automatisch ablaufender] Aufklärung aber, die überhaupt erst den Fortschritt zur Menschheit in deren Hände legt und damit seine Idee als zu verwirklichende konkretisiert, lauert die konformistische Bestätigung dessen, was bloß ist. Es empfängt die Aura der Erlösung, nachdem diese ausblieb, das Übel unvermindert fortdauerte.«[32]

»Nimmt man Benjamins Bestimmung des traditionellen Kunstwerks durch die Aura, die Gegenwart eines nicht Gegenwärtigen auf, dann ist die Kulturindustrie dadurch definiert, daß sie dem auratischen Prinzip nicht ein Anderes strikt entgegensetzt, sondern die verwesende Aura konserviert, als vernebelnden Dunstkreis. Dadurch überführt sie sich selbst unmittelbar ihres ideologischen Unwesens.«[33])

»Der Widerstand gegens kunstgewerbliche Unwesen gebührt längst nicht nur den erborgten Formen; eher dem Kultus der Materialien, der eine Aura des Wesenhaften um sie legt.«[34])

Alle diese Stellen scheinen zu besagen, daß Adorno alle seit 1850 entstandenen auratischen Kunstwerke der Kulturindustrie zurechnet. Die Aura geht, anstatt, wie Benjamin dachte, zu verschwinden, auf die nackte Realität über. Die Warenform, nach Benjamin selber das die Aura Zertrümmernde, hat die Rationalität, die ihr Prinzip ist, nicht hervorgebracht. Deshalb macht sie Anleihen bei der Art von Sinnstiftung, die sie objektiv hätte veralten lassen müssen. Nichts anderes ist mit Marxens Fetischbegriff gemeint. Zu dieser Interpretation zwingt ihre Konformität mit der These vom Mißlingen der Kultur, mit dem Prinzip der Identifikation mit dem Aggressor – der man an dieser Stelle versucht ist, den Namen einer Theorie des Über-Es zu geben – und mit der Theorie der Identität von Ideologie und Realität, die ja besagt, daß das negative Bestehende als solches affektiv besetzt wird.

Adorno erkennt Benjamins Alternative von Kultwert und Ausstellungswert nicht an. Zwischen dem auratischen und dem propagandistischen Werk entdeckt er das authentische:

»Wodurch aber die daseienden Kunstwerke mehr sind als Dasein, das ist nicht wiederum ein Daseiendes sondern ihre Sprache. Die authentischen sprechen noch, wo sie den Schein, von der phantasmagorischen Illusion bis zum letzten auratischen Hauch, refüsieren.«[35]

»Nicht nur das Jetzt und Hier des Kunstwerks ist, nach Benjamins These, dessen Aura, sondern was immer daran über seine Gegebenheit hinausweist, sein Gehalt; man kann nicht ihn abschaffen und die Kunst wollen. Auch die entzauberten Werke sind mehr, als was an ihnen bloß der Fall ist.«[36]

Benjamins Kriterium für Aura wird von Adorno modifiziert. Nicht die unmittelbare Gewißheit der Echtheit eines einmaligen Gegebenen soll nunmehr die Aura eines Werkes ausmachen, sondern sein Gehalt. Das ist eine Erweiterung des Begriffs.

Sie wird nötig, weil dem Begriff der Echtheit die Autonomie des das Echte hervorbringenden Subjekts eingeschrieben ist. Dann aber ist die Ferne, die in echten Kunstwerken erscheint, als Erscheinung eines in dem von ihm Gemachten in irgendeiner Weise objektivierten Subjekts die eines solchen, also Erscheinung von Autonomie. Das geht nicht zusammen mit Adornos Theorie, daß die Existenz autonomer Subjekte vor 1850 ökonomisch gar nicht möglich war. Adorno muß also das Echtheitskriterium ersetzen oder umdeuten.

Das gelingt ihm mit einer qualitativen geschichtsphilosophischen Bestimmung des Begriffs der Authentizität, die freilich in seinen Schriften nicht offen und definitionsmäßig auftaucht, sondern erschlossen sein will.

Benjamin hatte Authentizität als bloße technische Zuschreibbarkeit gefaßt, als säkularisierte Echtheit.[37] Adorno macht Authentizität zu einem produktionsästhetischen Begriff, indem er die Technik der Produktion seit 1850 an die Stelle der autonomen Gestaltung von Sinn treten läßt.

Das geht aus der Parallelisierung von Authentizität und Gehalt hervor, die in den beiden zuletzt zitierten Stellen vorgenommen wird. Beide beschreiben Kunstwerke, die nicht länger auratisch sind, dennoch aber »mehr« als das massenweise reproduzierte qua nackte Faktizität nach Benjamins Begriff. Einmal heißt das ›Mehr‹ Authentizität, einmal Gehalt. Ihre Gemeinsamkeit liegt in dem Begriff der künstlerischen Technik. Diese meint nicht »Verwissenschaftlichung der Kunst«[38]. Sondern nach dem Zerfall der Möglichkeit subjektiver Sinnstiftung »wird die Technisierung der Kunst ausgelöst vom Objekt: wie Kunstwerke als verbindlich zu organisieren seien. [...] Allein Technologie [...] bot sich an. [...] Technifizierung setzt die Verfügung als Prinzip durch. Zu ihrer Legitimation kann sie darauf sich berufen, daß die großen traditionellen Kunstwerke, die seit Palladio nur intermittierend der Besinnung auf technische Verfahrungsweisen sich verbanden, gleichwohl ihre Authentizität vom Maß ihrer technischen Durchbildung empfingen, bis die Technologie die traditionellen Verfahrungsweisen sprengte.«[39]) Adorno geht sogar so weit, seinen Wertungsbegriff ›Formniveau‹, der von der Dialektik von Form und Inhalt befreit ist, seinerseits mit dem Ausdruck ›Aura‹ zu umschreiben:

196

»Der erfahrene Blick, der über eine Partitur, eine Graphik geht, versichert, mimetisch fast, vor aller Analyse sich dessen, ob das objet d'art Metier hat, und innerviert sein Formniveau. Dabei darf es nicht bleiben. Es bedarf der Rechenschaft über das Metier, das primär wie ein Hauch, eine Aura der Gebilde sich darstellt, in sonderbarem Widerspruch zu den Vorstellungen der Dilettanten vom künstlerischen Können. Das auratische Moment, das, paradox scheinbar, dem Metier sich verbindet, ist das Gedächtnis der Hand, die zart, liebkosend fast über die Konturen des Gebildes fuhr und sie, indem sie sie artikulierte, auch milderte. Solche Rechenschaft gibt die Analyse [...].«[40]

Das Wort vom ›Gedächtnis der Hand‹ betont das Produktionsmoment und hängt dadurch, daß hier von Innervation gesprochen wird, mit dem ›Tastorgan des historischen Bewußtseins‹, von dem die Rede war, zusammen. Im Augenblick der Möglichkeit wirklich autonomer, nicht länger nur scheinautonomer Hervorbringung gehen die ästhetischen Zwecke in die gesellschaftsgeschichtliche Selbstbewegung des künstlerischen Materials über, und die Begriffe Form und Inhalt,[41] deren Vermittlung das Subjekt hätte leisten sollen, werden leer. Ihre Entgegensetzung war aber Bedingung der Möglichkeit von Sinnsetzung und damit auch Bedingung der Möglichkeit von Echtheit und Aura. Benjamins Begriff des Kultwerts[42] hängt durch ›Kult‹ mit ›Sinnstiftung‹ zusammen. Geht aber das auratische Moment oder die Authentizität der Kunstwerke von der Sinnstiftung für andere – gedacht ist an ein System kollektiver Vermittlung, innerhalb dessen kraft grundsätzlichen Einverständnisses und gegenseitiger Anerkennung Kommunikation möglich ist[43] – auf die immanente technische Durchbildung über – Adornos Worte dafür sind Verfahrungsweise und Faktur –, so wird die Aura nicht länger von den Rezipienten, sondern von den Nerven des Künstlers konstituiert. Sie ist dann objektiv, kommt dem Werk an sich zu, unabhängig von seinem Fürunssein. Das bedeutet einen Bruch zwischen Kunst und Gesellschaft. Dieser Bruch erst lehrt Benjamins Theorie des Auraverlustes verstehen. Adorno spricht davon, daß »jeder authentische Künstler besessen« sei »von seinen technischen Verfahrungsweisen«[44] und entwirft damit das Bild des einsam sein Material anstarrenden Einzelnen, der darauf wartet, daß ihm aufgeht, wohin das Material möchte, um diese seine ›Tendenz‹[45] als Verfahrensweise zu organisieren und diese dann gnadenlos auf es anzuwenden. Die Gesellschaft kommt in dieser Situation ebensowenig vor wie in dem ›Intérieur‹ des Kierkegaardbuches.[46] Die Situation ist durch und durch bürgerlich. Mit der Gesellschaft ist der Künstler nur noch durch die allen gemeinsame Tradition verbunden, die ihn zum ganz Einzelnen erst machte. Die »Immanenz der Gesellschaft im Werk«[47] kommt zustande, weil »die Gesellschaft [...] wesentlich die Substanz des Individuums«[48] ist.

Geschlossene Werke, von Adorno den auratischen Benjamins gleichgestellt[49] und als vorsubjektive von dem Erkenntnisvermögen ausgeschlossen[50], sind seit dem Auraverlust unmöglich, weil durch ihn die bürgerliche Gesellschaft unwahr wurde. Es bleibt das fragmentarische, das »im Stande der vollkommenen Negativität die Utopie« meint.[51]

Man kann jetzt umformulieren: solange Herrschaft die Bedingung der Möglichkeit menschlichen Lebens überhaupt war, waren auch Ideologien tatsächlich *notwendiges* falsches Bewußtsein. Die Allgemeinheit der Herrschaft war die Gemeinschaft aller in der Ideologie, die kraft ihres Vor-Schein-Charakters auch immer ein kleines Stück Autonomie meinte: eine Differenz zwischen Sein und Möglichkeit, die erfahrbar war. Seit die Herrschaft von Menschen über Menschen veraltet ist und Ideologie nur noch *falsches* Bewußtsein, ist die Gleichheit aller zwar hergestellt, aber als falsche: Als Subsumtion unter die mechanische Gleichheit der Tauschwertvergleichbarkeit. Erinnert sei noch einmal an den Satz: »Es [das alte Subjekt] meint seiner Autonomie noch sicher zu sein, aber die Nichtigkeit, die das Konzentrationslager den Subjekten demonstrierte, ereilt bereits die Form von Subjektivität selber.«[52] Darin liegt: die Subjekte sind anthropologisch zu Tauschwerten geworden. Deshalb ist zwischen ihnen keine Kommunikation mehr möglich. Wo sie stattfindet, ist für Adorno das Einverständnis mit dem Ganzen, das das Unwahre ist, schon gegeben. Die Hermetik der modernen Kunst ist eine notwendige Folge der gesellschaftsgeschichtlichen Katastrophe im neunzehnten Jahrhundert.[53]

Aus Adornos Philosophie der Aura läßt sich seine Wissenschaftskritik ableiten. Eine weitere Bemerkung zum Begriff der Authentizität scheint jedoch zuvor noch angebracht.

Das Anwenden der notwendigen ›Verfahrensweisen‹ soll unbewußt geschehen:

»Das geschichtliche Moment ist den Kunstwerken konstitutiv; die authentischen sind die, welche dem geschichtlichen Stoffgehalt [= dem Stand der Wahrheit im Material] ihrer Zeit vorbehaltlos und ohne die Anmaßung über ihr zu sein sich überantworten. Sie sind die ihrer selbst unbewußte Geschichtsschreibung ihrer Epoche; das nicht zuletzt vermittelt sie zur Erkenntnis.«[54]

Das geht noch weiter. Als Postulat heißt das:

»Die Gestalt aller künstlerischen Utopie heute ist: Dinge machen, von denen wir nicht wissen, was sie sind.«[55]

Adorno tabuiert Kommunikation, es sei denn, sie sei Innervation. Innervation findet aber an keiner Stelle in Adorno zwischen Menschen statt, sondern ausschließlich zwischen einem Menschen und der in Objektivationen von Geist aufgespeicherten Geschichte. Die eine Stelle, wo davon gesprochen wird, daß das Verhalten eines lebenden Menschen innerviert wird, nennt als Subjekt dieser Innervation – man denke an Kafka – einen Hund.[56] Wenn aber zwischen Kommunikation und Innervation eine Dichotomie besteht, ist Schizophrenie fast ein Telos der Aufklärung: Desiderat könnte sein, wenigstens mit Bewußtsein schizophren zu sein, sofern das geht.[57]

Umgekehrt ist das Erkennen des Gehalts authentischer Werke die Aufgabe der philosophischen Ästhetik, die dadurch, daß dieser Gehalt Geschichte ist, selbst unmittelbar Geschichtsphilosophie wird. So eng sind bei Adorno Ästhetik und Geschichtsphilosophie als Gesellschaftstheorie beieinander. »Kunstwerke analysieren heißt so viel wie der in ihnen aufgespeicherten immanenten Geschichte innezuwerden.«[58]

Schon Lukács hat seinen Verdinglichungsbegriff wissenschafts-
kritisch gewendet. Er nennt die ›abstrakt-quantitative Form
der Kalkulierbarkeit‹ als diejenige Denkstruktur, durch welche
der Kurzschluß von Intransigenz des verdinglichten Bewußtseins als Erscheinungsform von Unmittelbarkeit – oder umgekehrt – konstituiert wird. Das verdinglichte Bewußtsein, so
Lukács in Vorausnahme des Adornoschen Begriffs Verblendungszusammenhang, trachtet gar nicht, über sich hinauszugehen, weil es eben ›die abstrakt-quantitative Form der Kalkulierbarkeit‹ als ›seine eigene Unmittelbarkeit‹ erfährt, »die
es [...] durch ›wissenschaftliche Vertiefung‹ [...] ewig zu
machen bestrebt ist«[59].

Die Wissenschaft ist also bei Lukács bereits als Anpassungsmedium erkannt, und er nimmt damit ja den Marxschen Gedanken auf, nach dem die bürgerlichen Ökonomen aufgrund
der Nähe ihres Bewußtseins zur Warenform nicht in der Lage
waren, diese zu begreifen.[60] Lukács stellt die These auf,
daß, da auch die Philosophie an der Verdinglichung des Bewußtseins teilhat, sie nicht durchbrechen kann: »Die Philosophie stellt sich [...] zu den Einzelwissenschaften genau so, wie
jene sich zur empirischen Wirklichkeit gestellt haben.«[61]

Wie Adorno Benjamins Aurabegriff *analytisch*: als Konstatierung des Endes der Möglichkeit subjektiver Sinnstiftung
schlechthin akzeptiert, aber die restlose Destruktion der Aura
nicht als stringente Forderung anerkennt, so auch hier. Der
Lukácsschen Beschreibung des Zustands und der Funktion der
Wissenschaften stimmt er vollständig zu, ohne aber daraus die
Folgerung zu ziehen, daß das verdinglichte Bewußtsein nun zu
gar nichts mehr tauge als zur Anpassung.

»Das verdinglichte Bewußtsein schaltet Wissenschaft als Apparatur
zwischen sich selbst und die lebendige Erfahrung.«[62]

»Wissenschaft verdinglicht, indem sie die geronnene geistige Arbeit,
das seiner gesellschaftlichen Vermittlungen unbewußte Wissen, zum
Wissen schlechthin erklärt.«[63]

Der darin ausgedrückten Identifikation von Wissenschaft, System und Schematismus hält Adorno den Begriff einer kritischen Wissenschaft entgegen, der dem emphatischen Wahrheitsbegriff dadurch an die Seite gestellt ist, daß in ihm der Bezug auf die reale Befreiung mitgedacht ist:

»Wissenschaft hieße: der Wahrheit und Unwahrheit dessen innewerden, was das betrachtete Phänomen von sich aus sein will; keine Erkenntnis, die nicht kraft der ihr einwohnenden Unterscheidung von Wahr und Falsch zugleich kritisch wäre.«[64]

Solange aber von den Wissenschaften gilt, daß sie Formen des verdinglichten Bewußtseins sind und selbst die Verdinglichung verfestigen, indem sie im Sinne des Satzes: »Denken heißt identifizieren«[65] fortsetzen, was nach Hegels und Adornos Theorie des Denkens gerade das ist, wogegen sich das Denken eigentlich wendet, wird dieser Begriff der kritischen Wissenschaft aporetisch und zu einem gesellschaftskritischen. Der Gegensatz von Denken ist nach einer Formulierung der ›Negativen Dialektik‹ die Anschauung. Diese bestimmt Adorno als Anerkennung des Angeschauten »wie es ist«[66] – aber gerade nicht so, wie es in seinem Ansichsein für uns ist, sondern in seinem bloßen Fürunssein, also wie es ›nicht selbst‹ ist. Nach Adorno setzt das verdinglichte Denken diese Anerkennung des Bestehenden fort: »[...] das Identitätsdenken sagt, worunter etwas fällt, wovon es Exemplar ist oder Repräsentant, was es also nicht selbst ist.«[67]

In Konsequenz davon kann Adornos wissenschaftstheoretische Reflexion einerseits die verdinglichte Wissenschaft nicht als bloß klassifizierendes Denken abtun, weil in ihr doch immerhin die Distanz von der Anschauung als Anerkennung des Bestehenden liegt; sie kann andererseits die Erkenntnis nicht hintanstellen, daß sie in der Subsumtion von Gegenständen unter Begriffe an den Gegenständen ihr Besonderes amputiert.

Daß authentische Kunstwerke Erkenntnis genannt werden, unter Betonung dessen, daß sie als unbewußte Geschichtsschreibung: nicht bewußte Erkenntnis also, konzipiert werden, nennt die Aporie des kritischen Wissenschaftsbegriffs. Wollte die Wissenschaft, die doch im Gegensatz zur Kunstproduktion von Adorno nicht als physiognomische, sondern als bestimmte Negation gefaßt ist, auf Bewußtsein verzichten, fiele sie in die Anschauung zurück. Die Reaktion des Künstlers auf sein Material, damit kein Mißverständnis aufkommt, ist deshalb nicht Anschauung, weil das Medium der Technik und das Hervorbringen selbst Aktivitäten sind, die ihren Gegenstand verändern, ihn also gerade nicht anerkennen.

Wenn aber diese Aktivität selber die Bestimmung von Wahrheit und Unwahrheit der im Material sedimentierten Geschichte heißt, der Bestimmung des Begriffs der kritischen Wissenschaft also unmittelbar gleichzusetzen ist,[68] wird der Begriff der kritischen Wissenschaft selbst unmöglich. Sie müßte ja das leisten, was die authentischen Kunstwerke nur leisten können, weil sie das Bewußtsein umgehen, indem sie sich der Tendenz des Materials angleichen, sie vollstrecken und dadurch zugleich verändern.[69]

Den Gegensatz von Klassifizieren und Erkennen formuliert die ›Dialektik der Aufklärung‹:

»Klassifikation ist Bedingung von Erkenntnis, nicht sie selbst, und Erkenntnis löst die Klassifikation wiederum auf.«[70]

Wodurch die klassifizierende Wissenschaft affirmativ ist, das ist ihre erklärende Funktion. Zu erinnern ist an Adornos Bericht jenes Erlebnisses: daß er gefragt wurde, ob er ein introvert oder ein extrovert sei.[71] Die Wahrheit dieser Begriffe wäre wohl, daß sie auf die gesellschaftlichen Ursachen der Spaltung der Menschheit in psychologische Typen verweisen. Statt dessen decken sie diese Ursachen zu, indem sie als Schubladen fungieren, in die das Bekannte wohlgeordnet verpackt werden kann: »Befriedigt schiebt begriffliche Ordnung sich vor das, was Denken begreifen will.«[72]

Die Dichotomie von Wissenschaft und Bewußtsein führt darauf, daß die Unterscheidung von physiognomischer und bestimmter Negation nichts ist, was von außen an die Theorie Adornos herangetragen würde. Sie ergibt sich aus der Konsequenz seiner Geschichtsphilosophie. Die mögliche Form der kritischen Wissenschaft heute ist für Adorno die negative Dialektik. Sie geht aber, wie dargelegt, von Begriffen aus und behandelt sie begrifflich mit Bewußtsein, ist also das Gegenteil von unbewußter Geschichtsschreibung und doch Erkenntnis.

Die Frage nach dem Verhältnis von begrifflicher und unbegrifflicher Erkenntnis ist die nach der Sprache der Philosophie. Aufgeworfen wird sie von der Aporie, daß die negative Dialektik die Wahrheit aus den unwahren Begriffen schöpfen muß, um gegen sie denken zu können. Hätte sie die Wahrheit, diese wäre schon nicht mehr wahr.

4. Zur Dialektik von Nähe und Ferne

Das Problem der Möglichkeit der negativen Dialektik stellt sich jetzt schärfer, nachdem die Unterschiedenheit der *physiognomischen* Negation – die ein Etwas hervorbringt, das die Unwahrheit des Ganzen dadurch dokumentiert, daß die Verfahrensweisen, durch die es definiert ist, in sich selbst mißlingen; die der Bestimmtheit ermangeln muß und darüber hinaus der Gesellschaft nurmehr als »Flaschenpost«[73], also verloren, abgesondert von ihr, hermetisch gegenübersteht – von der *bestimmten*, die auf Bewußtsein und Begriffe angewiesen bleibt, also jene Hermetik kraft des Zeichencharakters der Sprache gar nicht erreichen kann und deshalb auch ein Nichts bleibt, weil sie die Negativität nur bestimmt, erkannt ist.

Wie es möglich sein soll, »über den Begriff durch den Begriff hinauszugelangen«[74], konnte im vierten Kapitel nur als Postulat entwickelt werden: es wurde gezeigt, welche Behauptung Adorno über das Telos der Begriffe aufstellt, daß er sie ›daran mahnen‹ möchte, daß sie auf das Nichtidentische in den Sachen gehen und es doch gerade abschneiden, weil sie so strukturiert sind, daß also die Begriffe selber ›noch gar nicht sie selber‹[75] sind. Das ist aber unterschieden davon, die Sachen, auf welche die Begriffe gehen, selber in dieser Weise kritisch zu erkennen. Das Telos der bestimmten Negation ist die Veränderung der

Struktur der Begriffe oder die Kritik des verdinglichten Bewußtseins als Versuch, ihnen nahezubringen, daß die Dinge, die sie als Tauschwerte behandeln, in Wahrheit Gebrauchswerte sind. Das hat das verdinglichte Bewußtsein nach Adorno vergessen: »alle Verdinglichung ist ein Vergessen«[76]. Vergessen wurde an den Dingen, daß sie Gebrauchswerte sind, von Menschen für Menschen gemacht: gesellschaftliche Verhältnisse von Menschen. Vor dem Einwandern der Verdinglichung war die Aura die Mahnung daran. Adorno fragte Benjamin: »Ist nicht die Aura allemal die Spur des vergessenen Menschlichen am Ding [...]?«[77] Dann ist Aura in Wahrheit immer die von den Menschen an den Dingen wahrgenommene Arbeit anderer Menschen gewesen. Sie haftet dann allen Dingen an, die Gebrauchswerte oder Naturdinge sind. Für letztere gilt es, weil die Wahrnehmungsweise der Menschen durch die in ihr aufgehobene Arbeit gebildet, mit ihr identisch ist. Dinge, anders gesprochen, die Bedürfnisse befriedigen, sind an sich selbst auratisch. An als Tauschwert produzierten Tauschwerten kann sie folglich nicht erscheinen. Wo sie es dennoch tut, liegen falsche Bedürfnisse vor: Identifikationen mit dem Aggressor.

Es scheint nützlich, den Versuch zu machen, das, was Adorno das Nichtidentische an den Sachen nennt, als die Ferne zu verstehen, die in Benjamins Definition der Aura genannt ist. Dieser Versuch wird nahegelegt dadurch, daß Adorno die Art und Weise, in welcher authentische Kunstwerke Erkenntnis sind, in den Begriffen Nähe und Ferne expliziert:

»Die äußersten Schocks und Verfremdungsgesten der zeitgenössischen Kunst, Seismogramme einer allgemeinen und unausweichlichen Reaktionsform, sind näher, als was bloß nah erscheint allein vermöge seiner historischen Verdinglichung. Was allen für verständlich gilt, ist das unverständlich Gewordene; was die Manipulierten von sich wegschieben, insgeheim ihnen nur allzu verständlich; analog zum Diktum Freuds, das Unheimliche sei unheimlich als das heimlich allzu Vertraute. Darum wird es weggeschoben.«[78]

Die ›Schocks und Verfremdungsgesten‹ sind produktionsästhetisch definiert als Ergebnisse der Technifizierung der Verfahrensweisen, damit als die Anwendung von Rezepten auf die Geschichte im Material. Dahinter verbirgt sich die grauenhafte Theorie, daß man, will man mit Hegel »in der Sache« sein und nicht »immer darüber hinaus«[79], dazu gedrängt wird, um des in der Sache Seins willen über ihr zu bleiben, weil sie selber so geworden ist, wie sich jene verhielten, die Hegel kritisierte. Zu Dingen verhielte man sich demnach dann adäquat, wenn man das Tauschprinzip an ihnen vollstreckt. Sofern die Sache die Gesellschaft ist, heißt das: die Gesellschaft selbst ist eine lebendige Abstraktion und hat mit lebenden Menschen nichts mehr zu tun.[80]

In der zitierten Passage unterscheidet Adorno Schein- und wirkliche Nähe. Scheinnah ist, was ›allein vermöge seiner historischen Verdinglichung‹ als nah erfahren wird. Damit ist der Regelkreis des falsch verselbständigten Bewußtseins neu formuliert, den Adorno prägnant in dem Satz ausgedrückt hat, das verdinglichte Bewußtsein könne nur Verdinglichtes ertragen.[81] Die ›Schocks und Verfremdungsgesten‹ der ›zeitgenössischen‹, authentischen Kunst werden angesprochen als ›Seismogramme‹ der ›allgemeinen Reaktionsform‹, die nach Adorno die des verdinglichten Bewußtseins ist. Seismogramme sind mechanisch vergrößerte Protokolle empirischer Vorgänge, und Vergrößerung ist wie Annäherung.[82] Gesagt ist also, daß die authentischen Kunstwerke empirische Vorgänge protokollieren und nahebringen. Die Protokolle sind aber Protokolle[83] von Bewußtseinsbewegungen, dessen also, was den Menschen ohnehin das nächste ist. Demnach ist die authentische Kunst bei Adorno aufgefaßt als die nackte anthropologische Realität noch einmal, nur vergrößert. Der Protokollcharakter ergibt sich aus der Ausschaltung des Bewußtseins. Die Protokolle sollen sein: kommentarloses Zitat der Wirklichkeit, in ein Ding zusammengedrängt und als Ding begegnend. Nach Adorno – der Satz kommuniziert unmittelbar mit der zitierten Passage – gilt für die Erfahrung von Kunstwerken: »Kunstwerke lassen desto wahrhaftiger sich erfahren, je mehr ihre geschichtliche Substanz die des Erfahrenden ist.«[84] Die hier behandelte

Passage nennt Gründe dafür, daß die moderne Kunst, für welche nach dem Begriff der Authentizität und der Metapher Seismogramm die Bedingungen ihrer Erfahrbarkeit ideal sind, dennoch als unverständlich abgewiesen wird. Gesagt ist ja, daß die Menschen kraft ihres verdinglichten Bewußtseins die authentischen Kunstwerke als evidente Erkenntnis erfahren müßten.

Daß sie es nicht tun, läßt Adorno nicht als Einwand gelten, sondern er behauptet das Gegenteil: daß sie so tun, als täten sie es nicht, weil sie es in Wahrheit nur allzu sehr tun. Die Menschen, so tot ihr starres Bewußtsein nach Adorno ist, zeigen damit, daß sie das Todbringende affektiv besetzen, daß ein Rest von Leben in ihnen ist: eben die Erkenntnis, daß die authentische Kunst die Wahrheit spricht. Als unverständlich wird dann das verdrängt, von dem die Menschen nur allzu genau wissen, daß es ihnen ›nur allzu verständlich‹ ist.

Die Kehrseite davon formuliert der Satz ›Was allen für verständlich gilt, ist das unverständlich Gewordene‹. Durch die Großschreibung von ›Gewordene‹ wird ›unverständlich‹ zum Adverb und es ist zu lesen: ›Das auf unverständliche Weise Gewordene gilt allen für verständlich‹. Trotzdem ist nichts gesagt über das Gewordene, von dem die Menschen nach Adorno meinen, daß es verständlich sei. Sondern gesagt ist: die Menschen sind so geworden, daß sie nichts Gewordenes verstehen können, es fehlt ihnen die Fähigkeit der Erfahrung dessen, was ihnen, nervlich vermittelt, unmittelbar gegenwärtig ist, mit anderen Worten: sie sind keine Subjekte.

Dennoch ist in der Passage eine Differenz in dem Identitätszusammenhang zwischen Identität der Menschen und der authentischen Kunst einerseits und der Identität der Menschen mit dem, was die authentische Kunst protokolliert, andererseits. Diese Differenz, die als die Abweisung dessen, was den Menschen das nächste ist, erscheint, ist der Sitz des Nichtidentischen im Identischen. Die affektive Besetzung des Tauschwerts dokumentiert, daß die Erfahrungsfähigkeit nach Adorno zwar real ganz geschwunden ist, aber das Vermögen, Affekte überhaupt auf etwas richten zu können, bezeugt die prinzipielle Ansprechbarkeit: daß es Spuren von Bedürfnissen gibt, die nicht beseitigt, aber offensichtlich umgepolt werden können. Wenn aber die Ursache des realen Erfahrungsverlusts im Tauschprinzip als der operationalisierten Herrschaft zu suchen ist, dann ist das Nichtidentische der Gebrauchswert oder das Ansichsein der Dinge wie es wäre, wenn die Dinge für uns wären. Dies Nichtidentische ist die Ferne aus Benjamins Definition der Aura.

Die Definition lautet:

»Es empfiehlt sich, den oben für geschichtliche Gegenstände vorgeschlagenen Begriff der Aura an dem Begriff einer Aura von natürlichen Gegenständen zu illustrieren. Diese letztere definieren wir als einmalige Erscheinung einer Ferne, so nah sie sein mag. An einem Sommernachmittag ruhend einem Gebirgszug am Horizont oder einem Zweig folgen, der seinen Schatten auf den Ruhenden wirft – das heißt die Aura dieser Berge, dieses Zweiges atmen.«[85]

Thierkopf hebt hervor, daß eine Definition, die zur Illustration des Begriffs der Aura von geschichtlichen Gegenständen dienen könnte, gar nicht gegeben werde, sondern eine Erfahrung.[86] So einfühlbar die Situation des in der Natur ruhenden und schauenden Menschen geschildert ist, so wenig ist doch eigentlich gesagt, was das ist: eine Aura atmen. Deshalb wird die Stelle meist auch bloß zitiert und im übrigen so verfahren, als wisse man dann, was die Aura sei. Es sind aber sehr wohl präzise definitorische Bestimmungen enthalten. Von ihnen sind für die Adorno-Interpretation drei hervorzuheben:

1. Die Aura des Gebirgszugs und die Aura des Zweiges sind nicht identisch, sondern verschieden. Die Reihung ›dieser Berge, dieses Zweiges‹ läßt keine andere Lesart zu: handelte es sich um eine einzige Aura, so müßte durch ›und‹ verbunden sein. Die Rede ist also von zwei Auren. Von den zugehörigen Gegenständen ist der eine nah, so nah jedenfalls, daß er wahrscheinlich mit der Hand oder mittels eines Werkzeugs berührt werden könnte, wenn der Ruhende das beabsichtigte. Der Gebirgszug ist demgegenüber das Fernste, das der Ruhende auf

der Erde sehen kann: er ist ›am Horizont‹. Berge am Horizont sind selber der Horizont. Die Ferne, die erscheint, ist also sowohl in nahen wie in fernen Gegenständen wahrnehmbar, hat demnach mit dem empirischen Raum nichts zu tun. Wenn an den Bergen diese Ferne soll wahrgenommen werden können, sind sie als ebenso nah vorgestellt wie der Zweig. Die räumliche Nähe des auratischen Gegenstands ist gleichgültig gegen die Erscheinung der Ferne an ihm. Die Ferne, die erscheint, liegt also in dem anderen Parameter, in welchem man von Ferne sprechen kann, der Zeit. Aura ist dann die Erscheinung einer zeitlichen Ferne an irgendeinem Gegenstand der Erfahrungswelt.

2. Der die Aura Wahrnehmende, sie ›atmende‹, ist in Ruhe: er selbst arbeitet nicht, sondern ruht, und zwar in einer besonderen Weise. Seine Ruhe geht über das hinaus, was an Freizeit zur Regeneration seiner Arbeitskraft nötig ist. Das Darüberhinaus ist die Erfahrung der Aura selbst. Als Regenerationsperiode ist – ökonomisch gesehen – Ruhe nur irgendwie angefüllte Nichtarbeitszeit. Aber bei Benjamin ruht der die Aura Atmende und ist doch in einer qualifizierten Weise tätig: er ›folgt‹ den Gegenständen. Ruhe ist Beisichsein. Ruhen können nur Subjekte. Subjekte ruhen in sich. Deshalb kann sich ihr Blick auf Gegenstände richten und sie bleiben lassen, was sie sind. Ruhen ist menschliches Handeln.

3. Die dritte hervorzuhebende Bestimmung betrifft die Nähe der Ferne. Wenn die räumliche Distanz der Gegenstände gleichgültig ist, so ist die Bemerkung über die erscheinende Ferne: ›so nah sie sein mag‹ umgekehrt gar keine Bestimmung der Gleichgültigkeit der Nähe dieser Ferne, sondern die Bestimmung der unmittelbaren Nähe des Fernen. Ferne als solche kann nicht erscheinen, sondern ist die Bedingung der Möglichkeit der Erfahrung des Fernen und gründet im Subjekt. Was also als Ferne erscheinen kann, ist ein Fernes in seiner Ferne. Was aber ist dies Ferne? Umgekehrt kann die Aura dann scheinbar wirklich nicht an den Gegenständen erscheinen, sondern nur im Subjekt, innerhalb seiner Identität: als ihm Nahes. Das dem Bewußtsein nahe ist es selbst. Die Wahrnehmung der

Aura ist dann das Innewerden der Vermitteltheit der subjektiven Wahrnehmungsweise, genau das, was nach Adorno von den Menschen in der Reaktion auf authentische Kunst als das ihnen nächste aus dem Bewußtsein verdrängt wird. Von der Erscheinung des Fernen als Ferne wird aber bei Benjamin als von einer unbestimmten gesprochen: nur *daß* das Nahe, die Struktur der Reaktionsform, in der den Individuen Gegenstände, Berge, Zweige, Kunstwerke gegeben sind, als vermittelt erfahren wird: als etwas, das mir so nahe ist, daß ich meine Identität darin wiedererkenne, und von dem ich doch erfahre, daß ich es nicht selbst bin, nur dieses Daß wird gesagt, nicht, daß zugleich clare et distincte erkannt wird, welches die genaue historische Linie dieser Vermittlung war und warum die Reaktionsformen jetzt so sind wie sie sind und nicht anders.

Tiedemann macht darauf aufmerksam, daß nach Benjamin die Erfahrung der Aura den Traum von einer besseren Natur nach sich zieht.[87] Diesen Traum zugleich als den zu begreifen, den die Menschheit nach Marx seit langem hat und nur ins Bewußtsein zu heben braucht, um ihn zu verwirklichen, kann Adornos Begriff der Naturgeschichte helfen, der ja aus Benjamins Trauerspielbuch entlehnt ist und in welchem die Vermitteltheit von Natur und Geschichte vollständig, wenngleich privativ – als Negation des mythischen Naturbegriffs und des ihm entsprechenden Geschichtsbegriffs – ausgedrückt ist. Das aber hat Konsequenzen für die Aura. Was Benjamin als die Wahrnehmung der Aura beschreibt, kann nach Adorno noch gar nicht möglich sein, weil Benjamin voraussetzen muß, daß die Menschen sich schon als sie selber ruhend verhalten können: den Dingen ihre Fremdheit lassen. Benjamin setzt also voraus, daß die Kultur in die Menschen eingewandert war. Dann aber wäre nach Adorno der Aurabegriff nach dem Modell der Besetzung des Tauschwerts mit Affekten gebildet, weil es nach seiner Theorie des noch nicht erschienenen Subjekts die Aura überhaupt nur in ideologischer Form: als Identifikation mit dem Aggressor gegeben hat.

Wenn die Erfahrung der Aura aber noch gar nicht möglich gewesen ist, so ist ihre Zertrümmerung auch nicht der Verlust einer einmal besessenen Fähigkeit, sondern nur der Verlust der Möglichkeit, diese Fähigkeit einmal zu erlangen.

Daß Adorno die von Benjamin aufgeschriebene Situation als Utopie begriffen hat, geht aus einer Stelle über den versöhnten Zustand hervor:

»Der versöhnte Zustand annektierte nicht mit philosophischem Imperialismus das Fremde, sondern hätte sein Glück daran, daß es in der gewährten Nähe das Ferne und Verschiedene bleibt, jenseits des Heterogenen wie des Eigenen.«[88]

Auch hier ist das Bild der Versöhnung das des Bestehenlassens des Fremden in seiner Fremdheit. Aber es wird noch mehr gesagt: daß diese Fremdheit nicht die Fremdheit des Nahen als des Eigenen sei, sondern daß das Ferne ›jenseits des Heterogenen wie des Eigenen‹, also perspektivisch dazu sei, so, wie sich der Begriff der Naturgeschichte zu Geschichte und Natur verhält.

Die Zertrümmerung der Aura ist dann wiederum identisch mit dem Mißlingen der Kultur, weil am Kultwert nichts Echtes übrigbleibt. Die anthropologische Verschiebung der Reaktionsform der Individuen ist nicht der Verlust des Einsseins mit der Natur, sondern die Verschüttung der Möglichkeit, aus dem Einssein mit der Natur: aus der blinden Naturgeschichte herauszutreten. Die Ferne, die zur Erscheinung kommen soll, ist die Nichtidentität des Identischen, und die Nichtidentität ist die Genese des verselbständigten Geistes. In den Begriffen Wissenschaft, Füruns, Ansich formuliert die ›Dialektik der Aufklärung‹ das Verhältnis so:

»Die Aufklärung verhält sich zu den Dingen wie der Diktator zu den Menschen. Er kennt sie, insofern er sie manipulieren kann. Der Mann der Wissenschaft kennt die Dinge, insofern er sie machen kann. Dadurch wird ihr An sich Für ihn.«[89]

Der Diktator erkennt die Menschen nicht an. So der Wissenschaftler oder das verdinglichte Bewußtsein nicht die Dinge. Ist aber die Vernunft nicht in der Lage, die Dinge als Dinge in ihrer Fremdheit anzuerkennen, so verliert sie diese Möglichkeit auch für die Menschen.[90]) Die Gleichmacherei des Tauschwerts, Konsequenz der notwendigen Naturbeherrschung, bringt die Unmöglichkeit des Heraustretens aus der absoluten Nähe der Verdinglichung hervor: die Unmöglichkeit, zu der perspektivischen Beherrschung des Verhältnisses von Menschheit und Natur zu gelangen. Diese Beherrschung wäre nichts anderes als die Anerkennung der blinden Gewordenheit der menschlichen Wahrnehmungsformen.

»Aufklärung vollendet sich und hebt sich auf, wenn die nächsten praktischen Zwecke als das erlangte Fernste sich enthüllen, und die [...] von der herrschaftlichen Wissenschaft verkannte Natur [...] als die des Ursprungs erinnert [wird].«[91]

Dieses Erinnern ist vorgestellt als die Wahrnehmung der Aura als Erkenntnis, die die Klassifikation ›wiederum auflöst‹[92]. Sie wäre zugleich die Aufhebung der Trennung von physiognomischer und bestimmter Negation, weil die Verblendung gegen das Nahe nach Adorno, wie gezeigt, das Unheil ist.[93]

Inzwischen bleibt es eine theoretische Antinomie, diese Erinnerung im Medium des begrifflichen Denkens überhaupt ausdrücken zu wollen, wenn doch das begriffliche Denken selbst als die verabsolutierte Form des Verblendungszusammenhangs erkannt wird.

Die Aura, die heute erfahren werden kann, ist die des authentischen Kunstwerks. Sie hat vermutlich mehr mit dem medizinischen Begriff der Aura zu tun, als mit dem Benjaminschen. Der von Adorno ins Auge gefaßte Effekt ist der der kathartischen Sensibilisierung, nicht selbst schon die Befreiung.

5. Adornos Philosophie der Sprache der Philosophie oder die Lehre vom Nennen des göttlichen Namens

»Gegenüber der meinenden Sprache ist Musik eine von ganz anderem Typus. In ihm liegt ihr theologischer Aspekt. Was sie sagt, ist als Erscheinendes bestimmt zugleich und verborgen.

Ihre Idee ist die Gestalt des göttlichen Namens. Sie ist ent-mythologisiertes Gebet, befreit von der Magie des Einwirkens; der wie auch immer vergebliche menschliche Versuch, den Namen selber zu nennen, nicht Bedeutungen mitzuteilen.«[94]

Für einen militant atheistischen Aufklärer scheint das theologische Vokabular überraschend. Aber es darf daran erinnert werden, daß im Zusammenhang der Erörterung des großen Zitats aus der ›Dialektik der Aufklärung‹ gezeigt wurde,[95] daß dem Namen, den zu nennen verboten ist, die Transzendenz nur dadurch zukommt, daß die emphatische Wahrheit als vernünftige Einrichtung der Gesellschaft als innergesellschaftlich transzendent vorgestellt ist, ohne daß darum eine Wesenheit angenommen werden müßte oder dürfte, die in dieser Transzendenz wohnte. Entsprechend hat Adorno in einem Brief an Benjamin seine Theologie eine »inverse« genannt.[96]

Was kann die Metapher meinen, mit der Adorno das Besondere der Sprache, die Musik ist, umschreibt: daß sie der Versuch sei, ›den Namen [Gottes] selber zu nennen‹?

Den ersten Hinweis gibt der Gegensatz: ›Bedeutungen mitteilen‹. Das soll nach Adorno nicht intendiert werden. Die Kritik bezieht sich nur auf das ›mitteilen‹, nicht auf ›Bedeutung‹. Er hat dazu geschrieben:

»Mitteilung aber ist gebunden an Autonomie: an die des Mitteilenden, der einem ›Inhalt‹ die Form aufprägt und an die des fiktiven und abstrakten Empfangenden, nach welcher jene Form sich richtet, damit er ›verstehen‹ kann; das Gesetz, das dem Gebilde selbst innewohnt, ist durch Mitteilung entwertet.«[97]

Das Prinzip der Mitteilung, daß einer das Mitzuteilende haben muß, um es entäußern zu können, widerspricht dem Bild des versöhnten Zustands als der ruhenden Getrenntheit von Subjekt und Sache. Mitteilbares ist von Adorno also als a priori verdinglichtes gedacht. Daß sich die Kritik an der Mitteilung nicht auf das Bedeuten erstreckt, ist an der Differenzierung zwischen Symbol und Bedeutung zu erkennen, die er vollzieht, wenn er den Bedeutungsbegriff in seinem Essay über Kafka positiv von dem des Symbols absetzt: »Jeder Satz [bei Kafka] steht buchstäblich, und jeder bedeutet. Beides ist nicht, wie das Symbol es möchte, verschmolzen, sondern klafft auseinander [...].«[98] Bedeutung und Mitteilung lösen sich voneinander, wie es die unbewußte Produktion der authentischen Kunstwerke erfordert. Die Bedeutung wird der objektiven Möglichkeit des Besseren zugeschlagen, die Mitteilung dem bestehenden Schlechten. Das ist auch in dem Satz über den Sprachcharakter der Musik gemeint. Auch in der Musik hat es eine zeichenhafte Sprache gegeben, die durch Konventionalisierung von untergeschobenen Bedeutungen zeichenhaft wurde wie nach Adorno die Sprache, als sie bildlich wurde.[99] »Sprache heute«, so die Konsequenz davon, »berechnet, bezeichnet, verrät, gibt den Mord ein, sie drückt nicht aus.«[100] Davon soll die Sprache, die Musik ist, das andere sein. Dies Anderssein bezeichnet Adorno mit der Metapher ›den Namen Gottes nennen‹. Was kann das heißen.

Gegen Heidegger schrieb Adorno:

»Als Reaktion auf den Verlust der Aura wird diese, das über sich Hinausweisen der Dinge, von Heidegger zum Substrat umfunktioniert und dadurch selbst den Dingen gleichgemacht. Er verordnet eine Repristination des Schauers, den, längst vor den mythischen Naturreligionen, das Ineinander [von Identischem und Nichtidentischem] bereitete: unterm deutschen Namen Sein wird Mana heraufgeholt, als gliche die heraufdämmernde Ohnmacht der prä-animistischer Primitiver, wenn es donnert.«[101]

Der Vorwurf besteht darin, daß Heidegger nach Adorno den Versuch unternimmt, auf eine Stufe des Bewußtseins zurückzugreifen, die noch nicht einmal eine war; in der die Sprache jene Bildlichkeit noch gar nicht erworben hatte. Das ist mit dem Ausdruck ›Mana‹ gemeint. Adorno verweist selbst auf die zuständige Stelle der ›Dialektik der Aufklärung‹.[102] Den Versuch Heideggers nennt er, als einen zurückgewandten, »Regression«[103]. Der Zustand der Sprache, der in der ›Dialektik der Aufklärung‹ mit der Mana-Stufe gemeint ist, ist aber genau das Erfassen des Nichtidentischen an den Dingen und das daraus entstehende Benennen ihrer. »Primär, undifferenziert ist es [das Mana] alles Unbekannte, Fremde;«[104] Mana gerade versteht die ›Dialektik der Aufklärung‹ als das Nichtidentische an den Dingen:

»Nicht die Seele wird in die Natur verlegt, wie der Psychologismus glauben macht; Mana, der bewegende Geist, ist keine Projektion, sondern das Echo der realen Übermacht der Natur in den schwachen Seelen der Wilden.«[105]

Dem Mißverständnis, daß die Wilden ›bessere Menschen‹[106] gewesen sein müßten – unausdrücklich unterstellt Adorno diese Meinung Heidegger – beugt der Anklang an ›Primaten‹ in dem ›Primär‹ aus der Stelle über das Mana vor. Aber doch sprechen Horkheimer und Adorno hier von einer Weise des Beim-Namen-Rufens: »Der Ruf des Schreckens, mit dem das Ungewohnte erfahren wird, wird zu seinem Namen.«[107] Das Ungewohnte ist die Fremdheit der Natur, die aber im Zeitalter der Mananennung noch nicht in die Menschen eingewandert ist. Der Prozeß der korrelativen Entwicklung von Subjektivität und Verdinglichung beginnt erst mit dem Zeichencharakter der Sprache, der den »Ausdruck zur Erklärung«[108] vermünzt, und mit dem das Mana sich zum Fetisch wandelt, was seinerseits auf die Integriertheit dieses Prozesses in die Genese der sozialen Herrschaft verweist.

An der Vorstellung der Genese des Namens aus der Erfahrung des Nichtidentischen an den Dingen der Erfahrungswelt, in dieser frühen Stufe nicht zu verwechseln mit der Aura, die mit dem Gebrauchswert verknüpft ist, ist das Ideal der Sprache, die Musik ist, gebildet. Auch sie soll den, inzwischen vergessenen (zum Zeichen verdinglichten) ›Namen selber nennen‹, aber ohne die in der zeichenhaften Sprache aufgespeicherten Produktivkräfte zu verlieren.

Der ›Name Gottes‹ ist dann die Natur in uns und das religiöse Bedürfnis, vor dem der Begriff der inversen Theologie warnt, der Reflex auf das Wissen um sie, der sie aber als sinnvoll verklärt, während sie sinnvoll erst würde als beim Namen der Sinnlosigkeit genannte.

Daß das Beim-Namen-Nennen als Telos auch der Philosophie

verstanden wird, geht aus einer Stelle hervor, die betont, daß hinter die erreichte Verselbständigung des Geistes nicht zurückgegangen werden darf.[109] Auch soll es sich nicht um eine positive Spiegelung des Nichtidentischen handeln,[110] sondern, da die Alternative, aktive Manipulation, das Gegenteil des Wünschbaren ist, um ein perspektivisches Verhalten. Um ein Verhalten zum Verhältnis von Natur und Menschheit.

Die Rolle des Wortes, des Logos, wird hoch veranschlagt. Die Gesellschaft, die im bestehenden Zustand »sich nicht selbst beim Namen nennen (kann)«[111], soll vom Logos beim Namen ›gerufen‹ werden, und nichts, so Adorno, fürchtet sie so sehr wie dies.[112]

So entspricht der Metapher vom »Bann«[113] die vom ›lösenden Wort‹[114]; Erkenntnis, die »Einsicht«[115] ist die »Bedingung dafür, daß der Bann der Gesellschaft einmal doch sich löse«[116]. Aber der Logos kann nach Adornos Vorstellung vor dem, was er beim Namen ruft, auch ›kapitulieren‹[117]. Damit, daß der Bann, der über den Menschen liegt, die Gesellschaft, beim Namen genannt wird, ist nur der erste Schritt getan. Der Rufer müßte denn schon draußen stehen, im ›richtigen Leben‹[118]; aber kein solcher »Standort außerhalb des Getriebes läßt sich mehr beziehen, von dem aus der Spuk mit Namen zu nennen wäre;«[119] deshalb ist die volle Einsicht in die Bedingtheit[120] der Autarkie des Geistes[121] als eines Stücks Naturgeschichte[122] erst die Bedingung der Veränderung der Welt, nicht sie selbst. Und doch eine Veränderung: eine der Individuen, die diese aber, und Adorno erklärt warum, von sich abschütteln, wo ihnen der ›Name Gottes‹ in der authentischen Kunst begegnet.

Das Wort ›der göttliche Name‹ steht denn auch nur für die »Möglichkeit«[123], nicht für die Verwirklichung des Besseren, hält also die Positivität ebenso negativ fest wie die metaphysische Frage, die ›sich negativ hält‹.[124]

Daß es ein nicht ganz eng umgrenzter Objektbereich ist, der beim Namen gerufen werden soll – die Gesellschaft wurde schon genannt, aber die Wendung bezieht sich auch auf ›den

Gehalt Bachs‹[125] und das ›fetischisierte Prinzip immanenter Logik‹[126] – führt wiederum darauf, daß es sich um ein abstraktes Verhältnis des sprechenden Gebildes – einer physiognomischen Negation – zu dem handelt, was es beim Namen nennt. Der Musik, die es kann, gelingt es nur »um den Preis seiner [des Namens] Trennung von den Dingen«[127]. Deshalb also ist die Musik, und mit ihr die authentische Kunst, zum Scheitern verurteilt: sie muß der Vermittlung mit der Gesellschaft abschwören, weil sie den ›Namen‹, die emphatische Wahrheit, die Identität von Identität und Nichtidentität,[128] ›rein‹ muß haben wollen, auch damit der gelösten Anerkennung der Ferne im Nahen widersprechend. Das Bestimmte, auf das sich physiognomische Negationen also beziehen, ist die Naturgeschichte in den naturgeschichtlichen Individuen.

Daß die Bedeutung von Musik, sofern sich diese nicht in einer konventionellen Zeichensprache bewegt, inkommunikabel ist durch den Mangel der Möglichkeit, ein Bezeichnetes zu identifizieren, ist ihre Schwäche, aber auch ihre Stärke. Den Worten geht es anders. Sie sind alle auch Mitteilungsworte, und die Philosophie muß, weil sie an die Wahrheit heran will, die Wörter so benutzen, daß sie an dem Bezeichneten auch das Nichtbezeichnete: das Nichtidentische ›nennen‹. Dazu bieten sich zwei Wege an, ein positiver und ein negativer; beide hat Adorno entwickelt. Den negativen hat die Interpretation im vierten Kapitel nachgezeichnet. Er ist die bestimmte Negation der Begriffe als Zeichen mittels der Konsequenz ihrer eigenen Logik. Bei diesem Weg wird nichts hervorgebracht als das Bewußtsein der Falschheit der Begriffe. Dieses Verfahren geht aus von den Begriffen, wie sie sind und wie sie bezeichnen. Es analysiert, vollzieht das Motiv der Übertreibung an der Verdinglichung, überlistet die verdinglichte List mit verdinglichter List.[129]

Auf den anderen Weg und das Mittel, mit dem er zu beschreiten sei, führt Adorno mit dem Titel seines Hölderlin-Essays: Parataxis.[130]

Adornos Idee der parataktischen Sprache ist an der Musik gebildet. So geht er auch in dem Essay von der Musik aus. Es heißt dort:

»Große Musik ist begriffslose Synthesis; diese das Urbild von Hölderlins später Dichtung, wie denn Hölderlins Idee des Gesangs streng für die Musik gilt, freigelassene, verströmende Natur, die, nicht länger im Bann von Naturbeherrschung, eben dadurch sich transzendiert. Aber die Sprache ist, vermöge ihres signifikativen Elements, des Gegenpols zum mimetisch-ausdruckhaften, an die Form von Urteil und Satz und damit an die synthetische Funktion des Begriffs gekettet. Anders als in Musik, kehrt in der Dichtung die begriffslose Synthesis sich wider das Medium: sie wird zur konstitutiven Dissoziation.«[131]

Dichtung soll, wie Musik, begriffslose Synthesis sein, weil die Begriffe das synthetisierte auch identisch machen. Adorno leitet in der Passage die synthetisierende Kraft der Begriffe aus den syntaktischen Formen Urteil und Satz ab. Das wird gleich von Bedeutung. Jedenfalls faßt er die Dissoziation[132] der Sprache als Seitenstück musikalischer Konstruktion.[133] Daß es sich dabei nicht um eine Antithese, sondern um ein Nebeneinander handelt, ist aus dem Verhältnis der Begriffe Konstruktion und Dissoziation zu ersehen. Der Gegensatz zur Konstruktion wäre die Destruktion. Diese aber ist der Musik – als Kunst – selbst vorbehalten.[134] Von Benjamin läßt sich Adorno den Begriff der Reihung vorgeben, um dann zu formulieren:

»Musikhaft ist die Verwandlung der Sprache in eine Reihung, deren Elemente anders sich verknüpfen als im Urteil.«[135]

Als solche Reihungen faßt Adorno »kunstvolle Störungen« auf, »welche der logischen Hierarchie subordinierender Syntax ausweichen«[136]. Vor allem geht es um die Vermeidung von Prädikationen (›Hierarchie‹ und ›subordinierend‹ spielen auf den Herrschaftscharakter der urteilenden Sprache der Wissenschaft an) und um falsche Kausalanschlüsse, die gar nicht weiter verfolgt zu werden brauchen, um ihre Funktion freizugeben: wird die Sprachform des Urteils abgelöst von einer anderen Zuordnungsweise der Wörter, die Prädikation also aufgelöst, so ergibt sich für das Resultat fast von selbst der Terminus ›Konstellation‹, der ja außer dem ›Zusammenstellen überhaupt‹ gar keine Spezifikation der Art des neuen Verhältnisses der Worte zueinander enthält und also ein privativer Begriff ist. Konstellation heißt: nicht diskursiv, nicht urteilend. Was Konstellation positiv heißen kann, hat Adorno in den ›Thesen über die Sprache des Philosophen‹ entwickelt.[137] Dieser erst jetzt gedruckte Text[138] wird, ebenso wie der Vortrag über die Idee der Naturgeschichte, für die Interpretation der Philosophie Adornos eine große Rolle spielen.

Adorno geht dort von dem idealistischen Formbegriff aus, der, ein Subjektives, das einem objektiven Inhalt »aufgeprägt« wird, als »ablösbar vom Inhalt« gedacht sein müsse;[139] damit aber auch die Dinge als selbständige: verdinglichte. »Im Idealismus stehen die Namen nur in bildlicher, nicht in konkret sachlicher Beziehung zu dem damit Gemeinten. Für ein Denken, das Autonomie und Spontaneität als Rechtsgrund der Erkenntnis anzuerkennen nicht mehr willens ist, wird die Zufälligkeit der signifikativen Zuordnung von Sprache und Sachen radikal problematisch.«[140] Was, so ist zu fragen, tritt an die Stelle der Beziehung von Zeichen und Bezeichnetem?

»Philosophische Sprache, die Wahrheit intendiert, kennt keine Signa. Durch Sprache gewinnt Geschichte Anteil an Wahrheit und die Worte sind nie bloß Zeichen des unter ihnen Gedachten, sondern in die Worte bricht Geschichte ein, bildet deren Wahrheitscharaktere, der Anteil von Geschichte am Wort bestimmt die Wahl jeden Wortes schlechthin, weil Geschichte und Wahrheit im Worte zusammentreten.«[141]

Diese Formulierungen machen aus den Worten der philosophischen Sprache so etwas wie das Material der musikalischen.[142] Um Sachlichkeit geht es nach dem vorigen Zitat. Die Sache ist konstituiert durch die an sie und an alle anderen Sachen verausgabte menschliche Arbeit. Sie ist vermittelt durch die gesellschaftliche Praxis. Das ist der ›Anteil von Geschichte am Wort‹. Worte sind demnach an sich selbst sachbezogen und geschichtsbezogen zugleich. Deshalb spricht Adorno in den Thesen von Worten, nicht – mit Ausnahme der ›erfundenen‹ Wörter Heideggers[143] – von Wörtern. Korrelativ zu dem Geschichtsprozeß in den Worten gewinnt ›durch Sprache Geschichte Anteil an Wahrheit‹. Wahrheit, die Möglichkeit des Besseren, ist also aufgefaßt als das Verhältnis von Sprache und Geschichte und das Wort als Verhältnis von Geschichte und Wahrheit. Sprache wäre dann, wenn die Extrapolation erlaubt ist, das Verhältnis von Geschichte und Wahrheit; Geschichte schließlich das von Wort und Sprache: die Syntax. Deshalb kann sie allein, als die Differenz in der Identität der Wahrheit, der Sprache aufhelfen, sie nennend machen und damit auch der Geschichte, den Menschen helfen.

Die Sprache, der nach Adorno der Philosoph gegenübersteht, ist ›zerfallen‹[144]. Mit offensichtlicher Anspielung auf Benjamins Wort von der ›Zertrümmerung der Aura‹[145] spricht er davon, daß sein Material »die Trümmer der Worte« seien, »an die Geschichte ihn bindet«[146]. Aber diese Situation darf ihn nicht dazu verführen, neue Wörter zu erfinden:

»Die herkömmliche Terminologie, und wäre sie zertrümmert, ist zu bewahren, und neue Worte des Philosophen bilden sich heute allein aus der Veränderung der Konfiguration der Worte, die in Geschichte stehen, nicht durch Erfindung einer Sprache, die zwar die Macht der Geschichte über das Wort anerkennt, ihr aber auszuweichen trachtet [...].«[147]

Die Reaktion des Philosophen auf die Worte ist analog gedacht zu der innervierenden Tätigkeit des Künstlers: »seine Freiheit ist allein die Möglichkeit von deren Konfiguration nach dem Zwange der Wahrheit in ihnen. Er darf so wenig ein Wort als vorgegeben denken wie ein Wort erfinden.«[148] »Es bleibt ihm keine Hoffnung als die, die Worte so um die neue Wahrheit zu stellen, daß deren bloße Konfiguration die neue Wahrheit ergibt.«[149] Als Seismograph der Wahrheit der Worte – denn es gibt auch solche, analog dem ›Kanon des Verbotenen‹, den Adorno in der Ästhetik kennt,[150] deren »Kraft geschichtlich erloschen ist«[151] – nennt Adorno die

»*ästhetische* Dignität der Worte. Als kraftlose Worte sind kennbar solche, die im sprachlichen Kunstwerk – das allein gegenüber der szientifischen Dualität die Einheit von Wort und Sache bewahrte[152] – der ästhetischen Kritik bündig verfielen [...]. Es ergibt sich damit konstitutive Bedeutung der ästhetischen Kritik für die Erkenntnis.«[153]

Das ist der Erkenntnischarakter der Kunst, den Adorno sonst nicht expliziert hat, und der also erst mit diesem kleinen Text ans Licht kommt.

Deutlich ist, daß die Konstellationen, in die Worte und Material gebracht werden können, nicht gleichgültig sind gegen die ›Wahrheitscharaktere‹ in den Worten selbst, sondern daß diese sich in wechselnden Konstellationen verändern. Die ›Reihung‹ war ja doch auch zugleich eine ›Verknüpfung‹. Wenn es aber auch hier, nach dem Modell des künstlerischen Verfahrens, darum geht, »das geschichtlich Fällige und das unwiederbringlich Veraltete im Material selber zu unterscheiden«[154], vollstreckt der Philosoph die naturgeschichtliche Tendenz an dem Verhältnis von Wahrheit und Geschichte, selbst ein Seismograph, der nur sagen kann, was ist, der, wenn ihm gelungen ist, was Adorno beschreibt, die Wirklichkeit »protokollarisch beim Namen gerufen«[155] hat. Zutiefst materialistisch ist das gedacht. Kein noch so geringer Abstand hat dabei Platz zwischen dem, was ist, und dem, von woher der Philosoph den Namen des Unheils in die Gesellschaft rufen kann.

Die Texte, die Adorno publiziert hat, sind nicht nach dem Verfahren gemacht, das seine Thesen fordern. Sie müßten hermetisch sein. Sie müßten sich der Interpretation, die an ihnen versucht wurde, entziehen. Gezeigt wurde aber mit der Arbeit als ganzer, daß Adornos Philosophie auch dem philologischen Zugriff ihren Gehalt nicht verwehrt – oder das ganze war ein Scheinverfahren.

Bekannt ist, daß Adorno den Unterschied von These und Argument abschaffen wollte: »In einem philosophischen Text sollten alle Sätze gleich nahe zum Mittelpunkt stehen.«[156]

Auch das ist Reihung, auch das ist Konstellation. Gebildet hat Adorno diese Idee offenbar am Modell der Zwölftonmusik,[157] und von dorther übertragen auf die Kunst.[158] Auch vom Essay sagt er, »daß ihm gewissermaßen alle Objekte gleich nah zum Zentrum sind: zu dem Prinzip, das alle verhext«[159]. Aber man vergleiche: »In der totalen Gesellschaft ist alles gleich nah zum Mittelpunkt.«[160] Der Vollzug der historischen Tendenz an dem Verhältnis von Wahrheit und Geschichte ist strukturgleich mit dem Unheil. Nur von innen kann der Name gerufen werden. Münchhausen zieht sich selbst aus dem Sumpf – oder er versinkt.

Anhang

Zu danken ist Frau Gretel Adorno und Herrn Rolf Tiedemann für die Erlaubnis, den Text des Gesprächs zu veröffentlichen; nicht minder zu danken ist Herrn Prof. Dr. Arnold Gehlen, der für seinen Textanteil nicht nur die gleiche Erlaubnis gab, sondern darüber hinaus eigenhändig aus dem mündlich-spontanen Text eine druckfertige Fassung herstellte.

Diese Aufgabe oblag mir für den Anteil Adornos. Es wurde zunächst eine Fassung erstellt, die den korrekten Lautstand der Bandaufnahme des Gesprächs wiedergab. In ihr finden sich naturgemäß viele inkorrekte Sätze und Ins-Unreine-Gesprochenes, das, nach der Grundregel: so wenig wie möglich und so viel wie nötig, durch Eingriffe in den Text zu glätten war. Dabei wurden, unter Maßgabe der Vermeidung von Eingriffen, die Möglichkeiten der Interpunktion weitestgehend ausgenutzt. Wo Adorno einen Satz oder Satzteil unterbrach und, sich selbst korrigierend, neu ansetzte, wurde der erste Ausdruck getilgt.

Die Frage war, ob die Eingriffe im Text kenntlich gemacht werden sollten. Ich entschied mich dagegen, weil damit die Lesbarkeit beeinträchtigt worden wäre. Statt dessen gebe ich im Apparat den Lautstand des Tonbandes. Für den Anteil Gehlens entfiel die Notwendigkeit, den Text in dieser Weise überprüfbar zu machen.

Das Gespräch wurde unter dem Titel: »Ist die Soziologie eine Wissenschaft vom Menschen? Ein Streitgespräch zwischen Theodor W. Adorno und Arnold Gehlen« vom Südwestfunk unter der Redaktion von Herrn Krüger aufgenommen und vom SFB am 3. 2. 1965 gesendet. Der NDR sendete es am 21. 3. 1965 in seinem dritten Programm.

Ein Mitschnitt des Gesprächs wurde mir von Herrn Peter Mittelberg zur Verfügung gestellt.

Theodor W. Adorno und Arnold Gehlen
Ist die Soziologie eine Wissenschaft vom Menschen?
Ein Streitgespräch

Gehlen: Ist die Soziologie eine Wissenschaft vom Menschen? Nun, natürlich wissen wir beide, daß es auch eine Tiersoziologie gibt, mit der wir uns beide nicht beschäftigen.

5 *Adorno:* Nein. Ich noch weniger als Sie.

Gehlen: Wir müssen also da eine bestimmte Vorstellung gehabt haben, gerade diese Formulierung zu wählen. Jetzt wollen wir unser Gespräch beginnen, und da kann ich Sie bitten, sich einmal darüber zu äußern.

10 *Adorno:* Ja, also, daß sich die Soziologie mit Menschen beschäftigt, und zwar mit vergesellschafteten Menschen, das versteht sich ja von selbst. Ich habe schon etwas sehr viel Spezifischeres im Sinn gehabt, als ich gerade diese Formulierung vorgeschlagen habe. Nämlich, ob die wesentlichen

15 Momente der Gesellschaft und vor allem die krisenhaften Momente an der Gesellschaft, die Sie sowohl wie ich nun schon seit langer Zeit bemerken, ob die zurückführbar sind auf das Wesen des Menschen oder ob sie wurzeln wesentlich in Verhältnissen, die zwar irgendwie ursprünglich einmal

20 von Menschen gemachte sind, die aber den Menschen gegenüber sich verselbständigt haben. Nun, ich weiß, auch in bezug auf die Verselbständigung haben wir ja weitgehend analoge Ansichten, aber ich glaube, man kann Differenzen überhaupt nur dann fruchtbar herausarbeiten, wenn man

25 dabei auch über einen gewissen Stammvorrat von Gemeinsamkeiten verfügt, und vielleicht wäre es gar nicht schlecht, wenn wir zunächst einmal gerade diese Gemeinsamkeiten hervorheben wollten, damit davon die Differenzen und deren Erörterung sich abheben.

30 *Gehlen:* Ja, Herr Adorno, das ist ein großes Programm. Und da möchte ich mich jetzt einmal schrittweise heran-

Z. 25 f. Gemeinsamkeiten] *gemeinsamen Dingen*

tasten. Zunächst einmal mit der Frage: Sie würden also nicht, wie Max Weber damals, die Soziologie als eine wesentlich kulturelle Wissenschaft oder Kulturwissenschaft betrachten, sondern mehr als eine anthropologische?

5 *Adorno:* Nein, gerade nicht.

Gehlen: Gerade nicht.

Adorno: Gerade nicht, im Gegenteil. Ich würde sagen, daß die Soziologie wesentlich eine Wissenschaft ist, die sich auf kulturelle Momente bezieht oder mitbezieht und nicht et-
10 was ist, was sich auf das Wesen des Menschen, auf Anthropologie, reduzieren läßt. Man wird eher erwartet haben, nach dem Tenor Ihrer mir genau bekannten Bücher, daß Sie in einem erweiterten Sinn zur Anthropologie stehen und ich gerade nicht. Aber ich möchte vielleicht gleich sagen,
15 damit wir uns nicht über Dinge streiten, über die wir uns nicht zu streiten brauchen, daß wir in einem Wesentlichen miteinander von vornherein übereinstimmen, nämlich darin, daß es – und ich darf dabei Sie zitieren – »keine vorkulturelle menschliche Natur« gibt; und darin liegt, würde
20 ich nun allerdings sagen, daß es Soziologie als eine reine Anthropologie, also als eine Wissenschaft vom Menschen und nicht ebenso auch als eine Wissenschaft von Verhältnissen, die den Menschen gegenüber sich verselbständigt haben, nicht geben kann.

25 *Gehlen:* Ja, gut. Nun würde ich so denken: der Ausdruck »Mensch« ist ja nun auch nicht eindeutig.

Adorno: Weiß Gott nicht.

Gehlen: Wir müssen ja den Hörern, die hier zuhören wollen, während wir uns unterhalten, eine Vorstellung von der
30 Art, wie wir soziologisch arbeiten, geben. Und da würde ich zunächst einmal glauben, da gibt es ja doch diese Schwierigkeit, daß sehr viele unserer Grundbegriffe gerade aus Zeitgründen ins Schwimmen gekommen sind. Was nun also den Menschen anlangt, da fällt mir gerade ein, X., unser Kol-
35 lege X. hat in seinem Buch über die Technik gesagt, es gäbe

Z. 19 liegt] *liegt soviel*

226

heute einen »Mythos Mensch«, und dieser Mythos wäre eine natürliche Sekretion des technischen Fortschritts.

Adorno: Ja. Das habe ich ganz ähnlich, nur boshafter formuliert im ›Jargon der Eigentlichkeit‹, viel boshafter, in
5 dem ich gesagt habe, daß heute der Mensch die Ideologie für die Unmenschlichkeit sei. Das ist der Sache nach davon gar nicht so verschieden, nur eben viel boshafter.

Gehlen: Genau. Davon wollen wir uns eigentlich distanzieren.

10 *Adorno:* Also von dem »Mythos Mensch«, von dem ehrfürchtigen Augenaufschlag oder Augengeklimper, das sich erhebt, wenn man nur sagt: ›es kommt alles auf den Menschen an‹, davon wollen wir uns von vornherein distanzieren.

15 *Gehlen:* Genau. Es würde sich also darum handeln, daß die Wissenschaft sozusagen Vernunft hineinbringt, Kenntnis und Vernunft – vielleicht auch Erfahrung – in unsere Verantwortung für den Menschen, sofern wir eine haben.

Adorno: Ja, aber ich glaube, wir sollten hier schon ver-
20 suchen, überhaupt einmal den Begriff des Menschen gegenüber der naiven Anschauung ein bißchen zu präzisieren. Ich bin ganz Ihrer Ansicht, man muß unendlich vorsichtig damit sein, daß man diesen Begriff des Menschen in einer unverantwortlichen und vagen Weise benutzt. Und da würde
25 ich denn doch sagen: zunächst ist der Mensch in einem unendlich viel weiteren Maß ein geschichtliches Wesen, nämlich ein Wesen, das durch geschichtliche Bedingungen und geschichtliche Verhältnisse geformt wird, als die naive Vorstellung das akzeptiert, die sich sozusagen damit zufrieden
30 gibt, daß über sehr lange Zeiträume die Menschen ihrer physiologischen Beschaffenheit nach sich gar nicht so sehr geändert haben.

Gehlen: Da stimme ich zu, Herr Adorno. Wenn man die Menschen ansieht, hat man das Gefühl, die Geschichte ver-
35 geht nie.

Z. 4 f. in dem] [möglich ist auch:] *indem*

Adorno: Ja. Aber in Wirklichkeit ist eben der Mensch bis ins Innerste seiner Psyche hinein von Geschichte, und das heißt eben doch wesentlich von Gesellschaft, geformt.

Gehlen: Eben. Und die vergeht nie, sozusagen.

5 *Adorno:* Und ich glaube, das ist der Boden: diese Voraussetzung also von der wirklich bis in die innersten Kategorien hinein geschichtlichen Natur des Menschen, der die Voraussetzung dessen ist, auf dem wir überhaupt diskutieren wollen.

10 *Gehlen:* Jetzt kommen wir schon näher. Geben Sie jetzt noch zu, daß sowohl die Kultur als auch die Geschichte – und deswegen auch der Mensch – nach der Zukunft zu sozusagen offen ist.

Adorno: Ja. Ich meine, daß, zu sagen, was der Mensch sei, 15 absolut unmöglich ist. Wenn die Biologen damit recht haben, daß es für den Menschen gerade das Charakteristische ist, daß er selber offen und nicht durch einen bestimmten Umkreis von Aktionsobjekten definiert ist, liegt in dieser Offenheit auch, daß, was aus dem Menschen wird, wir überhaupt noch nicht absehen können. Und zwar nach beiden 20 Seiten, auch nach der negativen. Ich erinnere an den Satz von Valéry, daß die Unmenschlichkeit noch eine große Zukunft hat.

Gehlen: Ja, das steckt auch noch im Problem. Würden Sie 25 nun, nachdem wir uns darüber geeinigt haben, auch eine These zugeben, die ich ganz gerne vertrete, das ist die, daß mit der Industriekultur – das ist natürlich ein weiter Begriff von Tatsachen –, daß mit der Industriekultur eine solche, sagen wir einmal, Neuausfaltung menschlicher Möglichkeiten 30 in Erscheinung getreten ist, wie man sie vorher nicht sah?

Adorno: Also, daß in der Kultur, die Sie jetzt Industriekultur nennen, etwas geschehen ist, was es in dieser Weise noch nicht gegeben hat und was Sie wesentlich – und übri-

Z. 7 der] *die*
Z. 8 dem] *der*
Z. 19 daß] *daß das alles*

gens ganz ähnlich wie ich es auch tun würde – durch den Begriff der Naturbeherrschung und durch die Verbindung von Technik und Wissenschaft bestimmen, darin würde ich mit Ihnen übereinstimmen. Aber vielleicht darf ich hier doch etwas anmerken, was pedantisch klingt, aber vielleicht nicht gleichgültig ist für unsere Diskussion. Ich würde den Ausdruck ›Industriegesellschaft‹, der heute sehr beliebt ist, nicht gebrauchen, für meinen Teil.

Gehlen: Was würden Sie denn sagen?

Adorno: Nun, das wollen wir mal sehen. Ich möchte zunächst nur sagen: In diesem Begriff verschränken sich zwei Momente, die man doch wohl – obwohl sie sehr viel miteinander zu tun haben – nicht einfach gleichsetzen kann. Nämlich einmal: die Entfaltung der Technik, also die Entfaltung der menschlichen Produktivkräfte, die in der Technik sich vergegenständlicht haben. Die Technik ist ja, wie man gesagt hat, ein verlängerter Arm der Menschen. Dann aber steckt in der Industriegesellschaft ebenso auch das Moment der Verhältnisse gesellschaftlicher Produktion, also, in der ganzen westlichen Welt, daß es sich dabei um Tauschverhältnisse handelt, und in der östlichen Welt, in diesem Fall ...

Gehlen: Ja, aber Herr Adorno, das meint man ja auch, wenn man Industriegesellschaft sagt.

Adorno: Ja, nun besteht aber, wenn man diese Momente – und das darf ich vielleicht zur Erklärung sagen – wenn man diese Momente nicht – Produktivkräfte und Produktionsverhältnisse – dabei trennt, besteht leicht die Gefahr, der schon Max Weber, von dem Sie vorhin gesprochen haben, erlegen ist, daß man nämlich von einem relativ Abstrakten, wie etwa »der technischen Rationalität«, Dinge prädiziert, ihnen Dinge aufbürdet, die in Wirklichkeit gar nicht so sehr an der Ratio selber liegen wie an der eigentümlichen Konstellation, die zwischen dieser Ratio und einer sogenannten Tauschgesellschaft eben herrschen.

Z. 18 auch] *auch drin*

Gehlen: Herr Adorno, Sie heben jetzt ab auf eine nähere Bestimmung des Begriffes ›Industriegesellschaft‹ und wir wollen nicht aus dem Auge verlieren, daß sich dabei neuartige menschliche Erscheinungen ergeben haben.

Adorno: Da sind wir völlig einig.

Gehlen: Ich taste so gern einmal den Raum ab, wo wir einig sind und wo nicht. Wir können uns ja dann über die anderen Sachen streiten. Nun würde ich nur folgendes sagen: mit den Mitteln der modernen Gesellschaft, mit den Verkehrsmitteln, mit den Nachrichtenmitteln, mit den technischen Mitteln jeder Art ist es heute so, daß sich erstmalig die Menschheit in voller Front trifft, gegenseitig kennenlernt, und zwar in voller Breite. Es gibt also keine isolierbaren Ereignisse mehr.

Adorno: Ja, ob sich die Menschheit wirklich in vollem Maß trifft, daran habe ich ja nun doch als ein unrettbarer Soziologe so ein bißchen meine Zweifel. Ich muß sagen, mich verwundert es immer, wenn ich in die Oper gehe, daß dort dem Verkehr zwischen Gräfinnen und Zigeunern zum Beispiel nicht die geringsten Schranken gesetzt sind. Nun, ich will nicht sagen, daß die Welt darin allzusehr den Opern gliche. Also wenn man etwa die amerikanische Gesellschaft kennt, so gibt es dort bereits – und das ist Ihnen genau so gut bekannt wie mir natürlich – Selektionsmechanismen, die es im allgemeinen überhaupt Menschen, jedenfalls in gehobenen Gesellschaftsschichten, unmöglich machen, mit solchen, die nicht ungefähr in ihre Einkommensgruppe gehören, überhaupt zu verkehren. Also, ich weiß nicht, Sie sprechen vom Phänomen der Öffentlichkeit ...

Gehlen: Nein, auch nicht.

Adorno: Gut; dann erläutern Sie es bitte.

Gehlen: Ich wollte nicht vom Phänomen der Öffentlichkeit sprechen, darüber, daß man heute über alle Menschen etwas lesen kann, nicht wahr: über Koreaner und Russen und so weiter; ich spreche auch nicht über Klassenunterschiede, son-

Z. 18 verwundert es] *verwunderts*

dern ich spreche davon, daß — nehmen Sie so eine Sache wie die UNO — daß die sämtlichen konkreten Gesellschaften, europäische, asiatische, afrikanische, nicht nur in Warenkontakt, nicht nur in politischen Kontakt treten — sie treten auch in geistigen Kontakt und in physischen. Das ist ja in Amerika dramatisch genug, in der Negerfrage. Ich meine, daß der Abbau der Grenzen zunächst einmal auf breiter Front anläuft.

Adorno: Sie meinen also das Phänomen der one world.

Gehlen: Genau. Und bei der Gelegenheit wird man ja manche Erfahrungen über Menschen noch machen können.

Adorno: Ja, sicher.

Gehlen: So einfach ist das mit der one world auch nicht. Da sind auch Falltüren.

Adorno: Kann man wohl sagen.

Gehlen: Ja, das wollte ich gerne hören. Übrigens bringt mich das noch auf einen zweiten Gedanken: Fortschritt. Wir sind uns wohl einig, daß die one world gegenüber den abgekapselten früheren Kulturen, die sich gegenseitig nicht kannten oder sich ignorierten, eine Erstmaligkeit ist und in gewissem Sinne auch ein Fortschritt. Zum mindesten scheint es jetzt mit dem Lebenkönnen der Menschen günstiger ...

Adorno: Sie sprechen vom technischen Fortschrittsbegriff. Dem Stand der technischen Produktivkräfte nach, vor allem wenn man die Landwirtschaft im Ernst einbezöge, müßte ja kein Hunger sein.

Gehlen ... Und nun habe ich neulich mal gesagt: ›Der Fortschritt vollzieht sich heutzutage von selbst.‹ Und damit habe ich einigen Anstoß erregt. Es gab Leute, die wollten das nicht zugeben. Können Sie sich etwas denken bei dem Satz?

Adorno: Ja, nämlich daß die Interessen der Selbsterhaltung von partikularen Gruppen sie immer zwingen, dann doch

Z. 12 sicher] *sicher. Sicher*
Z. 23 Fortschrittsbegriff;] *Fortschrittsbegriff; es würde ja*
Z. 25 einbezöge] *einbezieht*
Z. 26 müßte ja] *müßte* [das ›ja‹ aus Z. 23]

Neuerungen der Produktion einzuführen oder sonst irgendwelche Verhaltensweisen einzuüben, die dann doch dem Ganzen, auch wenn sie es von sich aus gar nicht wollen, in irgendeiner Weise zugute kommen. In der Geschichte der
5 bürgerlichen Gesellschaft war es übrigens schon immer so.

Gehlen: Diesen Sinn hatte die Aussage. Sie hat aber auch noch einen anderen, der etwas weiter zielt. Ich meine damit, wenn ich sage, Fortschritt vollzieht sich von selbst, ... ich meine: Fortschritt, was heißt das? Das heißt, die *materiel-*
10 *len* Lebens*güter* und die *geistigen* Lebens*reize* werden immer mehr Leuten immer zugänglicher. Und von diesem Prozeß glaube ich, daß er fast wie automatisch abläuft. Man kann heute gar nicht in einem Beruf arbeiten, ohne daß man an diese Front hingeschoben wird, wo entweder
15 das eine oder das andere produziert wird; mit der Tendenz: immer mehr und für immer mehr.

Adorno: Nun würde ich sagen: Sie haben vorhin von den Falltüren in one world gesprochen; der Fortschritt hat sicherlich auch Falltüren. Also, wenn ich dafür ein Beispiel
20 geben darf, ...

Gehlen: Ja, bitte.

Adorno: ... Sie sagen, die Möglichkeit der Reize – und das würde ja notwendig sagen auch der Differenzierungen – werden immer mehr Menschen zugänglich.

25 *Gehlen:* Geistige.

Adorno: Nun, da würde man die sogenannten Bildungschancen nennen.

Gehlen: Ganz recht.

Adorno: Aber wenn man sich die soziale Realität ansieht,
30 ist es doch so, daß allein die ungezählten Mechanismen, die die Menschen präformieren – also die gesamte Kulturindustrie in ihrem weitesten Umfang – die ungezählten mehr oder minder, wie soll man sagen, nivellierenden Ideologien, die breitgetreten werden, den Menschen die Erfahrung un-

Z. 4 kommen] *kommt*

gezählter Dinge, die an sie herankommen, schon gar nicht mehr möglich machen.

Gehlen: Genau, ja.

Adorno: Der Mensch kann im Radio radikale moderne Musik hören, aber angesichts der überwältigenden Ideologie, sagen wir, die hinter der Schlagerindustrie steht und dahinter, daß es ein wichtiges Ereignis ist, wenn die Sängerin Iselpiesel »Rosen in Hawaii« singt – wer ist denn gegenüber dem Trommelfeuer dieser Dinge dann überhaupt noch fähig, mit den außerordentlich differenzierten und individualisierten und zugleich vergeistigten Reizen der wirklich fortgeschrittenen Musik etwa sich einzulassen?

Gehlen: Ja, also Herr Adorno, bei der Musik kann ich nicht mitreden ...

Adorno: Dann bleiben wir doch bei der Malerei.

Gehlen: ... Bei Musik fehlt bei mir eine Hirnwindung. Aber bei der Literatur beispielsweise ist es doch so, daß auch die avantgardistischen Kreise ganz schön auf die Trommel hauen.

Adorno: Ja, sie hauen vielleicht manchmal, ...

Gehlen: Na, die hauen doch herum.

Adorno: ... aber so furchtbar »herum« kommt es dann doch nicht. Ich meine, wir sollten darüber nicht allzusehr reden, denn das führt uns von unserem Thema ein bißchen ab. Aber ich würde schon sagen, daß gegenüber dem Typus des Illustriertenromans und der Art von Formung des Bewußtseins, die er ausübt, dann doch die Stücke von Beckett nicht in derselben Weise »herum« kommen. Dies würde ich in aller Bescheidenheit doch sagen.

Gehlen: Das ist sicher.

Adorno: Ich meine, das müßte man doch einschränken.

Gehlen: Ja. Aber sonst würden Sie doch auch sagen, die Richtung des Fortschrittes oder der Trend des Fortschritts

Z. 6 f. dahinter] *hinter dem*
Z. 25 daß] *daß also*
Z. 27 dann] *dann also*

hat doch einen automatischen Charakter. Ich meine, es sind doch auch alle ...

Adorno: Vielleicht ist es aber gerade deshalb noch gar kein richtiger Fortschritt, weil er einen automatischen Charakter
5 hat. Es gibt von Kafka einen schönen Satz: »Ein Fortschritt hat noch gar nicht stattgefunden.« Ich glaube, darin würden wir sogar übereinstimmen, daß der Fortschritt ja – und Benjamin hat das in den geschichtsphilosophischen Thesen wohl zuerst formuliert – daß der Fortschritt, soweit man
10 von einem solchen bis heute reden kann, wesentlich ein Fortschritt in den Techniken der Naturbeherrschung und den Kenntnissen zur Naturbeherrschung liegt, das heißt also, daß er, wenn man so will, ein partikularer Fortschritt ist, der aber keineswegs bedeutet, daß die Menschheit dabei
15 ihrer selbst mächtig geworden ist, daß die Menschheit mündig geworden ist. Und der Fortschritt würde erst an der Stelle anfangen, wo diese Mündigkeit, wo die Menschheit, könnte man sagen, als ein Gesamtsubjekt sich konstituiert, anstatt nach wie vor – trotz des Anwachsens dieser Künste
20 und Fertigkeiten – in einem Zustand, ja, der Blindheit zu verharren, das heißt blinden, anonymen, nicht ihrer selbst bewußten Prozessen überliefert zu sein. Und das genau ist der Grund, warum ich vorhin etwas paradox gesagt habe, gerade daß der Fortschritt automatisch sich vollzieht, also
25 daß die Menschen von ihm blind als diesem technologisch-wissenschaftlichen Fortschritt ergriffen werden, ohne als Subjekte dabei überhaupt sich recht zu konstituieren und ihrer mächtig zu werden, das ist wahrscheinlich der Grund dafür, daß der Fortschritt noch gar kein wirklicher ist, das
30 heißt, daß er in jeder Sekunde gekoppelt ist mit der Möglichkeit der totalen Katastrophe.

Gehlen: Na, Moment. Wir wollen nicht dramatisieren. Mir ist eins aufgefallen ...

Adorno: Ich erinnere Sie an die Tage in Münster, wo wir
35 zusammen waren und wo wir ja wirklich nicht gewußt

Z. 17 Mündigkeit] *Mündigkeit also*

haben, ob nicht im nächsten Augenblick etwas passiert.

Gehlen: Ja, ja. Mir ist eins aufgefallen: Über die Wünschbarkeit des Fortschritts scheinen sich ja sämtliche Nationen und Kontinente einig zu sein. Das will sagen: es gibt heute solche Devisen, die gelten von New York bis Peking: Gleichheit; Entwicklung; Fortschritt. Ich glaube, es ist auch das erste Mal, Herr Adorno, daß solche Glaubensformeln keinen Gegensatz gegen sich haben, daß es keine Feinde gibt. Die Griechen unterschieden sich von den Barbaren, die Christen von den Heiden, die Aufklärer von den Feudalen. Aber alle sind für Gleichheit, alle sind für Fortschritt, alle sind für Entwicklung.

Adorno: Ja, und selbst wenn man an irgendwelchen Kategorien Kritik übt, die damit zusammenhängen, ist man dabei selber bereits auf dem Boden dieser allgegenwärtigen Kategorien zu weit gegangen.

Gehlen: Ja, aber das ist doch nun eine sonderbare Sache, nicht?

Adorno: Das ist eine äußerst merkwürdige Sache.

Gehlen: Also: über dem Tisch essen alle aus derselben Schüssel und unter dem Tisch treten sich alle.

Adorno: Kann man sagen, ja. – Darf ich noch einmal auf einen Punkt zurückkommen, Herr Gehlen, den ich vorhin schon einmal angetickt hatte und von dem wir ganz wieder abgekommen sind; nämlich im Zusammenhang also mit diesem ganzen Komplex Industriegesellschaft, Produktivkräfte, Produktionsverhältnisse. Sie haben in Ihren Büchern mehrfach hingewiesen auf das Phänomen der Entformung, also auf das Phänomen, daß die qualitativen Momente innerhalb der Gesellschaft, also einfach die qualitativen Unterschiede – ich spreche gar nicht vom Werturteil –, daß also die qualitativen Momente abgeschliffen werden gegenüber einer fortschreitenden Quantifizierung. Das ist schon wiederholt beobachtet worden.

Gehlen: Das habe ich von Scheler gelernt. Die Schrift von Scheler heißt: »Der Mensch im Zeitalter des Ausgleichs«.

Adorno: »Der Mensch im Zeitalter des Ausgleichs«, so hieß es, ja. Nun, ich würde sagen, diese Tendenz, die liegt nicht in der Technik als solcher oder in der Wissenschaft als solcher, sondern sie liegt wesentlich in einem spezifisch gesell-
5 schaftlichen Prinzip, also einem Prinzip, das mit der Ordnung der Verhältnisse der Gesellschaft zusammenhängt, nämlich im Tauschprinzip. Das universale Tauschprinzip – und das ist ja das, was die Welt, jedenfalls unsere Welt, die westliche Welt, heute in einem noch nie dagewesenen Um-
10 fang beherrscht – dieses Tauschprinzip schneidet die Qualitäten, die spezifischen Eigenschaften der zu tauschenden Güter, damit auch die spezifischen Arbeitsformen der Produzierenden und die spezifischen Bedürfnisse derer, die sie empfangen, ab. Dieses Moment der Nivellierung liegt dar-
15 in. Was ich nun meine, wenn ich das noch sagen darf, als Gedankenexperiment: Wenn man sich vorstellt: eine Gesellschaft, in der nicht mehr getauscht würde, also nicht mehr über den Markt die Menschen die Güter empfingen, sondern nach den Bedürfnissen der Menschen produziert
20 würde, dann würde auch dieses Moment der absoluten Vergleichlichkeit und damit das nivellierende Moment wegfallen und man könnte sich vorstellen, daß das Qualitative und damit all die Momente der Form, die von der gegenwärtigen Gesellschaft überspült erscheinen, auf höherer
25 Stufenleiter sich wieder reproduzieren und wiederherstellen. Ich würde also sagen: Die Entformung ist viel mehr – wenn ich es einmal ganz kraß sagen darf – ein Phänomen der bürgerlichen Gesellschaft als ein Phänomen, das an sich

Z. 13 sie] *es*
Z. 15 das] *das grad*
Z. 16 vorstellt] *vorstellt einmal, Gedankenexperiment, denn*
Z. 23 die] *die also*
Z. 25 sich wieder reproduzieren und] *wieder reproduzieren und sich*
Z. 26 mehr] *mehr ein Phänomen*

notwendig mit der Industrie qua fortschreitender Technik gleichzusetzen ist. Das ist der Grund, warum ich auch gerade auf diesem Unterschied so ein bißchen kleinlich insistiere. Denn da geht es ja um etwas Ernstes.

5 *Gehlen:* Das ist eine kühne Behauptung, die Sie da aufstellen. Für mich – Sie wissen, daß ich mich für einen Empiriker halte – für mich ist das, was Sie da sagen, zunächst einmal Metaphysik. Ich stelle einmal die Gegenfrage: glauben Sie denn, daß dieser Schlauch nicht auch so veraltet ist, daß er

10 unter der Gärung dessen zerbrechen wird, was jetzt auf uns zukommt?

Adorno: Nein, das glaube ich nicht. Ich weiß nicht, ob die Möglichkeiten nicht heute von der Gewalt dessen, was da auf uns zukommt, begraben werden. Diese Möglichkeit

15 würde ich durchaus unterstellen. Ich glaube nicht, daß ich hier optimistischer bin als Sie. Aber ich würde doch sagen: gerade in dieser Vorstellung einer Welt, in der nicht mehr durch den Tausch nivelliert wird – diese Vorstellung scheint mir durchaus etwas Vollziehbares zu sein, wenn man zu-

20 nächst einmal einfach in der Theorie, und wir sind ja Theoretiker und kommen um das Denken, auch wenn wir noch so nah an der Empirie sind, nicht herum – wenn man als Theoretiker solche Unterschiede, wie also etwa die zwischen einem doch relativ nur auf die Technik bezogenen Phäno-

25 men wie Industrialismus und Tauschprinzip, sich einmal klar macht. Es werden ja unendlich viele Dinge auf entweder bloße Formen, wie zum Beispiel die Form der Verwaltung oder auf das, was ich den technologischen Schleier nenne, geschoben – also die Überdeckung gesellschaftlicher

30 Verhältnisse durch die Technik, die in Wirklichkeit nach wie vor in den gesellschaftlichen Verhältnissen gründen – und ich bin altmodisch genug zu glauben, daß die Kritik der Gesellschaft das ist, auf das es viel mehr ankommt, als etwa auf eine Kritik der Technik als Technik. Die Technik

35 als Technik ist weder gut noch böse; sie ist wahrscheinlich

Z. 20 einmal] *einmal nämlich*

eher gut. Und die Dinge, die man der Technik im allgemeinen so aufmuckt, aufbürdet, das sind – ›aufnutzt‹ muß man wohl sagen, wenn das überhaupt deutsch ist – das sind Momente, die in Wirklichkeit daran liegen, daß sie in
5 einer ganz einseitigen Weise in unserer Gesellschaft praktiziert werden.

Gehlen: Im Osten haben wir doch nun schon Gesellschaften, in denen das Kaufen und Tauschen nicht die Rolle spielen, wie bei uns. Glauben Sie, daß man in China oder Rußland
10 in der Individualisierung und Hochqualifizierung des Einzelnen schon bemerkbar weiter ist als hier?

Adorno: Diese Frage aufwerfen ist natürlich der reinste Hohn. Selbstverständlich ist das nicht der Fall.

Gehlen: Ich wollte nicht höhnen.

15 *Adorno:* Nein, nein, und ich möchte weiß Gott das entsetzliche Grauen, das sich dort offenbar ausbreitet, nicht verteidigen. Aber ich würde sagen, genau das, daß die Nivellierung dort weitergeht, ist ein Beweis dafür, daß die Gesellschaft, die sie dort betreiben, auf die Idee einer wirklich,
20 ihrer Substanz nach befreiten Gesellschaft ein reiner Hohn ist.

Gehlen: Sehen Sie mal, ich möchte nicht in die Lage kommen, daß ich – als ein, sagen wir überzeugter Empiriker – nun Ihnen Schwierigkeiten mache, Sie sozusagen von unten
25 her mit Tatsachen anwerfe, nachdem Sie in der glücklichen Lage sind, einen hohen utopischen Schwung zu haben, das sage ich ohne jede herabsetzende oder auch nur zweifelnde Absicht, das beneide ich sogar in gewissem Sinne. Aber an der Stelle bleibe ich hoffnungslos zurück in unserem Ge-
30 spräch.

Adorno: Ich weiß nicht, ob ich nicht weiter zurück bin, weil überhaupt solche Dinge, wie ich sie anmelde, ja außer-

---

Z. 3 ist –] *ist – ja,*
Z. 15 nein] *nein, nein, aber es ist nur ....*
Z. 32 Dinge, wie ich sie anmelde] *Dinge anzumelden, wie ich sie tue*

ordentlich gegen den Geist der Zeit sind. Darüber kann man würfeln.

Gehlen: Ja, darüber können wir würfeln. – Also wer heute auf Tatsachen hinzeigt, auf nackte Tatsachen, der schok-
5 kiert: so wie die Nacktheit schockiert. Das ist auch riskant. Vielleicht ist es heute schon riskant, zu sagen, wie es ist; das klingt sofort provokatorisch oder zynisch. Das ist eine Belastung, mit der ich immer zu kämpfen habe. Aber ich kann Ihnen bei der These, wenn wir das Geld abschaffen oder
10 wenn wir die Produktionsverhältnisse in Richtung auf völlige Gleichheit ändern...

Adorno: Wenn wir das abschaffen, so wird damit das Wesentliche abgeschafft. Völlige Gleichheit ist gleichgültig. Sondern daß nach den Bedürfnissen der Menschen produ-
15 ziert wird. Dann, allerdings in einer veränderten gesellschaftlichen Organisation, würde es aufhören, daß die Bedürfnisse von der Apparatur überhaupt erst produziert werden.

Gehlen: Ach so.
20 *Adorno:* Und genau dieses Produziertwerden der Bedürfnisse durch die Apparatur, das ergibt ja all diese grauenhaften Symptome der verwalteten Welt, über deren Phänomenologie Sie sowohl wie ich in unserem langen Leben so einiges zusammengeschrieben haben.
25 *Gehlen:* Das nenne ich ja eben diesen hohen utopischen Schwung, den ich durchaus respektieren will, Herr Adorno. Aber sehen Sie mal: ist, wenn Sie so argumentieren, eigentlich die Erstmaligkeit unserer Zeit honoriert? Oder beklagen Sie nicht einen alten Hut?
30 *Adorno:* Ja, also die Erstmaligkeit unserer Zeit. Ich würde schon sagen, daß – wenn Sie mir nicht böse sind, wenn ich nun wieder metaphysisch rede, *sehr* metaphysisch –, daß die Quantität dieser Phänomene, also der bürgerlich-industriel-

Z. 14 nach] *nach nach*
Z. 32 rede,] *rede, also* metaphysisch –,] *metaphysisch –, ich würde schon sagen,*

len Rationalisierung, umzuschlagen beginnt in eine neue Qualität. Das würde ich Ihnen schon zugeben. Von der anderen Seite muß ich aber sagen, es ist auch – wenn ich es ganz schnodderig ausdrücken darf – ein alter Hut. Seit es
5 so etwas wie bürgerliche Gesellschaft gibt, ob Sie nun den Bacon lesen oder sogar den Descartes, ist das eigentlich schon immer darin gewesen und hat sich nur heute zu einem außerordentlich extremen Maß entfaltet, in dem die Bedrohlichkeit dieses Prinzips, nämlich schließlich überhaupt
10 die Einziehung des Subjekts durch die losgelassene technische Rationalität und was damit zusammenhängt, als eine ganz unmittelbare Möglichkeit sich abzeichnet. In der gesamten Struktur dieser Tauschgesellschaft hat das schon immer gesteckt. Insofern wäre ich also, gerade in bezug auf
15 die These des absolut Neuen dessen, was wir heute erleben, ein bißchen skeptischer als Sie es sind und würde sagen, ja, also, wenn ich einen Autor wie Comte zum Beispiel lese, da liegen die Elemente davon schon alle vor.

Gehlen: Genau. Herr Adorno, das ist schön, da haben wir
20 uns wieder getroffen. Das würde ich durchaus zugeben. Ich würde nämlich sagen: Die Industriekultur – Sie haben eingangs einige Kategorien zu ihrer Definition aufgezählt – die ist neu. Sie ist allerdings auch schon zweihundert Jahre alt. Ist erstmalig. Und wenn das so ist, daß die Menschheit
25 dieses Podium im Laufe der letzten zweihundert Jahre erstmalig betreten hat, dann muß ja daran eine Menge hängen.

Z. 1 beginnt] *beginnen*
Z. 4 Hut.] *Hut. Irgendwie ist,*
Z. 7 darin] *drin*
Z. 8 dem] *dem also*
Z. 9 nämlich] *nämlich also*
Z. 13 f. hat das schon immer gesteckt] *ist das schon immer drin gewesen.*
Z. 15 erleben,] *erleben, wäre ich*
Z. 18 liegen die Elemente davon schon alle vor] *stecken die Elemente davon schon alle drin*

Es ist eine bevorzugte Liebhaberei von mir, danach zu suchen, was denn nun eine Konsequenzerstmaligkeit ist. So zum Beispiel kalter Krieg. Ich glaube, das gab es wirklich vorher noch nicht. Das ist ein Ausdruck, der beginnt als
5 trockener Krieg, vor dem Ersten Weltkrieg, in dem Zwischenzustand des dauernden gegenseitigen Mobilisierens.

Adorno: Ja.

Gehlen: Da wird so etwas konzipiert, nicht wahr, muß ja auch.

10 *Adorno:* Ja.

Gehlen: Nun, heute sind wir da, daß es eine saubere Scheidung von Krieg und Frieden, die sogar die Skythen kannten, nicht mehr gibt.

Adorno: ...daß es die nicht mehr gibt.

15 *Gehlen:* Und das ist ja so eine Konsequenzerstmaligkeit. Oder wenn die Leute harmlos und nett fragen: »Ist denn das noch Kunst?«, ...

Adorno: Ja.

Gehlen: ...so finde ich darin dasselbe: die Honorierung einer
20 Erstmaligkeit. So hat sie ja noch nie ausgesehen, nicht? Oder der Papst fliegt nach Indien, ...

Adorno: Indien.

Gehlen: ...weil man mindestens in cerebro eine Vorstellung von zusammenrückenden Religionen hat. Das sind doch
25 alles Erstmaligkeiten. Und ich finde, der Reiz der Soziologie besteht zum großen Teil darin, diese Dinge zu sehen und zu beschreiben, schon deswegen, weil die Worte fehlen, denn unsere Worte sind ja aus der Vergangenheit. Wir haben ja nie die richtigen Worte dafür. Wir kämpfen mit
30 der Sprache und mit altüberlieferten Begriffen, das zu umschreiben, was nun letztlich da erscheint und noch nie da war. Würden Sie das noch akzeptieren?

Adorno: Das würde ich auch akzeptieren. – Aber darf ich doch nun noch einmal auf das kommen, was jedenfalls mich
35 zentral motiviert hat, uns beide dazu zu animieren, daß wir uns hier in der Arena treffen. Nämlich das ist die Stellung

Ihrer Soziologie – wenn ich einmal so sagen darf; ich hätte
beinahe gesagt: Ihrer Philosophie, und ich glaube, ich
könnte das auch verantworten – zu dem Begriff der Institutionen, der ja bei Ihnen eine außerordentlich zentrale
5   Stellung hat. Ich glaube, gerade weil die Zeit schon etwas
fortgeschritten ist, sind wir es doch eigentlich unseren Zu-
hörern, schon damit sie in der Arena auch auf ihre Kosten
kommen, schuldig, nun also endlich einmal an den Fleisch-
brocken uns heranzumachen; das heißt, jetzt wollen wir uns
10 zanken. – Wir sind uns darüber einig, daß die Menschen
heute – und da würde ich wirklich sagen in einem Maß, wie
es noch nicht dagewesen ist – von den Institutionen und
das heißt hier in erster Linie von der ins Ungeheuerliche
zusammengeballten Wirtschaft und in zweiter von den
15 Verwaltungen in einem umfassenden Sinn, die aber mit der
Wirtschaft teils fusioniert und teils ihr nachgebildet sind,
daß die Menschen also davon abhängig sind. – Nun glaube
ich – und das ist das, was mich zu der spezifischen Formulierung der Frage veranlaßt hat, und bitte korrigieren Sie
20 mich, wenn ich Sie falsch interpretiere –: Sie sind dazu geneigt, diese Institutionen als eine Notwendigkeit aufgrund
der Mangelsituation des Menschen oder der Menschen zu
bejahen, prinzipiell, und zu sagen: ›Ohne diese Übermacht
der auch den Menschen gegenüber verselbständigten‹ –
25 oder, wie ich sagen würde: verdinglichten und entfremdeten
– ›Institutionen würde es nicht gehen. Sie entlasten die
Menschen, die sonst unter der Last aller möglichen Dinge,
die sie gar nicht mehr bewältigen können, zusammenbre-
chen würden. Sie geben den Menschen allerhand Direktiven

Z. 3 zu] *zu den Institutionen. Zu*
Z. 6 wir es] *wirs*
Z. 7 sie] *die*
Z. 9 uns] *uns da*
Z. 8 kommen,]*kommen, also,* also] *also auch,* einmal] *einmal den –*
     sozusagen – den Fleischbrocken,

und sonst einiges.‹ – Nun, demgegenüber würde ich sagen:
Auf der einen Seite ist genau diese Macht der Institutionen
über die Menschen das, was man in der alten Sprache der
Philosophie als heteronom bezeichnete, ...

5 *Gehlen:* Genau.

Adorno:...sie stehen also den Menschen als eine fremde und
bedrohliche Macht entgegen; als eine Art von Fatalität,
deren sie sich kaum erwehren können. Sie sind nun geneigt,
wenn ich Sie richtig verstehe – es gibt einzelne Formulierun-
10 gen von Ihnen, ich kann Ihnen auch welche lesen – gerade
diese Art Fatalität als etwas Schicksalhaftes und letztlich
auf die Natur des Menschen Zurückweisendes zu akzeptieren. Und ich würde sagen, diese Fatalität selber liegt daran,
daß menschliche Verhältnisse und Beziehungen zwischen
15 Menschen sich selbst undurchsichtig geworden sind und
dadurch, daß sie von sich selbst – nämlich als Beziehungen
zwischen Menschen – nichts mehr wissen, den Menschen
gegenüber diesen übermächtigen Charakter angenommen
haben. Und eben dem, was Sie als hier Notwendiges, teils
20 pessimistisch, teils aber auch con amore akzeptieren, dem
würde zunächst einmal entgegenzustellen sein die Analyse,
die kritische Analyse dieser Institutionen und dann schließlich die Frage: ob sie nicht, wenn sie uns wirklich als eine so
blinde Gewalt entgegenstehen im Sinn dieses Prinzips, von
25 dem Sie vorhin auch gesprochen haben – daß die Menschheit nämlich selbständig und mündig wird – ob danach nicht
diese Institutionen zu verändern wären und solche an ihre
Stelle zu setzen, die für die Menschen vielleicht, um Ihren
Terminus aufzunehmen, weniger entlastend sind als die
30 Institutionen heute, aber auch dafür nicht diese entsetzlich
drückende Last sind, die jeden einzelnen unter sich zu begraben droht und die schließlich so etwas wie die Bildung
eines freien Subjekts überhaupt nicht mehr zuläßt. Ich

Z. 29 f. entlastend sind als die Institutionen heute] *entlasten*
      als es die Institutionen heute tun
Z. 31 sind] *ist*
Z. 33 zuläßt] *zulassen*

glaube, das ist doch eigentlich unser Problem. Also, wenn ich frage: ›Ist die Soziologie eine Anthropologie?‹, dann meine ich prägnant damit die Frage, ob die Institutionen wirklich eine Notwendigkeit der Menschennatur sind oder
5 ob sie die Frucht einer geschichtlichen Entwicklung sind, deren Gründe durchsichtig sind und die sich unter Umständen auch verändern läßt. Das ist eigentlich die ganz einfache Frage, über die ich ganz gern mit Ihnen mich gerauft hätte.

10 *Gehlen:* Ja, Herr Adorno, da kann ich allerdings auch nur mit einer etwas längeren Ausführung antworten. Zunächst einmal habe ich den Eindruck, daß Recht, Ehe, Familie, Bestände sind, die mit dem Menschen wesensmäßig zusammenhängen, auch Wirtschaft. Diese Institutionen sehen in
15 Raum und Zeit ungeheuer verschieden aus. Aber es ist möglich, sie unter Begriffen wie »Familie« und »Recht« zu fassen, es gibt nämlich zwischen ihnen Ähnlichkeiten. Und hier sage ich, das sind Wesensmerkmale des Menschen. Aber danach geht Ihre Frage eigentlich gar nicht.

20 *Adorno:* Ich würde auch übrigens dem nicht ohne weiteres zustimmen. Ich würde sagen, daß die Verschiedenheiten, die diese Institutionen durchgemacht haben, so ungeheuer wichtig und zentral sind, ...
Gehlen: Nun ja.
25 *Adorno:* ...daß auf ihrer Invarianz zu bestehen, schon ein bißchen gefährlich ist.
Gehlen: Eigentum müßte man auch dazurechnen, Herr Adorno, es hilft nichts...
Adorno: Hat es sicherlich auch immer gegeben. Auch in
30 einer Gesellschaft der Fülle würde es etwas ähnliches geben, die Menschen würden sonst unweigerlich ärmer sein. Aber das Eigentum würde nicht mehr diese verselbständigte Gewalt haben, ...
Gehlen: Na gut.

Z. 30 würde es etwas] *würde etwas*
Z. 31 würden sonst unweigerlich] *würden unweigerlich*

Adorno: ...daß die Menschen, um nur Eigentum haben zu können, um leben zu können, zu Agenten des Eigentums gemacht werden.

Gehlen: Herr Adorno, ich gebe Ihnen vollkommen zu, diese fundamentalen anthropologischen Einrichtungen, wie Familie, Recht, Ehe, Eigentum und so weiter, Wirtschaft, Zusammenwirtschaften, bieten ein ungeheuer mannigfaches Bild in der Geschichte und ich kann auch nicht absehen, daß sich diese Substanzen selbst einmal auflösen. Sie werden sich weiter transformieren. Aber ich sage, das ist nicht die Frage, die Sie eigentlich gestellt haben, ...

Adorno: Nein.

Gehlen: ...sondern Sie fragen mehr: ›Warum insistieren Sie denn so auf den Institutionen?‹ Und da habe ich allerdings...

Adorno: Damit kein Mißverständnis ist: ich insistiere in gewisser Weise genauso, weil ich auch glaube, daß die Übergewalt der Institutionen über die Menschen, jedenfalls für die heutige Situation, der Schlüssel ist. Nur kommen wir dabei wahrscheinlich zu unterschiedlichen Konsequenzen.

Gehlen: Ja, ja. Mal sehen. Wir müssen doch endlich den Streitpunkt finden. Er liegt vielleicht darin, daß ich geneigt bin, wie Aristoteles – von dem habe ich das, glaube ich, gelernt – dem Gesichtspunkt der Sicherheit eine große Rolle einzuräumen. Ich glaube, daß die Institutionen Bändigungen der Verfallsbereitschaft des Menschen sind. Ich glaube auch, daß die Institutionen den Menschen vor sich selber schützen. Gewiß auch Freiheit beschränken. Aber man sieht ja immer wieder, daß es Revolutionäre gibt.

Adorno: Sie selbst haben einmal davon gesagt: ›Institutionen sind bewahrend und verzehrend.‹

Gehlen: Ja. Bewahrend und verzehrend. Genau. Wenn man einmal nicht nur an Leute denkt wie wir, die wir sozusagen auf eigene Faust versuchen, uns im Dasein zu stabilisieren, sondern, wenn wir an die vielen Menschen denken, ach Gott, wissen Sie, ich suche eigentlich in der Wirklichkeit eine honorige Sache, der man dienen kann. Und das halte ich immer noch für Ethik.

Adorno: Ja. Aber das hält uns doch davon ab, wie diese Wirklichkeit selber beschaffen ist, daß man ihr dienen kann.
5 Ich meine, diese Formulierung hat ebensoviel Bestechendes wie Problematisches. Sicher ist Ethik nichts anderes als der Versuch, den Verpflichtungen gerecht zu werden, die die Erfahrung dieser verstrickten Welt an einen heranbringt. Aber diese Verpflichtung kann ja doch ebenso die Gestalt
10 der Anpassung und der Unterordnung haben, die Sie mir hier stärker zu betonen scheinen, wie auch die, die ich stärker betonen würde, nämlich daß man gerade im Versuch, diese Verpflichtung ernst zu nehmen, das zu verändern sucht, was verhindert – und zwar alle Menschen verhindert
15 – innerhalb dieser gegebenen Verhältnisse ihre eigene Möglichkeit zu leben und also das zu verwirklichen, was als Potential in ihnen steckt.

Gehlen: Das habe ich nicht genau verstanden. Woher wissen Sie denn, was als Potential in den Menschen ungelenkt
20 steckt?

Adorno: Naja. Das weiß ich zwar nicht positiv, was dieses Potential ist, aber ich weiß aus allen möglichen – auch wissenschaftlichen – Teileinsichten, daß die Anpassungsprozesse, denen die Menschen heute gerade unterworfen sind,
25 in einem unbeschreiblichen Umfang – und ich glaube, das würden Sie mir auch zugeben – auf Verkrüppelung der Menschen hinauslaufen. Nehmen wir doch zum Beispiel einen Komplex, über den Sie sehr viel nachgedacht haben, nämlich die technische Begabung. Sie tendieren dazu, zu
30 sagen – und Veblen hat dieselbe These ja auch schon gehabt –, daß es so etwas wie einen instinct of workmanship, also eine Art von technologisch-anthropologischem Instinkt gibt. Ob das nun so ist oder nicht, ist für mich sehr schwer

Z. 17 steckt] *drinsteckt*
Z. 27 hinauslaufen] *hinausläuft*
Z. 30 sagen] *sagen, daß es so etwas*

zu entscheiden. Ich weiß aber, daß es heute ungezählte Menschen gibt, deren Verhältnis zur Technik, wenn ich es einmal so – klinisch – ausdrücken darf, neurotisch ist, das heißt die konkretistisch an die Technik, an alle möglichen Mittel der Beherrschung des Lebens gebunden sind, weil die Zwecke – nämlich eine Erfüllung ihres eigenen Lebens und ihrer eigenen lebendigen Bedürfnisse – ihnen weitgehend versagt ist. Und ich würde sagen, allein die psychologische Beobachtung all der ungezählten defekten Menschen, mit denen man es zu tun hat – und der Defekt ist ja, ich würde fast sagen, zur Norm überhaupt heute geworden – diese berechtigt doch dazu, zu sagen, daß die Potentialitäten der Menschen durch die Institutionen in einem noch nie dagewesenen Maß verkümmern und unterdrückt werden.

Gehlen: Das glaube ich eben nicht. Nicht wahr, wir sind beide ungefähr gleich alt und wir haben nun alle erlebt: vier Regierungsformen, drei Revolutionen und zwei Weltkriege.

Adorno: Ja.

Gehlen: In der Zeit ist doch ungeheuer viel an Institutionen zerrieben und abgebaut worden. Der Erfolg ist eine allgemeine innere Unsicherheit und das, was ich als subjektivistisch mit einem Minuszeichen versehe. Ich meine das innere Gewoge. Das wird jetzt laut, das ist die Öffentlichkeit. Und dagegen habe ich einen therapeutischen Standpunkt. Da bin ich doch dafür, daß man das, was an Institutionen da ist, nun auch – jetzt nehme ich das Wort –: *konserviert.* Und da kann ja dann wirklich jeder sehen, an seiner Stelle, daß er da mal etwas verbessert, aber damit kann man nicht anfangen. Wenn wir uns z. B. um Universitätsreformen bemühen wollten, da müßten wir erst ein paar Jahrzehnte da

Z. 2 ich es] *ich*
Z. 4 konkretistisch] *konkretistisch sind*
Z. 5 gebunden sind] *gebunden*
Z. 12 berechtigt] *berechtigt also*

Dienst tun, um zu wissen, wo sind denn die kranken Stellen.

Adorno: Wir machen's doch lang genug...

Gehlen: Aber man kann doch nicht sagen, daß man in dem
5 Moment, wo man seine venia legendi bekommt, schon Universitätsreformprogramme machen kann. Und so ist es doch
in allen Bereichen: erst muß man hineingehen, muß ziemlich
viel schlucken. In jeder Institution gibt es viel von dem, was
Sie Unfreiheit und Verknechtung nennen. Und so nach einer
10 Weile kann man dann sehen, daß man halt weiterschiebt.
Sehen Sie, eine honorige Sache, der man dienen kann, wird
gesucht. Die Schwierigkeit ist ja die, daß wir nicht glattweg
sagen können: das ist diese oder jene.

Adorno: Das würde ich auch zugeben. Ich meine nur, mit
15 der Unsicherheit ist es so furchtbar weit nicht her. Man sagt
das ja oft. Sie sind so gegen Clichés und gegen fade Convenus. Ich würde also sagen: die Welt, in der es nichts gibt,
an das man sich halten kann, wie es bei Brecht heißt, ist
denn die nicht auch weitgehend ein Mythos? Ich mache
20 eigentlich im allgemeinen die Beobachtung, daß die Menschen sich viel zu genau in den ihnen vorgezeichneten Bahnen bewegen, daß sie viel zu wenig Widerstand überhaupt
noch aufbringen, und daß sie infolgedessen so fürchterlich
unsicher in bezug auf die Realität gar nicht sind. Sie haben
25 eine bestimmte Realangst, die könnte ich Ihnen genau beschreiben: die hängt erstens mit der latenten Katastrophe
zusammen, von der ja ungewußt die Menschen doch alle
wissen; und dann hängt sie damit zusammen, daß innerhalb
der gegenwärtigen wirtschaftlichen Verfassung im Grunde
30 die Menschen überflüssig für die Erhaltung ihrer eigenen
Gesellschaft sind und daß wir alle im Innersten wissen, daß
wir potentielle Arbeitslose sind und daß wir durchgefüttert
werden, das heißt, daß es ohne uns auch ginge. Ich glaube,
das sind die höchst realen Gründe dieser Angst. Aber mit

Z. 20 eigentlich im allgemeinen die Beobachtung] *eigentlich die
Beobachtung im allgemeinen*

der Unsicherheit in einer angeblich entformten Welt...

Gehlen: Trifft der Begriff ›Angst‹ denn diesen Sachverhalt?

Adorno: Nicht ›Angst‹ im Sinne einer metaphysischen Befindlichkeit, wie bei Heidegger, sondern Angst schon in dem
5   Sinn, der den Menschen zwar nicht artikuliert bewußt ist, der sich aber auf diese handfesten Dinge bezieht, wie erstens: die Katastrophe und zweitens: die Ersetzbarkeit und Abschaffbarkeit eines jeden Einzelnen. Denn in einer funktionalen Gesellschaft, in der die Menschen auf ihre
10 Funktionen reduziert sind, ist jeder auch entbehrlich: was eine Funktion hat, kann auch ersetzt werden, und nur das Funktionslose könnte überhaupt das Unersetzliche sein. Das wissen die Menschen genau.

Gehlen: Das ist ein fürchterlicher Gedanke, Herr Adorno,
15 den Sie da anschneiden. Ich habe ihn zuerst bei Hannah Arendt gesehen, diese Formel von der Überflüssigkeit des Menschen. Das ist ein Boden, auf den man sich kaum zu treten getraut...

Adorno: Sie ist allerdings auch ein Schein, der darin besteht,
20 daß die Menschen heute wesentlich Anhängsel der Maschinerie und nicht die ihrer selbst mächtigen Subjekte sind. Ich will ja gar nichts anderes, als daß die Welt so eingerichtet wird, daß die Menschen nicht ihre überflüssigen Anhängsel sind, sondern – in Gottes Namen – daß die Dinge um der
25 Menschen willen da sind und nicht die Menschen um der Dinge willen, die sie noch dazu selbst gemacht haben. Und daß sie es selbst gemacht haben, daß die Institutionen schließlich auf die Menschen selbst zurückweisen, das ist für mich jedenfalls ein sehr geringer Trost.

30 *Gehlen:* Ja, das Kind, das sich hinter der Schürze der Mutter versteckt, das hat zugleich Angst und das Minimum oder Optimum an Sicherheit, das die Situation hergibt. Herr Adorno, Sie sehen hier natürlich wieder das Problem der

Z. 24 sondern] *sondern daß*
Z. 27 sie es] *sies*

Mündigkeit. Glauben Sie wirklich, daß man die Belastung mit Grundsatzproblematik, mit Reflexionsaufwand, mit tief nachwirkenden Lebensirrtümern, die wir durchgemacht haben, weil wir versucht haben uns freizuschwimmen, daß man die allen Menschen zumuten sollte? Das würde ich ganz gern wissen.

Adorno: Darauf kann ich nur ganz einfach sagen: Ja! Ich habe eine Vorstellung von objektivem Glück und objektiver Verzweiflung, und ich würde sagen, daß die Menschen so lange, wie man sie entlastet und ihnen nicht die ganze Verantwortung und Selbstbestimmung zumutet, daß so lange auch ihr Wohlbefinden und ihr Glück in dieser Welt ein Schein ist. Und ein Schein, der eines Tages platzen wird. Und wenn er platzt, wird das entsetzliche Folgen haben.

Gehlen: Da sind wir nun genau an dem Punkt, wo Sie ›ja‹ und ich ›nein‹ sage, oder umgekehrt, wo ich sagen würde, alles, was man vom Menschen seit je bis heute weiß und formulieren kann, würde dahin weisen, daß Ihr Standpunkt ein anthropologisch-utopischer, wenn auch großzügiger, ja großartiger Standpunkt ist...

Adorno: So fürchterlich utopisch ist das gar nicht, sondern ich würde zunächst einmal ganz einfach dazu das sagen: daß die Schwierigkeiten, wegen der die Menschen nach Ihrer Theorie zu den Entlastungen drängen und die ich gar nicht leugne – Sie wissen, ich bin ganz unabhängig von Ihnen und in einem ganz anderen Zusammenhang ja auch auf den Begriff der Entlastung gestoßen, in ästhetischen Zusammenhängen, interessanterweise ich als Kritiker der Entlastung und Sie als Befürworter der Entlastung – ich meine, die Not, die die Menschen zu diesen Entlastungen treibt, ist gerade die Belastung, die von den Institutionen, also von der ihnen fremden und über sie übermächtigen Einrichtung der Welt ihnen angetan wird. Es ist also gewissermaßen so: erst werden sie von der Mutter fortgejagt, fortgeschickt, ins Kalte heraus, und sind unter einem entsetzlichen Druck; und dann, daraufhin, flüchten sie sich hinter die Schöße eben derselben Mutter, nämlich der Gesellschaft, die sie verjagt hat. Und das scheint mir geradezu ein Urphänomen der Anthropologie heute zu sein, daß die Menschen sich flüchten zu genau der Macht, die ihnen das Unheil, unter dem sie leiden, antut. Die Tiefenpsychologie hat ja dafür auch einen Ausdruck; sie nennt das nämlich »Identifikation mit dem Angreifer«. Das, was mir – wenn Sie mir gestatten, daß ich das so sage – was mir die Gefahr in Ihrer Position erscheint, bei der ich den Untergrund einer tiefen Verzweiflung weiß Gott nicht überhöre, ist dieses: daß ich fürchte, daß Sie manchmal aus einer Art – ja, verzeihen Sie schon – metaphysischen Verzweiflung dieser Identifikation mit dem Angreifer sich überantworten, das heißt, daß Sie sich theoretisch mit eben der Macht identifizieren, die Sie selber, wie wir alle, fürchten; aber damit eben auch Partei ergreifen für eine ganze Reihe von solchen Dingen, von denen ich denken würde und von denen Sie wahrscheinlich auch denken würden, daß sie mit dem Unheil eben doch auf eine tiefe Weise verknüpft sind.

Gehlen: Herr Adorno, wir sind jetzt so weit, daß wir eigentlich am Schluß des Gesprächs sind. Wir können das nicht noch weiter ausführen.

Adorno: Nein, wir können das nicht...

Gehlen: Ich möchte aber noch einen Gegenvorwurf anbringen. Obzwar ich das Gefühl habe, daß wir uns in tiefen Prämissen einig sind, habe ich den Eindruck, daß es gefährlich ist und daß Sie die Neigung haben, den Menschen mit dem bißchen unzufrieden zu machen, was ihm aus dem ganzen katastrophalen Zustand noch in den Händen geblieben ist.

Adorno: Ja, dann möchte ich darauf wirklich den Satz von Grabbe zitieren: »Denn nichts als nur Verzweiflung kann uns retten.«

Z. 2 das] *da,* mir] *mir überhaupt ein,*
Z. 10 dieses] *das*

Anmerkungen

Vorspann

1) Der auszunehmende, als Adorno-Literatur in Lexika angegebene Aufsatz von Ilse Müller-Strömsdörfer erschien, bevor die ND veröffentlicht war, die diese Interpretation widerlegt. Cf. u. p. 94. 119 f. Philologisch gibt sich auch Jopkes Dissertation, die aber ebenfalls vor der ND entstand; sie ist indiskutabel. Der Versuch Künzlis mißlingt aus philologischen Gründen. Zu umstandslos hält er die ND z.B. für die »Selbstrechtfertigung einer Paranoia« (p. 147), in Unkenntnis des Umstands, daß er damit die Wahrheit über Adorno treffen könnte, hätte er nachgelesen, wie Adorno die Kategorien der Psychoanalyse kritisiert.

2 SCH 8 p. 574.

3 ST p. 16.

4 ND p. 42.

5 Cf. u. p. 193 ff.

6 Bergmann [u. a.]: Nach dem Tode etc. p. 22.

7 Anders Künzli p. 110.

8 Cf. Werckmeister p. 7.

9) So z. B. der Begriff des Erkenntnischarakters der Kunst. Er ist bestimmt in den ›Thesen über die Sprache des Philosophen‹. Cf. u. p. 219 f. Für die Überlassung von Manuskripten, eines Vorausexemplars von SCH 8 und für manche Auskunft möchte der Verfasser Rolf Tiedemann hier öffentlich danken.

10 ST p. 37.

11 Künzli p. 111.

12 Weil Künzli einteilt: 1. Frühschriften (Horkheimer bis 1941) 2. DA 3. ND bezieht sich der Widerspruch auch auf Künzlis Einteilung selbst. Den Übergang von der DA zur ND stellt Künzli als quantitativen dar (p. 122 f) und schlägt sich damit sein Argument aus der Hand. Die Differenz ist dann die, daß an der ND Horkheimer nicht beteiligt war.

13 MM p. 7. Ich nenne das nur als Beispiel. Die Stelle wird in der Arbeit selbst gar nicht berührt.

14 Tiedemann in SCH 13 p. 517.

1 Beispiel für dieses Verfahren wäre der Aufsatz von Traugott Koch und Klaus-M. Kodalle: Negativität und Versöhnung. Da sie aber gerade die Vielfalt dieser Frontstellungen nicht behandeln, entgeht ihnen vieles von dem, was die ›Negative Dialektik‹ gerade Theologen zu bieten hätte.

2 ÄT p. 533. Cf. Hinderer p. 20b. SCH 8 p. 374: »Von der jüngsten Gestalt des Unrechts fällt Licht stets aufs Ganze.« Ebenso SCH 8 p. 373 ff.

3 »In Kunst – und, so möchte ich denken, in ihr nicht allein – hat Geschichte rückwirkende Kraft.« (NL III p. 138). Das Theorem von der rückwirkenden Kraft der Geschichte weist Geschichte als immer schon interpretierte aus und stammt aus der hermeneutischen Diskussion. Cf. etwa Habermas: Zur Logik der Sozialwissenschaften p. 285. Cf. u. p. 90 ff.

4 SCH 8 p. 184.

5 E p. 21.

6 NL I p. 25.

7 ND p. 307.

8 IMP p. 26; ND p. 263.

9 ND p. 262. SCH 8 p. 125.

10 MM Nr. 17; p. 39. Cf. SCH 8 p. 360.

11 Lukács: Geschichte und Klassenbewußtsein p. 100. 104.

12 SCH 8 p. 59.

13 OL p. 157; ST p. 182; KR p. 148; ÄT p. 73. 130. 380; SCH 8 p. 122 ff. ND p. 16.

14 IMP p. 22.

15 DA p. 62. 149. 215 und »falsche gesellschaftliche Ordnung« (DA p. 177).

16 MM p. 8.

17 Cf. etwa die Fußn. MEW 3 p. 63.

18 Cf. die Kritik an der Rede von »dem« Menschen MEW 3 p. 69.

19 Cf. auch hierzu MEW 3 p. 63 Fußn.

20 Cf. MEW 23 p. 85 ff.

21 Als »kritischen Kritiker« bezeichnen Adorno Bauermann/Rötscher p. 1459. Der Titel von Rohrmosers Buch schlägt in dieselbe Kerbe.

22 DA p. 19.

23) »Was überhaupt ohne Phrase Kultur konnte genannt werden,

wollte als Ausdruck von Leiden und Widerspruch die Idee eines richtigen Lebens festhalten, nicht aber das bloße Dasein und die konventionellen und unverbindlich gewordenen Ordnungskategorien, mit denen die Kulturindustrie es drapiert, darstellen, als wäre es richtiges Leben und jene Kategorien sein Maß.« (OL p. 66). (Text: Dasein, und...).

24 MM p. 7; OL p. 66 (s. Zitat in der letzten Anmerkung) u. ö.

25 Cf. Snell p. 7–117 mit Literaturhinweisen.

26 Entgegen der Versicherung, die DA sei von beiden geschrieben, die Adorno und Horkheimer in der Vorbemerkung zur Neuauflage 1969 teilweise zurücknahmen, gilt das nur für die Vorrede, den Abschnitt »Begriff der Aufklärung« und das Kapitel »Kulturindustrie«. Von Adorno sind der Odysseus-Exkurs, das Antisemitismuskapitel und die Zusätze zu den Aufzeichnungen und Entwürfen. Der Rest ist von Horkheimer.

27 DA p. 50.

28 DA p. 50. Cf. ND p. 184, wo die DA als Umriß einer »Urgeschichte der Subjektivität« benannt ist.

29 DA p. 75.

30 DA p. 74.

31 DA p. 6.

32 Cf. Snell z. B. p. 73 f.

33 Cf. A. Schmidt: Der Begriff der Natur etc. p. 79 ff.

34 Bei Adorno ist dieser Zeitpunkt auf etwa 1850 festgelegt, wie ich in Kapitel 5, Abschnitt 4, zeigen werde.

35 SCH 8 p. 88.

36 DA p. 38.

37 Z. B. MM p. 84 f (Nr. 43); SCH 8 p. 460; DA p. 52 f.

38 DA p. 96. Cf. jetzt auch SCH 6 p. 530 f.

39) »Da die Vernunft keine inhaltlichen Ziele setzt, sind die Affekte alle gleich weit von ihr entfernt. Sie sind bloß natürlich. Das Prinzip, demzufolge die Vernunft allem Unvernünftigen bloß entgegengesetzt ist, begründet den wahren Gegensatz zwischen Aufklärung und Mythologie.« (DA p. 96.) Der Satz entstammt der de Sade-Interpretation und kennzeichnet den bei de Sade vorfindlichen Stand der Entfremdung von Natur (Affekte) und Ratio (Vernunft), der aus der Verselbständigung der Ratio folgt: eine weitere Funktion dieser Spaltung, die dem Naturvermögen, rationales Denken ausbilden zu können, nachzuweisen sucht, daß in ihm selbst die Möglichkeit zu Denaturierung angelegt sei.

40 DA p. 97.

41 MEW 4 p. 467.

42) Dieser Umstand nimmt Wellmers These vom »heimliche[n] Positivismus der Marxschen Geschichtsphilosophie« (Wellmer p. 69 ff) einiges von ihrer Kraft. Die theoretische Antinomie von dialektischem und mechanistischem Materialismus (ibid. p. 71), die Wellmer in der Theorie aufdecken möchte, verliert ihren Charakter als solche in dem Maß, in welchem sie sich als Einschränkung der Theorie zugunsten der Durchsetzung aus ihr abgeleiteter Forderungen herausstellt. Sie wird zum Widerspruch von Strategie und Taktik, ohne auf diesen Widerspruch theoretisch zu reflektieren.

43 Cf. OL p. 116 f.

44 Habermas: Die Dialektik der Rationalisierung. Vom Pauperismus in Produktion und Konsum. Jetzt in: Ders.: Arbeit Erkenntnis Fortschritt. Aufsätze 1954–1970 p. 7–30.

45 Habermas ibid. p. 8.

46 Habermas: Die Dialektik der Rationalisierung p. 8. – Drei Jahre später betont Habermas allerdings in seinem »Literaturbericht zur philosophischen Diskussion um Marx und den Marxismus« (jetzt in: Habermas: Theorie und Praxis. 4. Aufl. Ffm 1971 [=st 9] p. 378 ff), daß die Diskussion um den Begriff der Entfremdung schon gleich nach dem Krieg, vor allem in Frankreich, einsetzte, entfacht von der Publikation der Pariser Manuskripte.

47 Habermas ibid. p. 8.

48 MEW 4 p. 470.

49 Ibid. p. 473.

50 Cf. o. p. 28 Zitat 46.

51 Damit wird ja zugleich eine etwaige Außenseite der Entfremdung zum Pauperismus, eine etwaige Innenseite seiner zur Entfremdung erklärt.

52 SCH 8 p. 355.

53 SCH 8 p. 384.

54 MM p. 258 (Nr. 124).

55 SCH 8 p. 360.

56 SCH 8 p. 187.

57 Cf. etwa Jopke: Dialektik der Anpassung p. 19 f u. passim.

58 E p. 23 f.

59 Cf. SCH 8 p. 86.

60 SCH 8 p. 42–85. Postscriptum ibid. p. 86–92.

61 SCH 8 p. 89.

62 SCH 8 p. 67. – Das erste Kapitel von Marxens Kapital I entwickelt den Begriff der Ware aus dem Tauschverhältnis (MEW 23 p. 49–98). Erinnert sei nur daran, daß Marx den Warenbegriff als Antagonismus von Gebrauchs- und Tauschwert faßt, wobei die Gegensätzlichkeit der beiden Wertbegriffe aus der Unmöglichkeit entspringt, sie in ein reales Äquivalenzverhältnis zu bringen. Hingewiesen sei auch darauf, daß der Fetischabschnitt aus dieser Begrifflichkeit Rückschlüsse auf die Bewußtseinsstruktur zieht. Marxens Begriff der Charaktermaske, auf den Adorno wiederholt verweist (z. B. SCH 8 p. 13. 66. 504; ND p. 304; ÄT p. 254), löst den Begriff der Acquisition in eine List der ökonomischen Vernunft auf.

63 SCH 8 p. 356.

64 Ibid.

65 SCH 8 p. 69.

66 SCH 8 p. 67.

67) Zur Bestimmung des Subjekts gehört aber seine Autonomie, die sich dem historisch-dialektischen Blick nur geben kann als ein über das von außen Konstituierte Hinausschießendes, das nicht nur deshalb mehr wäre als seine Bedingungen, weil es ein Ganzes ist; sondern auch über diese Bestimmung muß die Autonomie hinausgreifen.

68 »jedoch«: der Satz ist gegen Hegels ›Hypostasierung des Individuums‹ gemünzt.

69 MM p. 10.

70 IMP p. 104.

71 SCH 8 p. 55.

72 SCH 8 p. 55 f.

73 MM p. 332 (Nr. 152). Cf. E p. 107; PN p. 5. Cf. ferner die Bezeichnung des aufklärerischen Zuges der ND als »reductio hominis« ND p. 185.

74 Cf. SCH 8 p. 13.

Zweites Kapitel

1 Zur Vorgeschichte des Begriffs bei Hegel cf. Lenk: Marx etc. p. 122 f.

2 Lukács: Geschichte und Klassenbewußtsein p. 94.

3 Haug p. 13 ff.

4 Haug: »Kurz: es muß das nicht-habende Brauchen jeder Seite mit dem nichtbrauchenden Haben der anderen Seite zusammentreffen.«

(p. 13). Cf. Marx: »Alle Waren sind Nicht-Gebrauchswerte für ihre Besitzer, Gebrauchswerte für ihre Nicht-Besitzer.« (MEW 23 p. 100).

5 Daraus, daß dabei der Gesichtspunkt von A, a für B so nötig wie möglich zu machen bestimmend wird, leitet Haug den Begriff des Gebrauchswertversprechens ab. Er bestimmt die Differenz von Gebrauchswertversprechen und wirklichem Gebrauchswert als ästhetisch und kommt so zu dem Titel seines Buches.

6 Man könnte jetzt fortfahren: A weiß von B, daß er a als Gebrauchswert nötig hat und daß er b für a hergeben will. Umgekehrt weiß B von A, daß dieser b benötigt und bereit ist, a herzugeben. Gesetzt, mindestens ein Produkt ist eine teilbare Menge, z. B. Weizen, so wird sich die Äquivalenzbildung durch wirkliche Teilung erreichen lassen. Schwierig aber ist es, wenn beide Produkte unteilbar sind, wie Schuh und Rock. Dann kommt die Intensität des Brauchens als entscheidend hinzu. Im konkreten Ablauf ist der Akt der Äquivalenzbildung ein Nullsummenspiel mit vollständiger Information.

7 Z. B. MEW 13 p. 18.

8 Z. B. ibid. p. 29.

9 Ibid. p. 30.

10 Ibid. p. 29; MEW 23 p. 85. 86.

11 Zum Folgenden cf. MEW 23 p. 86.

12 MEW 23 p. 86.

13 Ibid. p. 86 f. Marx betont in diesem Zusammenhang wiederholt (z. B. p. 89. 95), daß in der Warenproduktion die Menschen vom Produktionsprozeß beherrscht werden. Das ist die ideologiekritische Argumentationskette, welche die ideelle Widerspiegelung des Warenbewußtseins im Christentum aufzuweisen trachtet (p. 93).

14 Gadamer: Wahrheit und Methode p. 10 f.; Hegel: Phänomenologie des Geistes p. 148 ff.

15 Gadamer ibid. p. 10.

16 MEW 23 p. 67.

17) Für beide Wirkungsweisen gilt jedoch, daß der Umstand, daß es ein Ding ist, das den Anstoß zur Ausbildung des Selbstbewußtseins gibt, nicht ohne Bedeutung für die Struktur dieses Selbstbewußtseins sein kann.

18 Cf. MEW 23 p. 52: »Abstrahieren wir von seinem [des Arbeitsprodukts] Gebrauchswert, so abstrahieren wir auch von den körperlichen Bestandteilen und Formen, die es zum Gebrauchswert machen.« Diese körperlichen Eigenschaften sind aber gerade das, worauf Hegel sich bezieht.

19 Lukács: Geschichte und Klassenbewußtsein p. 149: »Der Spielraum seiner [des Menschen der kapitalistischen Gesellschaft] Aktivität wird damit ganz nach innen getrieben: er ist einerseits das Bewußtsein über die Gesetze, die der Mensch benutzt, andererseits das Bewußtsein über seine inneren Reaktionen auf den Ablauf der Ereignisse.«

20 Lukács ibid. p. 95.

21 Cf. ibid. p. 102 f.

22 Cf. ibid. p. 99 ff.

23 Ibid. p. 105.

24 Ibid. p. 121.

25 Ibid. p. 114.

26 »Die Verdinglichung aller Lebensäußerungen teilt das Proletariat also mit der Bourgeoisie.« (Ibid. p. 165.) Cf. ibid. p. 187.

27 Lukács ibid. p. 164 f.

28 Ibid. p. 165 f.

29 Lukács zitiert MEW 23 p. 597.

30 Cf. Lukács ibid. p. 185.

31 Ibid.

32 Ibid.

33 Ibid.

34 Ibid. p. 187.

35 Ibid. p. 184.

36 Ibid. p. 185.

37 Ibid.

38 Ibid. p. 185 f.

39 Cf. ibid. p. 183.

40 Ibid. p. 186.

41 MEW 13 p. 46.

42 ST p. 122.

43 Cf. die Spur dieser Erfahrung in den Ausführungen DA p. 176: »[...] das ganze nach den Ordnungsbegriffen der heruntergekommenen Tiefenpsychologie aufgeteilte Innenleben [...].«

44 Cf. SCH 8 p. 449.

45) Würden die Menschen vollends zum Subjekt der Geschichte, so blieben sie zugleich ihr Objekt. Umgekehrt könnte sich aber herausstellen, daß sie niemals das Subjekt der Geschichte waren.

46 E p. 49. Cf. ERZ p. 122: »[...] tiefere Sinn von Bewußtsein oder Denkfähigkeit ist nicht einfach der formallogische Ablauf, sondern er stimmt wörtlich mit der Fähigkeit, Erfahrungen zu machen, überein.«

47 KKÄ p. 112.

48 ST p. 94.

49 ND p. 190.

50 Ibid.

51 Lukács: Geschichte und Klassenbewußtsein p. 95.

52 Ibid. p. 122 f. 197 Fußn. 1.

53 Cf. z. B. die Verdinglichungsthese über den Homo-mensura-Satz MM p. 75 (Nr. 39). Über Hegel zum gleichen Sachverhalt cf. Lenk: Marx etc. p. 123.

54 ND p. 189.

55 SCH 8 p. 13 f.

56 Lukács: Geschichte und Klassenbewußtsein p. 187.

57 OL p. 155.

58 Cf. z. B. MEW 23 p. 805 Fußn. 2 zu p. 49: Marx bezieht sich dort auf Nicholas Barbons Satz: »Desire implies want«, den das Institut für Marxismus-Leninismus beim ZK der SED übersetzt: »Verlangen schließt Bedürfnis ein.«

59 Cf. P p. 132.

60 D p. 21. Cf. ibid. p. 20. 34; zur damit zusammenhängenden Ersetzung des Gebrauchs- durch den Tauschwert DA p. 167. Zur ökonomischen Analyse das Buch von Haug.

61 MEW 19 p. 15. MEW 23 p. 57 f.

62 Cf. MEW 23 p. 50 Fußn. 4 die Unterscheidung von Unmittelbarkeit des Gebrauchswerts und Reflektiertheit (Vermitteltheit) des Tauschwerts.

63 Der Begriff des natürlichen Reichtums (z. B. MEW 13 p. 110) setzt ein Naturmoment des Bedürfnisses voraus.

64 Das Beispiel ist harmlos. Die – psychoanalytisch gesprochen – Tiefe dieser Erfahrungen ist dokumentiert in den MM. Die ›bürgerliche Kälte‹, ein weiteres Synonym Adornos für Verdinglichung (KF p. 89; K p. 16; PN p. 150; SCH 8 p. 85; MM p. 90 [Nr. 46]; ND p. 336) wird verantwortlich gemacht für den verwalteten Tod in den Konzentrationslagern. Sie ist das ›Grundprinzip der bürgerlichen Subjektivität, ohne das Auschwitz nicht möglich gewesen wäre‹ und wird zur ›drastischen Schuld des Verschonten‹. (ND p. 354.)

65 Cf. MEW 3 p. 61 Fußn.; Lukács: Geschichte und Klassenbewußtsein p. 101 f. 103. 149.

66 SCH 8 p. 13.

67 Ibid.

68) P p. 133. – Zum Begriff und der Dialektik der Kritik am falschen Bedürfnis cf. SCH 8 p. 635 f; ND p. 97 f; SCH 8 p. 392 f. Dieser Bedürfnisbegriff gehört der ökonomischen Argumentation an. Das in der ND angesprochene ›ontologische Bedürfnis‹ ist abgeleitet aus der Versagung der Erfüllung des materiellen. Die Kritik des falschen Bedürfnisses scheidet sich bei Adorno in die ›rücksichtslose‹ an den geistigen (ontologischen) Bedürfnissen, welche sich verunglimpfenden Vokabulars bedienen kann und auch auf die Personen ausgedehnt wird, die explizit auf Befriedigung dieses Bedürfnisses drängen; und die gemäßigte Kritik an materiellen Bedürfnissen. Diese »wären sogar in ihrer verkehrten, von Überproduktion verursachten Gestalt zu achten«. (ND p. 97.) Am falschen materiellen Bedürfnis kritisiert Adorno nicht, daß es Bedürfnis ist, sondern die es verbiegende Irrationalität des gesellschaftlichen Zustands. Cf. OL p. 121.

69 D p. 20.

70 Die »Reflexionen zur Klassentheorie« wurden 1942 im Exil geschrieben. Damit entfällt der Einwand, der Text beziehe sich auf die Frühphase des Faschismus. So spät im Krieg geschriebene Faschismuskritik kann nicht unter Hinweis auf das Kriegsende als überholt abgewiesen werden.

71 SCH 8 p. 376.

72 SCH 8 p. 354 f. 373 ff.

73 »Daß von einem proletarischen Bewußtsein in den maßgebenden kapitalistischen Ländern nicht kann gesprochen werden, widerlegt nicht an sich [...] die Existenz von Klassen: Klasse war durch die Stellung zu den Produktionsmitteln bestimmt, nicht durch das Bewußtsein ihrer Angehörigen.« (SCH 8 p. 358.)

74 SCH 8 p. 359.

75 MM p. 258 (Nr. 124).

76 SCH 8 p. 369.

77 SCH 8 p. 534.

78 SCH 8 p. 563.

79 Auch hierzu findet sich eine Parallele bei Marx: »Den letzteren [den privat arbeitenden Warenproduzenten] erscheinen daher die gesellschaftlichen Beziehungen ihrer Privatarbeiten als das, was sie sind, d. h. nicht als unmittelbar gesellschaftliche Verhältnisse der Personen in ihren Arbeiten selbst, sondern vielmehr als sachliche Verhältnisse der Personen und gesellschaftliche Verhältnisse der Sachen.« (MEW 23 p. 87). Die Waren vindizieren gesellschaftlichen Charakter erst auf dem Markt.

80 NL I p. 77; P p. 32 ff.

81 ND p. 189.

82 PN p. 165 f. Cf. ibid. p. 161.

83 Cf. SCH 8 p. 53.

84 Cf. P p. 381.

85 PN p. 158.

86 Cf. OL p. 79; D p. 28 ff.

87) Über Adornos Behandlung des Verhältnisses von Natur und Geschichte und damit über die Dialektik seines Naturbegriffs habe ich auf dem Philosophen-Kongreß Kiel 1972 berichtet. Cf. F. G.: »Die Idee der Naturgeschichte.« Zu einem frühen, unbekannten Text Adornos. Reinhart Maurer, der ebenda über »Natur als Problem der Geschichte« sprach, zitiert p. 141 Fußn. 49 den Satz Adornos: »[...] alle Natur, und was immer als solche sich installiert, als Geschichte zu sehen und alle Geschichte als Natur [...].« (ND p. 351). Das Zitat soll einen Satz aus Maurers Text belegen, nämlich: »Zugleich kommt es darauf an, da die Geschichte aus Natur hervorgeht und der Naturbasis bedürftig bleibt, den Gegensatz von Natur und Geschichte oder Natur und Kultur nicht festwerden zu lassen.« (ibid. p. 141.) Adornos Intention, und das ist schon an dem von Maurer zitierten Satz deutlich, geht aber dahin, den Naturbegriff aufzulösen. (Cf. SCH 1 p. 345). Das bedeutet, daß gerade Adorno Maurers Satz, der doch die Natur der Geschichte vorordnet, wenn es heißt, diese gehe aus der Natur hervor und bleibe der Naturbasis bedürftig, kritisieren würde. Es geht Adorno um eine vollständige Aufhebung der Entgegensetzung von Natur und Geschichte. Ihre Entfremdung, die Adorno nicht leugnet, erscheint begrifflich zwar unter dem Titel der Verselbständigung, aber diese ist nicht zu identifizieren mit Geschichte, sondern mit der Indifferenz von Natur und Geschichte im Begriff der Naturgeschichte selbst. Natur ist dann nur die eine Seite der Dialektik der Naturgeschichte. Der Naturbegriff des Maurerschen Satzes aber tendiert dazu, mit jenem emphatischen Begriff von Natur zusammenzufallen, den Adorno als mythischen enttarnt. In dem Abschnitt »Naturgeschichte« der ND (ND p. 345 ff.) ist das ausgeführt und zugleich die Anweisung gegeben, unter keinen Umständen Geschichte und Natur als aufeinander, sondern allein als bezogen auf den gemeinsamen Ursprung im Begriff der Naturgeschichte zu behandeln.

88 ÄT p. 106.

89 ÄT p. 159.

90 ÄT p. 231.

91 ÄT p. 252; VE p. 216. 222; OL p. 155.

92 ND p. 189.

93 Cf. SCH 5 p. 52.

94 ND p. 189, im Anschluß an die Lamento-Stelle.

95) Maurer bezieht sich p. 138 auf einen Begriff des Lebens bei Adorno, »der vage genug ist, alle Arten von rücksichtsloser Selbstentfaltung zu rechtfertigen, und der allerdings [›allerdings‹ polemisch gegen die von ihm Adorno unterstellte ›eschatologische Vorstellung einer Versöhnung trotz allem‹] einer endgeschichtlichen Utopie bedarf, um so weltlich-weltlos denkbar zu werden«. Der Aphorismus, den Maurer diskutiert, enthält aber nur den Begriff: »das Telos des eigenen Lebens«, und gesagt wird, dieses werde verwirrt und undurchsichtig. Dann allerdings sind alle Arten von rücksichtsloser Selbstentfaltung gerechtfertigt. Selbst in diesem Zusammenhang ist »Leben« normativer Begriff *gegen* die rücksichtslose Selbstentfaltung.

96 Unter der totalen Katastrophe versteht Adorno die endgültige Verschüttung der Möglichkeit der Versöhnung, sei es durch die Vernichtung der Menschen, sei es durch ihre vollständige Barbarisierung im Faschismus, zu dem nach seiner Theorie der Monopolkapitalismus »drängt« (SCH 8 p. 376).

97) »Der Satz von Marx, daß auch die Theorie zur realen Gewalt wird, sobald sie die Massen ergreift, wurde eklatant vom Weltlauf auf den Kopf gestellt.« Denn die Verdinglichung ›verhindert‹ »die einfachste Kenntnis und Erfahrung der bedrohlichsten Vorgänge und der wesentlichen kritischen Ideen und Theoreme«. Der »fixierte und manipulierte Geisteszustand (wird) ebenso zur realen Gewalt, der von Repression, wie einmal deren Gegenteil, der freie Geist, diese beseitigen wollte« (SCH 8 p. 364).

98 ND p. 159 Fußn.

99 Cf. Popper: Was ist Dialektik? In: Topitsch, Ernst (ed.): Logik der Sozialwissenschaften. 7. Aufl. 1971 p. 262 ff.

100 ND p. 159.

101 »Die Negation, die das Subjekt übte, war legitim; auch die an ihm geübte ist es, und doch Ideologie.« (ND p. 159 f.).

102 ND p. 160.

103 ND p. 159 Fußn.

104 Cf. z. B. IMP p. 21; SCH 8 p. 369. 390.

105 DA p. 128. Der Abschnitt zählt zu denen, die wirklich gemeinsam mit Horkheimer diktiert wurden.

106 DA p. 135.

107 DA p. 166.

108 DA p. 167.

109 Ibid.

110 Cf. ÄT p. 50.

111 MM p. 79 (Nr. 40). Cf. auch: »Aus der Abschaffung des Besonderen wird auch noch hämisch das Besondere gemacht. Das Verlangen danach hat sich bereits im Bedürfnis sedimentiert und wird allerorten von der Massenkultur, nach dem Muster der Funnies, vervielfacht.« (MM p. 184 [Nr. 92]).

112 DA p. 176.

113 MM p. 75 (Nr. 38).

114 SCH 8 p. 369.

115 Z. B. als Äußerung der Introversion.

116 MM p. 79 (Nr. 40).

117 GK p. 15.

118 SCH 8 p. 476.

119 SCH 8 p. 474.

120 Z. B. MM p. 251 (Nr. 121); SCH 8 p. 456. 476; DA p. 30; NL I p. 26.

121 SCH 8 p. 477.

122 Z. B. SCH 8 p. 481.

123 Z. B. ST p. 34. 42; SCH 8 p. 469; ÄT p. 252; ND p. 234. 396; PN p. 48.

124 Lukács: Geschichte und Klassenbewußtsein p. 105. 114. 180.

125 MM p. 308 (Nr. 147).

126 E p. 103.

127) Schweppenhäuser weist mit Recht darauf hin, daß Adorno in den MM die Idee einer ›kathartischen Methode‹ vorstellt (MM p. 74 f. [Nr. 38]), welche die Verblendung der Menschen soll aufheben können. Er setzt sie, ebenfalls zu Recht, »negierender Auflösung des Negativen, wie dialektisches Denken sie artikuliert« (Schweppenhäuser: Das Individuum [...] p. 95), der bestimmten Negation gleich. Aber er interpretiert sie als Liquidation des Leidens. Anschließend an Adornos den technologischen Schleier aus dem Herrschaftsprinzip ableitenden Satz: »Es gehört zum Mechanismus der Herrschaft, die Erkenntnis des Leidens, das sie produziert, zu verbieten« (MM p. 75 [Nr. 38]), formuliert Schweppenhäuser: »Dies Leiden aber ist die Verhärtung. Dabei ist Heilung nur bei dessen Liquidation.« (Schweppenhäuser ibid.) Dem widerspricht die Stelle der DA, die dem Prin-

zip der Befriedigung des falschen Bedürfnisses in der Kulturindustrie die Katharsis zuschreibt: dem Amusement, das »man sich in religiösen bestsellers, in psychologischen Filmen und women serials als peinlich-wohlige Zutat gefallen läßt, um im Leben die eigene menschliche Regung desto sicherer beherrschen zu können. In diesem Sinn leistet Amusement die Reinigung des Affekts, die Aristoteles schon der Tragödie und Mortimer Adler wirklich dem Film zuschreibt. Wie über den Stil enthüllt die Kulturindustrie die Wahrheit über die Katharsis«. (DA p. 152.) Das hätte Schweppenhäuser hellhörig machen sollen. Katharsis als Reinigung von genau den Affekten, welche die Objektivität des Leids erst ausmachen und damit Bedingung der Möglichkeit seiner Erkenntnis sind, ist einer der Mechanismen der Herrschaft, welche die Erkenntnis des Leidens verhindern. Mag man Schweppenhäuser das noch als verkürzte Rezeption durchgehen lassen (daß er im folgenden Zitat ein Wort verändert, mag ebenfalls durchgehen), so ist doch der Satz, Heilung sei ›nur bei dessen [des Leidens(!)] Liquidation‹, objektiv falsch. Zu liquidieren ist nicht das Leiden, sondern die Verhärtung. Anders kann die Stelle der MM nicht gelesen werden: »Erst in dem Überdruß am falschen Genuß, dem Widerwillen gegens Angebot, der Ahnung von der Unzulänglichkeit des Glücks, selbst wo es noch eines ist, [...] würde der Gedanke von dem aufgehen, was man erfahren könnte.« (MM p. 74 [Nr. 38]). Es geht der dort im Modus eines irrealen Konditionalsatzes eingeführten ›kathartischen Methode‹ gerade um die Herstellung der Möglichkeit von Erfahrung, welche in der antagonistischen Gesellschaft Erfahrung von Leid ist. Liquidiert ist das Leiden durch die Kulturindustrie gründlich genug. Katharsis ist Reinigung des Subjekts, nicht der Gesellschaft. Die Sätze Adornos, die beschreiben, welches Verhalten diese Katharsis zur Folge hätte, nennen ›Überdruß am falschen Genuß‹, ›Widerwille gegens Angebot‹ und ›Ahnung von der Unzulänglichkeit des Glücks‹. Mit diesem Verhalten wird die Objektseite des Bestehenden nicht angetastet. Genuß, Angebot und Glück bleiben unzulänglich. Liquidiert würde nur der ideologische Schleier, der solche Erfahrung des Antagonismus verhindert. Was dann käme, bleibt ganz unbestimmt, der Maxime folgend, die subjektive Positivität der bestimmten Negation nicht in eine des objektiven Geistes umzufälschen und so affirmativ zu machen (ND p. 159): es »würde der Gedanke von dem aufgehen, was man erfahren könnte«. Auch verkennt die Schweppenhäusersche Identifikation von Leiden und Verhärtung, daß Adorno stets das

Surplus, das die Kulturindustrie dem auch so stabil antagonistischen Leben verdoppelnd aufsetzt, vom Begriff dieses Lebens getrennt hat. Schweppenhäusers Aufsatz zeugt von der Dringlichkeit der Adornophilologie. Er mischt die essayistische Form des Philosophierens mit Stellenfuchserei und kapituliert in jedem Satz vor der Sprache Adornos. – Cf. auch ÄT p. 354.

128 MM p. 34 (Nr. 14). – Der Begriff der Wut ist in der Philosophie Adornos allgegenwärtig. Seine philosophiegeschichtliche und anthropologische Bedeutung ist ND p. 31 ff. erläutert.

129 ST p. 15; OL p. 9; NL III p. 180; ÜB p. 22.

130 ND p. 190.

131 In die Reihe dieser Argumentation gehört, neben der Kritik der bestehenden sozialistischen Staaten und des Stalinismus auch die Brechtkritik Adornos.

132 Cf. E p. 99–124, bes. p. 121 ff. Die Empfehlungen beschränken sich hier auf die Nennung von Analysanda und erwarteten Ergebnissen.

133 Cf. die in dem Band ERZ vereinigten Texte. Mit Spannung darf man den Versuch von Berndt Herrmann erwarten, der an einer Fruchtbarmachung der Adornoschen Reflexion für die gesellschaftstheoretischen Überlegungen zu einer Theorie der vorschulischen Pädagogik arbeitet.

134 Jetzt in: SCH 8 p. 9–19.

135 SCH 8 p. 19. Es handelt sich um die Schlußpassage des Artikels.

136 MM p. 56 (Nr. 29).

137 DA p. 126.

138 ND p. 8. Cf. auch ST p. 13. 16–18.

139 ÄT p. 205.

140 ND p. 25. Cf. NL I p. 48: »[...] mit Begriffen aufsprengen, was in Begriffe nicht eingeht [...].«

141 MM p. 57 (Nr. 29).

Drittes Kapitel

1 SCH 8 p. 66. 76; VÄ p. 80; ST p. 185. Die Formel, die Adorno von Benjamin (cf. VÄ p. 80) und Anna Freud (cf. SCH 8 p. 76 Fußn. 35) übernahm, bezeichnet die »Unterwerfung« (SCH 8 p. 66) des Subjekts unter das Herrschende, das »Opfer der sich wegwerfenden Subjektivität« (VÄ p. 80), wie an Odysseus beobachtet.

2 ST p. 144.

3 Cf. KKÄ p. 82: »Mit dem Schein jedoch präsentiert die historische Wirklichkeit sich als Natur.« ST p. 96: »Denn es gehört zu dem unheilvollen Bewußtseins- und Unbewußtseinszustand, daß man sein So-Sein [...] fälschlich für Natur, für ein unabänderlich Gegebenes hält und nicht für ein Gewordenes.«

4 SCH 1 p. 354 f. Cf. ND p. 345 ff.

5 DA p. 51.

6 Nach einer Formulierung Rüdiger Bubners. Bubner p. 189 f.

7 Cf. aber u. p. 125.

8) E mancipio dare ist das Entlassen eines aus Gründen des Alters oder der Ständegesellschaft Unfreien in den Stand der Berechtigung, am Leben innerhalb der Ordnung, die ihn unterdrückte, nunmehr gleichberechtigt, als »Bürger«, teilzunehmen. Das ergibt höchst komplexe Differenzierungen im Begriff der Emanzipation selbst. Sie setzt, dies als Argument, eine Ordnung voraus, die auf Unterdrückung basiert und ändert diese Ordnung nicht, sondern entläßt nur den Einzelnen aus der unmittelbaren Unterdrückung. Das Pathos, mit dem der Ruf nach Emanzipation heute vorgetragen wird, drängt den Verdacht auf, es gehe den Rufern in Wahrheit um Teilnahme an der Ausübung der Herrschaft und nicht um ihre Abschaffung, im Grunde vielleicht sogar um die Erhaltung der bestehenden Ordnung um jeden Preis. Im Recht ist das Pathos nur, wenn es die Abschaffung der Ordnung fordert. Dann aber liegt der Begriff der Befreiung näher als der der Emanzipation. – Komplex wird der Emanzipationsbegriff durch sein Modell, das als Freilassung von Sklaven und als Entlassung aus der väterlichen Gewalt in einer extrem patriarchalischen und auf Sklavenhaltung basierenden ökonomischen Phase der Gesellschaftsgeschichte erscheint. Die Objektivität der Sklavenhaltung und die Subjektivität des Freigelassenen widersprechen einander in extremer Schärfe.

9 SCH 8 p. 361.

10 Cf. aber im 5. Kapitel den Abschnitt: Veränderungen im Telos des Materialismus.

11) Adorno betont, »daß in der zunehmenden Befriedigung der materiellen Bedürfnisse, trotz ihrer vom Apparat verformten Gestalt, auch unvergleichlich viel konkreter die Möglichkeit von Leben ohne Not sich abzeichnet. Auch in den ärmsten Ländern brauchte keiner mehr zu hungern«. (SCH 8 p. 362). Daß damit die Kritik am falschen Bedürfnis nicht zurückgenommen ist, wird aus der Rückführung auch der materiellen Bedürfnisse auf ihre gesellschaftliche Vermitt-

lung deutlich, die nunmehr in den »Thesen über Bedürfnis« vorliegt:
»Zur Befriedigung des konkreten Hungers der Zivilisierten gehört,
daß sie etwas zu essen bekommen, wovor sie sich nicht ekeln, und im
Ekel und in seinem Gegenteil wird die ganze Geschichte reflektiert.«
(p. 392). Cf. MEW 23 p. 624.

12 DA p. 6.

13 Kant: Frühschriften 2 p. 200.

14 Kant: Frühschriften 2 p. 197.

15 Der Aphorismus Kafkas lautet: »An Fortschritt glauben, heißt
nicht glauben, daß ein Fortschritt schon geschehen ist. Das wäre kein
Glauben.« (Franz Kafka: Werke, ed. Max Brod. Ffm 1946–58
Band 3, Hochzeitsvorbereitungen auf dem Lande, 1953, p. 44).
Adorno vernachlässigt schon bei dem wörtlichen Zitat P p. 321 den
in dem Aphorismus betonten Aspekt des Glaubens, indem er den
Nachsatz: ›Das wäre kein Glauben‹ unterdrückt. Damit löst Adorno
den auf den Fortschrittsbegriff gehenden Teil des Aphorismus von
dem des Glaubens. Bei Kafka sind aber Fortschritt und Glauben
ineinander verschränkt. Adorno ergänzt falsch: ... wäre kein Glauben, sondern falsches Bewußtsein. Dagegen gewinnt Kafkas Aphorismus seinen Sinn erst durch die Ergänzung: sondern Wissen. Wer
des Fortschritts sicher ist, weiß ihn, weil Fortschritt nichts Übersinn-
liches ist. Die Bedeutung, die Adorno herausholt, daß nämlich kein
Fortschritt geschehen sei, wird von Kafka nicht einmal gestreift. Er
stellt nur fest, daß, gleich ob Fortschritt ist oder nicht, man jedenfalls
nicht an ihn glauben kann. Cf. P p. 321; SCH 8 p. 229; ST p. 31;
ÜB p. 79; SWM p. 234 u. ö.

16 SCH 8 p. 229. Cf. ebenso ST p. 29 ff.; ÄT p. 285 ff. und: »[...]
Doppelcharakter des Fortschritts, der stets zugleich das Potential der
Freiheit und die Wirklichkeit der Unterdrückung entwickelte« (MM
p. 193 [Nr. 96]).

17 Cf. SCH 8 p. 69. 117. 141. 172. 306. 386. 473; EM p. 37 f.; ND
p. 299; ÄT p. 240, aber MM p. 113 (Nr. 55).

18 »Wahrheit ist einzig als Gewordenes.« (ÄT p. 12): Sie ist damit
historisch und real. »Im emphatischen Begriff der Wahrheit ist die
richtige Einrichtung der Gesellschaft mitgedacht [...].« (SCH 8 p.
565). »Die Idee wissenschaftlicher Wahrheit ist nicht abzuspalten
von der einer wahren Gesellschaft.« (SCH 8 p. 309).

19 SCH 5 p. 256. Cf. SCH 8 p. 211: »Zugrunde liegt [dem Mißtrauen gegen Hypothesen als Subjektivem in der empirischen Sozio-
logie] eine ›Residualtheorie der Wahrheit‹; die Vorstellung, Wahr-

heit sei, was nach Abzug der vorgeblich bloßen subjektiven Zutat, einer Art von Gestehungskosten, übrigbleibt. Die der Psychologie seit Georg Simmel und Freud vertraute Einsicht, daß die Bündigkeit der Erfahrung von Gegenständen, wofern diese selber, wie die Gesellschaft, wesentlich subjektiv vermittelt sind, mit dem Maß des subjektiven Anteils der Erkennenden steigt und nicht fällt, haben die Sozialwissenschaften sich noch nicht einverleibt.« Ebenso ST p. 14: »Denken darf sich nicht auf Methode reduzieren, die Wahrheit ist nicht der Rest, der nach Ausmerzung des Subjekts zurückbleibt. Vielmehr muß es alle Innervation und Erfahrung in die Betrachtung der Sache hineinnehmen, um, dem Ideal nach, in ihr zu verschwinden.«

20 DA p. 261.

21 Zum Begriff Innervieren, Innervation, Innerviertes cf. PN p. 127. 143; OL p. 86. 187; QF p. 377. 420; ND p. 18. 272. 355; IMP p. 12. 24. 104; ÄT p. 286 f. 385; SCH 8 p. 184; P p. 114; MM p. 84 f. (Nr. 43). 182 (Nr. 91); ÜB p. 31; besonders treffend KR p. 129.

22 Cf.: »[...] die Nerven, das Tastorgan des historischen Bewußtseins [...].« (MM p. 125 [Nr. 62]).

23 MM p. 84 (Nr. 43).

24 MM p. 84 f. (Nr. 43).

25 Z. B. in dem oben p. 53 angeführten, durch Anm. II. 116 nachgewiesenen Satz.

26) OL p. 118. – Das Problem, um das es im Schlußsatz geht, ist die Differenz des veralteten Stands der jeweils vorhandenen Kunst. Als Repräsentation des Stands der Rationalität unter Bedingungen der Zweckfreiheit stehen die benutzten ästhetischen Verfahrensweisen zu den neuen möglichen im Verhältnis der Obsoleszenz, wenn gilt, was Adorno annimmt: »Der gesellschaftlich fortgeschrittenste Stand der Produktivkräfte [...] ist im Inneren der ästhetischen Monaden der Stand des Problems.« (ÄT p. 59 f.). Der »innerästhetische Fortschritt, einer der Produktivkräfte zumal der Technik, (ist) dem Fortschritt der außerästhetischen Produktivkräfte verschwistert.« (ÄT p. 56). Daraus folgt, daß Adorno davon ausgeht, die Rationalität der Produktivkräfte im gesellschaftlichen Verwertungszusammenhang sei, auf das künstlerische Material angewandt, aus ihrer Verstrickung in irrationale weil veraltete Zwecke wie den der Kapitalverwertung herausgelöst und gewissermaßen rein greifbar. Kunst ist demnach das Medium der Rationalität der Rationalität.

27 ›Programm‹ verstanden als methodisches Prinzip der Analyse, nicht als Vorschrift für künftiges Komponieren.

28 PN p. 36–41. Cf. ibid. p. 113–118.

29 PN p. 37.

30 SCH 5 p. 7 ff. Cf. etwa: »Zur Kritik steht der Begriff des absolut
Ersten selber.« (p. 14).

31 PN p. 37.

32 Ibid.

33 Ibid. p. 37 f.

34 D p. 146. Cf.: »Gemalt wird nicht mit Farben, komponiert nicht
mit Tönen, sondern mit Farb- und Tonrelationen.« (OL p. 17).
»Komponiert wird nicht mit Tönen, sondern mit Tonrelationen, und
jedes Intervall, jeder Akkord, jede Farbe ist gesättigt mit dem, worin
sie vormals standen und wofür sie standen.« (D p. 126).

35 Cf. aber Anm. III. 207.

36 Cf. etwa KKÄ p. 243; D p. 146; P p. 303; OL p. 39 f. 112 f.
178; MO p. 153; ÄT Reg.

37) Daraus ergibt sich die Frage, was angesichts dieser Neufassung
des Materialbegriffs länger von der ästhetischen Forderung material-
gerechten Produzierens übrigbleibt. Die Geschichtsphilosophie Adornos endet negativ: was kann ein Material taugen, das die Negativität
dieser Geschichte in sich gespeichert hat? Verlangt werden kann mit
der Forderung der Materialgerechtigkeit offenbar nur, die nunmehr
als im Material objektiv unmittelbar, subjektiv aber vergessen anwesend behaupteten oder nachgewiesenen Sinnversatzstücke ›sinngemäß‹
einzusetzen. Sinngemäß würde aber bedeuten: negativitätsgerecht.
Daß hier ein Problem der Theorie Adornos vorliegt, zeigt sich darin,
daß auch für Adorno Materialgerechtigkeit verbindlich bleibt. Freilich nicht eine, »die sich die Ärmel hochkrempelt«. Sie wäre nach
Adorno »Selbstgerechtigkeit. Sie fingiert einen Wahrheitsgehalt der
heterogenen Momente des Kunstwerks, zumal seiner nicht durch die
Subjektivität filtrierten Praktiken, den sie an sich nicht haben.«
(OL p. 178); aber eine andere, die auf den historischen Materialbegriff zugeschnitten ist: »Im Material aber ist Geschichte sedimentiert.
Einzig wer das geschichtlich Fällige und das unwiederbringlich Veraltete im Material selber zu unterscheiden vermag, wird materialgerecht produzieren.« (OL p. 17).

38 MO p. 153.

39 ÄT p. 134.

40 Ibid.

41 ÄT p. 529.

42 ÄT p. 217. Cf. ibid. p. 15 und Paetzold p. 211.

43 QF p. 11.

44 ÄT p. 217. 318. Cf. u. p. 197.

45 OL p. 17.

46 PN p. 117 f. – Diese Einsicht verdankt Adorno Freud. Cf. D
p. 125.

47 D p. 120.

48 D p. 123.

49 D p. 124.

50 D p. 125.

51 Zu ›Sensorium‹ cf.: SCH 5 p. 340; OL p. 15; NL III p. 138;
ST p. 187; IMP p. 161; ÄT p. 101. 109. 171. 238. 251. 266. 271. 472;
MM p. 182 (Nr. 91). 305 (Nr. 146). 319 (Nr. 150). – Diese letzte
Stelle, wo von einem »Sensorium der Massen« die Rede ist, also von
Kollektivität, kann deshalb nicht gegen die Definition der Innervation als extremer Subjektivität angeführt werden, weil die Massen, von denen die Rede ist, die der Propaganda des Faschismus
erlegenen sind. Worin ihr Sensorium besteht, hat Adorno an anderer
Stelle ausführlich dargetan, indem er es auf kollektiven Narzißmus
zurückgeführt hat. Cf. SCH 8 p. 397–433. Damit stößt man auf
eine extreme Form derjenigen Schwierigkeit der Texte Adornos, die
daraus resultiert, daß er, wenn er gegen Positionen anderer redet,
sich des Vokabulars bedient und bedienen muß, gegen dessen Verwendung er durch seine reductio ad absurdum argumentiert.

52 PN p. 145.

53 Cf. o. Fußn. II. 127.

54 D p. 130.

55 Cf. PN p. 112–118. 168–171.

56 QF p. 362 f.

57 SCH 5 p. 28.

58 ND p. 348. Zum Begriff der zweiten Natur cf. ND p. 46. 73 f.
SCH 8 p. 12. 47. 190. 250; D p. 134; MM p. 29 (Nr. 10).

59 MM p. 10.

60 ND p. 73. 74.

61 Cf. die Editorische Nachbemerkung SCH 5 p. 386.

62 NL I p. 43.

63 ND p. 275.

64 MM p. 215 (Nr. 103).

65 Ibid.

66 MM p. 99 ff. (Nr. 50), dazu Habermas: Ein philosophierender
Intellektueller p. 38 f.

67 NL I p. 35; cf. SCH 5 p. 386.

68 KKÄ p. 245.

69 MM p. 157 (Nr. 78).

70 »[...] während doch im Schein eines Anderen auch dessen Möglichkeit aufging« (ÄT p. 34). Cf. die Stellen in Fußn. III. 17.

71 SCH 5 p. 318.

72 Cf. o. p. 65 f.

73 ÄT p. 195.

74 Cf. z. B. Friedrich W. Schmidt p. 24: »Die ›bestimmte Negation‹ ist dialektische Methode in der Beziehung zu den einzelnen Wissenschaften und zugleich dialektische Praxis in der bestimmten Negation politischer Herrschaft. Das gilt nicht nur im Sinne einer Parallelisierung von Theorie und Praxis; vielmehr folgt der beiden Modellen von Dialektik immanente Begriff von Vernunft ein und derselben Wahrheit: der Aufhebung der Klassengesellschaft.«

75 PN p. 26.

76 MM p. 119 (Nr. 58).

77 Müller-Strömsdörfer p. 60.

78 Ibid. p. 63.

79 Hegel: Phänomenologie des Geistes p. 90.

80 Ibid. p. 46. 64.

81 Hegel: Grundlinien der Philosophie des Rechts §§ 189 ff.

82 Hegel: Phänomenologie des Geistes p. 90.

83 Ibid.

84 Ibid. p. 91.

85 Ibid. p. 96 ff.

86 Cf. Lenk: Marx etc. p. 114 f.

87 Hegel: Phänomenologie des Geistes p. 101.

88 Z. B. ibid. p. 105. 283. 286.

89 Bloch p. 135.

90 Hegel: Phänomenologie des Geistes p. 79.

91 Liebrucks 5 p. 375.

92 »In ihrer mystifizierten Form ward die Dialektik deutsche Mode, weil sie das Bestehende zu verklären schien.« (MEW 23 p. 27).

93 Cf. o. p. 47 u. DA p. 43.

94 Wellmer p. 63.

95 MEW 23 p. 28.

96 MEW 23 p. 677.

97 Cf. Lenin 38 p. 89. 218.

98 Hegel: Phänomenologie des Geistes p. 15.

99 Dieser entsteht aus der Unmöglichkeit, das Gemeinte sagen zu können. Cf. ibid. p. 82 und Liebrucks 5 p. 1–4.

100 Die vormythische Stufe der Mana-Verehrung wird aufgefaßt als einzige historische nichtverdinglichte Form des Bewußtseins: »Primär, undifferenziert ist es [das Mana] alles Unbekannte, Fremde; das was den Erfahrungskreis transzendiert, was an den Dingen mehr ist als ihr vorweg bekanntes Dasein.« Unter Berufung auf Hubert et Mauß heißt es: »Wenn der Baum nicht mehr bloß als Baum, sondern als Zeugnis für ein anderes, als Sitz des Mana angesprochen wird, drückt die Sprache den Widerspruch aus, daß nämlich etwas es selber und zugleich etwas anderes als es selber sei, identisch und nicht identisch.« (DA p. 21) – Auf den Begriff der Nichtidentität gehe ich in Kapitel 4 näher ein.

101 DA p. 23 ff.

102 »Wie die Hieroglyphen bezeugen, hat das Wort ursprünglich auch die Funktion des Bildes erfüllt. Sie ist auf die Mythen übergegangen.« (DA p. 23).

103 DA p. 24.

104 DA p. 25.

105 DA p. 26.

106 DA p. 29.

107 »Was allen durch die Wenigen geschieht, vollzieht sich stets als Überwältigung Einzelner durch Viele: stets trägt die Unterdrückung der Gesellschaft zugleich die Züge der Unterdrückung durch ein Kollektiv.« (DA p. 28). Cf. ND p. 300 f.

108 DA p. 29. – Der Begriff des Nominalismus ist in den Schriften Adornos teils positiv, teils negativ, teils gleichgültig gebraucht. (Cf. neben ÄT Reg. z. B. ND p. 129 f.; OL p. 12; SCH 8 p. 232. 323; DA p. 68; MM p. 37 [Nr. 16]). Darin versteckt sich eine nirgends explizit durchgeführte Formulierung der Dialektik der Aufklärung, die ja nicht nur den gegen die als totalität kritisierte (DA p. 12. 31) falsche Rationalisierung des Lebens polemisch deren Verbundenheit mit sozialem Zwang hervorkehrt, sondern bemüht ist, die Immergleichheit der Herrschaft auszulegen als historische Statik und potentielle Dynamik. Danach wäre die Unwahrheit des Nominalismus die Verkennung der Wirklichkeit der Geltung der Allgemeinbegriffe und seine Wahrheit die Hervorbringung der Idee demokratischer Einzelheit.

109 Cf. die Rede von der Gleichheit (DA p. 22), die zum Fetisch werde (DA p. 23); ferner SCH 8 p. 522; SWM p. 236.

110 DA p. 29 f.

111 DA p. 30.

112 Dieser Doppelheit der Identität entspricht die von erster und zweiter Natur, und beide haben Konsequenzen für die Ideologienlehre. Auch sie wird gedoppelt: Ideologie ist bei Adorno einerseits »gesellschaftlich notwendiges Bewußtsein« (ND p. 346). Dieses gehört unmittelbar zum gesellschaftlichen Sein, »wohnt ihm inne« (ibid.); andererseits »Unwahrheit, falsches Bewußtsein, Lüge« (NL I p. 77). Ideologie ist nicht beides zugleich, als dialektischer Brei, sondern getrennt. Daher die Rede vom ideologischen »Surplus« (ÄT p. 74) und der »zweiten Verdinglichung« (NL III p. 115; JE p. 39). Nur als getrennte liefern die beiden Ideologiebegriffe den Boden für die Argumentation, nach der die Defizienz des ästhetischen Materials zu messen ist am »Stand der Wahrheit in Geschichte« (MO p. 61). Die Unwahrheit vergangenen Materials tritt ein, wenn das Maß an Wahrheit (realer Humanität) (D p. 57; MO p. 160), das im Material steckt, zur Zeit seiner Aktualität und Authentizität antizipierend, gesellschaftlich wirklich geworden ist. Für die Ästhetik heißt das: ästhetische Wahrheit, gesellschaftlich realisiert, wird unwahr.

113 MM p. 7.

114 Benjamin: Ursprung des deutschen Trauerspiels p. 193 ff. Daß Benjamin von der offiziellen Philosophie noch immer sträflich vernachlässigt wird, sieht man daran, daß Gadamer, der den Komplex Allegorie und Symbol in seinem Werk Wahrheit und Methode p. 266 ff. behandelt, erst von seinen Rezensenten darauf hingewiesen werden mußte, daß Benjamin die Grundlegung des Allegoriebegriffs geleistet hat. Von Benjamin scheint überhaupt nur der Aurabegriff rezipiert zu werden. Cf. ibid. p. ²XVII Fußn. 1.

115 Cf. den o. Anm. III. 102 zitierten Satz und dazu Benjamin: Ursprung des dt. Trauerspiels p. 184 f. 177 sowie ÜB p. 41.

116 Cf. z. B. SCH 8 p. 219; NL I p. 26. 41; PN p. 73 Fußn.; ND p. 88–90. 175. 348.

117 Cf. MO p. 9; SCH 8 p. 150. 186. 194 f. 315. 319. 323. 329 f. 342; ÜB p. 54.

118 SCH 8 p. 315 f. 356.

119 ÄT p. 60; NL III p. 160; PN p. 33.

120 SCH 8 p. 259.

121 Cf. Kröber, Günter: Artikel Negation im Philosophischen Wörterbuch Klaus/Buhr p. 773 ff. Die sozialistischen Länder bevorzugen den Terminus ›dialektische‹ Negation. Cf. Eichhorn: Art. Revolution ibid. 2 p. 948 ff., hier 949a.

122 Die beiden übrigen Bedeutungen, die F. Fulda in seiner Übersicht angibt (Art. Aufheben in: Histor. Wörterbuch der Philos. ed. Ritter 1 col. 618 ff), nämlich detegere und auferre, sind in den philosophischen Begriff der Negation nicht eingegangen.

123 MEW 2 p. 126. Cf. Wittich in Klaus/Buhr 2 p. 866a.

124 Cf. ND p. 219.

125 ÄT p. 57: »Zuzeiten vertreten ästhetisch entfesselte Produktivkräfte jene reale Entfesselung, die von den Produktionsverhältnissen verhindert wird.« In einer der Ästhetik Adornos nicht ausdrücklich gewidmeten Arbeit kann hier nur darauf hingewiesen werden, daß diese Vorreiterrolle eine genaue Entsprechung hat in Blochs Begriff des sichtbaren Vor-Scheins. Cf. Bloch: Das Prinzip Hoffnung 1 p. 242 ff. Auf die Blochrezeption Adornos verweist auch seine Arbeit: Henkel, Krug und frühe Erfahrung.

126 Diese These wird von mehreren Stellen gestützt, in denen Adorno vom Doppelsinn von Aufheben bei Hegel spricht: IMP p. 134; D p. 125; PN p. 84. Dagegen ist von Mehrsinnigkeit die Rede (die aber die Zahl zwei nicht ausschließt) ÄT p. 118.

127 Cf. o. Anm. III. 97.

128 MM p. 42 (Nr. 18).

129 Cf. o. p. 50 f.

130 KKÄ p. 324.

131) Beispiele für die Denkfigur, die unter dem Titel rückwirkende Kraft der Erkenntnis die These verficht, daß aller spätere Mißbrauch von Kulturerscheinungen seine Bedingung in der Struktur ihres ersten Auftretens hat und daß die Prädikation ›Mißbrauch‹ der Struktur selbst und damit auch ihrer ersten Erscheinung zukommt: »Der Film hat rückwirkende Kraft: sein optimistisches Grauen legt am Märchen zutage, was immer schon dem Unrecht diente, und läßt in den gemaßregelten Bösewichtern das Antlitz derer dämmern, welche die integrale Gesellschaft verurteilt und welche zu verurteilen von [!] der Traum der Vergesellschaftung [!] war.« (MM p. 272 [Nr. 131]). »Während kein Kollektivbewußtsein oder -unbewußtsein zu hypostasieren ist; während die Konflikte fensterlos gleichsam in den Einzelnen sich zutragen und aus ihrer individuellen Triebökonomie nominalistisch herzuleiten sind, haben sie doch in zahllosen Individuen identische Gestalt. [...] Der Primat der Gesellschaft wird, rückwirkend, von jenen typischen psychologischen Prozessen verstärkt, ohne daß darin Gleichgewicht oder Harmonie zwischen den Individuen und der Gesellschaft sich bekundete.« (SCH 8 p. 87).

»[...] fraglos indessen sind die Kunstwerke nur, indem sie ihren Ursprung [magische Praktiken etc., cf. ÄT p. 11] negierten, zu Kunstwerken geworden. Nicht ist ihnen die Schmach ihrer alten Abhängigkeit von faulem Zauber, Herrendienst und Divertissement als Erbsünde vorzuhalten, nachdem sie einmal rückwirkend vernichtet haben [!], woraus sie hervorgingen.« (ÄT p. 12.) »Die These, daß Homöostase nur als Resultante eines Kräftespiels, nicht als spannungslose Wohlproportioniertheit stichhaltig sei, impliziert das triftige Verbot jener ästhetischen Phänomene, die in Blochs ›Geist der Utopie‹ teppichhaft heißen, und das Verbot breitet retrospektiv sich aus, als wäre es invariant.« (ÄT p. 62.) »Nicht ist Schönheit der platonisch reine Beginn, sondern geworden in der Absage an das einst Gefürchtete, das erst retrospektiv, von seinem Telos aus, mit jener Absage zum Häßlichen wird, gleichsam entspringt.« (ÄT p. 77.) »Erkenntnis dessen, wozu Bewußtsein unter Preisgabe seines Lebendigen wurde, hat rückwirkende Kraft: so dinghaft ist Egoität immer schon gewesen.« (ND p. 275). »Aus dem gegenwärtigen Bewußtsein läßt sich nicht ausbrechen; es wirkt nach rückwärts und konstituiert auch die Erfahrung vom Vergangenen.« (D p. 133). »Nicht länger ist Stillosigkeit ästhetisch das radikal Böse, sondern eher die ominöse Einheit. Das hat rückwirkende Kraft auch den Epochen gegenüber, in denen Stil noch nicht die Parodie seiner selbst war.« (OL p. 138). »Ich brauche also den Tabubegriff einigermaßen streng, im Sinne des kollektiven Niederschlags von Vorstellungen, die [...] ihre reale Basis in weitem Maß verloren haben, [...] die sich aber, als psychologische und soziale Vorurteile, zäh erhalten und ihrerseits wieder in die Realität zurückwirken, reale Kräfte werden.« (ERZ p. 74). »In Kunst – und, so möchte ich denken, in ihr nicht allein – hat Geschichte rückwirkende Kraft. Die Krisis der Verständlichkeit, heute weit akuter als vor fünfzig Jahren, reißt auch ältere Werke in sich hinein.« (NL III p. 138). »Die Schönheit des Zweckmäßigen hat rückwirkende Kraft. Die Laute der Fähre über dem Wasser, denen man schweigend nachhorcht, sind so beredt, weil sie vor Jahrtausenden nicht anders waren.« (OL p. 21). Cf. noch D p. 139 f.

132 SCH 1 p. 345–355.

133 Beyer: Die Sünden... p. 47; Gedö p. 14; Härting p. 289. Zum letzteren cf. Schweppenhäuser: Verleumdete Aufklärung p. 105.

134 Damals wurde sie noch »Frankfurter Diskussion« genannt. Cf. SCH 1 p. 345.

135 Adorno ibid. p. 355.

136 DA p. 30.

137) DA p. 272 f. Das Stück lautet: »Propaganda für die Änderung der Welt, welch ein Unsinn! Propaganda macht aus der Sprache ein Instrument, einen Hebel, eine Maschine. Propaganda fixiert die Verfassung der Menschen, wie sie unterm gesellschaftlichen Unrecht geworden sind, indem sie sie in Bewegung bringt. Sie rechnet damit, daß man mit ihnen rechnen kann. Im tiefsten weiß jeder, daß er durch das Mittel selber zum Mittel wird wie in der Fabrik. Die Wut, die sie in sich spüren, wenn sie ihr folgen, ist die alte Wut gegen das Joch, durch die Ahnung verstärkt, daß der Ausweg, den die Propaganda weist, der falsche ist. Die Propaganda manipuliert die Menschen; wo sie Freiheit schreit, widerspricht sie sich selbst. Verlogenheit ist unabtrennbar von ihr. Die Gemeinschaft der Lüge ist es, in der Führer und Geführte durch Propaganda sich zusammenfinden, auch wenn die Inhalte als solche richtig sind. Noch die Wahrheit wird ihr ein bloßes Mittel, zum Zweck Anhänger zu gewinnen, sie fälscht sie schon, indem sie sie in den Mund nimmt. Deshalb kennt wahre Resistenz keine Propaganda. Propaganda ist menschenfeindlich. Sie setzt voraus, daß der Grundsatz, Politik solle gemeinsamer Einsicht entspringen, bloß eine façon de parler sei. [Absatz] In einer Gesellschaft, die dem drohenden Überfluß wohlweislich Grenzen setzt, verdient, was jedem von anderen empfohlen wird, Mißtrauen. Die Warnung gegenüber der Geschäftsreklame, daß kein Unternehmen etwas verschenkt, gilt überall, nach der modernen Fusion von Geschäft und Politik vorab gegen diese. Das Maß der Anpreisung nimmt zu mit der Abnahme der Qualität, anders als ein Rolls Royce ist der Volkswagen auf Reklame angewiesen. Die Interessen von Industrie und Konsumenten harmonieren nicht einmal, wo jene ernsthaft etwas bieten will. Sogar die Propaganda der Freiheit kann sich als verwirrend herstellen, sofern sie die Differenz zwischen der Theorie und der partikularen Interessenlage der Angeredeten nivellieren muß. Die in Deutschland erschlagenen Arbeiterführer wurden vom Faschismus noch um die Wahrheit ihrer eigenen Aktion betrogen, weil jener die Solidarität durch die Selektion der Rache Lügen strafte. Wenn der Intellektuelle im Lager zu Tode gequält wird, brauchen die Arbeiter draußen es nicht schlechter zu haben. Der Faschismus war nicht dasselbe für Ossietzky und das Proletariat. Die Propaganda hat beide betrogen. [Absatz] Freilich: suspekt ist nicht die Darstellung der Wirklichkeit als Hölle, sondern die routinierte Aufforderung, aus ihr auszubrechen. Wenn die Rede heute an einen sich wenden kann, so

sind es weder die sogenannten Massen, noch der Einzelne, der ohnmächtig ist, sondern eher ein eingebildeter Zeuge, dem wir es hinter-
lassen, damit es doch nicht ganz mit uns untergeht.« – Entscheidend
daran der Gedanke, daß die Wahrheit der Wahrheit nicht gleichgültig
ist gegen ihren Funktionszusammenhang, der sie in Unwahrheit ver-
kehrt, wo sie Mittel wird, also überhaupt einem Zweck untergeordnet
wird. Damit wird sie ja dem der Theorie nach unwahren Rationalitätsbegriff unterstellt. Die Aufgabe, diesen Rationalitätsbegriff rational zu kritisieren, erfordert die Verfügung über die wahre Rationalität. Verfügung und wahre Rationalität sind aber Gegensätze
dichotomischer Unvermittelbarkeit. Deshalb muß die bestimmte
Negation in dieser Theorie negativ bleiben. – Der Gedanke rationaler
Kritik der Zwecke, mit dem der Zweckrationalitätsbegriff aufgebro-
chen wird, findet sich schon bei dem vorkritischen Adorno. Er war
noch nicht zwanzig Jahre alt, als in der Ztschr. f. Musik sein Satz
gedruckt wurde: »Toch [Adorno rezensiert Ernst Tochs Kammer-
sinfonie Die chinesische Flöte, die in Frankfurt aufgeführt worden
war], an dessen subjektiver Ehrlichkeit kein Zweifel ist, hätte nicht
nur nach dem Recht zu den Mitteln, sondern nach dem Recht des
ganzen Zweckes fragen sollen.« (Ztschr. f. Musik Jg. 90 [1923]
p. 316). Die Kritik des Zwecks ist dort zwar noch gebunden an exi-
stenzphilosophische Motive, aber die Kritik an Webers Objektivitäts-
begriff kündigt sich hier schon an. Sie wird soziologisch begründet
und hat zum Kriterium den Autonomiegedanken, der im Rationalitätsbegriff mitgesetzt sei (SCH 5 p. 28). Zu Adornos These, die
Zweckrationalität als bloße Effektivität der Mittel bei gegebenen
Zwecken sei irrational cf. z. B. SCH 8 p. 48. 440–456; ND p. 302.
Sie ist schließlich nur Rationalität von Mitteln. Cf. jetzt auch SCH 6
p. 530 f.
138) Es handelt sich hier um eine wirkliche Pointe des Adornoschen
Denkens. Die beiden Seiten der Weltlichkeit der Erlösung entstehen
aus polemischen Kritiken falscher Wege. Die Innerweltlichkeit der
Erlösung polemisiert gegen alle Mythologie und setzt so die rationale, aufklärerische Kritik des Platonismus fort. Andererseits wird
diese Fortsetzung durchsichtig gemacht auf ihre eigenen mythischen
Implikationen, die aus dem Widerspruch identitätsphilosophischer
Mittel und nichtidentischem Telos entstehen: ist das analytisch-
methodische Desiderat, das Nichtidentische als das von den Begriffen
an den Sachen Vergessene wieder einzuholen, so ist das teleologisch-,
also synthetisch-methodische Desiderat geschichtsphilosophisch auszu-

weisen. Genau das aber ist unmöglich, wenn die Zwecke auf ihre Rationalität hin befragt werden, weil Zwecke a priori die – falsche – Zweckrationalität konstituieren. Diese Aporie greift den Kern der zukunftshaltigen Begriffe Teleologie, Eschatologie, Utopie an, weil sie in ihnen wiederkehrt: die wahre Teleologie wäre die nicht teleologische etc. Die Aporie wird hervorgebracht durch die Verquickung von Rationalität und Praxis in der instrumentellen Vernunft. Unter den nicht hintergehbaren Bedingungen der Vergesellschaftung der Menschen durch Herrschaft in Gestalt der Organisation (SCH 8 p. 444) ist die an sich nützliche Instrumentalität wirklich unwahr, weisen Praxis und wirkliche Rationalität in entgegengesetzte Richtungen. Ihre Vermittlung scheitert, und daraus zieht Adorno die Konsequenz. Die Geschichtsphilosophie wandelt sich aus einer positiven Auslegung des Geschehenden hinsichtlich seines Sinnes in die Theorie seiner wirklich negativen Immergleichheit.

139 Cf. DA p. 30; die Passage o. p. 85 f. zitiert.

140 DA p. 6. Cf. P p. 27.

141 Das Wort »ästhetisch« ist hier nicht ohne Stachel zu lesen; die Verquickung mit Marktmechanismen ist angesprochen.

142 Zur Berechtigung, diese Formulierung Adorno zu unterstellen cf. die Stellen, an denen Adorno den Begriff des realen Humanismus benutzt (z.B. SCH 8 p. 160; D p. 57; MO p. 160) und die Arbeit von Alfred Schmidt: Adorno – ein Philosoph des realen Humanismus.

143 Cf. o. p. 78 f.

144 SCH 5 p. 247 ff.

145 ND p. 293 ff. KKÄ p. 10 f. 13. 16. 32 f. 37–42. 52–56. 59 f. 68–70. 104–106. 126–128. 133 f. 145 f. 156. 159–170. 176. 179. 182. 188. 190. 213. 233. 246. 273. 281–283. 296. 299. 303–311; ÄT p. 9. 12 f. 16. 18. 26. 28. 30. 33. 35.[2] 47.[2] 55. 68. 71. 74 f. 81 f. 92 f. 97 f. 99. 101. 103 f. 112–119. 124. 127. 138–142. 145 f. 149. 153. 157. 162 f. 165–168. 173. 180. 218 f. 222–224. 226 f. 238. 242. 244. 247. 252. 255. 267. 270. 276. 279. 299. 307. 309 f. 316. 326. 329 f. 365. 393. 395. 397 f. 403. 407–410. 418. 439. 443. 456. 463. 468. 474. 478. 480. 494–498. 501. 503. 508–513. 521. 523 f. 526–529.

146 SCH 5 p. 250. – Daß von einem Ergebnis, einem Abschluß dessen, was in der Vorbemerkung zu den Hegelstudien Vorbereitung genannt wird, nicht die Rede sein kann. ist aus der Theorie des Zeitkerns der Wahrheit evident. Cf. nur DA p. IX.

147 Müller-Strömsdörfer p. 62. Cf. ibid. passim, bes. noch p. 64.

148 SCH 5 p. 320. – Müller-Strömsdörfer hätte, um ihre These zu

sichern, nachweisen müssen, daß diese Beschreibung des Adornoschen Umgangs mit Hegel nicht zutrifft. Die ND und die dritte Hegelstudie waren noch nicht erschienen, aber die zitierte Stelle, die in eine andere mündet, welche von Müller-Strömsdörfer in extenso herangezogen wird, weist die Hegelrevisionismus-These argumentativ zurück.

149 SCH 5 p. 322.

150 Ibid.

151 »[...] eine solche Philosophie wird apologetisch auf die Seite des Seienden sich schlagen, das ja selber eins sein soll mit dem Geiste.« (SCH 5 p. 323).

152 SCH 5 p. 324.

153 Ibid.

154 Das ist nicht zu verwechseln mit dem Versuch, einen Autor oder auch einen Text besser zu verstehen als er sich selbst verstanden hat. Das divinatorische Element, das allen hermeneutischen Konzeptionen eignet, wird von Adorno konsequent eliminiert. Dies gerade macht den Unterschied der methodischen Erkenntnis als bestimmter Negation zu einer Lehre der Verstehenskunst aus. Andererseits bleibt hier immer noch die Dichotomie von Methode und Leben für die Darstellung verbindlich. Es wird sich aber zeigen, daß die konsequente Bestimmung der bestimmten Negation als Methode den formalistischen Charakter des Methodischen, der also vorausgesetzt bleibt (Cf. o. p. 75), von der bestimmten Negation abstreift.

155 DA p. 30. Cf. o. p. 85 f.

156 Tiedemann: Studien zur Philosophie Walter Benjamins p. 156 Fußn.

157 Tiedemann: Studien p. 155.

158 ÜB p. 111 und Tiedemann in ÜB p. 179.

159 »Dem Geist der Passagenarbeit steht insbesondere die Theorie des dialektischen Bildes, wie diese buchstäblich im Memorandum von 1935 entfaltet wird, entgegen.« (Tiedemann: Studien p. 155).

160) Cf. die vorige Anm. – Inzwischen hat Tiedemann das Verhältnis der Adornoschen Kritik der Theorie des dialektischen Bildes zu dem ›Geist der Passagenarbeit‹ geklärt. Unter Hinweis auf die Stellungnahme Benjamins (cf. Benjamin: Briefe 2 p. 685 ff.) schrieb er an anderer Stelle: »Benjamin akzeptierte die Adornosche Kritik [...]« (Tiedemann: Art. Bild, dialektisches in: Histor. Wörterbuch der Philosophie ed. Ritter 1 col. 919 f, hier col. 920).

161 ÜB p. 113. Cf. zur Stelle Tiedemann in ÜB p. 179 f.

162 Zum folgenden cf. Tiedemann: Studien p. 155 ff.

163 Cf. ÜB p. 112 f.

164 ÜB p. 119.

165 ÜB p. 113. Cf. den Kontext, aus dem ich hier nur den Bezugs-satz mitteile: »Der Fetischcharakter der Ware ist keine Tatsache des Bewußtseins, sondern dialektisch in dem eminenten Sinne, daß er Bewußtsein produziert.« (ÜB p. 112).

166 Cf. dazu Tiedemann: Studien p. 59 ff.

167 ÜB p. 112.

168 ÜB p. 116.

169 ND p. 395.

170 cf. o. p. 48 und Anm. II. 79.

171 PN p. 38. Cf. o. p. 67.

172 »Nicht also wäre danach das dialektische Bild als Traum ins Bewußtsein zu verlegen, sondern durch die dialektische Konstruktion wäre der Traum zu entäußern und die Bewußtseinsimmanenz selber als eine Konstellation des Wirklichen zu verstehen.« (ÜB p. 113).

173 Adorno an Benjamin, 17. Dezember 1934, ÜB p. 103 ff, bes. p. 106 f. Der Essay Benjamins (1934) ist abgedruckt in seinen »Schriften« ed. Adorno 2 p. 196–228. Cf. aber zur Textlage Tiedemann in ÜB p. 177 (2).

174 Cf. ÄT p. 51. – Daraus ergibt sich für die Ästhetik, daß Adornos Konzeption der hermetischen Kunst neben dem aus der Materialdiskussion stammenden Produktionsaspekt einen starken Werkaspekt haben muß, will sie die Beziehung der Kunstwerke zur Wahrheit der dialektischen Theorie entsprechen lassen.

175) Adorno hebt die Kongruenz von Hegel und Benjamin (gemeint ist offenbar nicht die Konzeption von 1935, was sich aus der Formulierung ›Dialektik im Stillstand‹ ergibt) hervor, wenn er schreibt: »Seiner Mikrostruktur nach ist das Hegelsche Denken und dessen literarische Gestalt bereits das, was Benjamin Dialektik im Stillstand nannte, vergleichbar der Erfahrung des Auges am Wassertropfen unter dem Mikroskop, der zu wimmeln beginnt; nur daß, worauf ein hartnäckiger, bannender Blick fällt, nicht gegenständlich fest umgrenzt ist, sondern gleichsam an den Rändern ausgefranst.« (SCH 5 p. 364).

176) Auch hier hat das Motiv der rückwirkenden Kraft seinen Ort. Cf. SCH 5 p. 364 f: »Die Binnenstruktur hat aber weitreichende Konsequenz auch für den Zusammenhang: rückwirkende Kraft. Die verbreitete Vorstellung von der Dynamik des Hegelschen Denkens:

die Bewegung des Begriffs sei nichts als der Fortschritt von einem zum anderen kraft der inneren Vermitteltheit des einen, ist zumindest einseitig. Insofern die Reflexion jeden Begriffs, regelmäßig verbunden mit der Reflexion der Reflexion, den Begriff durch den Nachweis seiner Unstimmigkeit sprengt, affiziert die Bewegung des Begriffs stets auch das Stadium, dem sie sich entringt. Der Fortgang ist permanente Kritik des Vorhergehenden, und solche Bewegung ergänzt die snythetisch fortschreitende. In der Dialektik der Identität wird also nicht nur als deren höhere Form die Identität des Nichtidentischen, das A = B, das synthetische Urteil erreicht, sondern dessen eigener Gehalt wird als notwendiges Moment bereits des analytischen Urteils A = A erkannt. Umgekehrt ist auch die einfache formale Identität des A = A in der Gleichsetzung des Nichtidentischen aufbewahrt.«

177 Cf. Wellmer p. 63 ff., bes. p. 69 ff. Der dort anvisierte Übergang positiven Sinnes in das Telos wirklicher Aneignung ist, wie ich sogleich zeigen werde, eine andere Formulierung des Problems der Objektimmanenz des möglichen Besseren.

178 Auf die Einschränkung, die o. Anm. I. 42 gemacht wurde, sei hier nochmals verwiesen.

179 Über die damit zusammenhängenden Schwierigkeiten innerhalb der Marxschen Theorie cf. Wellmer passim, bes. p. 93 ff. Ich nehme diesen Faden unten in Kapitel 5 Abschn. 2 wieder auf.

180 Z. B. in der Analyse des Verhältnisses von Herrschaft und Knechtschaft, Phän. d. G. p. 141 ff.; cf. dazu: H. H. Holz: Herr und Knecht etc.

181 Cf. Lenk: Marx etc. p. 114 ff., bes. p. 130. 132 f.

182) Der an dieser Stelle zu erwartende Einwand: Mit der Verwandlung der Geistdialektik in Sozialdialektik und damit in die Dialektik des wirklichen Seins der Menschen und seiner ökonomischen Grundlage sei die unzulässige Veränderung der bestimmten Negation durch Hegel rückgängig gemacht worden, und dies sei gerade die Wahrheit der bestimmten Negation, verfängt nicht. Gerade die Trennung von Vorgeschichte und Geschichte beinhaltet die Veränderung der Gesetzlichkeit des Geschichtsprozesses selbst. Der einmalige qualitative Umschlag, der, als Beseitigung aller überflüssigen Herrschaft schlechthin, zur kommunistischen Organisation der Gesellschaft führen soll, ist die Aufhebung der Gesetzlichkeit des Geschichtsprozesses: er ginge hinfort nicht mehr dialektisch, sondern nach den Regeln empirisch-hartgesottener Zielrichtung weiter.

183 Cf. Max Weber: Wissenschaftslehre p. 146 ff.

184 MEW 3 p. 27.

185 Zur Abweichung Benjamins von der Theorie der Dialektik im Stillstand cf. Tiedemann: Studien p. 128 ff., bes. p. 132 Fußn.

186 Ich beziehe mich hier auf die bisher unausgetragene Kontroverse zwischen Habermas und Tiedemann: Habermas bestreitet, daß Benjamin Adornos Kritik an dem Exposé akzeptierte, indem er die Streitpunkte hervorhebt (Habermas: Bewußtmachende oder rettende Kritik etc. p. 207 ff. 191 ff.). Zur Position Tiedemanns cf. o. Anm. III 160.

187 Habermas: Bewußtmachende etc. p. 195. Die gleiche Auffassung kommt bei Jürgen Fredel: Kunst als Produktivkraft etc. zum Ausdruck. Fredel verwechselt aber an entscheidender Stelle (p. 233) die Adornoschen Begriffe Autonomie bzw. Authentizität der Kunstwerke (cf. sein Zitat aus ÄT p. 339 im Kontext). Die materialistische Theorie ihrer Authentizität wird von Adorno gerade als Wahrheit der Unwahrheit der Autonomie oder als ihr sozialer Gehalt entdeckt. Cf. u. Kap. 6.

188 PN p. 53–67.

189 PN p. 67 ff.

190 Habermas: Bewußtmachende etc. p. 195.

191 DA p. 272 f., zit. o. Anm. III. 137.

192 PN p. 126.

193 Cf. SCH 8 p. 134.

194 PN p. 112 ff.

195 Cf. u. Kap. 6 und die Andeutung u. Anm. III. 214.

196 Cf. das bei Tiedemann: Studien p. 131 und dann von Habermas: Bewußtmachende etc. p. 210 zitierte Stück aus den Passagen-Manuskripten.

197 Cf. Benjamin: Briefe Nr. 263. 265. 306. 307. 310. 317. 328.

198 Habermas: Bewußtmachende etc. p. 210.

199 Der Satz ist o. Anm. III. 165 zitiert.

200) Benjamins Mißverständnis offenbart sich an seinem Lob des Adornoschen Wagner (SCH 13 p. 7 ff.). Habermas zieht (p. 211) auch diese Stelle aus Benjamins Brief Nr. 293 an Horkheimer (6. Jan. 1938) heran: »Das ergreifend Neue an ihnen [Teilen des Adornoschen Wagner] war für mich, daß sie musikalische Tatbestände, die für niemanden entlegener sein können als für mich, in mir unbekannter Weise [sic] gesellschaftlich transparent machen. Von einer anderen Seite her [sic] hat mich *eine* Tendenz dieser Arbeit besonders inter-

essiert: das Physiognomische unmittelbar [sic], fast ohne psychologische Vermittlung, im gesellschaftlichen Raum anzusiedeln.« (Benjamin, Briefe 2 p. 741) Das Mißverständnis, das ich im Text an Habermas aufklären möchte, besteht in der Trennung der Art und Weise
des Transparentmachens von dem, was Benjamin hier Unmittelbarkeit nennt (aber keine ist) sowie in der Zerlegung des physiognomischen Verfahrens in Transparentmachen einerseits und im gesellschaftlichen Raum Ansiedeln andererseits. Beides ist dasselbe, soll
nicht Adornos Rückgriff auf das Fetischkapitel aus dem ›Kapital‹,
wie er explizit D p. 18 f. vorliegt, zur Verbalattitüde erklärt werden: »nicht psychologisch« (D p. 18) vermittelt heißt nicht: unvermittelt, sondern *ökonomisch* vermittelt.

201 Habermas: Bewußtmachende etc. p. 210.

202 Benjamin: Schr. 1 p. 494. Habermas liest die Stelle entgegengesetzt. Cf. Habermas ibid. p. 207 u. ö. und die Folgerung p. 215. Er
zieht auch damit die Interpretation Tiedemanns in Zweifel. Cf.
Tiedemann: Studien p. 146 f.

203 Diese Vermitteltheit ist es, die Benjamin an Adornos Wagner-
Buch nicht erkennt.

204 ÄT p. 153 f. und: »Kunstwerke werden Bilder dadurch, daß die
in ihnen zur Objektivität geronnenen Prozesse selber reden.« (ÄT
p. 132 f.)

205 ND p. 186. Ebenso Benjamin in einem zuerst bei Krumme p. 74
gedruckten Text.

206 ÄT p. 133.

207 Die Rede von der Musikgeschichte o. p. 67 ist also metaphorisch
in dem o. Anm. III. 51 angedeuteten Sinn.

208 ÄT p. 60.

209 ÄT p. 263.

210 Cf. das Benjamin-Zitat SCH 5 p. 141 und ÄT p. 265.

211 Die Priorität der Einsicht in den Zeitkern der Wahrheit reklamiert Adorno E p. 26 für Hegel.

212 E p. 24; ÄT p. 197. Ebenso, aber ohne Bezug auf Adorno, Tiedemann: Studien p. 125.

213) Benjamin: Schr. 1 p. 580 f. Ich möchte die schöne Stelle nicht
vorenthalten: »Naturbeherrschung, so lehren die Imperialisten, ist
Sinn aller Technik. Wer möchte aber einem Prügelmeister trauen, der
Beherrschung der Kinder durch die Erwachsenen für den Sinn der
Erziehung erklären würde? Ist nicht Erziehung vor allem die uner-
läßliche Ordnung des Verhältnisses zwischen den Generationen und

also wenn man von Beherrschung reden will, Beherrschung der Generationsverhältnisse und nicht der Kinder? Und so auch Technik nicht Naturbeherrschung: Beherrschung vom Verhältnis von Natur und Menschheit.« Cf. Marx: Grundrisse p. 592 f.

214) Damit ist eine entscheidende Bruchstelle in der Ästhetik Adornos getroffen: einerseits soll das Problem, auf das ein neues Kunstwerk die Antwort gibt, von dem vorhandenen Material: den Konstellationen, Figuren oder Konfigurationen selbst gestellt werden, andererseits konstituiert sich das Verhältnis von Kunst und Gesellschaft: der soziale Gehalt der Werke also, allererst als – mit Benjamin gesprochen: – Ausdruck gesellschaftlicher Antagonismen. Überdies soll der Künstler neue Verfahrensweisen, die er nur aus dem ihm synchronen Unterbau schöpfen kann, auf das vorgefundene Material applizieren. Der Begriff dieser Applikation setzt aber das Material als unhistorisches Naturmaterial voraus, gerade wenn den vorherigen Applikationen selbst die Übertragung instrumenteller Produktivkräfte in den zweckfreien Bereich *gelungen* ist. Negabel ist der Theorie nach nur gesellschaftlich Antagonistisches. Der Antagonismus ist aber, wenn die Übertragung in den zweckfreien Raum gelingt, an den Produktionsverfahren getilgt. Die neuen Kunstwerke müßten also, wenn sie sich auf das immer wieder neue Verhältnis von möglicher, d. h. wirklich entwickelter Rationalität im Unterbau und Verwirklichung der Möglichkeit der Humanisierung beziehen, auf ein ungeschichtliches Bild des freien und mündigen Menschen abzielen, wenn der Stand der Produktivkräfte so eingeschätzt wird, daß das volle Maß bürgerlich-idealer Freiheit von ihm ermöglicht wird. Mit der Zurücknahme der Geschichtlichkeit der Subjektivität, die damit verbunden wäre, würde Adorno genau in diejenigen Fußstapfen Hegels treten, welche er ihm ankreidet.

215) ND p. 27. Benjamins Konzeption der archaischen Bildlichkeit schränkt die Bedeutung der objektiven (ökonomischen) Vermitteltheit der Subjekte ein. Der zitierte Satz bezieht sich offenbar auf Benjamins Bestimmung der Bildlichkeit der dialektischen Bilder in ihrem Verhältnis zur Gesellschaft: sie sind deren »Ausdruck« (cf. o. Anm. III. 196). Wenn Adorno den Ausdruck der Kunstwerke als »Widerpart des etwas Ausdrückens«, als Gegensatz der Intention bestimmt (ÄT p. 171; cf. seine Kritik an Riegl, dem Benjamin verpflichtet war: ÄT p. 95. 219. 253), so wird damit die Subjektivität der Produktion, wie sie mit der Vorstellung archaischer Bilder und des Etwas-Ausdrückens verbunden ist, widerrufen. Thierkopf vernachlässigt, wo er

das Verhältnis von Subjektivität und Objektivität thematisiert (p. 9), daß die Adorno-Stelle, auf die er sich dort bezieht (nach meiner Zitation ÜB p. 52), an Benjamins ›Einbahnstraße‹ gekoppelt ist, die er in dem Brief über das Memorandum gegen dieses ausspielt, wenn er auf die »Sprache des glorreichen ersten Passagenentwurfes« (ÜB p. 113) zurückgreift, den er zur Zeit der ersten Bekanntschaft mit den Entwürfen (1927–29) für den der ›Einbahnstraße‹ (Erstausgabe 1928) halten mußte. Thierkopf verdrängt die Kontroverse von 1935 und spricht über einen Benjamin, wie Adorno ihn gern gehabt hätte.

216 SCH 8 p. 87.

217 Cf. o. Anm. III. 108.

218 Adorno hat sich kurz vor seinem Tode in dem Text ›Resignation‹ (KR p. 145 ff.) gegen den Vorwurf der Resignation verteidigt.

219 ND p. 8.

220 SWM p. 226.

221 Cf. o. p. 72 f.

222 Diese Konstruktion, besonders das Odyssee-Kapitel, wird gleichermaßen von Gadamer (Wahrheit und Methode p. 258 Fußn. 2) und Klaus Heinrich (Versuch über die Schwierigkeit nein zu sagen p. 49 ff., besonders die Anmerkungen p. 178 ff.) kritisiert. Beide spielen das bei Homer zentrale Motiv des Schicksals gegen die rationale Deutung Adornos aus und übersehen dabei, daß Adorno die Schicksalsmythologie gerade dadurch kritisiert, daß er sie selbst entzaubert.

223 MM p. 332 (Nr. 152).

224 MM p. 215 (Nr. 103). Für Benjamin, der das dialektische Bild als ›aufblitzendes‹ konstruiert hat (cf. Tiedemann: Studien p. 158), geht es an den von Tiedemann dazu herangezogenen Stellen ebenfalls um die Konstitution der Bilder, nicht um ihre Rezeption oder physiognomische Analyse.

225 Dafür partizipieren sie stärker am Fetischcharakter der Ware. Cf. D p. 9 ff.; ÄT passim; DA p. 166 mit einer historischen Differenzierung.

226 NL I p. 48.

227 ND p. 27. 200 ff.

228) Die Bezeichnung ›physiognomischer Gehalt‹ ist eine Präzisierung der Bezeichnung Adornos für denselben Sachverhalt. Er nennt dies den sozialen Gehalt (z. B. OL p. 97 f.). Die neue Bezeichnung hat den Vorteil, die Methode, die ihn soll freilegen können, mitzunennen

und das rezeptionsästhetische Mißverständnis des Begriffs, dem z. B. Silbermann erlegen ist, abzuwehren.

229 Cf. o. p. 65 ff.

230 PN passim, z. B. p. 117. 125. Cf. ÄT Reg.

231 Der Ausweg, den Adorno hier anstrebt: die figurative oder konstellative Sprache, bezieht sich also nicht auf die physiognomische Analyse, sondern auf ein Drittes: mit Begriffen so auf die *Gegenwart* zu reagieren, wie es die Kunstwerke begriffslos tun. Allein hier konvergiert die Philosophie mit der Kunst und hat Anteil an der Spontaneität des Hervorbringens von die Gesellschaft und ihre Antagonismen ausdrückenden Vergegenständlichungen.

232 Cf. ÄT p. 344 f.

233 Cf. ÄT Reg., besonders p. 374, wo Adorno Marcuses Kritik am affirmativen Charakter der Kultur aufnimmt und präzisiert.

234 SCH 5 p. 324.

235 Zuerst in kürzerer Form 1959 gedruckt im AfPh 9 H. 1/2 p. 67–82 unter dem Titel: ›Erfahrungsgehalte der Hegelschen Philosophie‹. Jetzt SCH 5 p. 295 ff.

236 Cf. o. p. 103.

237 ND p. 159 ff.

238 Der Modellbegriff Adornos, den er als den materialistischeren gegen Benjamins Konzeption der dialektischen Bilder von 1935 ausspielt (ÜB p. 114. 119), stammt aus Benjamin (ÜB p. 114). Er steht über den Bänden E und ST, über dem drittel Teil der ND, aber auch schon in KKÄ p. 187. 248. Ferner: OL p. 48; D p. 132. 137; MM p. 11; PN p. 54; SCH 8 p. 91. 356. 508; ÄT p. 41. 252. 259. 356. 359.

239 MM p. 57 (Nr. 29).

240 Die hier interpretierte Stelle ist der Versuch, einen solchen Kontext nachzuliefern. Cf. SCH 5 p. 324. Andere Wiederaufnahmen des Satzes, an denen dieselbe Beobachtung zu machen ist: P p. 66; ND p. 20; SCH 8 p. 319. 586.

241 Gedö p. 16.

242 Cf. o. Anm. II. 127.

243 Cf. ND p. 14–16.

244 Auch anderwärts beansprucht seine Philosophie, die letzte zu sein: SCH 5 p. 47.

245 E p. 24. Böckelmann, dem dieser Satz »*praktisch* bedeutungslos« erscheint (Böckelmann: Über Marx und Adorno p. 164), hat offenbar gar nicht verstanden, daß hier eine Komplementaritätstheorie von

Theorie und Praxis vorliegt. Er hat denn auch die ›Marginalien zu Theorie und Praxis‹ (ST p. 169 ff.), in denen Adorno diese Theorie ausführt, gar nicht berücksichtigt.

246 ND p. 159.

247 Entsprechend ist Benjamin zu lesen. Cf. Tiedemann: Studien p. 15 und die dort angezogenen Stellen aus dem Trauerspielbuch (p. 10. 32).

248 ND p. 13. Cf. ibid. p. 240. Über Böckelmanns Interpretation der Stelle (Böckelmann: Über Marx und Adorno p. 158 f.) mag man sich sein Urteil selbst bilden.

249 Bloch: Das Prinzip Hoffnung III. 55 p. 1602 ff., bes. p. 1609 ff.

Viertes Kapitel

1 Solche objektsprachlichen Sätze über die Gesellschaft sind z. B. in der o. p. 69 f. zitierten Passage aus den D enthalten. Die Werke Wagners enthalten danach »das Katastrophengefühl einer Klasse, die nichts anderes mehr vor sich sieht als das endliche Verhängnis der Expansion«. (D p. 123).

2 ND p. 148.

3 ND p. 147 ff.

4 Müller-Strömsdörfer p. 64: »Die Tendenz zur Polarisierung, zur Zweistufigkeit [sic], gegenüber dem Hegelschen Dreischritt springt überall ins Auge; sie durchzieht Adornos Gesamtwerk und ist geradezu das seine Philosophie kennzeichnende Merkmal.« ›Zweistufigkeit‹ trifft das, was sie hier meint, nämlich eben Polarität, wohl nicht. Stufen setzen ein Identisches, Durchgehaltenes voraus, auch ein Nacheinander. Diese Verbundenheit wäre aber schon das Dritte, von dem sie behauptet, daß es bei Adorno fehle.

5 SCH 5 p. 32. Ebenso VE p. 281.

6 ND p. 182 ff.

7 Cf. dazu die dies sehr deutlich aussprechende Passage VE p. 281.

8 ND p. 148.

9 ND p. 149.

10 SCH 5 p. 35. Cf. Müller-Strömsdörfer p. 52; SCH 5 p. 444.

11 ND p. 149.

12 Alfred Schmidt: Der Begriff der Natur etc. p. 90 ff. und passim.

13 ND p. 149. Cf. ibid. p. 105 ff.

14 ND p. 149.

15 SCH 5 p. 73.

16 SCH 5 p. 77.

17 ND p. 137. Cf. ibid. p. 42.

18 ND p. 148.

19 DA p. 30. Cf. o. p. 85 ff.

20 MM p. 117 (Nr. 58).

21 Adorno fragt danach, »ob das Besondere auch seinen Begriff erfüllt« (ND p. 147). Cf. VE p. 46.

22 ND p. 46.

23 ND p. 40: »Dialektik, die nicht länger an die Identität ›geheftet‹ [nämlich an die metaphysische, absolute] ist, provoziert, wo nicht den Einwand des Bodenlosen, [...] den des Schwindelerregenden.«

24 ND p. 139.

25 Ibid.

26 SCH 5 p. 57.

27 SCH 5 p. 130 ff.

28 SCH 5 p. 57.

29 ND p. 139.

30 VE passim, bes. p. 264.

31 ND p. 135 ff.

32 ND p. 137 f.

33 ND p. 139 f.

34 ND p. 143. Cf. A. Schmidt: Der Begriff der Natur etc. p. 41 ff. Schmidt, dessen Buch Adorno genau kannte – er hat es mit Horkheimer zusammen bevorwortet –, weist dort nach, daß Engels den Begriff der Naturdialektik so konzipiert, daß er zu dem wird, was er nach Adorno keinesfalls sein darf: »universales Erklärungsprinzip« (ND p. 143). Beyer, der in seinem Band ›Vier Kritiken‹ Adornos Ablehnung der Naturdialektik vermerkt (p. 169 f.), scheint diese Ablehnung als eine der Hegelschen Dialektik zu verstehen. Mit ›universales Erklärungsprinzip‹ ist auch Hegel zu treffen, aber als materialistische ist solche Dialektik falscher denn als idealistische.

35 ND p. 143.

36 A. Schmidt: Der Begriff der Natur etc. p. 51 ff.

37 Ibid. p. 30.

38 Ibid. p. 23.

39 Schmidt ibid. p. 33 f.

40 Cf. o. p. 61. Dort ging es in erster Näherung um die Kontrastierung der ›Idee der Naturgeschichte‹ von dem mythischen Naturbegriff, also allererst um die Herstellung des dialektisch materialistischen Gesellschaftsbegriffs, der hier nun problematisiert wird.

41 Die anderen Bezüge zwischen den Bedeutungen von Identität und Immanenz werden im weiteren zur Interpretation herangezogen.

42 ND p. 372. Zu verweisen wäre auf Kr. d. r. V. p. AXII; BXIII ff.

43 ND p. 372 f.

44 ND p. 154 ff.

45 Adorno bekräftigt, »daß in der heteronomen Geschichte blinde Naturwüchsigkeit sich perpetuiert«. (ND p. 143, unmittelbar vor der zur Interpretation stehenden Stelle.)

46) Der Auslegung des ausgelassenen Satzes: ›Solche Dialektik ist negativ‹, dient die Interpretation der ganzen Stelle. Deshalb wird er als letzter behandelt.

47 Das Wort ›nennt‹ rekurriert auf die fast mystisch gebrauchte Wendung ›beim Namen nennen‹, über deren Bedeutung im sechsten Kapitel zu sprechen ist.

48) A. Schmidt: Der Begriff der Natur etc. p. 151. Schmidt begründet diese Auffassung des öfteren (z. B. p. 117 f.), auch in dem Anhang zur Neuausgabe seines Buches (p. 180), mit dem Marx-Zitat: »Der Arbeitsprozeß [...] ist zweckmäßige Tätigkeit zur Herstellung von Gebrauchswerten, Aneignung des Natürlichen für menschliche Bedürfnisse, allgemeine Bedingung des Stoffwechsels zwischen Mensch und Natur, ewige Naturbedingung des menschlichen Lebens und daher unabhängig von jeder Form dieses Lebens, vielmehr allen seinen Gesellschaftsformen gleich gemeinsam.« (MEW 23 p. 198).

49 MEW 23 p. 198.

50 Cf. A. Schmidt: Der Begriff der Natur etc. 3. Aufl. p. 178.

51 VE p. 126. 127.

52 VE p. 127.

53 ND p. 366.

54 ND p. 389.

55 ND p. 398.

56 Cf. o. p. 124 den letzten Punkt der Gegenüberstellung.

57 ND p. 273.

58 Zum Problem des Rechtsanspruchs Kants cf. Paetzold p. 254 ff.

59 VE p. 281.

60 Cf. D p. 19: »[...] recht eigentlich betet der Konsument das Geld an, das er selber für die Karte zum Toscaninikonzert ausgegeben hat. Buchstäblich hat er den Erfolg ›gemacht‹, den er verdinglicht und als objektives Kriterium akzeptiert, ohne darin sich wiederzuerkennen. Aber ›gemacht‹ dadurch, daß er die Karte kaufte.«

61 Kempski p. 186 f.

62 ND p. 150.
63 Ibid.
64 Horkheimer: Kritische Theorie der Gesellschaft 2 p. 137 ff.
65 Hegel: Phänomenologie des Geistes p. 21.
66 Hegel ibid.
67 MM p. 57 (Nr. 29).
68 Cf.: »Die Ideologie vom Ansichsein der Idee ist so mächtig, weil sie die Wahrheit ist, aber sie ist die negative; Ideologie wird sie durch ihre affirmative Umwendung.« (ND p. 308).
69 ND p. 298.
70 ND p. 310.
71 SCH 8 p. 217 ff.
72 ND p. 151.
73 Ibid.
74 ND p. 146.
75 ND p. 20.
76 Dieses Modell von Druck und Gegendruck liegt offensichtlich der Theorie des korrelativen Entsprungenseins von Subjektivität und Verdinglichung zugrunde. Der Geist ist nach Adorno »im Dasein entsprungen, als Organ, sich am Leben zu erhalten« (MM p. 328 [Nr. 151. IX]), und deshalb a priori verdinglicht.
77 MM p. 17 (Nr. 2).
78) Es spielt hier wieder die Vorstellung einer Doppelstufigkeit des Ideologischen herein (cf. o. Anm. III. 112). Die Autoritätsstrukturen in der Familie werden dargestellt als den Willen zum Besseren hervorbringend. Die pubertäre Opposition wäre danach die Bedingung der Möglichkeit verändernder Praxis. Die gegenwärtige Situation, so Adorno, ist demgegenüber gekennzeichnet dadurch, daß »die junge Generation [...] entsagt hat, schon ehe es zum Konflikt überhaupt kam«. Die grauenhafte Perspektive, die sich ihm eröffnet, beschreibt er mit dem Satz: »Heute aber beginnt es [das Generationsverhältnis] auf einen Zustand zu regredieren, der zwar keinen Ödipuskomplex kennt, aber den Vatermord.« Statt aus dem Verfall der Elternautorität heraus frei zu werden, zieht die junge Generation nach Adorno »daraus [aus diesem Verfall] ihre Macht [...], verbissen autoritär und unerschütterlich.« (MM p. 16 [Nr. 2]). Schon damit ist der Bruch in dem Druck-Gegendruck-Schema angedeutet, den ich im Text herausarbeiten möchte.
79 AUT 2 p. 384 u. ö.
80 Cf. Fromm.

81 AUT 1 und 2 passim. Cf. z. B. AUT 2 p. 381.

82 Unter ›Ticket‹ versteht die DA den Inhalt alternativer Wahl-
möglichkeiten politischer und ideologischer Art, wobei Differenzierungen ausgeschlossen sind und also auch alle Nebenfolgen einer
politischen Doktrin mitgewählt werden müssen. Cf. OL p. 52.

83 DA p. 217.

84 ND p. 292. Cf. ÄT p. 16; Scheible p. 88.

85 Cf. o. p. 85 ff.

86 Cf. o. p. 58. Adorno kleidet diese Struktur auch in die Formulierung: »Weil es der objektiven Möglichkeit nach der Anpassung nicht
mehr bedürfte, genügt einfache Anpassung nicht mehr, um es im
Bestehenden anzuhalten. Die Selbsterhaltung glückt den Individuen
nur noch, soweit ihnen die Bildung ihres Selbst mißglückt, durch
selbstverordnete Regression.« (SCH 8 p. 69 f.). Die Parallelität zu
der Stelle DA p. 217 ist unverkennbar.

87) SCH 8 p. 476 f. Es handelt sich um die Schlußpassage von
Adornos ›Beitrag zur Ideologienlehre‹. In einer anderen Fassung des
Textes, welche in dem Band ›Soziologische Exkurse‹ unter dem Titel
›Ideologie‹ veröffentlicht wurde, finden sich einige Zusätze und Veränderungen. Neben Änderungen der Orthographie (›Verdopplung‹
statt ›Verdoppelung‹) und Interpunktion (›Werde, was du bist‹ statt
›Werde was du bist‹) sind in der zitierten Passage eine scheinbar
sinnverändernde Korrektur und ein Zusatz hervorzuheben. Die
Korrektur betrifft das Wort ›Einbeziehung‹. In der zweiten Fassung
heißt es ›Einziehung‹, also: »[...] unter Einziehung aller Transzendenz und aller Kritik«, womit das Verschwinden von Transzendenz
und Kritik stärker hervorgehoben wird. Obwohl sich ›Einbeziehung‹
und ›Einziehung‹ darin widersprechen, daß ›Einbeziehung‹ das Ein-
bezogene existent bleiben läßt und ›Einziehung‹ das Eingezogene
liquidiert, handelt es sich hier (cf. den Kontext) nicht wirklich um
eine Sinnveränderung: wenn die Ideologie der Massenkultur »Verdopplung und Rechtfertigung des ohnehin bestehenden Zustandes,
unter Einbeziehung aller Transzendenz und aller Kritik« genannt
wird, so ist damit die Falschheit von Transzendenz und Kritik hin-
reichend deutlich angesprochen, um die Änderung in ›Einziehung‹
als Verdeutlichung, nicht als Sinnveränderung zu kennzeichnen. –
Hinzugefügt wurde am Schluß: »(von sich werfen); sie aber scheint
das Allerschwerste.« (Soziologische Exkurse p. 178 f.). Tiedemann
legt für den Abdruck die erste Fassung zugrunde, vermutlich weil
Adorno in den ›Soziologischen Exkursen‹ nicht als Verfasser auftritt.

Nach der Vorrede zu dem Band (von Adorno und Horkheimer) zeichnet als Verfasser der Überarbeitung des Textes das Institut für Sozialforschung als Ganzes (Cf. Soziologische Exkurse p. 8).

88 Cf. DA p. 6, zit. o. p. 92 f.

89 Adorno arbeitet mit dem psychoanalytischen Denkmodell der Topologie, wenn er die Ideologie als Über-Ich der Gesellschaft behandelt. In der Charakterisierung des manipulativen Typus identifiziert er die Zwangshaftigkeit der Befolgung der Befehle vom internalisierten Über-Ich als Verdinglichung: »Man sollte sich jedoch stets daran erinnern, daß die Zwangshaftigkeit das psychische Äquivalent dessen ist, was die Soziologie Verdinglichung nennt.« (AUT 2 p. 397).

90 SCH 8 p. 477.

91 Maurer p. 138.

92 MM p. 160 (Nr. 80).

93 Cf. o. Anm. IV. 87.

94 ST p. 24.

95 SCH 5 p. 324. Cf. o. p. 112 f.

96 SCH 8 p. 477.

97 Maurer p. 138.

98 ND p. 396.

99 Art. Dialektik 8 in: Ritter (ed.): Historisches Wörterbuch der Philosophie 2 col. 222. Dieser Abschnitt des Dialektik-Artikels ist mit ›Red[aktion]‹ gezeichnet; cf. dazu ibid. Band 1 p. Xb Ziffer (II). 8.

100 Cf. DA p. 217: »Die ihrer selbst mächtige, zur Gewalt werdende Aufklärung selbst vermöchte die Grenzen der Aufklärung zu durchbrechen.« Das Konditional ist motiviert durch die mitgedachte Bedingung: ›wenn es gelingt, den geringen und doch allerschwersten Schritt zur Erkenntnis der Negativität zu tun‹, die ich hier aus SCH 8 p. 477 extrapoliere.

101 Cf. o. Anm. II 127.

102 SCH 8 p. 19. Die Stelle wurde schon berührt o. p. 55.

Fünftes Kapitel

1 Ich vernachlässige hier wie im ersten Kapitel die seinem Denken implizite, nirgends aber ausgesprochene Stellung Adornos zu Poppers Konzeption der Offenen Gesellschaft, wie ich auch die Auseinandersetzung zwischen den Dialektikern und den Positivisten in der

Soziologie nur am Rande behandle: soweit aus dem, was Adorno dazu geschrieben hat, Erkenntnisse über seine Philosophie zu gewinnen sind.

2 SWM p. 228.

3 »So undurchdringlich der Bann, er ist nur Bann.« (SCH 8 p. 370). Aufklärung im Pelz des Mythos.

4) Theunissen unternimmt in seiner Broschüre ›Gesellschaft und Geschichte‹ den verfehlten Versuch, diese Idee mit der DA zu kritisieren (p. 15). Sein Mißverständnis dieser Idee läßt sich an seinem Satz zeigen: »Nur Herrschaft über die Natur, das ist die Meinung [der kritischen Theorie], garantiert, worum es letztlich geht: die ›vernünftige Organisation‹ [Theunissen verweist dazu auf Horkheimer: Kritische Theorie 2 p. 193. 306], die vollkommen rationale Planung einer Welt, die als eine durchweg gesellschaftliche auch durchweg von der Gesellschaft gestaltet werden kann.« (p. 15). Demgegenüber ist festzuhalten, daß Horkheimer in seinen frühen Schriften zwar manches noch nicht so scharf sieht wie später, aber die Kritik der planenden, naturbeherrschenden Vernunft doch gerade der Inhalt schon des Aufsatzes über traditionelle und kritische Theorie, wie auch des Nachtrags dazu ist, aus dem Theunissen zitiert.

5 Das vorliegende Buch entstand vor der Ermordung Allendes.

6 MEW 23 p. 791.

7 Horkheimer: Kritische Theorie 2 p. 143.

8 P p. 109.

9 Sonnemann: Erkenntnis als Widerstand passim.

10 Tiedemann: Vorbemerkung des Herausgebers. In: KR p. 7 ff.

11 E p. 24.

12 E p. 25.

13 ÄT p. 50.

14 ND p. 292. Cf. A. Schmidt: Der Begriff der Natur etc. p. 108 ff.

15 Es handelt sich um einen spontan gesprochenen Text, und zwar um denjenigen, welchem Adorno die Vorbemerkung über die Differenz von geschriebenem und gesprochenem Adorno-Text vorangestellt hat. Zunächst wurde die Tonbandnachschrift als Privatdruck publiziert (cf. Tiedemann in KR p. 105 Fußn.), später hat Adorno den Text jedoch in Argument 29 noch einmal drucken lassen. Die Vorbehalte, die er gegen seine eigenen mündlichen Texte hatte, können als widerrufen gelten, seitdem er dazu überging, auch seine oft ebenfalls ohne Manuskript gesprochenen Rundfunkvorträge in Sammelbände aufzunehmen.

16 KR p. 117.

17 KR p. 132.

18 KR p. 117. Cf. ST p. 177 f.

19 MM p. 23 (Nr. 6).

20 Die negative Dialektik, so formuliert Adorno, bleibt »falsch, identitätslogisch, selber das, wogegen sie gedacht wird.« (ND p. 148).

21 ND p. 227.

22 Ibid.

23 Ideologiekritik ist »kein Peripheres und Innerwissenschaftliches, auf den objektiven Geist und die Produkte des subjektiven Beschränktes, sondern philosophisch zentral: Kritik des konstitutiven Bewußtseins selbst«. (ND p. 149).

24 SCH 5 p. 320.

25 MM p. 91 (Nr. 46).

26 ND p. 292, zit. o. p. 137.

27 Adorno in einem Spiegel-Gespräch (Spiegel 19/1969). Jetzt in: Wolff, Georg (ed.): Wir leben in der Weltrevolution p. 164.

28 Diese Worte stammen aus dem Kontext der Stelle.

29 SCH 1 p. 369.

30 Sonnemann: Erkenntnis als Widerstand etc.

31 Bauermann/Rötscher unterstellen Adorno sogar die entsprechende bewußte Absicht. Cf. Bauermann/Rötscher p. 1440.

32 Krahl: Der politische Widerspruch der Kritischen Theorie Adornos. In: Ff. Rds. 13. 8. 1969.

33 Krahl ibid.

34 H. H. Holz berichtet, diese Argumentation aufnehmend, in seinem Aufsatz ›Mephistophelische Philosophie‹ p. 188 von einer Äußerung Adornos: »Wenn ich an einem Sternmarsch nicht teilnehme, so fällt das in meine individuellen Rechte.« In Klammern fügt Holz dem hinzu: »Das hatte niemand bezweifelt; es ging ja gerade darum, daß Adorno seine individuellen Rechte im Sinne dieser Verweigerung solidarischer Aktionen in Anspruch nahm.« Es geht also zunächst wirklich um das Verhalten des Individuums Adorno.

35 Cf. Holz ibid. p. 187 f.

36) Diese Trennung ist nicht unproblematisch, zumal sich die Interpretation darauf konzentriert, den Gehalt der Adornoschen Philosophie in thetische Form zu gießen. Adorno selbst hat unterschieden zwischen in Kunstwerke ›gepumpter‹ (thetischer) Philosophie und ihrem Gehalt als Verhaltensweise (cf. P p. 305 mit ÄT p. 26). Das, worin Kunstwerke Verhaltensweise sind, ist aber nach der Theorie

Adornos prinzipiell unterschieden von dem praktizistischen Begriff der Aktion als tagespolitisch engagierte Handlung von Menschen. Die Philosophie Adornos hat in ihrer Wissenschaftskritik teil an der ›Fachidiotendiskussion‹ der sechziger Jahre, in welcher vielen Hochschullehrern die Veröffentlichung mißbrauchbarer Forschungsergebnisse im Dritten Reich zum Vorwurf gemacht wurde. Darin spiegelt sich die Forderung nach Einheit von Theorie und persönlicher Verhaltensweise, aber anders als in der hier anstehenden Frage nach dem Kriterium gelingender Praxis. Das Eingehen auf diese politische Argumentation ließ sich nicht vermeiden, weil nur an ihr die Kategorie der Praxis in der Philosophie Adornos vor gravierenden Mißverständnissen geschützt werden kann.

37 Holz ibid. p. 118.

38 ND p. 176.

39 Cf. z. B. SCH 5 p. 20; ÄT p. 337. 358. 411; E p. 172.

40 Ebenso z. B. Lenins Frau. N. Lenin: Über die Losung der »Abrüstung«. In: N. Lenin/G. Sinowjew: Gegen den Strom p. 505.

41 ND p. 13.

42 Z. B. Böckelmann: Über Marx und Adorno p. 158 f. Cf. ibid. p. 165, wo Böckelmann schreibt: »die kritische Theorie« habe sich darauf eingerichtet, »für immer als Praxis-Ersatz nur auf sich selbst bezogen zu sein«.

43 E p. 24.

44 Sonnemann: Erkenntnis etc. p. 158.

45 Cf. MM p. 21–24 (Nr. 5 f).

46 Krahl ibid.

47 Ibid.

48 DA p. 272, zit. o. Anm. III. 137.

49 ÄT p. 55 f. Cf. E p. 24: »[...] Welt, die jetzt, hier das Paradies sein könnte, morgen zur Hölle werden kann.«

50 Böckelmann: Die Möglichkeit etc. p. 33 f. und passim. Böckelmanns Buch übrigens, das die ›Marginalien zu Theorie und Praxis‹ aus ST ignoriert, ist darin geradezu ein Rückschritt gegenüber der vorherigen, wenn auch verzerrten, Rezeption dieses Textes.

51 Sonnemann: Erkenntnis als Widerstand etc. p. 165.

52 MM p. 42 (Nr. 18).

53 ST p. 171.

54 Sonnemann: Erkenntnis als Widerstand etc. p. 164 f.

55 »Kriterium des Wahren ist nicht seine unmittelbare Kommunizierbarkeit an jedermann. [...] Wahrheit ist objektiv und nicht plau-

sibel.« (ND p. 49 f.). Böckelmann zieht die Stelle heran, um den esoterischen Charakter der Philosophie Adornos hervorzuheben. Er übersieht dabei, daß die Theorie Adornos von der Wirklichkeit dazu gedrängt wird, sich der fast a priori falschen Kommunikation zu entziehen. Die Hermetik dieser Philosophie ist also keine subjektiv gewollte Veranstaltung, willentlich herbeigeführt, sondern ihre Gestalt entsteht aus der Bewegung der Gedanken von selbst. Vorzuwerfen wäre Adorno, wenn er die Theorie sachlich modifizierte, um sie kommunikabler zu machen. Cf. Böckelmann: Über Marx und Adorno p. 147 f.

56 ÄT p. 55.

57 ND p. 13.

58 ST p. 176.

59 ST p. 172.

60 ST p. 178.

61 Ibid.

62 Ibid.

63 Cf. MM p. 328 (Nr. 151. IX).

64 ÄT p. 182.

65 ST p. 189.

66 ST p. 175.

67 Böckelmann: Über Marx und Adorno p. 164.

68 Ibid. p. 164. 165.

69 Ibid. p. 165.

70 Das ist ihm genau bekannt. Er zitiert in seiner Arbeit ›Die Möglichkeit etc.‹ p. 33 von derselben Seite, auf der sich der zuständige Satz Adornos findet: ST p. 175.

71 ND p. 395.

72 ST p. 175.

73 ST p. 169 und ff.

74 ND p. 26. 246; SCH 8 p. 312; ÄT p. 345.

75 Cf. Sonnemann: Erkenntnis als Widerstand etc. p. 164.

76 E p. 25; ÄT p. 50.

77 ST p. 178.

78 E p. 25.

79 Feuerbach, zit. bei Grün p. 308. Cf. MEW 20 p. 470. 666.

80 MM p. 119 (Nr. 58).

81 MM p. 119 (Nr. 59).

82 Das ist allen Thesen ad Feuerbach gemeinsam. Cf. MEW 3 p. 5–7.

83 ND p. 60.

84 ST p. 169.

85 Cf. o. p. 124–129.

86 SCH 1 p. 346.

87 SCH 1 p. 345.

88 Cf. an dieser Stelle unbedingt das Zitat o. p. 59.

89 SCH 1 p. 346.

90 ST p. 170. Cf. ND p. 214.

91 Cf. z. B. Puder: Zur ÄT p. 467 f; Rohrmoser: Das Elend etc. p. 25 f; Paetzold p. 191 ff.

92 MM p. 247 (Nr. 119).

93 Rohrmoser: Das Elend etc. p. 25.

94 Ibid.

95) Ich gebe einige hervorstechende Stellen: »Wohl existiert die intuitive Verhaltensweise des Geistes tatsächlich, obzwar mühsam zu entwickeln, fort, archaisches Rudiment mimetischen Reagierens.« (ND p. 18). – Mit dem Begriff des Archaischen ist die Mimikry des Odysseus gemeint, keine Geborgenheit des Individuums in der Vorzeit. »Die Zauberei ist wie die Wissenschaft auf Zwecke aus, aber sie verfolgt sie durch Mimesis, nicht in fortschreitender Distanz zum Objekt.« (DA p. 17). »Das Selbst [...] hat mit dem mimetischen Zauber die Erkenntnis tabuiert, die den Gegenstand wirklich trifft.« (DA p. 20). – Aus der ersten Stelle geht hervor, daß die zweite nicht eine Sehnsucht nach mimetischen Zuständen formuliert. Desiderat ist nur das Treffen des Gegenstands. Cf. JE p. 40. »Parodie, die Grundform der Musik über Musik, heißt etwas nachmachen und durchs Nachmachen verspotten. Solche Haltung gerade, zuerst den Bürgern verdächtig als die des intellektuellen Musikanten, fügt doch bequem der Regression sich ein. Wie ein Kind Spielzeug demontiert und dann mangelhaft wieder zusammensetzt, so benimmt die infantilistische Musik sich zu den Modellen. Etwas nicht ganz Domestiziertes, ungebändigt Mimetisches, Natur gerade steckt in der Unnatur: so mögen Wilde einen Missionar tanzen, ehe sie ihn fressen.« (PN p. 172) Die Stelle markiert den Übergang von der bis hierher phylogenetischen Argumentation: als anthropologischen kritisiert Adorno dem Mimesisbegriff, während er ihn ontogenetisch positiv faßt: »Aber die mimetischen Reaktionsformen kleiner Kinder, die am Vater gewahren, daß er ihnen nicht den Schutz verbürgt, nach dem sie bangen, sind keine des Ichs.« (SCH 8 p. 75). Darin meldet sich, was der »vorichliche Impuls« (ND p. 219 f.) positiv am Einzelnen hervorhebt.

Cf. Scheible p. 76 f.

96 SCH 5 p. 318.

97 MEW 1 p. 346.

98 Z. B. SCH 8 p. 477, zit. o. p. 138

99 Cf. z. B. die bei Adorno durchgehende Charakterisierung der Ideologie als bloße Verdopplung des Bestehenden, cf. SCH 8 p. 8. 115 u. ö. Oder »Die Ideologie, der gesellschaftlich notwendige Schein, ist heute die reale Gesellschaft selber [...]« (P p. 26).

100 ÄT p. 220.

101 ÄT p. 361.

102 D p. 53.

103 EM p. 30.

104 P p. 30.

105 SCH 8 p. 140 f.

106 ND p. 13.

107 SCH 8 p. 121.

108 Cf. DA p. 42 f u. ö.

109 DA p. 43.

110 Plessner: Immer noch etc. p. 73.

111 Cf. die Entwicklung dieses Begriffs im folgenden Kapitel.

112 D p. 9–45.

113 D p. 28.

114 DA p. 176. Cf. o. p. 52, Zitat II. 112.

115 D p. 13.

116 D p. 29.

117 SCH 8 p. 75; cf. o. p. 300 f., Anm. V. 95.

118 ND p. 219 f.

119 Cf. Lindner p. 48 f.

120 Benjamin: Das Kunstwerk etc. p. 17.

121 Cf. Lindner p. 47.

122 SCH 1 p. 355. 357 ff.

123 Zu warnen ist vor dem Mißverständnis, daß die Erklärung der Notwendigkeit eines Ablaufs ausschlösse, daß dieser Ablauf selbst und seine Folgen kritisiert werden. So naturgeschichtlich-blind sie vorgestellt ist, so wenig ist die Geschichte auch nach dem Begriff der Naturgeschichte nur mechanisch aufgefaßt. Die Verselbständigung des Geistes ist erfolgt, wenngleich nach Adorno nicht zum Glück der Menschen.

124 Dies Verfahren der physiognomischen Analyse ist ebenfalls Benjamin (cf. Lindner p. 45) und Adorno gemeinsam: die Gesellschafts-

geschichte unter dem Gesichtspunkt der Kultur zu behandeln. (Cf. o. p. 20).

125 SCH 8 p. 17.

126 MM p. 258 (Nr. 124); cf. o. p. 29.

127 Um die terminologische Unterscheidung von altem und neuem Geschichtsbegriff zu erleichtern, benütze ich im folgenden für den neuen Geschichtsbegriff (= Inhalt des alten Geschichtsbegriffs, wie er unter dem Blickwinkel des Adornoschen Naturgeschichtsbegriffs aufzufassen ist) den Terminus Gesellschaftsgeschichte und für den alten Geschichtsbegriff das Wort Geschichte.

128 Die Kritik an Freuds Ichpsychologie (z. B. SCH 8 p. 75) geht ja so weit, daß Adorno trotz seiner Kritik an den Ursachen der Ichschwäche (SCH 8 p. 82. 528; ND p. 335; E p. 128. 156) deren Gegenteil, die Ichstärke, auch kritisiert: »Noch wo die Menschen am ehesten frei von der Gesellschaft sich fühlen, in der Stärke ihres Ichs, sind sie zugleich deren Agenten: das Ichprinzip ist ihnen von der Gesellschaft eingepflanzt, und sie honoriert es, obwohl sie es eindämmt.« (ND p. 290). Zum Text cf. SCH 8 p. 70.

129 Cf. SCH 8 p. 69 f. Der Begriff der Regression, der dem Wortsinn nach eine Bewegung enthält, soll bei Adorno das ›Festhalten auf der infantilen Stufe‹, also gerade die Statik eines Zustands bezeichnen (D p. 28; cf. o. p. 169). Das ist kein Widerspruch. Adorno denkt die Möglichkeit der Bildung des Selbst sehr konkret, faktisch. In dem Mechanismus der Identifikation mit dem Aggressor ist die Verausgabung von Energie mitgedacht als die Dynamik der gesellschaftsgeschichtlich gewordenen Möglichkeit der Ausbildung des Selbst unterlaufend, ohne daß dabei von Aktion die Rede sein könnte.

130 Dem Umschlagtext von SCH 8 ist zu entnehmen, daß Adorno dem Terminus besonderes Gewicht beimaß. Es wird dort mitgeteilt, daß Adorno einer Teilsammlung theoretischer Texte zur Soziologie den Titel ›Integration und Desintegration‹ geben wollte. Die dafür vorgesehenen Arbeiten sind jetzt in der ersten Abteilung von SCH 8 zusammengestellt. Zum Text cf. auch SCH 8 p. 17 f.

131 Obwohl der entsprechende Satz – cf. das folgende Zitat – in einem Zusammenhang steht, in welchem die elfte Feuerbachthese diskutiert wird, muß sich dies nicht ausschließlich auf sie beziehen. Denkbar ist auch, daß von Marxens Satz über die Notwendigkeit der Negation der kapitalistischen Produktion (MEW 23 p. 791, zit. o. p. 143) die Rede ist. Dann wäre nur die ökonomistische Begründung der elften Feuerbachthese kritisiert, und genau das scheint in Ador-

nos Konzeption am besten zu passen.

132 ND p. 13.

133) Es tut sich damit eine begriffliche Schwierigkeit auf: entweder die qualitative Veränderung war realmöglich, oder, selbst wenn diese Möglichkeit eingeschränkt aber doch tendenziell da war, so war sie eben doch keine Realmöglichkeit. Das Modell zunehmender und wieder abnehmender Realmöglichkeit, das hier unterstellt werden muß, ist sinnlos, wenn nicht eine Differenzierung des Begriffs der Realmöglichkeit erreicht wird, die diese Antinomie gegenstandslos macht. Auf eine solche Differenzierung zielt die Interpretation ab.

134 SCH 8 p. 125.

135 OL p. 101.

136 SCH 8 p. 96.

137 Cf. Adorno: Henkel, Krug und frühe Erfahrung. Dort bestimmt Adorno die Kunst als das Medium, in welchem das »Versäumte« aufbewahrt wird. Cf. ferner: »[...] sozialistischen Gesellschaft, die, als versäumte, [...]« (MM p. 41 [Nr. 18]); »Der Gedanke wartet darauf, daß eines Tages die Erinnerung ans Versäumte ihn aufweckt und ihn in die Lehre [vom richtigen Leben, wie wohl nach MM p. 7 ergänzt werden muß] verwandelt.« (MM p. 101 [Nr. 50]).

138 SCH 8 p. 94.

139 MEW 3 p. 47 f; cf. die ibid. als Fußnote abgedruckte Randbemerkung Marxens.

140 Cf. o. p. 29 ff.

141 Cf. IMP p. 140; MM p. 290 (Nr. 139); E p. 47; ST p. 137; KKÄ p. 246 ff; OL p. 117 f.

142 ND p. 227.

143 DA p. 97; cf. o. p. 26, Zitat I. 40.

144 Die hermetischen Texte haben einen Sonderstatus, weil sie anders zur Sprache stehen als Kunstwerke.

145 ND p. 20.

146 Schon in dem ›Versuch über Wagner‹ behandelt Adorno die Schopenhauersche Version der Theorie des nihil privativum, die dann in der DA wieder anklingt, ohne jedoch durchgeführt zu werden. Cf. DA p. 33 und SCH 13 p. 134–145. Genaueres kann man in Horkheimers Arbeiten über Schopenhauer nachlesen.

147 MM p. 23 (Nr. 6).

148 KR p. 117; cf. o. p. 145 f.

Sechstes Kapitel

1 Silbermann: Hat Adorno Angst vor der Wirklichkeit? Dieser Titel von Silbermanns Rezension von EM möchte Adorno daran mahnen, daß die soziologischen Erkenntnisse die Welt als wunderbar funktionierendes wahres Ganzes ausweisen. Die Adorno unterstellte Angst soll die »vor der Erkenntnis der sozialen Wirklichkeit« (ibid.) sein.

2 Dawydow p. 42.

3 Tsetung p. 361 f.

4 Tsetung p. 359 ff.

5 Benjamin: Versuche über Brecht p. 96.

6 Ibid. p. 96 f.

7 Tiedemann: Studien etc. p. 109.

8 DA p. 6; cf. o. p. 92 f.

9 Mittenzwei: Die Brecht-Lukács-Debatte.

10 Lukács: Probleme des Realismus p. 14.

11 ÄT p. 360.

12 OL p. 102.

13 OL p. 98. Cf. ibid. p. 94.

14 Benjamin: Versuche über Brecht p. 107. Cf. Gorsen.

15 Kant: Kr. d. r. V. § 16, p. B 131 ff., bes. p. B 131 f. Über Fichte zum gleichen Problem cf. Habermas: Erkenntnis und Interesse p. 52 f.

16 ÄT p. 344.

17 ÄT p. 361. Cf. OL p. 64.

18 OL p. 97.

19 Cf.: »Das latente Axiom der Auffassung, welche Kunstsoziologie auf die Erhebung von Wirkungen vereidigen möchte, ist, daß Kunstwerke in den subjektiven Reflexen auf sie sich erschöpfen. Sie sind dieser wissenschaftlichen Haltung nichts als Stimuli.« (OL p. 97).

20 ÄT p. 345.

21 K p. 24. Ebenso, unter Betonung der These, daß es das Wanken der Tonalität – unter Tonalität versteht Adorno immer Tonikalität, das Bezogensein auf einen tragenden Grundton – sei, mit dem Wagner im Tristan die musikalische Moderne inauguriert: QF p. 342; cf. PN p. 79.

22 Cf. die Arbeit von Heimann. Natürlich ist das nicht der einzige Ort, an dem Adorno hierzu Stellung genommen hat. Cf. PN p. 87 ff. u. passim.

23 Daß trotzdem ein Zusammenhang stattfindet, hat Adorno pas-

sim betont. Die von ihm inaugurierte Bezeichnung ›strukturelles Hören‹ für die auditive Rezeption dieses Zusammenhangs (cf. IMP p. 28) versucht, an die tonikale Hörweise anzuknüpfen.

24 ÄT p. 57.

25 Benjamin: Das Kunstwerk etc. p. 11.

26 Ibid.: »Was Menschen gemacht hatten, das konnte immer von Menschen nachgemacht werden.«

27 Ibid. p. 14.

28 Ibid. p. 19

29) Benjamin ibid. Adorno hat das erst an Benjamins späterem Satz erkannt: »Die Aura einer Erscheinung erfahren, heißt, sie mit dem Vermögen belehnen, den Blick aufzuschlagen.« (Benjamin: Schr. 1 p. 459). Cf. ÜB p. 160 und Tiedemann in ÜB p. 188 (19). Ferner: MO p. 126 f.; OL p. 118 f.; ÄT p. 409. 440; ST p. 34. – Tiedemanns glückliches Wort davon, daß Benjamins Programm der »Politisierung der Kunst« (Benjamin: D. Kunstwerk p. 51) den Verlust der Aura »ratifiziert« (Tiedemann: Studien p. 109, cf. o. p. 185), meint die Umwendung des Aurabegriffs aus einem kritischen in dem Sinne, daß die Gesellschaft kritisiert wird, die die Aura verschwinden ließ, zu einem affirmativen: Ist die Echtheit dahin, tant pis pour la société und unter die (roten etc. ad libitum) Fahnen sowie auf die Barrikaden! – Bei Benjamins captatio, die von ihm in dem Kunstwerkaufsatz eingeführten Begriffe seien für die Zwecke des Faschismus vollkommen unbrauchbar, dagegen »zur Formulierung revolutionärer Forderungen in der Kunstpolitik brauchbar« (Benjamin: D. Kunstwerk p. 10 f.), könnte es sich um einen krassen Irrtum handeln.

30 Adorno hat hervorgehoben, daß »Benjamin ursprünglich in der ›Kleinen Geschichte der Photographie‹ keineswegs jene Antithese [von auratischem und massenreproduziertem Werk] so undialektisch verkündet wie fünf Jahre später in dem Reproduktionsaufsatz.« (ÄT p. 89).

31 Cf. z. B. ÄT p. 123. 409. 477; VÄ p. 63 ff.

32 ST p. 32 f.

33) OL p. 64. – Die Definition der Aura als Erscheinung eines Fernen in einem Nahen wird hier noch nicht problematisiert. Den Begriffen Nähe und Ferne ist ein eigener Abschnitt gewidmet. Die Aura ist aber nach Benjamin etwas, was ganz dem Füruns der Kunstwerke angehört. Darauf richtet sich Adornos Kritik.

34) OL p. 109. Cf. ferner: »Die Distanz des ästhetischen Bereichs von den praktischen Zwecken erscheint innerästhetisch als Ferne der

ästhetischen Objekte von dem betrachteten Subjekt [...]. Die Benjaminsche Definition der Aura hat dies innerästhetische Moment getroffen, jedoch einem vergangenen Stadium zugeordnet und für das gegenwärtige [...] als ungültig erklärt. Er hat dabei, in Identifikation mit dem Angreifer, allzu prompt die historische Tendenz sich zugeeignet, welche Kunst in den empirischen Zweckbereich zurückruft. Ferne ist als Phänomen, was an Kunstwerken deren bloßes Dasein transzendiert; ihre absolute Nähe wäre ihre absolute Integration.« (ÄT p. 460). Ebenso ibid. p. 460 f. Cf. NL I p. 78 f., wo an Rilke durchgeführt wird, daß die Dichtung in schlecht romantische Kulturindustrie übergeht, wenn sie die Aura künstlich am Leben erhalten will.

35 ÄT p. 160.

36 ÄT p. 73.

37 Cf. Benjamin: Das Kunstwerk etc. p. 53 (8): »Immer mehr wird die Einmaligkeit der im Kultgebilde waltenden Erscheinungen von der empirischen Einmaligkeit des Bildners oder seiner bildenden Leistung in der Vorstellung des Aufnehmenden verdrängt. Freilich niemals ganz ohne Rest; der Begriff der Echtheit hört niemals auf, über den der authentischen Zuschreibung hinaus zu tendieren. [...] Unbeschadet dessen bleibt die Funktion des Begriffs des Authentischen in der Kunstbetrachtung eindeutig, mit der Säkularisierung der Kunst tritt die Authentizität an die Stelle des Kultwertes.«

38 ÄT p. 94.

39 ÄT p. 94 f. – Der Begriff der Verbindlichkeit ist bei Adorno der nachsubjektive Ersatz für ›Aussage‹, bedeutet also: Aussage ohne Sagenden und Hörenden. Verbindlich sind Werke kraft ihrer stimmigen immanenten Organisation, die bestimmt wird vom Stand der Wahrheit in Material und Gesellschaft (cf. o. p. 65 ff.). Zum Begriff der Verbindlichkeit cf. PN p. 69. 70. 79. 108. 129; ÄT Reg. – Mit der Anspielung auf Palladio (italienischer Baumeister 1508–1580) durchbricht Adorno nur scheinbar die Fixierung auf 1850. Er arbeitet auch hier mit dem Theorem der rückwirkenden Kraft von Geschichte und Erkenntnis. Die Stelle lautet weiter: »Retrospektiv ist Technik als Konstituens von Kunst auch für die Vergangenheit unvergleichlich viel schärfer zu erkennen [...].« – Die gesamte Stelle bedürfte eingehender Interpretation. Störend scheint das positive Auftauchen des Begriffs der Verfügung, der ja ein Herrschaftsverhältnis ausdrückt. Das ist aber gerade die positive Pointe: Weil das künstlerische Material nicht die Gesellschaft selber ist, kann sich die Rationalität hier auch als herrschende entfalten, ohne Unverwaltbares zu unter-

jochen. Dennoch ist Adorno auch gegen die Beherrschung des künstlerischen Materials kritisch gewesen, ohne jedoch daraus ein Verdikt abzuleiten. Cf. o. p. 104 die Bemerkung über Adornos Kritik an Schönberg und ÄT p. 34 u. ö.

40 ÄT p. 318.

41 Den Gegensatz von Form und Inhalt hebt Adorno ja im Materialbegriff auf. Cf. o. p. 66 ff.

42 Benjamin: Das Kunstwerk etc. p. 21 ff.

43 Cf. OL p. 157.

44 ÄT p. 72.

45 PN p. 35 ff.

46 KKÄ p. 75 ff.

47 ÄT p. 345; cf. o. p. 190.

48 MM p. 10. Cf. o. p. 33 (69). 72.

49 PN p. 120 Fußn.

50 »Das geschlossene Kunstwerk erkannte nicht, sondern ließ in sich Erkenntnis verschwinden.« (PN p. 118).

51 PN p. 120 Fußn.

52 MM p. 8; cf. o. p. 19 (16).

53 Die projektierte Arbeit über die Ästhetik Adornos wird den Titel tragen: Adornos Theorie der hermetischen Kunst.

54 ÄT p. 272. Cf. PN p. 118 ff.; DA p. 39.

55 QF p. 437.

56 KR p. 129.

57 Zur Erläuterung dieser Bemerkung cf. o. p. 7.

58 ÄT p. 132.

59 Lukács: Geschichte und Klassenbewußtsein p. 105; cf. o. p. 39 f.

60 Cf. ibid. p. 115 f. 121; MEW 23 z. B. p. 93 ff., bes. die Fußnn.

61 Lukács ibid. p. 122.

62 E p. 49.

63 SCH 5 p. 50.

64 SCH 8 p. 212.

65 ND p. 15.

66 Cf. ND p. 46.

67 ND p. 150; cf. o. p. 132 f.

68 »Einzig wer das geschichtlich Fällige und das unwiederbringlich Veraltete im Material selber zu unterscheiden vermag, wird materialgerecht produzieren.« (OL p. 17; cf. o. p. 69). Diese Unterscheidung ist mit der zwischen Wahrheit und Unwahrheit nach dem dritten Kapitel aber unmittelbar identisch.

69 Cf. PN p. 38.

70 DA p. 231.

71 Cf. o. p. 43.

72 ND p. 15.

73 PN p. 126.

74 ND p. 25.

75 SCH 5 p. 318.

76 ÜB p. 159.

77 ÜB p. 160.

78 ÄT p. 273.

79 Hegel: Phänomenologie des Geistes p. 49; cf. MM p. 9, wo Adorno hervorhebt, daß dies auch das Ideal der Kritischen Theorie ist.

80 Cf. das Motto des ersten Teils der MM: »Das Leben lebt nicht«, das Adorno auch SCH 8 p. 16 verwendet.

81 GK p. 15; zit. o. p. 53 (117).

82 Adorno benutzt das Bild des Mikroskops für die nahe Betrachtung ÜB p. 27.

83 Zu Adornos Verwendung des Protokollbegriffs cf. bes. P p. 318, aber auch MO p. 123; KF p. 63.

84 ÄT p. 272.

85 Benjamin: Das Kunstwerk etc. p. 18.

86 Thierkopf p. 15. Das Motto über dem fünften Abschnitt von Thierkopfs Arbeit ist unverständlich. Es lautet: ›Näher muß die Ferne werden.‹ Sowohl nach Benjamin wie auch nach Adorno ist diese Bewegung längst nicht mehr wünschbar, sondern über ihr Ziel hinausgeschossen. Im Allzunahen die Ferne erkennen: das wäre das Desiderat, das Benjamin durch die ›Ratifizierung‹ des Tauschprinzips in Gestalt des Begriffs vom Ausstellungswert verleugnet.

87 Cf. Tiedemann: Studien etc. p. 118 und Benjamin: Schr. 1 p. 472.

88 ND p. 190.

89 DA p. 15.

90) »Einzig durch die Anerkennung von Ferne im Nächsten wird Fremdheit gemildert: hineingenommen ins Bewußtsein. Der Anspruch ungeschmälerter, je schon erreichter Nähe jedoch, die Verleugnung der Fremdheit gerade, tut dem andern das äußerste Unrecht an, negiert ihn virtuell als besonderen Menschen und damit das Menschliche in ihm, ›rechnet ihn dazu‹, verleibt ihn dem Inventar des Besitzes ein.« (MM p. 240 [Nr. 116]).

91 DA p. 49.

92 DA p. 231.

93 »Nahe ist ihnen nur noch das vollendet Fremde, und fremd, wie durch einen dichten Schleier vom Bewußtsein der Massen geschieden, was für die Stummen zu reden versucht. Wo sie überhaupt reagieren, macht es schon keinen Unterschied mehr, ob es sich um die Siebente Symphonie oder das Badehöschen handelt.« (D p. 18).

94 QF p. 11.

95 Cf. o. p. 83 ff.

96 ÜB p. 103. Zu Adornos Kritik der Religion cf. vor allem ST p. 20 ff.

97 KKÄ p. 240.

98 P p. 303.

99 DA p. 21. 23; cf. o. p. 83 f.

100 DA p. 268.

101 ND p. 110.

102 Cf. o. Anm. III. 100.

103 ND p. 111.

104 DA p. 21.

105 Ibid.

106 MM p. 60 f. (Nr. 32). – Adorno spielt hier den Begriff des ›Wilden‹ in einer vermodernisierten Situation durch.

107 DA p. 21.

108 Ibid.

109 E p. 25 f. Das wird auch gestützt von der bei Adorno durchgehenden Idiosynkrasie gegen das Verb ›wahrhaben‹. Wahrheit kann man nicht haben, und sie wohnt im Wort. Deshalb ersetzt er das Verb durch die Wendung »Wort haben«, die zugleich an die psychoanalytische Katharsis anklingt und betont, daß man die Wahrheit in den Worten schon hat, deren Wahrheit aber verdrängt. Auch Nietzsche benutzt die Wendung so. Fröhl. Wiss. 5 Nr. 260.

110 D p. 154.

111 MM p. 126 (Nr. 63).

112 SCH 8 p. 205.

113 ND p. 335 ff.

114 ST p. 29.

115 MM p. 8.

116 SCH 8 p. 19.

117 SCH 5 p. 71.

118 MM p. 42 (Nr. 18).

119 SCH 8 p. 369.

120 SCH 8 p. 120; E p. 26.

121 ST p. 40.

122 ST p. 45.

123 ND p. 392.

124 ND p. 366.

125 P p. 179.

126 SCH 8 p. 251.

127 MM p. 298 (Nr. 143).

128 ND p. 17.

129 Folgende Stellen bieten das Übertreibungsmotiv, manche sogar als Maxime: MM p. 26 f. (Nr. 8). 56 (Nr. 29). 62 (Nr. 33). 164 (Nr. 82); DA p. 74. 126; ÄT p. 385; SCH 8 p. 37. 319. Einmal nennt Adorno die Übertreibung das »Medium von Wahrheit« (E p. 140). Erinnert sei an die seismographische Vergrößerung als Annäherung. Auch die Übertreibung ist eine Vergrößerung. Von Karikaturistik zu reden wäre jedoch verfehlt.

130 NL III p. 156 ff.

131 NL III p. 184 f.

132 Cf. ÄT p. 274 ff.

133 Cf. PN p. 53 ff; ÄT p. 330 ff. 72 ff.

134 »Aufgabe von Kunst heute ist es, Chaos in die Ordnung zu bringen.« (MM p. 298 [Nr. 143]).

135 NL III p. 185.

136 Ibid.

137 Es ist eine philologische Unsitte, die gern praktiziert wird, Worte eines Autors über einen anderen zu zitieren und anzuschließen, besser könne man selbst ihn nicht charakterisieren. Dem soll hier nicht gefolgt werden. Durch ein solches Verfahren wird der Gedanke weder stringenter noch wahrer. Cf. trotzdem zum folgenden die sprachtheoretischen Ausführungen zu Hegel SCH 5 p. 326–375, bes. p. 340 ff., die hier aus dem genannten Grund aber nicht herangezogen werden.

138 SCH 1 p. 366 ff.

139 SCH 1 p. 366.

140 Ibid.

141 SCH 1 p. 366 f.

142 Diese Übereinstimmung wird am schlagendsten illustriert durch die Identität der Wendung vom ›Stand(e) der Wahrheit‹ einerseits in den Worten (SCH 1 p. 367), andererseits im musikalischen Material (MO p. 61).

143 SCH 1 p. 368.
144 Ibid.
145 Benjamin: Das Kunstwerk etc. p. 19.
146 SCH 1 p. 368.
147 Ibid.
148 SCH 1 p. 368 f.
149 SCH 1 p. 369.
150 Cf. PN p. 37; QF p. 352; OL p. 33. 105; ÄT p. 74.
151 SCH 1 p. 370.
152 Weil das Sensorium als Gewordenes auch das Nichtidentische innerviert.
153 SCH 1 p. 370.
154 OL p. 17; cf. o. Anm. III. 37.
155 MO p. 122. Cf. PN p. 60.
156 MM p. 86 (Nr. 44). Cf. ÜB p. 46. 157.
157 Cf. PN p. 60. 73. 98.
158 ÄT p. 156. 228.
159 NL I p. 41.
160 ND p. 263.

Literatur

I Schriften Theodor W[iesengrund-] Adornos

Ich verweise ausdrücklich auf die Bibliographie der Schriften Adornos von Klaus Schultz.

1. Sammelbände und Buchveröffentlichungen, die (noch) nicht in Sammlungen aufgegangen sind.

ÄT *Ästhetische Theorie.* (ed. Gretel Adorno und Rolf Tiedemann). (Ffm postum) [2., nicht als solche gekennzeichnete, veränderte und um ein Begriffsregister erweiterte Aufl.] (1971). (1. Aufl. 1970). (SCH 7).

AUT [u. a.]: *Der autoritäre Charakter.* (= The Authoritarian Personality deutsch). 2 Bände. (Übers. und ed.: Institut für Sozialforschung Ffm). Band 1: Mit e. Vorwort von Max Horkheimer. Amsterdam 1968 (*Schwarze Reihe* Nr. 6). Band 2: Amsterdam 1969 (*Schwarze Reihe* Nr. 7).

D *Dissonanzen. Musik in der verwalteten Welt.* Vierte Ausgabe. Göttingen (1969) (1. Ausg. 1956). (= *Kleine Vandenhoek-Reihe* Nr. 28/29/29 a).

DA Max Horkheimer und TWA: *Dialektik der Aufklärung. Philosophische Fragmente.* [2. Ausgabe] (Ffm 1969) (1. Ausg. Amsterdam 1947). [Der bekannte Raubdruck Amsterdam 1968 (*Schwarze Reihe* Nr. 5) ist ein fotomechanischer Neudruck der Erstausgabe.]

E *Eingriffe. Neun kritische Modelle* [Sammlung]. (Ffm 6. Aufl. 1970). (1. Aufl. ibid. 1963). (*es* 10).

EM *Einleitung in die Musiksoziologie. Zwölf theoretische Vorlesungen.* (2., verbesserte und erweiterte Ausg. Reinbek 1968) (1. Ausg. Ffm 1962) (*rde* 292 f).

ERZ *Erziehung zur Mündigkeit. Vorträge und Gespräche mit Hellmut Becker.* 1959–1969. Ed. Gerd Kadelbach. (Ffm 1970). (Mit e. Vorwort von G. Kadelbach). (2. Aufl. inzwischen als *st* 11 Ffm 1971).

GK *Der getreue Korrepetitor. Lehrschriften zur musikalischen Praxis.* (Ffm) 1963.

IMP *Impromptus.* Zweite Folge neu gedruckter musikalischer Aufsätze. (Ffm 1968). (*es* 267).

JE *Jargon der Eigentlichkeit. Zur deutschen Ideologie.* (5. Aufl. Ffm 1970) (1. Aufl. 1964). (*es* 91).

KKÄ *Kierkegaard. Konstruktion des Ästhetischen.* Mit zwei Beilagen. (3., um eine 2. Beilage erweiterte Ausg. Ffm 1962). (1. Ausg. [Tübingen] 1933).

K *Klangfiguren. Musikalische Schriften I.* (Berlin und Ffm 1959).

KR *Kritik. Kleine Schriften zur Gesellschaft* (Ed. Rolf Tiedemann). (Ffm 1971). (*es* 469).

MM *Minima Moralia. Reflexionen aus dem beschädigten Leben.* 2. Ausgabe (Ffm 23.–28. Tsd. der Gesamtaufl. 1970). [1. Ausg. Berlin und Ffm 1951]. (*bs* 236).

MO *Moments musicaux.* Neu gedruckte Aufsätze 1928–1962. (Ffm 1964). (*es* 54).

ND *Negative Dialektik.* (Ffm 1966).

NL *Noten zur Literatur.* 3 Bände. I: (Ffm 1958) (*bs* 47). II: (Ffm 1961) (*bs* 71). III: (Ffm 1965) (*bs* 146).

OL *Ohne Leitbild. Parva Aesthetica.* (3. Aufl. Ffm 1969). (1. Aufl. 1967). (*es* 201).

PN *Philosophie der neuen Musik.* 2. Aufl. Ffm 1958. (1. Aufl. Tübingen 1949). (3. Aufl. als *Ullstein-Buch* 2866 Ffm – Berlin – Wien 1972).

P *Prismen. Kulturkritik und Gesellschaft.* (Ffm 1955). (2. Aufl. als *dtv*-Band 159 München 1963). (3. Aufl. Ffm 1969, fotomechanischer Neudruck der 1. Aufl.).

PT 1 *Philosophische Terminologie. Zur Einleitung.* Band 1. (ed. Rudolf zur Lippe). (Ffm 1973). (*stw* 23).

QF *Quasi una Fantasia. Musikalische Schriften II* (Ffm 1963).

SCH *Gesammelte Schriften.* 20 Bände. Ffm 1970 ff. Bisher erschienen: SCH 1: *Philosophische Frühschriften.* (1973). SCH 5: *Zur Metakritik der Erkenntnistheorie. Drei Studien zu Hegel.* (1971). SCH 7: *Ästhetische Theorie.* (²1971). SCH 8: *Soziologische Schriften I* (1972). SCH 13: *Die musikalischen Monographien.* (1971).

ST *Stichworte. Kritische Modelle.* 2. Aufl. (Ffm) 1969. (1. Aufl. 1969). (*es* 347).

ÜB *Über Walter Benjamin.* (Ed. Rolf Tiedemann). (Ffm 1970). (*bs* 260).

VÄ *Vorlesungen zur Ästhetik.* W[inter] S[emester] [19]68/69. O. O. o. J. [Offensichtlich ein unautorisierter Raubdruck].

VE *Vorlesung zur Einleitung in die Erkenntnistheorie.* (Vorlesung vom Wintersemester 1957/58). (Ffm o. J.) [Offensichtlich eine unautorisierte Tonbandabschrift].

2. Drei nicht in einen Sammelband aufgenommene Einzeltitel, die im Text erwähnt werden und bei Schultz verzeichnet sind

– *Gegen die neue Tonalität.* In: *Der Scheinwerfer.* Bll. d. Städt. Bühnen Essen 4 (1930/31) H. 16 p. 4–8.

– *Henkel, Krug und frühe Erfahrung.* In: Unseld, Siegfried: *Ernst Bloch zu ehren. Beiträge zu seinem Werk.* [FS zum 80. Geburtstag]. Ffm 1965).

– *Neue Musik. Sieben Kammerkonzerte in Ffm.* In: *Ztschr. f. Musik* 90 (1923) p. 314–316.

3. Bei Schultz nicht erwähnte Einzeltitel, Gespräche, Interviews, Briefe, soweit nicht in Sammelbänden

– *Antwort des Fachidioten.* In: *Der Spiegel* 17 (1968) 22. 4. 68 p. 182.

– *Ehrung nur mit Arier-Nachweis?* [Redaktioneller Titel?] In: *Der Tagesspiegel* 31. 1. 1960.

– *Gegen das Verschachern der musikalischen Sprache.* In: *Die Welt* 17. 12. 1966.

– und Gerhard Löwenthal: [Gespräch]: *Auszug aus der Fernsehsendung ZDF-Magazin* 5. 2. 1969. 6. Blätter Masch. Mscr.

– [Gespräch]: *Tonband oder Pädagoge?* In: *Profil* Nr. 9 / November 1961 p. 12.

– [Rez] Herbert Müntzel: *Die Fahne der Verfolgten.* Ein Zyklus für Männerchor nach dem [...]. In: *Die Musik* 26 (1934) p. 712 [Wieder gedruckt als Teil eines Offenen Briefes an TWA von Claus Chr. Schroeder in: *Diskus* 1/1963].

– [Interview] TWA und Edgar Büttner: *Der große schwarze Hund.* [Kurzinterview mit einer Einleitung des Interviewers] In: *Abendzeitung* 11. 9. 1968.

– [Interview]: TWA und [Malte] B[uschbe]ck: *»Schuldgefühle habe ich nicht«* In: *Südd. Ztg.* Nr. 100 1968.

– [Interview] [über den Begriff] *Sachbuch.* In: *Abendpost* 31. 3. 1962.

– SWM [und Arnold Gehlen]: *Ist die Soziologie eine Wissenschaft vom Menschen?* Ein Streitgespräch. In diesem Band p. 225–251.

– *Keine Würdigung.* In: *In Sachen Böll. Ansichten und Aussichten.* Ed. Marcel Reich-Ranicki. Köln – Berlin 1969 p. 9 f.

314

– [Leserbrief] *Wer Psychologe ist.* In: *FAZ* 4. 12. 1964.
– *Neue Musik heute.* In: *Dt. Ztg.* 21. 1. 1956 p. 4.
– *Offener Brief an Claus Chr. Schroeder vom 3. 1. 1963.* In: *Diskus* 1/1963.
– *Orchestermusik aus Italien* [Sammelrez.]. In: *NZtschr. f. Musik* 91 (1924) 1. Sem. H. 3 März 1924 p. 115 b. 116 a. 117 b. 118 a. 119 b. 120 a.
– *Rückblick* [auf das Frankfurter Musikleben]. In: *NZtschr. f. Musik* 91 (1924) 2. Sem. H. 12 Dez. 1924 p. 727 b–729 a.
– [u. a.]: Diskussion *»Über den gesellschaftlichen Gehalt von Musik«.* Masch. Mscr. 77 Blätter, offenbar eine Tonbandnachschrift. Die Diskussion fand, das geht aus dem Text hervor, in der Frankfurter Vereinigung für Musik statt. Im Verlauf der Diskussion werden angesprochen: Adorno, Finscher, Helms, Schnebel, Scheurig. Paginierung wie folgt: 1 unpaginiert; 2–9; 1 unpaginiert; 2–23; 1 unpaginiert; 2–20; 1 unpaginiert; 2–25.
– *Uromi.* In: *Südd. Ztg.* 11. 5. 1967.

II Literatur

TWA = Theodor W. Adorno.
Bauermann, Rolf, und Hans-Jochen Rötscher: *Zur Marxverfälschung der »kritischen Theorie« der Frankfurter Schule.* In: *DZPh* 19 (1971) p. 1440–1451.
Benjamin, Walter: *Briefe.* 2 durchlaufend paginierte Bände. Ed. TWA und Gershom Scholem. Ffm 1966.
– *Schriften.* 2 Bände. Ed. TWA und Gretel Adorno unter Mitwirkung von Friedrich Podszus. Ffm 1955.
– *Ursprung des deutschen Trauerspiels.* (revidierte Ausg., besorgt v. Rolf Tiedemann). (Ffm 1963).
– *Versuche über Brecht.* Ed. Rolf Tiedemann. (Ffm 1966). (*es* 172).
– *Das Kunstwerk im Zeitalter seiner technischen Reproduzierbarkeit.* Drei Studien zur Kunstsoziologie. (4. Aufl. 1970). (1. Aufl. 1963). (*es* 28).
Bergmann, Joachim [u. a.]: *Nach dem Tode TWAs.* In: Schweppenhäuser (ed.): *TWA zum Gedächtnis* p. 22–25. Zuerst unter dem Titel KTh weiterführen in: *Ff. Rds.* 20. 8. 1969. Außerdem unter dem

Titel Eine Erklärung seiner [TWAs] Schüler in Frankfurt in: Schoeller (ed.): *Die neue Linke* etc. p. 203–207. Die verschiedenen Abdrucke haben nicht alle identischen Text.

Beyer, Wilhelm Raimund: *Adorno*. In: Ders.: *Vier Kritiken: Heidegger, Sartre, Adorno, Lukácz*. Köln 1970. *(Kleine Bibliothek Politik Wissenschaft Zukunft* 5).

– *Die Sünden der Frankfurter Schule*. Ffm 1971. *(Zur Kritik der bürgerlichen Ideologie* 10)

Bloch, Ernst: *Das Prinzip Hoffnung*. (Ffm 1959).

– *Subjekt – Objekt. Erläuterungen zu Hegel*. 2. Ausg. Ffm 1962.

Böckelmann, Frank: *Die Möglichkeit ist die Unmöglichkeit. Die Unmöglichkeit ist die Möglichkeit*. Bemerkungen zur Autarkie der ND. In: Schoeller (ed.): *Die neue Linke* etc. p. 17–37.

– *Über Marx und Adorno. Schwierigkeiten der spätmarxistischen Theorie*. (Ffm 1972). *(makol bibliothek* 21).

Bubner, Rüdiger: *Was ist kritische Theorie?* In: *Hermeneutik und Ideologiekritik*. Mit Beitrr. von Karl-Otto Apel [u. a.]. (Ffm 1971). *(Reihe Theorie Diskussion)* p. 160–209. Zuerst in: *Phil. Rds.* 16 (1969) p. 213–249.

Dawydow, Juri: *Die sich selbst negierende Dialektik. Kritik der Musiktheorie TWAs*. Ffm 1971. *(Zur Kritik der bürgerlichen Ideologie* 6).

Eichhorn: *Art. Revolution*. In: *Klaus/Buhr* 2 p. 948 ff.

Fredel, Jürgen: *Kunst als Produktivkraft. Kritik eines Fetischs am Beispiel der ÄT TWAs*. In: Müller, Michael [u. a.]: *Autonomie der Kunst*. (Ffm 1972) *(es* 592).

Fromm, Erich: *Die Flucht vor der Freiheit*. Zürich 1945.

Fulda, F.: *Art. Aufheben*. In: Ritter (ed.): *Histor. Wörterbuch der Philos*. 1 col. 618–620.

Gadamer, Hans-Georg: *Wahrheit und Methode. Grundzüge einer philosophischen Hermeneutik*. 2., durch einen Nachtrag erweiterte Aufl. Tübingen 1965 (1. Aufl. 1960).

Gedö, András: *Dialektik der Negation oder Negation der Dialektik*. In: Heiseler [u. a.] (ed.): *Die »Frankfurter Schule« im Lichte des Marxismus* p. 7–25.

Gorsen, Peter: *Marxismus und Kunstanalyse in der Gegenwart*. [2 Teile]. In: *Ästhetik und Kommunikation*. I: 2 (1970) p. 47–63. II: 3 (1971) p. 49–55.

Grenz, Friedemann: *»Die Idee der Naturgeschichte«*. Zu einem frühen, unbekannten Text Adornos. In: *Natur und Geschichte*. X. Deutscher Kongreß für Philosophie, Kiel 8.–12. Oktober 1972. Ed. Kurt Hübner und Albert Menne. Hamburg 1974.

Grün, Karl: *Ludwig Feuerbach in seinem Briefwechsel und Nachlaß sowie in seiner Philosophischen Charakterentwicklung.* Band 2. Leipzig Heidelberg 1874.

Habermas, Jürgen: *Bewußtmachende oder rettende Kritik – die Aktualität Walter Benjamins.* In: *Zur Aktualität Walter Benjamins.* Ed. Siegfried Unseld (Ffm 1972) (*st* 150) p. 173–223.

– *Die Dialektik der Rationalisierung.* In: Ders.: *Arbeit Erkenntnis Fortschritt.* Aufsätze 1954–1970. Amsterdam 1970. (= *Schwarze Reihe* Nr. 10) p. 7–30. Zuerst in: *Merkur* VIII (1954) p. 701 ff.

– *Erkenntnis und Interesse.* (Ffm 1968) (Reihe *Theorie* 2).

– *Literaturbericht zur philosophischen Diskussion um Marx und den Marxismus* (1957). Jetzt in: Ders: *Theorie und Praxis. Sozialphilosophische Studien.* (4., durchgesehene und erw., neu eingeleitete Aufl. Ffm 1971). (1. Aufl. 1963) p. 387–463.

– *Ein philosophierender Intellektueller.* In: Ders.: *Philosophisch-politische Profile* (Ffm 1971) (*bs* 265) p. 176–184. Zuerst in: *FAZ* 11. 9. 1969.

– *Zur Logik der Sozialwissenschaften.* Ffm 1970 (= *es* 481).

Härting, Thomas: *Ideologiekritik und Hermeneutik. Philosophische Stellungnahme zu TWAs »JE«.* In: *ZfPhF* 21 (1967).

Haug, Wolfgang Fritz: *Kritik der Warenästhetik.* (Ffm 1971) (= *es* 513).

Hegel, Georg Wilhelm Friedrich: *Grundlinien der Philosophie des Rechts.* WW (Glockner) 7.

– *Phänomenologie des Geistes.* Ed. Johannes Hoffmeister. (6. Aufl.) Hamburg (1952). (= *Philosophische Bibliothek* 114).

Heimann, Bodo: *Thomas Manns »Doktor Faustus« und die Musikphilosophie Adornos.* In: *DVjs.* 38 (1964).

Heinrich, Klaus: *Versuch über die Schwierigkeit nein zu sagen.* (Ffm 1964).

Hinderer, Walter: *Die Kraft des Widerstands.* In: *Die Zeit* 24. 9. 1971.

Holz, Hans Heinz: *Herr und Knecht bei Leibniz und Hegel. Zur Interpretation der Klassengesellschaft.* (Neuwied und Berlin 1968).

– *Mephistophelische Philosophie.* In: Schoeller (ed.): *Die neue Linke* etc. p. 176–192.

Horkheimer, Max: *Kritische Theorie der Gesellschaft. Eine Dokumentation.* Ed. Alfred Schmidt. 2 Bände. o.O. o.J.

Hubert, H. und M. Mauss: *Théorie générale de la Magie.* In: *L'Année Sociologique* 1902f.

Jopke, Walter: *Dialektik der Anpassung. Zur Kritik der philosophischen Position von TWA.* Berlin 1965. [Masch. vervielf.]. Diss. Phil. Berlin (Humboldt-Universität) 15. 12. 1965.

Kafka, Franz: *Werke,* ed. Max Brod. Ffm 1946–58. Band 3: *Hochzeitsvorbereitungen auf dem Lande,* 1953.

Kant, Immanuel: *Frühschriften. Zweiter Band. Schriften aus den Jahren 1762–1768.* Ed. Georg Klaus und Manfred Buhr. Berlin 1961.
– *Kritik der reinen Vernunft.* Ed. Ingeborg Heidemann. Stuttgart 1966.

Kempski, Jürgen von: *Vorbild oder Verführer? Über den praktischen Einfluß von Philosophie.* In: Schweppenhäuser (ed.): *TWA zum Gedächtnis* p. 103–109. Zuerst Rundfunkvortrag. Sendung: *Hess. Rdfk.* 16. 3. 1969.
– *Literatur und Lukács.* In: Ders.: *Brechungen. Kritische Versuche zur Philosophie der Gegenwart.* (Reinbek 1964) p. 181–199.

Klaus, Georg und Manfred Buhr: *Philosophisches Wörterbuch.* 2 Bände. (8., berichtigte Aufl.) Berlin 1971.

Koch, Traugott und Klaus-M. Kodalle: *Negativität und Versöhnung.* In: *Philos. JB* 78 (1971) p. 378–394.

Krahl, Hans-Jürgen: *Der politische Widerspruch der KTh Adornos.* In: *Ff. Rds.* 13. 8. 1969.

Kröber, Günter: *Art. Negation* in: *Klaus/Buhr* 2 p. 773 f.

Krückeberg, E.: *Art. Authentizität* in: Ritter (ed.): *Histor. Wörterbuch der Philos.* 1 col. 692 f.

Krumme, Peter: *Zur Konzeption der dialektischen Bilder.* In: *Text und Kritik* 31/32: Walter Benjamin. München Okt. 1971 p. 72–80.

Künzli, Arnold: *Linker Irrationalismus. Zur Kritik der »Frankfurter Schule«.* In: Ders.: *Aufklärung und Dialektik. Politische Philosophie von Hobbes bis Adorno.* Freiburg (1971). (*rombach hochschul paperback* 26) p. 110–156.

Lenin, Nadescha und G. Sinowjew: *Gegen den Strom.* Aufss. aus den Jahren 1914–1916. Hamburg 1921.

Lenin, W. I.: *Werke Band 38.* Berlin 1970.

Lenk, Kurt: *Marx in der Wissenssoziologie. Studien zur Rezeption der Marxschen Ideologiekritik.* (Neuwied und Berlin 1972). (*ST* 78).

Liebrucks, Bruno: *Sprache und Bewußtsein 5. Die zweite Revolution der Denkungsart. Hegel: Phänomenologie des Geistes.* Ffm 1970.

Lindner, Burkhardt: *»Natur-Geschichte«* – *Geschichtsphilosophie* *und Welterfahrung in Benjamins Schriften.* In: *Text + Kritik* 31/32: Walter Benjamin. München, Okt. 1971 p. 41–58.

Lukács, Georg: *Geschichte und Klassenbewußtsein. Studien über marxistische Dialektik.* Berlin 1923 (*Kleine revolutionäre Bibliothek* Band 9).

– *Probleme des Realismus.* Berlin 1955.

Marx, Karl: *Grundrisse der Kritik der politischen Ökonomie.* Frankfurt/Wien o.J.

Marx, Karl und Friedrich Engels: *Werke (MEW) Bde. 1–4; 13; 19; 20; 23.* Berlin 1956 ff.

Maurer, Reinhart: *Natur als Problem der Geschichte.* In: *Natur und Geschichte.* X. Deutscher Kongreß für Philosophie, Kiel 8.–12. Oktober 1972. Ed. Kurt Hübner und Albert Menne. Hamburg 1973.

Mittenzwei, Werner: *Die Brecht-Lukács-Debatte.* In: *Das Argument* 46 (1968) p. 12–43. Zuerst in: *Sinn und Form* 19 (1957) p. 235 ff.

Müller-Strömsdörfer, Ilse: *Die »helfende Kraft bestimmter Negation«.* In: Lenk, Kurt [u. a.]: *Kritik und Interpretation der KTh etc.* p. 41–65. (= fotomechanischer Raubdruck des Erstdrucks) in: *Philos. Rds.* 8 (1960) p. 81–105.

Oppens, Kurt [u. a.]: *Über TWA* [= ÜTWA]. (3. Aufl. Ffm 1970). (1. Aufl. 1968). (= *es* 249).

Paetzold, Heinz: *Neomarxistische Ästhetik. Zur Stellung des Ästhetischen in der Gesellschaft.* Diss. Phil. Kiel 1972 [Masch. Mscr.].

Popper, Karl R.: *Was ist Dialektik?* In: Topitsch, Ernst: *Logik der Sozialwissenschaften.* Köln Berlin (7. Aufl. 1970), (= *Neue Wissenschaftliche Bibliothek Soziologie* 6).

Plessner, Helmuth: *Immer noch Philosophische Anthropologie?* In: Horkheimer (ed.): *Zeugnisse* p. 65–73.

Puder, Martin: *Zur ›ÄT‹ Adornos.* In: *NRds.* 82 (1971) H. 3 p. 465–477.

Rohrmoser, Günter: *Das Elend der kTh. TWA. Herbert Marcuse. Jürgen Habermas.* (2. Aufl.) Freiburg (1970) (1. Aufl. 1970). (*rombach hochschul paperbacks* 13).

Scheible, Hartmut: *Sehnsüchtige Negation.* In: *Protokolle* 2/1972 p. 67–92.

Schmidt, Alfred: *Adorno – ein Philosoph des realen Humanismus.* In: Lenk, Kurt [u. a.]: *Kritik und Interpretation der KTh etc.* p. 66–86. Zuerst in: *NRds.* 80 (1969) p. 654–673. Wieder gedr. in: Schweppenhäuser (ed.): *TWA zum Gedächtnis* p. 52–75.

– *Der Begriff der Natur in der Lehre von Marx.* (Ffm 1962). An einigen Stellen beziehe ich mich auf die: (3. Aufl. 1971).

Schmidt, Friedrich W.: *Hegel in der KTh der ›Frankfurter Schule‹.* In: Negt, Oskar (ed.): *Aktualität und Folgen der Philosophie Hegels.* (Ffm 1970). (*es* 441) p. 17–57.

Schultz, Klaus: *Vorläufige Bibliographie der Schriften TWAs.* In: Schweppenhäuser (ed.): *TWA zum Gedächtnis* p. 177–239.

Schweppenhäuser, Hermann: *Das Individuum im Zeitalter seiner Liquidation.* In: *ARSP* 57 (1971) p. 91–115.

– *Verleumdete Aufklärung.* In: Oppens [u. a.]: *ÜTWA* p. 90–119. Zuerst unter dem Titel *Thomas Härtings Adorno-Kritik. Eine Replik.* In: *ZfPhF* 21 (1967).

– (ed.): *TWA zum Gedächtnis. Eine Sammlung.* (Ffm 1971).

Silbermann, Alphons: *Hat Adorno Angst vor der Wirklichkeit?* In: *Die Welt* 30. 3. 1963.

Snell, Bruno: *Die Entdeckung des Geistes. Studien zur Entstehung des europäischen Denkens bei den Griechen.* 3. Aufl. Hamburg (1955).

Sonnemann, Ulrich: *Erkenntnis als Widerstand. Adornos Absage an Aktionsgebärden und ihr Ertrag für die Kriterien von Praxis.* In: Schweppenhäuser (ed.): *TWA zum Gedächtnis* p. 152–176.

Theunissen, Michael: *Gesellschaft und Geschichte. Zur Kritik der kTh.* Berlin 1969.

Thierkopf, Dietrich: *Nähe und Ferne. Kommentare zu Benjamins Denkverfahren.* In: *Text + Kritik* 31/32: Walter Benjamin. München, Oktober 1971 p. 3–18.

Tiedemann, Rolf: Anmerkungen des Herausgebers. In: *KR.*

– Anmerkungen des Herausgebers. In: *ÜB.*

– *Art. Bild, dialektisches.* In: Ritter (ed.): *Historisches Wörterbuch der Philosophie* 1 col. 919 f.

– *Studien zur Philosophie Walter Benjamins.* (Mit e. Vorrede von TWA). (2. Aufl. Ffm 1973). (*es* 646).

– *Vorbemerkung des Herausgebers.* In: *KR* p. 7–9.

Tsetung, Mao: *Über die Revolution.* Ausgewählte Schriften. Ed. Tilemann Grimm. (Ffm 1971).

Weber, Max: *Gesammelte Aufss. zur Wissenschaftslehre.* 3., erw. und verb. Aufl. ed. Johannes Winckelmann. Tübingen 1968 (1. Aufl. 1922).

Wellmer, Albrecht: *Kritische Gesellschaftstheorie und Positivismus.* (2. Aufl. Ffm 1969). (1. Aufl. 1969). (*es* 335).

Werckmeister, O[tto] K[arl]: *Das Kunstwerk als Negation. Zur

Kunsttheorie TWAs. In: Ders.: *Ende der Ästhetik.* (Ffm 1971) (= *Reihe Fischer* 20) p. 7–32 [3. Fassung]. 1. Fassung: In: *NRds.* 73 (1962) p. 111–130. 2. Fassung (um ein Nachwort erweitert) in: Schoeller (ed.): *Die neue Linke* etc. p. 91–117.

Wittich: *Art. Praxis* in: *Klaus/Buhr* 2 p. 865b–873a.

Wolff, Georg (ed.): *Wir leben in der Weltrevolution. Gespräche mit Sozialisten.* München 1971. (*List Bücher* 376).